Réflexions mathématique

André Deschênes

Guy Breton

avec la collaboration de

Claire Bourdeau

Marie-Ange Laforest

CEC
LES ÉDITIONS CEC INC.

8101, boul. Métropolitain Est, Anjou, Qc, Canada. H1J 1J9
Téléphone: (514) 351-6010   Télécopieur: (514) 351-3534

Directrice de l'édition
Josée Charbonneau

Directrice de la production
Lucie Plante-Audy

Chargée de projet
Ginette Choinière

Réviseures linguistiques
Diane Karneyeff
Diane Beaupré

Conception et réalisation graphique
Matteau Parent Graphistes inc.

Illustrations
Danielle Bélanger

Infographie
Claude-Michel Prévost
Mélanie Chalifour
Pascal Vaillancourt

Illustrations techniques
Claude-Michel Prévost
Éric Fortier

Maquette et réalisation de la page couverture
Matteau Parent Graphistes inc.

Dans cet ouvrage, la féminisation des titres
de fonctions et des textes s'appuie sur les
règles d'écriture proposées par l'Office de la
langue française dans le guide *Au féminin*,
Les Publications du Québec, 1991.

Dépôt légal : 3e trimestre 1996
Bibliothèque nationale du Québec
Bibliothèque nationale du Canada

ISBN 2-7617-1325-7
Imprimé au Canada
3 4 5   00 99 98

Remerciements

Les auteurs et l'éditeur tiennent à remercier
particulièrement :

Claire Bourdeau,
    enseignante, collège Durocher-Saint-Lambert

pour son soutien et sa participation durant toutes
les étapes de rédaction et d'édition,

et les personnes suivantes qui ont collaboré au
projet à titre de consultants ou consultantes :

Jean-Marc Angers,
    enseignant, école secondaire Donnacona

André Boileau,
    professeur, Université du Québec à Montréal

Claude Delisle,
    animateur pédagogique

Diane Demers,
    consultante en mathématique

Annie Gélinas,
    enseignante, collège Durocher-Saint-Lambert

Lise Hallé,
    enseignante, éducation aux adultes

Clément Quirion,
    enseignant retraité, Commission scolaire
    Chaudière-Etchemin

et, à titre de rédacteur,
André Chagnon
    enseignant retraité, école Saint-Luc, CÉCM

ainsi que ceux et celles qui ont collaboré
de près ou de loin au projet.

TABLE DES MATIÈRES

Réflexion 4
Les fonctions polynomiales

AVANT-PROPOS

En choisissant le programme de mathématique 436, tu envisages de poursuivre des études dans des domaines où la mathématique est un élément important de formation. De plus, tu as les aptitudes et la volonté nécessaires pour réussir. *Réflexions mathématiques* veut te fournir tous les outils pour t'assurer cette formation et répondre à toutes tes aspirations. Les auteurs n'ont pas ménagé les efforts pour te présenter des sujets de réflexion variés et des plus intéressants. Tu pourras constater jusqu'à quel point la mathématique est un outil essentiel de formation, d'analyse et de découverte, de réflexion et d'expression, de résolution et de création. *Réflexions mathématiques* te convie également à une initiation au monde technologique. La calculatrice à affichage graphique et l'ordinateur sont à ta portée et leur maîtrise sera un atout important dans la poursuite de tes études et la réalisation de ta carrière.

Réflexions mathématiques alimentera tes réflexions sur des sujets tels que les fonctions, le calcul algébrique, les systèmes d'équations, la congruence et la similitude des figures, la résolution de triangles et l'analyse de données statistiques. *Réflexions mathématiques* te propose des situations de problèmes et des activités qui te permettront d'acquérir des connaissances et des habiletés relatives à ces sujets. Les sections «Investissement» te permettront de réaliser les apprentissages de base, «Forum» de t'exprimer mathématiquement, d'établir des consensus avec les autres, de découvrir des stratégies efficaces et des solutions originales aux problèmes proposés. Les sections «Maîtrise» te permettront de raffiner ces apprentissages et d'en faire de véritables outils pour la résolution de problèmes.

Réflexions mathématiques te convie à rencontrer des mathématiciens et des mathématiciennes et à constater jusqu'à quel point ces personnages ont été profondément humains.

Réflexions mathématiques t'invite enfin à réaliser divers projets ou recherches à caractère mathématique. Ces projets t'offrent la possibilité de te réaliser et d'acquérir la confiance et l'estime de toi-même.

Tu as choisi la voie idéale de formation. Ne ménage pas tes efforts, l'atteinte de tes objectifs de vie en vaut la peine. Bon succès dans ce dernier tournant de tes études secondaires!

Guy Breton

SIGNIFICATION DES PICTOGRAMMES

L'*Investissement* est une série d'exercices ou de problèmes qui permet d'appliquer immédiatement les notions de base qui viennent d'être apprises.

La *Capsule d'évaluation* permet de dépister toute faiblesse en cours d'apprentissage. On y mesure les acquis conformément aux objectifs à atteindre.

► FORUM

Le *Forum* est un moment de discussion, de mise en commun, d'approfondissement et d'approbation de la matière nouvellement présentée.

Sous la forme d'une entrevue, *Rencontre avec...* invite à connaître ceux et celles qui ont contribué à développer la mathématique à travers les âges.

MATH EXPRESS

La rubrique *Math Express* constitue la synthèse théorique des sujets traités précédemment. Elle rassemble les grandes idées mathématiques qu'il faut retenir.

La rubrique *Mes projets* est une invitation à mettre en application les apprentissages à travers une activité créatrice.

La *Maîtrise* est une suite d'exercices et de problèmes visant à consolider l'apprentissage. Les couleurs des touches ont chacune une signification particulière :

: exercices et problèmes de base ;

: problèmes d'application et de stratégie ;

: problèmes favorisant le développement de la pensée inductive et déductive ;

: problèmes favorisant les liens et le réinvestissement des connaissances mathématiques ;

: problèmes intégrant l'usage de la calculatrice.

Le *Leximath* est un lexique mathématique. Il donne la signification des mots du langage mathématique.

Feuille de travail ....

Ce pictogramme indique que cette page se retrouve dans le guide d'enseignement et peut être reproduite.

Réflexion 1

LES FONCTIONS

Les grandes idées

▶ Notion de fonction.

▶ Notation fonctionnelle.

▶ Modes de représentation d'une fonction.

▶ Propriétés d'une fonction.

▶ Rôle des paramètres dans la règle d'une fonction.

Objectif terminal

▶ Analyser des situations fonctionnelles à l'aide de divers modes de représentation.

Objectifs intermédiaires

▶ Représenter symboliquement une fonction par un ensemble de départ, un ensemble d'arrivée et une règle.

▶ Effectuer le passage d'un mode de représentation à un autre.

▶ À partir d'un graphique cartésien représentant une fonction, décrire les propriétés de la fonction.

▶ Déterminer l'effet de la variation des paramètres d'une règle de fonction sur le graphique cartésien correspondant, et vice versa.

RELATION VS FONCTION

Un numéro d'assurance sociale ? Pourquoi ?

Souvent, on rencontre dans une classe deux élèves qui ont des noms identiques. Dans tout le pays, il y a probablement plusieurs personnes portant le même nom que toi. Heureusement, vous vous distinguez par votre apparence et par votre personnalité.

Il aura fallu plus de 40 siècles pour mettre à jour le concept de fonction tel qu'on le connaît aujourd'hui.

Noms R_1 **Personnes**

A

François Tremblay

Sabrina Lidoh

Sylvain Fournier

Nathalie Poulin

Alexis Dumas

B

En comparant un ensemble de noms avec un ensemble de personnes, on établit une relation entre les éléments de ces deux ensembles.
Cette **relation** associe des noms à des personnes. Chacun des liens trouvés est marqué par une flèche reliant les deux éléments.

a) Lequel de ces deux ensembles peut être considéré comme l'ensemble de départ de la relation ? l'ensemble d'arrivée de la relation ?

b) Décris en une phrase la relation R_1 entre un élément de l'ensemble de départ et un élément de l'ensemble d'arrivée.

c) Chaque élément de l'ensemble de départ est-il en relation avec au plus un élément de l'ensemble d'arrivée ?

Cette relation ne peut **pas être qualifiée de fonctionnelle,** puisqu'il existe un nom auquel correspond plus d'un individu.

d) Comment peut-on alors différencier deux personnes portant le même nom lorsqu'elles produisent leurs déclarations de revenus ou font une demande de permis de conduire?

Le gouvernement donne un numéro d'assurance sociale à chaque citoyen ou citoyenne qui en fait la demande afin de bien le ou la distinguer de tout autre individu.

Voici une relation R_2 illustrant l'attribution d'un numéro d'assurance sociale.

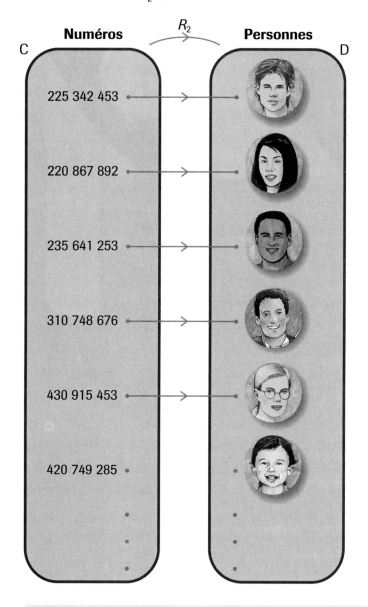

Numéros R_2 **Personnes**

C D

225 342 453

220 867 892

235 641 253

310 748 676

430 915 453

420 749 285

e) Quel est l'ensemble de départ de la relation R_2? l'ensemble d'arrivée?

f) Décris en une phrase la relation qu'on a établie entre les ensembles C et D.

g) Existe-t-il des numéros qui n'ont pas encore été attribués?

h) Deux personnes peuvent-elles avoir le même numéro d'assurance sociale?

i) On dit que la relation R_2 est fonctionnelle. Quelle condition une relation doit-elle satisfaire pour être fonctionnelle?

Un bébé peut-il avoir un numéro d'assurance sociale?

Il est fréquent d'établir une relation entre les éléments de deux ensembles. Si cette relation associe à chaque élément de l'ensemble de départ **au plus un élément** de l'ensemble d'arrivée, cette relation est qualifiée de **fonctionnelle.**

j) D'après cette affirmation, est-il nécessaire que chaque élément de l'ensemble de départ ait une image dans l'ensemble d'arrivée et que chaque élément de l'ensemble d'arrivée soit une image?

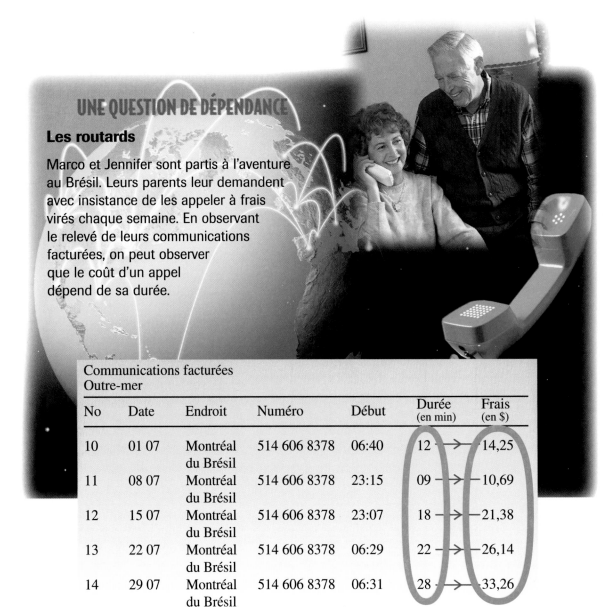

UNE QUESTION DE DÉPENDANCE

Les routards

Marco et Jennifer sont partis à l'aventure au Brésil. Leurs parents leur demandent avec insistance de les appeler à frais virés chaque semaine. En observant le relevé de leurs communications facturées, on peut observer que le coût d'un appel dépend de sa durée.

**Communications facturées
Outre-mer**

No	Date	Endroit	Numéro	Début	Durée (en min)	Frais (en $)
10	01 07	Montréal du Brésil	514 606 8378	06:40	12 →	14,25
11	08 07	Montréal du Brésil	514 606 8378	23:15	09 →	10,69
12	15 07	Montréal du Brésil	514 606 8378	23:07	18 →	21,38
13	22 07	Montréal du Brésil	514 606 8378	06:29	22 →	26,14
14	29 07	Montréal du Brésil	514 606 8378	06:31	28 →	33,26

Pour utiliser le terme «fonction», il aura fallu attendre René Descartes (1596-1650), qui a été le premier à l'employer. Il travailla surtout sur les fonctions «puissances».

$$y = x^n$$

a) Quelles sont les deux variables de cette relation?

b) Laquelle pourrait-on choisir comme variable dépendante? Pourquoi?

c) Cette variable dépend de quoi exactement? Explique ta réponse.

d) Comment pourrait-on nommer l'autre variable?

e) Cette relation peut-elle être qualifiée de fonctionnelle?

f) D'après la facturation, Marco et Jennifer s'ennuient-ils de leurs parents? Qu'est-ce qui te permet d'affirmer cela?

Généralement, dans une relation fonctionnelle, c'est-à-dire dans une **fonction,** il existe un lien de **dépendance** entre les variables. La variation de l'une des variables entraîne la variation de l'autre.

DÉPENDANCE ET RÈGLE

Pourquoi l'assurance automobile est-elle si chère pour les jeunes ?

Les compagnies d'assurance automobile tiennent compte de plusieurs facteurs lorsqu'elles établissent leurs taux : l'âge, le sexe, le nombre d'années de conduite, etc. De plus, ces compagnies se basent sur une expertise acquise grâce à la statistique. Ainsi, elles ont développé une formule qui leur permet de mettre en relation l'âge (**a**) des conducteurs et le nombre d'accidents probables (**N**) s'ils roulent sur une distance de 80 millions de kilomètres.

Gottfried Wilhelm von Leibniz (1646-1716) imagina les valeurs associées à une fonction comme les coordonnées des points d'une courbe.

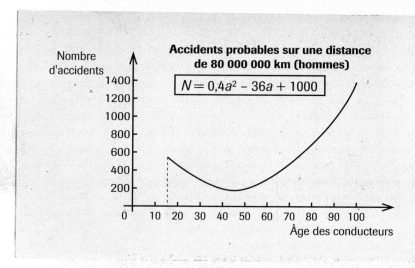

Nombre d'accidents

Accidents probables sur une distance de 80 000 000 km (hommes)

$$N = 0,4a^2 - 36a + 1000$$

Âge des conducteurs

a) Quelles sont les deux variables de cette relation ?

b) Laquelle pourrait-on qualifier de variable dépendante ? de variable indépendante ?

c) Étant donné que les primes croissent selon le nombre d'accidents, détermine les deux périodes où les primes d'assurance sont les plus élevées.

d) À ton avis, quelles sont les causes les plus fréquentes d'accidents durant chacune de ces périodes ?

e) Dans ce graphique, peut-on trouver un âge auquel correspondraient deux nombres probables d'accidents différents ?

f) Peut-on imaginer une droite verticale qui couperait deux fois la courbe de ce graphique ?

g) Cette relation est-elle une fonction ?

Dans cette situation, la **dépendance** entre le nombre d'accidents susceptibles de se produire et l'âge des conducteurs est très forte. Tellement forte que, pour un âge donné, il est possible de déterminer le nombre d'accidents probables.

Johann Bernouilli (1667-1748) relia l'idée de fonction à une variable y exprimée à l'aide de la variable x et des constantes.

Généralement, dans une fonction, la dépendance des variables s'exprime par une **règle** ou une **équation** qui permet d'associer au plus une valeur de la variable dépendante à chaque valeur de la variable indépendante.

LA NOTATION FONCTIONNELLE

Grisés par la vitesse

La société exploite les passions de tout genre.
Par exemple, un commerce fait la location
de motos. On y demande 80 $ par jour
plus 0,25 $ par kilomètre parcouru.
Considérons la relation entre le coût de
location (*C*) et la distance parcourue (*d*).

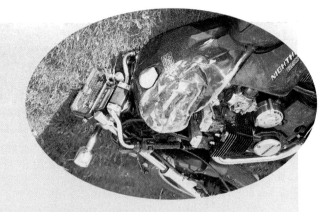

Chaque année, des dizaines d'adolescents et d'adolescentes perdent la vie dans des accidents de moto dont la cause principale est la vitesse.

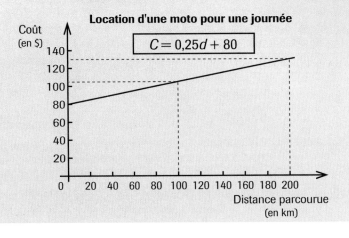

Location d'une moto pour une journée

$$C = 0,25d + 80$$

a) Quelles sont les deux variables de cette situation?

b) Laquelle pourrait-on qualifier de variable dépendante? de variable indépendante?

c) Peut-on imaginer une droite verticale qui couperait la courbe du graphique
en deux points différents?

d) Cette relation est-elle une fonction?

Pour indiquer que la variable dépendante **C** est fonction de la variable indépendante **d,**
on utilise la notation fonctionnelle suivante:

$$\boldsymbol{C} = \boldsymbol{f(d)} = 0,25\boldsymbol{d} + 80 \qquad \text{(Lire « C égale f de d ».)}$$

Les notations **C** et **f(d)** représentent alors le coût pour une distance quelconque **d.**

e) Si $f(20)$ représente le coût pour une randonnée de 20 km, soit 85 $, que valent alors
les expressions suivantes?

1) $f(60)$ 　　　　　　　　　　　　　2) $f(100)$

Dans cette situation, on utilise la lettre *f* pour désigner la fonction, les lettres *C* ou $f(d)$ pour
désigner la variable dépendante et la lettre *d* pour la variable indépendante. Cette pratique
d'utiliser les initiales est courante et commode dans le contexte d'une situation.

Cependant, dans un contexte purement mathématique, on note habituellement les fonctions par les lettres f, g, h, ..., qu'on caractérise parfois par un indice f_1, f_2, f_3, ..., g_1, g_2, g_3, ..., h_1, h_2, h_3, ... La variable indépendante est notée **x,** et la variable dépendante de x est notée **f(x)** ou **y.**

Pour traduire la correspondance entre les variables, on utilise le symbolisme suivant :

$$f: x \mapsto f(x) = ... \qquad g: x \mapsto g(x) = ... \qquad h: x \mapsto h(x) = ...$$

Parfois, on définit une fonction en précisant son ensemble de départ et son ensemble d'arrivée comme suit :

$$f: \mathbb{R} \to \mathbb{R} \qquad g: \mathbb{R}_+ \to \mathbb{R}_+ \qquad h: \mathbb{N} \to \mathbb{N}$$
$$x \mapsto f(x) = ... \qquad x \mapsto g(x) = ... \qquad x \mapsto h(x) = ...$$

Mais le plus souvent, les règles ont la forme abrégée suivante :

$$f(x) = \text{(une expression algébrique en } x)$$
$$g(x) = \text{(une expression algébrique en } x)$$
$$h(x) = \text{(une expression algébrique en } x)$$
$$f_1(x) = \text{(une expression algébrique en } x)$$
$$g_1(x) = \text{(une expression algébrique en } x)$$
$$h_1(x) = \text{(une expression algébrique en } x)$$
...

Euler (1707-1783) fut le premier à introduire la notation fonctionnelle f(x).

$$y = ...$$
$$\Updownarrow$$
$$f(x) = ...$$

Cependant, les calculatrices à affichage graphique utilisent des règles de fonctions de la forme suivante :

$$Y_1 = \text{(une expression algébrique en } x)$$
$$Y_2 = \text{(une expression algébrique en } x)$$
$$Y_3 = \text{(une expression algébrique en } x)$$
$$Y_4 = \text{(une expression algébrique en } x)$$

Écran d'édition des fonctions

f) Donne la règle (notation symbolique abrégée) des fonctions décrites ci-dessous.

1) Une fonction f qui associe à la variable indépendante x l'expression $2x + 3$.

2) Une fonction g qui associe à la variable indépendante x l'expression $|{-2x}|$.

3) Une fonction h qui associe à la variable indépendante x l'expression $2x^2 + 3x - 5$.

g) Définis les fonctions précédentes en utilisant la notation d'une calculatrice à affichage graphique.

h) Traduis ces définitions en langage symbolique.

1) f_1 : une fonction de $\mathbb{R}$ vers $\mathbb{R}$ qui, à x, fait correspondre une image égale au cube de x augmenté du double du carré de x et diminué de 4.

2) g_1 : une fonction de $\mathbb{Z}$ vers $\mathbb{Z}$ qui, à a, fait correspondre une image égale au triple du carré de a augmenté du double de a et diminué de 2.

3) h_1 : une fonction de $\mathbb{N}$ vers $\mathbb{N}$ qui, à m, fait correspondre une image égale à la base 2 affectée de l'exposant m.

1. La relation *R* est définie comme ci-contre :

    a) Décris la relation *R* à l'aide d'une phrase.

    b) Quel est l'élément manquant dans ces couples ?

        1) $(x_1, ...)$ 2) $(..., 0)$

    c) Quelle est l'image de x_3 ?

    d) Quel élément a deux images ?

    e) Peut-on qualifier cette relation de fonctionnelle ? Justifie ta réponse.

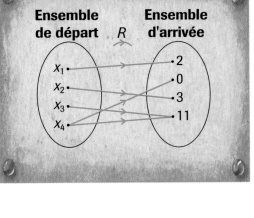

P.G. Lejeune Dirichlet (1805-1859) suggéra la définition suivante pour la notion de fonction : y est fonction de x si y prend au plus une valeur pour chacune des valeurs que peut prendre x sur un intervalle donné.

2. Le budget nécessaire à la présentation d'un salon international de philatélie est de 25 000 $. Les organisateurs et les organisatrices devront en assumer les coûts. Les entrées constituent la seule source de revenus. Il en coûte 5 $ par personne pour visiter cette exposition. Les organisateurs et les organisatrices se questionnent sur la relation entre le nombre de personnes qui visiteront l'exposition et le profit net.

    a) Quelles sont les deux variables en relation dans cette situation ?

    b) Existe-t-il une règle qui permet de calculer le profit net ?

    c) Si oui, comment écrirait-on cette règle :

        1) en notation fonctionnelle ?

        2) dans la notation utilisée avec une calculatrice à affichage graphique ?

    d) Combien de personnes doivent visiter le salon pour que des profits soient réalisés ?

3.

Vers 1870, inspiré de sa théorie des ensembles, Georg Cantor proposa une définition de la notion de fonction en termes d'un ensemble de paires ordonnées d'éléments, qui ne sont pas nécessairement des nombres et dont les premiers éléments sont tous différents : {(a, A), (b, B), (c, C), ...}.

> Voici des ensembles de couples (x, y). Dans chaque cas, indique si l'ensemble donné constitue une relation fonctionnelle.

    a) {(0, 0), (1, 1), (2, 2), (3, 3), (4, 4)}

    b) {(-10, 10), (-5, 5), (0, 0), (3, -3), (10, -10)}

    c) {(5, 0), (5, 1), (5, 2), (5, 3), (5, 4), (5, 5)}

    d) {(-2, 4), (-1, 4), (0, 4), (1, 4), (2, 4)}

4. Le graphique ci-contre représente la relation existant entre la hauteur (H) d'un ballon botté par un joueur de football et le temps (t) écoulé depuis le botté.

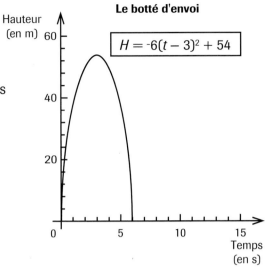

Le botté d'envoi

$$H = -6(t - 3)^2 + 54$$

a) Dans ce contexte, est-il plus sensé de dire que «la hauteur atteinte par le ballon varie selon le temps écoulé» ou que «le temps écoulé varie selon la hauteur atteinte par le ballon»?

b) À quel moment le ballon atteint-il une hauteur de 48 m?

c) Dans le graphique, quel point correspond au temps où la hauteur du ballon est maximale?

d) Sur quel intervalle le tracé de la courbe est-il ascendant? descendant?

5. Dans une situation donnée, une fonction f est définie par la règle $f(a) = 5a + 18$.

a) Quelle est l'image de 0 par f, soit $f(0)$?

b) Graphiquement, à quoi correspond le point $(0, f(0))$?

c) Peut-on affirmer que $f(4) > f(-4)$?

d) Trace le graphique de cette fonction.

e) À quel endroit la courbe vient-elle couper l'axe des abscisses?

6. La relation G est définie comme suit :

a) Décris en extension, ou énumère, les éléments de l'ensemble de départ de la relation G.

b) Décris en extension l'ensemble d'arrivée de la relation G.

c) Donne en notation fonctionnelle une règle qui permet de trouver l'image de chacun des éléments de l'ensemble de départ.

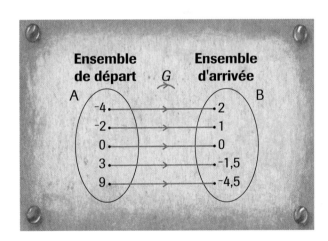

Ensemble de départ *G* **Ensemble d'arrivée**

A   B

-4 → 2
-2 → 1
0 → 0
3 → -1,5
9 → -4,5

► FORUM

Discutez les énoncés suivants et indiquez si chacun est vrai ou faux. Si f est une fonction :

1) il est possible que $f(x_1) = a$, que $f(x_1) = b$ et que a soit différent de b;

2) et $f(x_1) = f(x_2)$, alors $x_1 = x_2$;

3) et $x_1 = x_2$, alors $f(x_1) = f(x_2)$.

LES MODÈLES MATHÉMATIQUES

Petit cadeau deviendra grand?

À la naissance de sa petite-fille Malorie, grand-maman Nadeau lui
a fait don d'un placement de 100 $ au taux annuel de 10 % non rachetable
avant l'âge de 65 ans. Quelle somme touchera Malorie à 65 ans?

a) Avant de répondre à cette question, il faut établir la règle qui nous permet de calculer
cette somme. Complète la dernière ligne de la démarche suivante.

À la naissance, $\quad 0 \mapsto 100$

Après un an, $\quad 1 \mapsto 100 \times (100\% + 10\%)$ ou $100 \times 1{,}10$

Après deux ans, $\quad 2 \mapsto (100 \times 1{,}10) \times 1{,}10$ ou $100 \times 1{,}10^2$

Après trois ans, $\quad 3 \mapsto (100 \times 1{,}10 \times 1{,}10) \times 1{,}10$ ou $100 \times 1{,}10^3$

...

Après dix ans, $\quad 10 \mapsto 100 \times 1{,}10^{10}$

...

Après x ans, $\quad x \mapsto$

b) Il est facile de définir ici une fonction f qui, à un temps donné, fait correspondre une image
représentant la valeur du placement. Donne en notation symbolique la règle de cette fonction.

c) Dans le plan cartésien, cette fonction correspond à une courbe qui caractérise
cette situation. Décris en mots cette courbe.

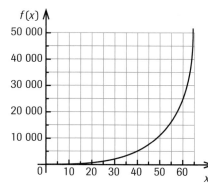

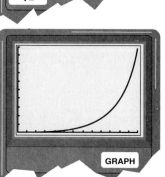

Dans ce graphique, tous les points formant la courbe
sont caractérisés par un couple de coordonnées de
la forme $(\boldsymbol{x}, \boldsymbol{f(x)})$ ou $(\boldsymbol{x}, \boldsymbol{y})$.

d) Complète les couples suivants:

1) $(30, \blacksquare)$ $\qquad$ 2) $(50, \blacksquare)$ $\qquad$ 3) $(65, \blacksquare)$

e) Quelle sera la valeur du placement après 40 ans?

f) Après combien d'années la valeur du placement atteindra-t-elle 40 000 $?

Plutôt que de s'interroger sur la signification d'un point en particulier, il est parfois plus
intéressant de prêter attention à l'**« allure générale de la courbe »**. Il est alors possible de faire
certaines prédictions et de mieux comprendre l'évolution de la situation ou du phénomène.

g) Comment se comportent les valeurs du placement durant les premières années? les dernières années?

L'analyse de cette courbe montre qu'elle possède des **caractéristiques** particulières qui la distinguent des autres. Une telle courbe correspond à un **modèle mathématique** spécifique ou à un **type particulier de fonctions.**

Il existe différents modèles mathématiques ou différents types de fonctions. En voici quelques-uns.

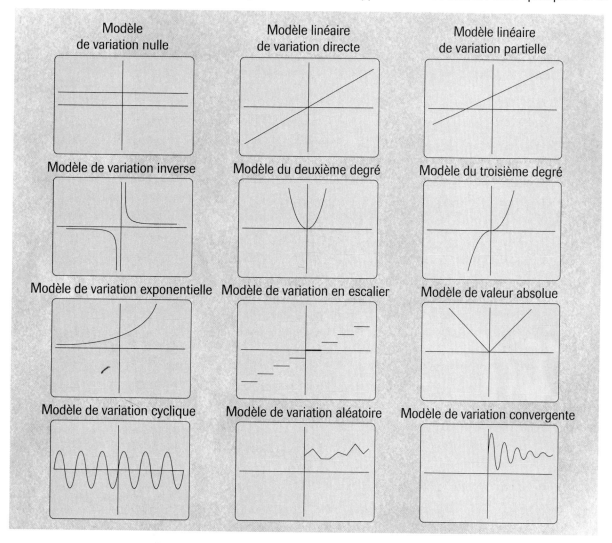

Investissement 2

1. À quel modèle mathématique peut-on rattacher chacune des phrases suivantes?

a) L'altitude d'une mouche en vol par rapport au sol en fonction du temps. ALÉATOIRE

b) L'heure du coucher du soleil en fonction de la période de l'année. cyclique

c) Le nombre de peintres et le temps nécessaire pour peindre une maison.

d) Le coût d'un plein d'essence et la quantité d'essence achetée. direct

En Norvège, de la mi-mai à la fin de juin, le Soleil est constamment présent. L'hiver, le phénomène contraire se manifeste. Jours et nuits se succèdent sans qu'on voie le Soleil.

2. Associe chacun des graphiques suivants à l'un des modèles mathématiques illustrés précédemment.

a)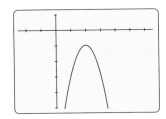

b)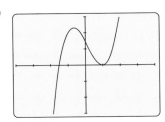

c)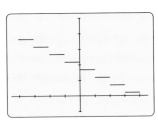

d)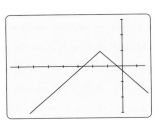

e)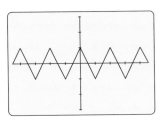

f)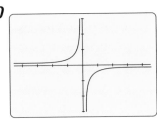

3. Donne l'allure que devrait avoir le graphique de la relation décrite.

   a) La température d'un chauffe-eau selon les heures de la nuit.

   b) Le coût de colis postaux selon leur masse.

   c) Le nombre de battements par minute d'un coeur soumis à un effort graduel de 5 min.

   d) Le rendement d'une personne au travail selon son âge.

Course à l'hippodrome de Montréal.

4. Trace un graphique illustrant la vitesse d'un cheval lors d'une course de 1 km à l'hippodrome de Montréal. (Le kilomètre se court en 2 min approximativement.)

5. Vide l'écran d'édition des fonctions et sélectionne les valeurs standard de la fenêtre d'affichage.

   a) Introduis l'expression donnée et détermine s'il s'agit d'une fonction.

     1) $Y_1 = \sqrt{(9 - x^2)}$ 2) $Y_2 = {}^-\sqrt{(9 - x^2)}$

   b) Les graphiques de ces deux fonctions réunis forment-ils le graphique d'une fonction?

6. Sur une calculatrice à affichage graphique, entre la règle des fonctions suivantes et indique à quel modèle mathématique elles sont apparentées.

   a) $Y_1 = \cos x$ **b)** $Y_2 = e{}^\wedge x$ **c)** $Y_3 = \text{int } x$

 ► FORUM

Dans la vie quotidienne, il existe une multitude de situations et de phénomènes qui se déroulent suivant différents modèles mathématiques.

Décrivez une situation de vie pour chacun des modèles présentés à la page précédente.

LA DESCRIPTION VERBALE
LA REPRÉSENTATION GRAPHIQUE
LA TABLE DE VALEURS
LA RÈGLE OU L'ÉQUATION

LA DESCRIPTION VERBALE

La consommation d'alcool et la conduite automobile : un mélange dangereux !

Un bon nombre des accidents mortels de la route sont causés par des conducteurs ou des conductrices en état d'ébriété (plus de 40 % en 1994). Voici quelques données sur la relation entre la quantité d'alcool dans le sang et les effets sur le comportement.

Alcool et conduite automobile : un cocktail dangereux

Le taux d'alcool dans le sang, calculé en milligrammes d'alcool par 100 ml de sang, atteint son maximum une heure après l'ingestion et décroît ensuite progressivement pendant les 24 heures suivantes. L'alcool agit progressivement sur l'organisme entraînant des troubles de perception, de concentration et de motricité.

En pratique, un taux inférieur à 50 mg d'alcool par 100 ml de sang est compatible avec un comportement normal. Pour un taux allant de 50 mg à 150 mg d'alcool par 100 ml de sang, on observe des variations individuelles considérables selon la masse du sujet et la quantité ingérée. Enfin, au-dessus de 150 mg d'alcool par 100 ml de sang, on peut considérer l'état d'ivresse du sujet comme certain.

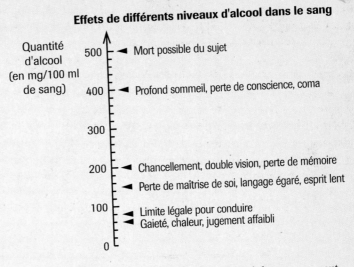

Effets de différents niveaux d'alcool dans le sang

Quantité d'alcool (en mg/100 ml de sang)

- 500 — Mort possible du sujet
- 400 — Profond sommeil, perte de conscience, coma
- 300
- 200 — Chancellement, double vision, perte de mémoire
- Perte de maîtrise de soi, langage égaré, esprit lent
- 100 — Limite légale pour conduire / Gaieté, chaleur, jugement affaibli
- 0

a) Sachant que 1 l de sang pèse près de 1 kg, quelle est la masse de 100 ml de sang ?

b) Quel est le pourcentage d'alcool dans le sang d'une personne qui a atteint la limite permise par la loi ?

c) Explique en quoi «la modération a bien meilleur goût».

On décrit très souvent à l'aide de mots une relation, et particulièrement une fonction d'un ensemble vers un autre ensemble. Cependant, ces **descriptions verbales** sont généralement globales et peu précises. Il faut souvent utiliser beaucoup de mots pour parvenir à une précision plus grande. On accompagne souvent les descriptions verbales de dessins ou de schémas.

LA REPRÉSENTATION GRAPHIQUE

Le taux d'alcool dans le sang

Un hôtelier a affiché le graphique suivant dans son établissement. Ce graphique est appelé un graphique sagittal. Il décrit la relation entre un type de consommation et le taux d'alcool dans le sang qu'il provoque chez un consommateur ou une consommatrice adulte pesant 60 kg.

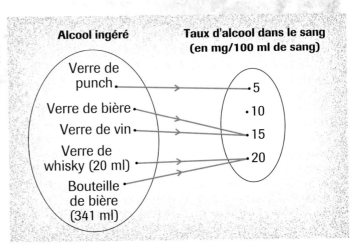

a) Cette relation est-elle une fonction ?

b) Détermine l'image de «Verre de vin» par cette relation.

Le **graphique sagittal** est un moyen de faire connaître une relation. On l'utilise principalement lorsque les ensembles de départ et d'arrivée sont des ensembles qui contiennent peu d'éléments et lorsque les couples de la relation sont peu nombreux.

Voici un autre type de graphique. Celui-ci montre, pour un adulte pesant 80 kg, le taux d'alcool dans le sang en **fonction** du temps écoulé depuis la dernière consommation.

c) Jacinthe peut-elle conduire après avoir consommé deux bouteilles et demie de bière si elle pèse 80 kg ?

d) Combien de temps devra attendre Claude avant de prendre le volant s'il pèse 80 kg, sachant qu'il a bu cinq bouteilles de bière ?

Le **graphique sagittal** et le **graphique cartésien** sont des moyens qu'on utilise pour faire connaître des relations et en particulier les fonctions.
Le graphique cartésien a l'avantage de permettre de visualiser très vite l'évolution de la fonction.
Il va sans dire qu'on préfère le graphique cartésien. Cette représentation est souvent limitée au premier quadrant dans les situations réelles.

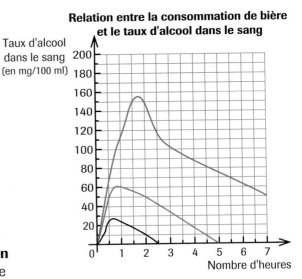

- ■ Consommation d'une bouteille de bière
- ■ Consommation de deux bouteilles et demie de bière
- ■ Consommation de cinq bouteilles de bière

LA TABLE DE VALEURS

L'environnement : un facteur de contrôle

La nature se charge bien souvent de contrôler les espèces. Voici une table fournie par les agents de la faune responsables d'un parc national. Elle montre les populations de cerfs de Virginie selon les années.

	t	$f(t)$	
Année précédente {	-3	250	} Population dénombrée
	-2	343	
	-1	451	
Cette année {	0	528	
Année subséquente {	1	600	} Population estimée
	2	665	

> Les valeurs d'une table peuvent être entrées valeur par valeur ou générées par la règle d'une fonction.

a) Cette relation fait intervenir deux ensembles.
À l'aide de mots, décris chacun de ces ensembles.

b) Cette relation est-elle une fonction ?
Justifie ta réponse.

c) À l'aide d'une phrase, décris la fonction qui permet d'associer chaque couple de nombres.

La **table de valeurs** est un moyen parmi d'autres pour faire connaître une fonction entre deux ensembles. Cependant, elle demande aux lecteurs et aux lectrices une analyse pour comprendre la situation.

Les mathématiciens babyloniens ont, les premiers, élaboré le concept de fonction en construisant des tables de valeurs.

LA RÈGLE OU L'ÉQUATION

La loi de la jungle !

Souvent, les populations des espèces sont gérées selon des règles fixées par l'environnement. Par exemple, lorsqu'il y a une multitude de lièvres, les renards sont bien nourris et leur population augmente ; lorsque les renards sont devenus nombreux, ils mangent les lièvres et la population de lièvres est rapidement décimée.

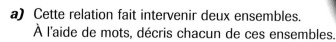

À l'aide d'une calculatrice à affichage graphique, les agents de la faune ont établi que la population de cerfs de Virginie suit approximativement, pour une période donnée, la règle suivante :

$$f(t) = -5,6t^2 + 78t + 532$$

Voici le graphique cartésien de cette fonction.

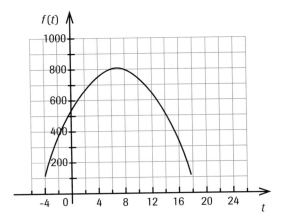

WINDOW FORMAT
Xmin=-4
Xmax=18
Xscl=2
Ymin=0
Ymax=1000
Yscl=100

WINDOW

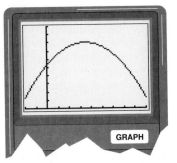

GRAPH

a) Quel maximum atteindra cette population de cerfs de Virginie au cours des prochaines années?

b) Combien d'années s'écouleront avant que la population redevienne sensiblement la même qu'aujourd'hui?

c) Peut-on dire que la population de cerfs est stable par rapport au temps?

d) Compare les valeurs de la table ci-contre avec celles relevées par les agents de la faune.

La **règle** (ou l'**équation**) s'avère la forme de représentation la plus économique pour décrire une fonction. Cependant, son utilisation n'est pas toujours simple, ni même possible. Elle exige **une dépendance réelle entre les variables.**

TABLE SETUP
TblMin=-2
ΔTbl=1
Indpnt: **Auto** Ask
Depend: **Auto** Ask

TablSet
WINDOW
2 nd

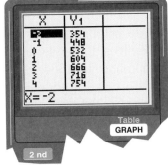

X	Y₁	
-2	354	
-1	448	
0	532	
1	604	
2	666	
3	716	
4	754	

X=-2

Table
GRAPH
2 nd

1. La pression barométrique est une mesure fréquemment utilisée par les météorologues. Elle sert notamment à prévoir «le temps qu'il fera». Par exemple, lorsque la pression barométrique est en hausse, on peut anticiper le beau temps.

La table de valeurs ci-contre montre la pression barométrique enregistrée à différents moments de la journée.

Pression barométrique

Période de la journée	Pression barométrique (en kPa)
0:00	100,7
6:00	101,3
12:00	101,5
18:00	101,2
24:00	99,8

a) Décris en mots la variation de la pression barométrique entre les différentes périodes de la journée.

b) Représente cette situation dans un graphique cartésien.

c) Si la tendance se maintient, doit-on s'attendre à du beau temps pour demain?

Une diminution de la pression barométrique signifie en général du temps maussade.

2. L'équation $H = \sqrt{2}c$ permet de calculer la mesure de l'hypoténuse H d'un triangle rectangle isocèle à partir de la mesure c des cathètes.

a) Explique d'où provient cette équation.

b) Si la mesure d'une cathète est de 5 cm, quelle est celle de l'hypoténuse?

c) Quelle doit être la mesure des cathètes pour que celle de l'hypoténuse soit de 64 cm?

d) À partir de cette équation, décris en mots comment varie la mesure de l'hypoténuse en fonction de la mesure des cathètes dans un triangle rectangle isocèle.

e) Construis une table de valeurs pour présenter cinq couples de la forme (c, H).

f) Trace le graphique de cette fonction pour des mesures de cathètes variant entre 0 et 15 cm.

3. Dresse une table de valeurs à partir du graphique cartésien ci-contre.

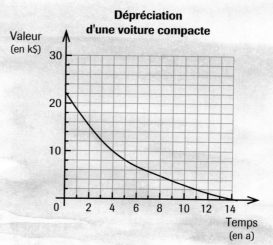

Dépréciation d'une voiture compacte

4. L'illustration ci-dessous représente un rouleau de papier d'emballage d'une hauteur de 60 cm.

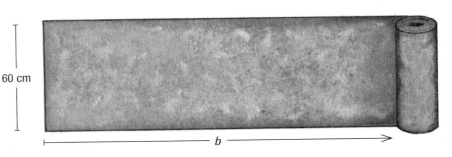

60 cm

b

a) Décris comment varient la hauteur et la base au fur et à mesure que l'on déroule le papier.

b) Décris en mots comment varie l'aire au fur et à mesure que l'on déroule le rouleau de papier ou que la base augmente.

c) À l'aide de la notation fonctionnelle, donne la règle de la fonction *g* qui associe la base (*b*) au périmètre (*P*) de la bande de papier déroulé.

d) À l'aide de la notation fonctionnelle, donne la règle de la fonction *h* qui associe la base (*b*) à l'aire (*A*) de la bande de papier déroulé.

e) Établis une table de valeurs pour cette dernière fonction.

f) Trace le graphique cartésien de cette relation en utilisant la table ou une calculatrice graphique.

g) À quel type de fonction appartient ce modèle mathématique?

▶ FORUM

Revenons à la situation du botté d'envoi du ballon de football. Ce graphique montre la relation entre le temps (*t*) écoulé depuis le botté et la hauteur (*H*) atteinte par le ballon.

a) D'après ce graphique, peut-on dire que le ballon a été lancé loin du botteur?

b) La ligne tracée dans ce graphique représente-t-elle la trajectoire du ballon?

c) Imaginez que le ballon a été botté suivant une ligne verticale et qu'il monte à la même hauteur dans le même temps. Tracez le graphique cartésien de la relation entre le temps écoulé et la hauteur atteinte par le ballon.

d) Obtient-on le même graphique?

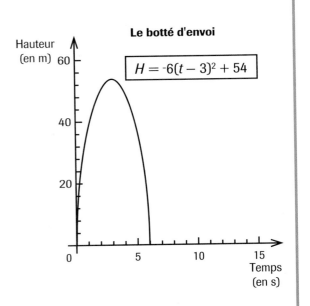

Le botté d'envoi

Hauteur (en m)

$H = {}^{-}6(t - 3)^2 + 54$

Temps (en s)

Une **fonction** est une relation entre les éléments d'un **ensemble de départ** et les éléments d'un **ensemble d'arrivée** dans laquelle tout élément de l'ensemble de départ a **au plus une image** dans l'ensemble d'arrivée. On nomme généralement une fonction par les lettres *f*, *g* et *h* qu'on caractérise ou non par un indice.

Une fonction *f* exprime le plus souvent une **dépendance** entre les variables.

Il est parfois possible d'exprimer cette dépendance entre les variables par une **règle** ou une **équation.** Cette règle permet d'associer, si elle existe, une valeur de la variable dépendante à chaque valeur de la variable indépendante.

Comme la variable dépendante ***y*** est fonction de ***x,*** on utilise souvent l'expression ***f*(*x*).**

Les règles sont ainsi de la forme:

$$f(x) = \text{(une expression algébrique en } x)$$

Il arrive aussi qu'on doive indiquer les ensembles de départ et d'arrivée lorsqu'ils sont différents de l'ensemble des nombres réels. Une façon courante de les exprimer est la suivante:

f: (ensemble de départ) $\rightarrow$ (ensemble d'arrivée)
$$x \mapsto f(x) = \text{(une expression algébrique en } x)$$

Une fonction peut être décrite de différentes façons:

1° une **description verbale** accompagnée ou non de dessins;

2° une **représentation graphique** (graphique sagittal ou graphique cartésien);

3° une **table de valeurs;**

4° une **règle,** ou **équation,** qui précise ou sous-entend les ensembles de départ et d'arrivée.

Le passage d'un mode de représentation à un autre permet généralement une meilleure compréhension de la fonction.

Il existe différents types de fonctions. Chacun correspond à ce qu'on appelle un **modèle mathématique.** Chaque modèle mathématique illustre une multitude de situations ou de phénomènes de la vie courante. Cependant, ces situations ne correspondent le plus souvent qu'à une partie du modèle.

1 Lequel est le plus grand nombre?

a) $\frac{4}{7}$ ou $\frac{19}{40}$ **b)** 0,34 ou $\frac{33}{99}$ **c)** 0,27 ou 27 % ou $\frac{3}{11}$

2 Donne au moins deux paires de facteurs dont le produit est ⁻12.

3 Trouve une stratégie et calcule mentalement les expressions suivantes.

a) 45 + 73 + 55   **b)** 20 x 36   **c)** 656 ÷ 8   **d)** 249 − 183

4 Estime le résultat.

a) 97^2 **b)** $\frac{8 \times 27}{9 \times 47}$ **c)** 16 287 ÷ 409   **d)** $\frac{3}{4}$ x 2825

5 Lequel des graphiques sagittaux suivants ne représente certainement pas une fonction? Justifie ta réponse.

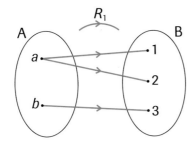 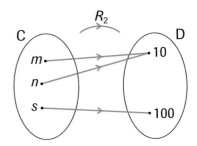

6 Lequel des graphiques suivants représente une fonction? Justifie ta réponse.

A)   B)

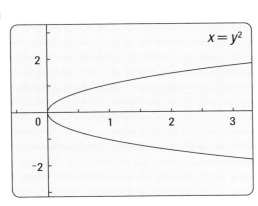 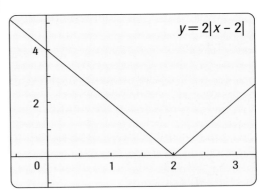

7 Détermine si l'ensemble donné correspond à une fonction.

a) {(⁻4, 4), (⁻3, 3), (⁻2, 2), (⁻1, 1), (0, 0)}

b) {(a, b), (a, c), (b, c), (c, a)}

c) {(1, 8), (8, 1), (2, 8), (8, 2)}

d) {(1, 1^2), (2, 2^0), (3, 0^2), ($\sqrt{4}$, 2)}

e) {(|2|, 1), (|⁻2|, 2), (|3|, 3), (|⁻3|, 3)}

8 Traduis chaque énoncé en notation fonctionnelle.

a) Le tarif (T) dépend de la masse (m) d'un objet et vaut le double de la masse diminué de 10.

b) Le nombre de diagonales (d) d'un polygone est fonction de son nombre (n) de côtés et est égal au demi-produit de n par ($n - 3$).

9 Une fonction f est définie par la règle $f(x) = 2x^2 - 3x$. Calcule les images suivantes.

a) $f(0)$ **b)** $f(2)$ **c)** $f(-1)$ **d)** $f(\frac{1}{2})$

10 Soit la fonction r définie par $r(x) = 8,5x - 56$.

a) Calcule $\dfrac{r(10) - r(2)}{10 - 2}$.

b) Graphiquement, que représente la valeur trouvée en *a)*?

c) Calcule $r(0)$.

d) Graphiquement, que représente la valeur trouvée en *c)*?

11 Une fonction a la règle suivante: $h(x) = 10 + 3x$. Quelle expression algébrique correspond à chacune des images suivantes?

a) $h(a)$ **b)** $h(a + 2)$ **c)** $h(a^2)$ **d)** $h(a - 1)$

12 Voici les équations de quatre fonctions:

a) Donne les coordonnées du point d'intersection de la courbe de chaque fonction avec l'axe des ordonnées.

$$f_1(x) = 4x - 3 \qquad f_2(x) = 3,5x$$
$$f_3(x) = -9x + 1 \qquad f_4(x) = 5$$

b) Quel est le taux de variation de chaque fonction?

c) Parmi ces fonctions, laquelle a un graphique correspondant à une droite horizontale?

d) Pour chacune de ces fonctions, donne l'image de 2.

e) Laquelle de ces fonctions associe la suite 1, 5, 9, 13, ... à la suite 1, 2, 3, 4, ...?

13 Une entreprise de pointe a mis au point un système permettant d'emmagasiner l'énergie solaire. On utilise un panneau carré sur lequel on a fixé des capteurs solaires au centre et des miroirs déflecteurs de lumière formant une bordure de 1 carreau de largeur. Selon les besoins énergétiques de ses clients et clientes, l'entreprise peut fabriquer des panneaux de différents formats.

a) Combien de miroirs comprend un panneau 8 x 8?

b) Combien de capteurs solaires exige la fabrication d'un panneau 10 x 10?

c) Donne la règle permettant de calculer le nombre de miroirs nécessaires à la construction d'un panneau solaire en fonction du nombre de carreaux formant un côté du panneau.

d) Trace le graphique de cette fonction.

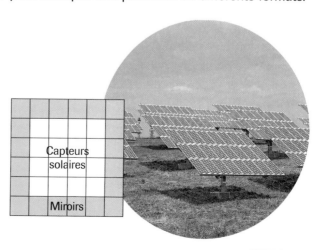

14 Un inspecteur du gouvernement découvre que la balance d'un magasin d'alimentation affiche les $\frac{5}{4}$ de la masse réelle des aliments.

a) Quelle est la règle de la fonction qui, à la masse réelle (r), associe la masse affichée (a)?

b) Quelle est la règle de la fonction qui, à la masse affichée (a), associe la masse réelle (r)?

15 Voici la représentation graphique d'une fonction f de modèle linéaire.

a) Quel est le taux de variation de cette fonction?

b) Quelle est la valeur initiale de cette fonction?

c) Complète la règle de cette fonction.

$f(x) = Y_1 =$ ▬▬▬

d) Calcule $f(-5)$ et $f(18)$.

16 On définit deux fonctions f et g à l'aide des règles suivantes :

$$f(x) = (x - 2)(x + 4) \qquad g(x) = (x + 1)^2 - 9$$

a) Pour chacune de ces fonctions, calcule les images suivantes :

1) $f(-2)$ et $g(-2)$ 2) $f(0)$ et $g(0)$ 3) $f(2)$ et $g(2)$ 4) $f(5)$ et $g(5)$

b) Quelle conjecture t'inspirent ces résultats?

c) Prouve cet énoncé en effectuant des calculs algébriques sur chacune des règles.

d) À l'aide d'une calculatrice à affichage graphique, constate l'exactitude de cet énoncé.

> Une **conjecture,** c'est un énoncé qui semble vrai mais qui n'a pas été démontré.

17 Un mécanisme automatique hisse la grande voile d'un voilier à une vitesse constante de 5 cm/s.

a) Détermine la règle de la relation entre la distance (d), en mètres, franchie par le coin supérieur de la voile et le temps (t) écoulé, en secondes, depuis le déclenchement du mécanisme.

b) A-t-on ici une relation linéaire de variation directe ou partielle? Explique ta réponse.

c) Pendant combien de temps le capitaine du navire devra-t-il laisser le mécanisme en marche pour hisser complètement la voile?

d) Une fois la voile bien tendue, quelle en est approximativement l'aire?

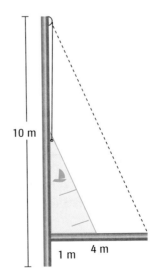

10 m

1 m   4 m

> On appelle **têtière** la partie renforcée de la voile où est fixé le cordage qui sert à la hisser.

18 La vitesse théorique maximale d'un voilier dépend de la longueur (c) de sa coque, en mètres. Les experts en la matière ont déterminé que cette vitesse, exprimée en noeuds, peut être calculée par la règle $V = 2\sqrt{3,28c}$.

a) Quelle vitesse maximale peut atteindre un voilier de 20 m?

b) Si un voilier mesure 25 m, quelle vitesse maximale peut-il atteindre?

c) Si 1 noeud équivaut à 1,85 km/h, un voilier de 25 m peut-il franchir en une journée les 650 km qui séparent Gaspé de Saint-Pierre-et-Miquelon?

L'un des plus grands voiliers au monde était le France-II, lancé en 1911. Il mesurait 128 m de long.

19 Ramène la fenêtre à ses valeurs standard et introduis la règle $Y_1 = x^2 + 3,5x - 2$ à l'écran d'édition d'une calculatrice à affichage graphique.

a) En utilisant la table générée par cette fonction, donne six couples (x, Y_1) appartenant à cette fonction.

b) Fais afficher le graphique cartésien de cette fonction et décris le modèle mathématique obtenu.

c) On peut suivre la courbe d'une fonction avec un curseur. En déplaçant le curseur le long de la courbe, détermine approximativement la plus petite valeur que prend Y_1.

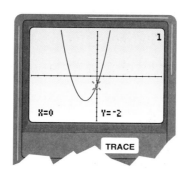

d) En utilisant la table de valeurs ou le tracé de la courbe, calcule le taux de variation de la fonction entre les abscisses 3 et 4 et entre les abscisses 7 et 8.

e) Le taux de variation de cette fonction est-il constant?

20 On fait afficher le graphique de la fonction dont la règle est $Y_1 = \text{abs}(x^2 - 8)$ dans une fenêtre standard. Redessine cette fonction dans une fenêtre dont les valeurs sont celles apparaissant à l'écran ci-contre.

21 LENTEMENT MAIS SÛREMENT

Dans le but de s'acheter une moto à la fin de ses études collégiales, Elena décide d'établir un budget. Ses revenus proviendront de son emploi au dépanneur du coin et des allocations hebdomadaires de 10 $ que ses parents lui versent. Après avoir calculé toutes ses dépenses, elle en vient à la conclusion qu'elle peut économiser 6 $ par jour.

a) Trouve la règle qui permet de calculer la somme d'argent amassée par Elena en fonction du nombre de jours écoulés depuis qu'elle a commencé à faire des économies.

b) Après combien de jours Elena pourra-t-elle acheter une moto dont la valeur est de 4 500 $?

22 UN BOUQUET DE PARFUM

Dans une parfumerie, on remplit les trois contenants illustrés ci-dessous en conservant toujours le même débit lors du remplissage.

Contenant 1   Contenant 2   Contenant 3

a) Pour chacun de ces contenants, décris en mots comment le niveau du liquide varie en fonction du temps écoulé depuis le début du remplissage.

b) Dans un même graphique, trace les trois courbes représentant le niveau du liquide dans chaque contenant en fonction du temps écoulé depuis le début du remplissage.

c) Quelle interprétation peut-on donner au fait que le point (0, 0) appartienne à ces trois courbes ?

d) À quoi correspondent les points d'intersection dans ce graphique ?

e) Quelle est la caractéristique du contenant pour lequel la courbe monte le plus haut ?

f) Quelle est la caractéristique du contenant pour lequel la courbe finit le plus loin de l'axe vertical ?

23 LA COURSE CYCLISTE

Le dessin ci-contre représente l'une des étapes du Tour de l'Abitibi. Comme on peut le remarquer, cette étape est subdivisée en cinq sections.

Afin d'établir une stratégie d'équipe et de préparer physiquement ses athlètes à cette course très éprouvante, l'entraîneur de l'équipe du Québec se base sur les temps de passage enregistrés l'année précédente par le vainqueur.

Une des étapes du Tour de l'Abitibi

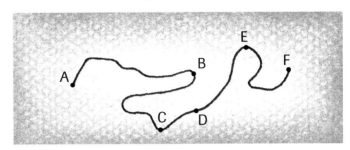

Le Tour de l'Abitibi constitue une épreuve majeure du sport cycliste international. Il a lieu chaque année à la fin de juillet, depuis 1968. Les coureurs doivent parcourir 600 km en 6 jours.

Point de passage (section)	Distance parcourue (en km)	Temps écoulé (en min)
A	0	0
B	25	40
C	46	82
D	63	118
E	80	141
F	100	171

a) À l'aide des données fournies dans ce tableau, trace le graphique de la distance parcourue en fonction du temps écoulé.

b) Quelle est la vitesse moyenne dans la première section de ce parcours?

c) Laquelle de ces sections est la plus ardue pour les coureurs? Justifie ta réponse.

d) Dans laquelle de ces sections un coureur doit-il redouter le plus une chute à haute vitesse?

e) Construis le graphique cartésien du temps écoulé en fonction de la distance parcourue et compare-le au graphique obtenu en a).

f) Si l'un des coureurs de l'équipe du Québec maintient une vitesse moyenne de 36 km/h sur ce parcours, a-t-il de bonnes chances de remporter la victoire à cette étape?

Les cyclistes qui participent au Tour de l'Abitibi proviennent d'une quarantaine de pays.

24 L'ÉTÉ INDIEN

Le Québec est reconnu comme étant l'une des régions du monde où les écarts de température dans une même journée sont les plus grands. Ce phénomène se produit habituellement au printemps et à l'automne.

Au cours d'une belle journée d'automne, la température minimale (-3 °C) fut enregistrée aux petites heures du matin. Quant au maximum (17,5 °C), il a été enregistré à 13:00. Par la suite, la température s'est stabilisée pendant quelques heures. En fin de soirée, la température a radicalement chuté sans toutefois franchir le point de congélation.

a) En tenant compte de ce scénario, construis une table de valeurs qui met en relation la température de l'air extérieur en fonction de l'heure de la journée.

b) Vers quelle heure approximativement le point de congélation a-t-il été franchi ?

c) Quel a été l'écart de température pendant cette belle journée d'automne ?

Capsule D'ÉVALUATION **1**

LE TÉLÉPHONE PORTATIF

Afin qu'un téléphone portatif puisse assurer une bonne communication, la pile doit avoir une charge équivalant à au moins 30 % de sa capacité maximale.

Voici le graphique de la charge (*C*) d'une pile en fonction de son temps (*t*) d'utilisation :

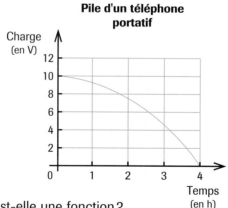

Pile d'un téléphone portatif

a) Pourquoi cette relation est-elle une fonction ?

b) Donne une description verbale de cette fonction.

c) Construis la table de valeurs pour les valeurs entières de la variable indépendante.

d) Si la règle de cette fonction *f* est $C = -0,625t^2 + 10$, écris cette règle en notation fonctionnelle.

e) D'après le graphique, évalue la valeur correspondant à $f(2,5)$.

f) Après combien de temps d'utilisation est-il préférable de recharger la pile d'un téléphone portatif ?

DOMAINE ET CODOMAINE D'UNE FONCTION

Le bénévolat, une seconde profession!

Chaque année, une municipalité fête les bénévoles qui ont oeuvré dans différents secteurs de la vie communautaire. Cette année, 7 personnes sont à l'honneur. On remet à 3 de ces personnes un prix de 300 $ et l'on fait tirer un prix de 200 $ parmi les autres. On demande à ces dernières de choisir un numéro entre 1 et 10. Voici le graphique sagittal de la relation associant à chacune de ces personnes le numéro choisi.

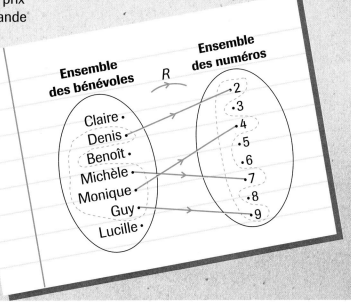

Combien de personnes font du bénévolat au Québec?

a) Quelles sont les personnes qui ont reçu un prix de 300 $? Justifie ta réponse.

b) Quel est l'ensemble de départ de la relation *R*? l'ensemble d'arrivée de cette relation?

c) Quel est le domaine de cette relation ou l'ensemble des personnes qui ont choisi un numéro?

d) Quel est le codomaine de cette relation ou l'ensemble des numéros qui ont été choisis?

Le bon déroulement du Tour de l'Île de Montréal est assuré grâce au travail de 4000 bénévoles.

Une fonction fait intervenir deux ensembles : un ensemble de départ et un ensemble d'arrivée. Les éléments de l'ensemble de départ qui sont l'**origine** d'un couple forment le **domaine** de la fonction. Les éléments qui sont l'**extrémité** d'un couple forment le **codomaine** ou l'**image** de la fonction.

Le domaine et le codomaine sont très souvent identiques à l'ensemble de départ et l'ensemble d'arrivée.

Une tarification spéciale

L'entreprise Électron est spécialisée en télécommunications. Elle fait la location de téléphones cellulaires. Elle établit sa tarification sur une période de 30 jours et elle la subdivise de la façon suivante.

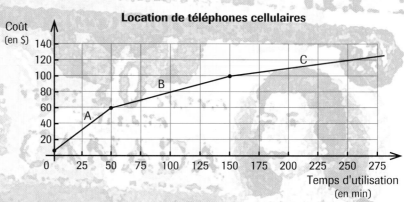

a) Quel est approximativement le montant de la facture pour une utilisation de 0 min ? Que représente ce montant par rapport au contexte ?

b) Quel intervalle de temps d'utilisation correspond à chacune des parties A, B et C de la courbe ?

c) Quel intervalle de coûts correspond à chacun de ces intervalles de temps ?

d) Quel est le coût d'utilisation de 1 min pour chaque partie de la courbe ?

e) Sur quel intervalle de temps la tarification est-elle la moins chère ?

f) À la limite, qu'adviendrait-il du montant de la facture d'un client ou d'une cliente qui utiliserait sans arrêt son téléphone cellulaire si la tarification en C se maintenait indéfiniment ?

g) Si chaque tarification est considérée comme une fonction différente, détermine le domaine et le codomaine de chacune.

h) Si l'on considère les trois tarifications comme une fonction unique, détermine le domaine et le codomaine de cette fonction.

On s'intéresse particulièrement aux fonctions entre deux ensembles de nombres. Le plus souvent, le domaine et le codomaine de telles fonctions sont des **intervalles** de l'ensemble des nombres réels. À la limite, ils peuvent être l'ensemble des nombres réels positifs $\mathbb{R}_+$, ou l'ensemble des nombres réels négatifs $\mathbb{R}_-$, ou tout l'ensemble des nombres réels $\mathbb{R}$.

On définit plus précisément le domaine et le codomaine d'une fonction de la façon suivante :

Domaine : ensemble de toutes les valeurs que prend la variable **indépendante** de la fonction. C'est aussi l'ensemble des valeurs qui ont une image par la fonction. Le domaine d'une fonction f est noté **dom f.**

De façon formelle, on écrit : dom $f = \{x \mid (x, f(x)) \in f\}$.

Codomaine ou **image : ensemble** de toutes les valeurs que prend la variable **dépendante** de la fonction. C'est l'ensemble des images des éléments du domaine. Le codomaine d'une fonction f est noté **codom f** ou **ima f.**

De façon formelle, on écrit : codom $f = \{f(x) \mid (x, f(x)) \in f\}$
ou ima $f = \{f(x) \mid (x, f(x)) \in f\}$.

Investissement 4

1. Détermine le domaine et l'image de chacune de ces fonctions.

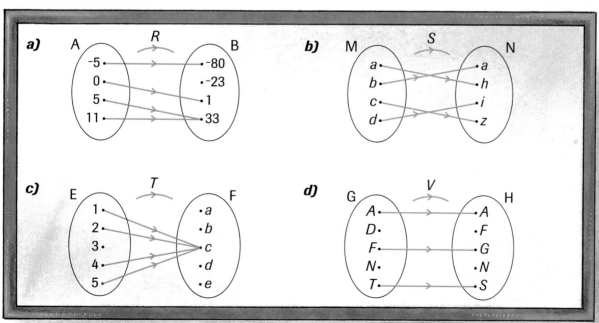

2. Détermine le domaine et le codomaine de chacune de ces fonctions.

a) $f_1 = \{(2, 3), (4, 7), (8, 7)\}$

b) $f_2 = \{(-2, -3), (-1, -2), (0, -1), (1, 0)\}$

c) $f_3 = \{(a, b), (c, d), (e, f), (g, f)\}$

d) $f_4 = \{(a, A), (b, B), (c, C), ..., (z, Z)\}$

3. Détermine le domaine et le codomaine des fonctions représentées par ces graphiques cartésiens.

a)

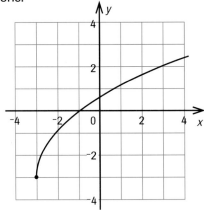

b)

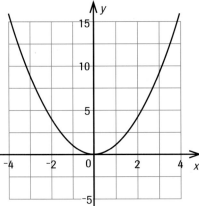

c)

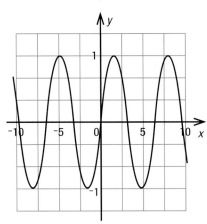

d)

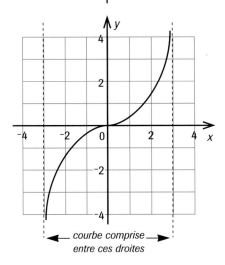

courbe comprise → entre ces droites

4. Chaque situation décrite ci-dessous appelle un modèle mathématique.

Dans chaque cas, donne le domaine et l'image de la fonction choisie :

1° si l'on se réfère au modèle mathématique qu'on a représenté ;

2° si l'on ne considère que la partie du modèle qui convient à la situation.

a) Un groupe d'amis ont gagné à la loterie. La part (P) de chacun peut être calculée à l'aide de la règle $P = 5000/n$, dans laquelle n est le nombre de personnes faisant partie du groupe.

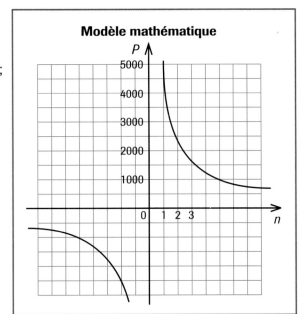

Modèle mathématique

b) La distance D, en kilomètres, parcourue par une fusée durant les 10 premières minutes de son lancement est calculée à l'aide de la règle $D = 50t^2$, où t représente le temps écoulé, en minutes, depuis le début du lancement.

c) Le salaire d'une vendeuse au magasin *Belleau* est de 8 \$/h. La règle de la fonction permettant de déterminer le salaire (S) d'une vendeuse de ce magasin selon le temps de travail, en heures, est $S = 8t$.

d) Le coût de location (C) d'une voiture comporte des frais fixes de 40 \$ et des frais additionnels de 15 ¢ par kilomètre. Ainsi, la règle associée à la somme que doit débourser une personne pour la location d'une voiture en fonction de la distance parcourue en kilomètres correspond à $C = 0,15d + 40$.

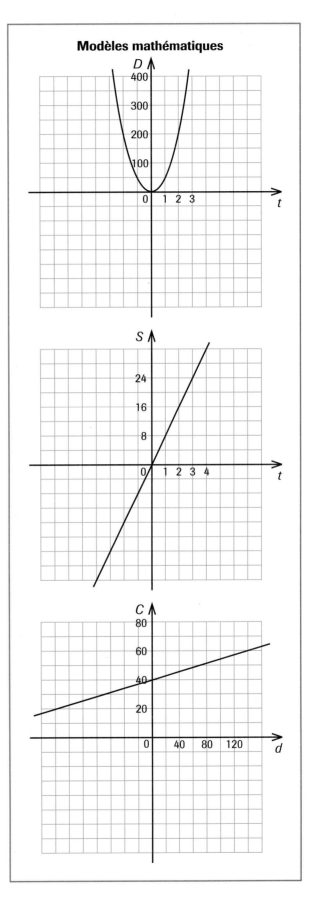

Modèles mathématiques

5. L'écran d'une calculatrice montre les graphiques à partir de valeurs que l'on fixe soi-même. Il ne faut pas oublier que cette fenêtre ne montre généralement qu'une partie du graphique. Aussi, **on ne doit pas confondre le domaine ou le codomaine d'une fonction avec les valeurs de cette fenêtre.** On donne les valeurs de la fenêtre. En changeant ces valeurs, on peut se rendre compte que la courbe se prolonge à l'infini selon la tendance observée. Détermine le domaine et le codomaine de chacune des fonctions représentées sur les écrans suivants.

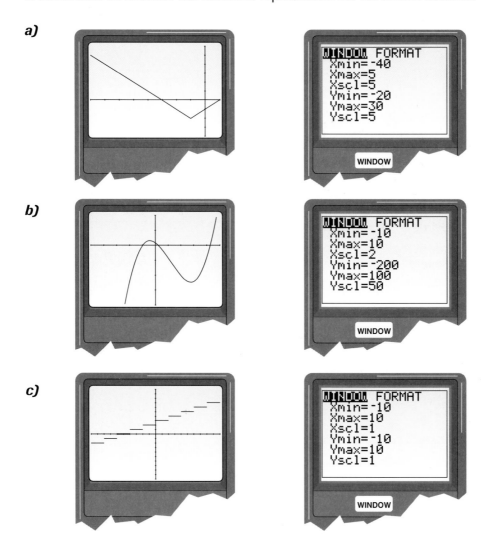

a)

WINDOW FORMAT
Xmin=-40
Xmax=5
Xscl=5
Ymin=-20
Ymax=30
Yscl=5

WINDOW

b)

WINDOW FORMAT
Xmin=-10
Xmax=10
Xscl=2
Ymin=-200
Ymax=100
Yscl=50

WINDOW

c)

WINDOW FORMAT
Xmin=-10
Xmax=10
Xscl=1
Ymin=-10
Ymax=10
Yscl=1

WINDOW

6. Voici des fonctions décrites dans le contexte d'une situation. Donne la règle, puis précise le domaine et le codomaine de chacune si on la restreint au contexte de la situation.

a) On considère la fraction obtenue en divisant une unité par l'un des dix chiffres (0 à 9).

b) Dans un magasin, on offre une réduction de 25 % sur tout achat. On considère la fonction entre le montant de l'achat et le montant de la réduction. La valeur totale des articles de ce magasin est de 1 M$.

▶ FORUM

Une fonction est souvent considérée comme un processus *f* qui associe une image à une valeur de l'ensemble de départ. Si le processus n'aboutit pas pour certaines valeurs de l'ensemble de départ, on dit que la fonction n'est pas définie pour ces valeurs. Ceci se reflète parfois dans le codomaine.

a) Pour quelles valeurs de IR, les fonctions suivantes ne sont-elles pas définies ? Justifiez votre réponse.

$$1)\ f(x) = \frac{1}{x} \qquad\qquad 2)\ g(x) = \sqrt{x} \qquad\qquad 3)\ h(x) = \frac{x+2}{x+1}$$

b) Déterminez le domaine et le codomaine de chacune des fonctions précédentes.

LES COORDONNÉES À L'ORIGINE D'UNE FONCTION

Des degrés Celsius en degrés Fahrenheit

Autrefois, au Québec, on utilisait les degrés Fahrenheit pour mesurer la température. Aujourd'hui, on utilise les degrés Celsius. La règle $F = \frac{9}{5}C + 32$ permet la conversion en degrés Fahrenheit (F) de températures exprimées en degrés Celsius (C).

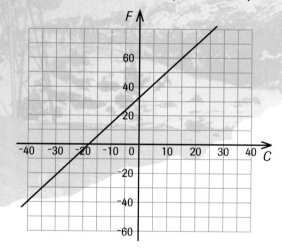

a) Quelle température en degrés Fahrenheit correspond à 0 °C ?

b) Quelle température en degrés Celsius correspond à 0 °F ?

c) Dans le graphique, où peut-on lire les réponses aux deux questions précédentes ?

Les points d'intersection du graphique d'une fonction avec les axes correspondent à des caractéristiques importantes des fonctions.

Les points d'intersection de la courbe de la fonction avec l'axe des abscisses nous informent des **zéros** de la fonction. Le point d'intersection avec l'axe des ordonnées nous informe, quant à lui, de la **valeur initiale** de la fonction. Plus précisément, ces notions sont définies comme suit :

On appelle **zéro,** ou **abscisse à l'origine** d'une fonction quelconque *f*, chacune des abscisses qui annule la variable dépendante. Symboliquement, un zéro est une valeur de *x* telle que $f(x) = 0$.

On appelle **valeur initiale,** ou **ordonnée à l'origine** d'une fonction quelconque *f,* l'ordonnée qui correspond à 0. Symboliquement, l'ordonnée à l'origine est la valeur de *y* ou de $f(x)$ telle que $x = 0$.

d) En suivant la courbe d'une fonction à l'aide du curseur dans l'écran d'une calculatrice à affichage graphique, il est possible d'obtenir de bonnes approximations des zéros et de la valeur initiale. Voici le graphique de la fonction dont la règle est $Y_1 = \text{-abs}\,(x + 3) + 3{,}5$. Donne une approximation de chacun des zéros et de la valeur initiale de cette fonction.

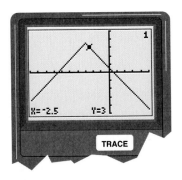

Investissement 5

1. Évalue approximativement le ou les zéros et la valeur initiale de chaque fonction illustrée.

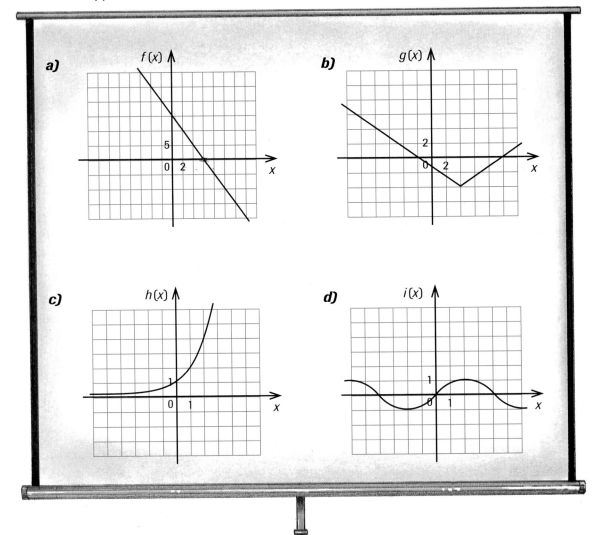

2. On a illustré des écrans provenant d'une calculatrice à affichage graphique. Estime les abscisses et les ordonnées à l'origine de ces fonctions.

a)
b)
c)
d)

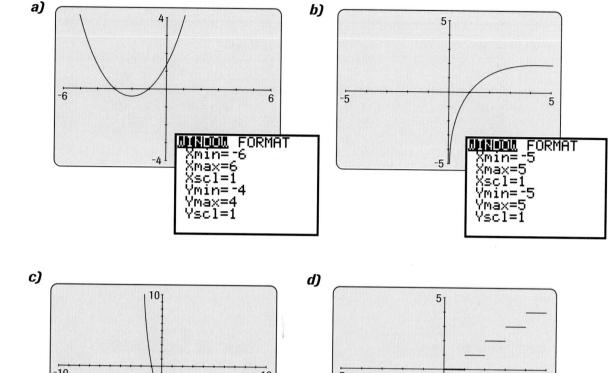

3. On a établi les tables de valeurs suivantes pour des fonctions. À partir de ces tables, trouve les zéros et les valeurs initiales.

a)
b)
c)

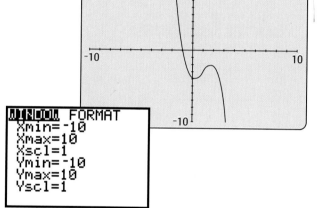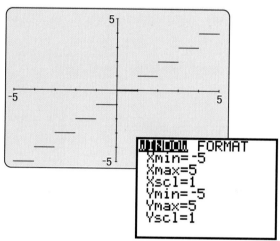

4. Peut-on dire que toutes les fonctions de variation directe ont les mêmes coordonnées à l'origine? Explique ta réponse.

5. Détermine le zéro et la valeur initiale de la fonction définie par $f(x) = 2x - 4$.

6. En portant le curseur d'une calculatrice à affichage graphique sur la courbe ou en utilisant une table de valeurs, détermine une approximation à une décimale des zéros et de la valeur initiale de la fonction définie par $Y_1 = |x - 2| - 5$.

7. On a fait afficher les graphiques de certaines fonctions. Détermine une approximation au dixième près des coordonnées à l'origine de ces fonctions.

a) $Y_1 = x^2 - 3x$

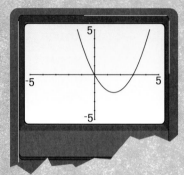

b) $Y_2 = \sqrt{(x + 2)} - 3$

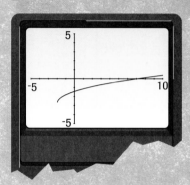

c) $Y_3 = (x - 1)(-x + 5) - 1$

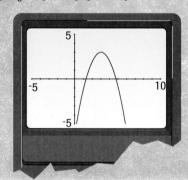

d) $Y_4 = x^3 - 4x^2 + 5$

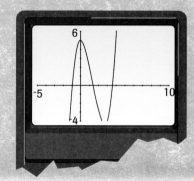

► **FORUM**

a) Une fonction peut-elle avoir plusieurs valeurs initiales? Justifiez votre réponse.

b) Que peut-on dire d'une fonction qui n'a pas de zéro?

c) Tracez le graphique d'une fonction qui n'a pas de zéro ni de valeur initiale.

d) Voici la fonction définie par $f(x) = 2x + 4$. Quel lien y a-t-il entre le zéro de cette fonction et la solution de l'équation $2x + 4 = 0$?

e) Est-il vrai que les zéros d'une fonction f sont les solutions de l'équation $f(x) = 0$?

CROISSANCE ET DÉCROISSANCE D'UNE FONCTION

Périple sur la Lune

Le 21 juillet 1969, à 02:56:20 au cadran du Temps universel, sous le regard fasciné de près de un milliard de téléspectateurs et téléspectatrices, l'astronaute américain Neil Armstrong pose le pied sur le sol lunaire dans la mer de la Tranquillité. «C'est un petit pas pour l'homme, mais un bond de géant pour l'humanité», dit-il. Euphorique, Armstrong fit ses premiers pas en rebondissant comme un ballon de plage. La cause en était bien simple : l'attraction lunaire est environ 6 fois moins forte que l'attraction terrestre.

a) Détermine la règle de la fonction entre les poids de différents objets sur la Terre et sur la Lune.

Voici le graphique cartésien de cette fonction et l'illustration de trois taux de variation :

Les matériaux lunaires rapportés par les astronautes des différentes missions Apollo contiennent les mêmes éléments chimiques que la croûte terrestre mais en proportions très éloignées. Ceci confirme que la Lune n'a pas évolué de la même manière que la Terre.

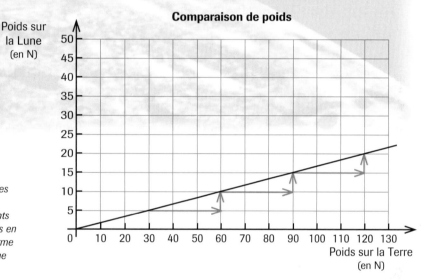

Sur la Terre, le poids, en newtons, est à peu près 10 fois le nombre exprimant la masse. Ainsi, une personne qui pèse 50 kg a un poids de près de 500 N.

b) Que peut-on affirmer à propos des taux de variation dans cette fonction ?

c) Quel est l'effet principal d'un taux de variation constant dans le graphique d'une fonction ?

d) Quel est le taux de variation des poids sur la Lune ?

e) Que nous indique un taux de variation ? Explique ta réponse.

La chaîne de montage

Dans une usine, on essaie constamment d'améliorer la productivité. Ainsi a-t-on réalisé une expérience sur une chaîne de montage. On veut déterminer le nombre idéal de personnes à affecter à cette chaîne. Chaque heure, on augmentait le nombre de travailleurs et de travailleuses et on mesurait la production.

Usine de fabrication d'appareils électroménagers.

Voici le graphique obtenu:

a) Dans ce contexte, que représente un taux de variation? Explique ta réponse.

b) Calcule les taux de variation correspondant aux 7 zones indiquées.

c) Sur quel intervalle de la variable indépendante le taux de variation est-il:

1) positif? 2) nul? 3) négatif?

d) Sur un intervalle donné, que peut-on dire de la courbe, si le taux de variation est toujours:

1) positif? 2) nul? 3) négatif?

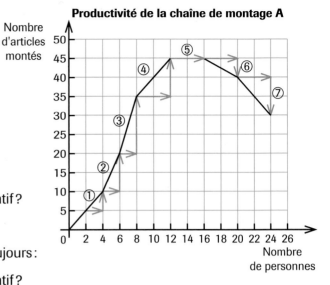

Productivité de la chaîne de montage A

Nombre d'articles montés

Nombre de personnes

Lorsque la courbe d'une fonction monte, on dit que la fonction est **croissante.** De même, lorsqu'elle descend, on qualifie la fonction de **décroissante.** Si elle ne monte pas ni ne descend, on dit que la fonction est à la fois croissante et décroissante, ou **constante.** Ces notions sont définies mathématiquement de la façon suivante:

Le symbole ∀ est utilisé pour remplacer les mots «Pour tout».

Une fonction f est dite **croissante** sur un intervalle donné du domaine si, pour toutes valeurs x_1 et x_2 de cet intervalle, $x_1 < x_2$ implique $f(x_1) \leq f(x_2)$. Symboliquement, on écrit:
$$\forall\ x_1, x_2 \in [a, b]: x_1 < x_2 \Rightarrow f(x_1) \leq f(x_2)$$

Une fonction f est dite **décroissante** sur un intervalle donné du domaine si, pour toutes valeurs x_1 et x_2 de cet intervalle, $x_1 < x_2$ implique $f(x_1) \geq f(x_2)$. Symboliquement, on écrit:
$$\forall\ x_1, x_2 \in [a, b]: x_1 < x_2 \Rightarrow f(x_1) \geq f(x_2)$$

On peut aussi parler de croissance et de décroissance strictes, en excluant la possibilité d'égalité dans chaque cas.

Une fonction qui est à la fois croissante et décroissante sur un intervalle donné est dite **constante** sur cet intervalle.

Une fonction f est dite **constante** sur un intervalle donné du domaine si, pour toutes valeurs x_1 et x_2 de cet intervalle, $x_1 < x_2$ implique $f(x_1) = f(x_2)$. Symboliquement, on écrit:
$$\forall\ x_1, x_2 \in [a, b]: x_1 < x_2 \Rightarrow f(x_1) = f(x_2)$$

e) Voici un écran d'une calculatrice affichant le graphique de la fonction définie par $Y_1 = 2\sin \pi x$ sur l'intervalle [-2, 2]. Détermine les intervalles de croissance et de décroissance de la fonction.

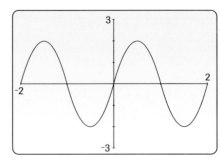

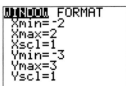

WINDOW FORMAT
Xmin=-2
Xmax=2
Xscl=1
Ymin=-3
Ymax=3
Yscl=1

On peut suivre les variations des variables avec le curseur ou en affichant la table de la fonction.

f) Détermine la variation de Y_1 sur [-2, -1,5].

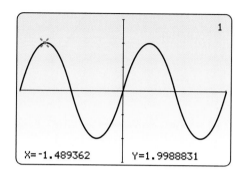

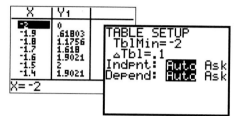

Il est important de fixer la valeur de départ et le pas de variation de la variable x.

g) Montre que le taux de variation de cette fonction n'est pas constant sur l'intervalle [-2, -1,5], en complétant la table ci-contre.

x	y_1	Taux de variation
-2	0	
-1,9	0,618	$0,618 \div 0,1 = 6,18$
-1,8	1,176	
-1,7	1,618	
-1,6	1,902	
-1,5	2	

Investissement 6

1. Détermine les intervalles de croissance des fonctions suivantes sur $\mathbb{R}$.

a)

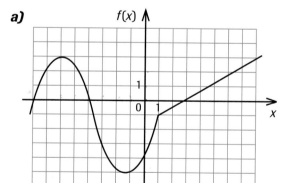

b)

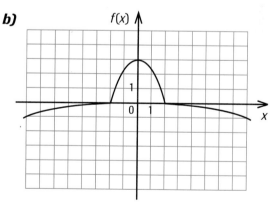

2. Détermine les intervalles de décroissance des fonctions suivantes sur $\mathbb{R}$.

a)

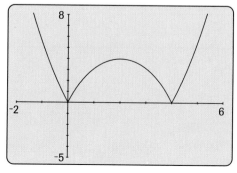

b)

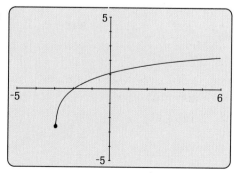

3. Trace une fonction croissante sur $]-\infty, -3]$, décroissante sur $[-3, 3]$ et constante sur $[3, +\infty[$.

4. Donne une représentation graphique d'une fonction qui est constamment croissante, mais qui n'est pas une droite.

5. Édite la fonction définie par $Y_1 = x^3 - 9x$ sur une calculatrice à affichage graphique, et trouve les intervalles de croissance et de décroissance de cette fonction.

 ► FORUM

a) Est-il vrai que la fonction représentée ci-contre est constamment croissante ?
Justifiez votre réponse.

b) Peut-on tracer une fonction qui est à la fois croissante et décroissante sur $\mathbb{R}$? Si oui, illustrez votre réponse.

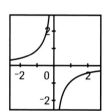

LES EXTREMUMS D'UNE FONCTION

Un ovni !

« En 1976, en Iran, les pilotes de deux *Phantom* ont reçu l'ordre d'intercepter un ovni repéré à 10 500 m d'altitude. L'engin avait la forme d'un cigare et mesurait entre 100 m et 150 m de long. Les pilotes ont aussitôt lancé un missile air-air en sa direction. L'ovni riposta en neutralisant tous les systèmes électroniques, sauf le système de pilotage. L'ovni ralentit et laissa échapper un petit vaisseau sphérique qui, après quelque temps, regagna le vaisseau-mère. L'engin s'enfuit à grande vitesse, disparaissant à tout jamais... »

(Tiré de *Inexpliqués*, Éditions Atlas, no 4, 1981.)

Légende ou réalité ? On ne peut encore le dire. Voici le graphique illustrant l'altitude d'un ovni en fonction du temps écoulé depuis le moment où il a été repéré par un système radar jusqu'au moment de sa disparition.

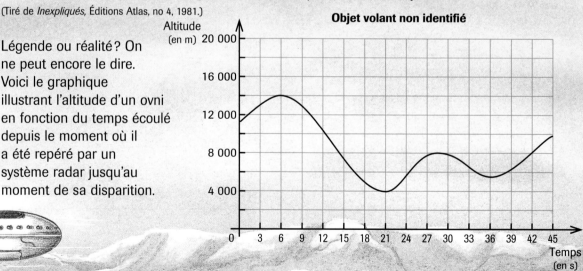

a) Pourquoi peut-on être assuré qu'il s'agit ici d'une fonction ?

b) Durant les 45 s où l'ovni était visible, quelle fut son altitude maximum ? son altitude minimum ?

On appelle respectivement **maximum** et **minimum absolus** d'une fonction f sur un intervalle [a, b] la plus grande et la plus petite image pour cet intervalle, si elles existent.

On dit qu'une fonction f a un **maximum absolu** en x_1 d'un intervalle [a, b] si, et seulement si, pour tout x appartenant à [a, b], on a $f(x_1) \geq f(x)$.

Symboliquement, on écrit : max $f = f(x_1) \Leftrightarrow \forall x \in$ [a, b] : $f(x_1) \geq f(x)$.

De même, une fonction f a un **minimum absolu** en x_1 d'un intervalle [a, b] si, et seulement si, pour tout x appartenant à [a, b], on a $f(x_1) \leq f(x)$.

Symboliquement, on écrit : min $f = f(x_1) \Leftrightarrow \forall x \in$ [a, b] : $f(x_1) \leq f(x)$.

Il arrive parfois que ce minimum ou ce maximum n'existe pas.

On utilise le terme **extremum** pour désigner sans distinction un minimum ou un maximum.

On parle également de **maximum relatif** pour désigner l'ordonnée de tout sommet de la fonction qui, étant croissante avant ce sommet, devient immédiatement décroissante après ce sommet.

c) Donne une définition de minimum relatif et un exemple à partir du graphique de la situation présentée à la page précédente.

Investissement 7 ....

1. Détermine le maximum ou le minimum absolu pour chacune des fonctions illustrées.

a)

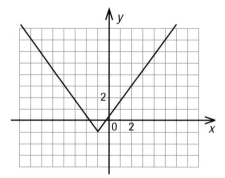

b)

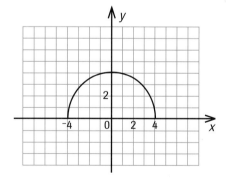

2. Détermine le maximum ou le minimum absolu des fonctions suivantes sur l'intervalle de la fenêtre.

a)

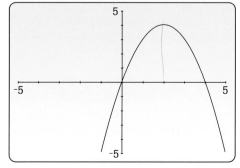

b)

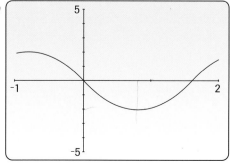

3. Indique laquelle des deux fonctions a un extremum absolu sur ℝ et décris cet extremum.

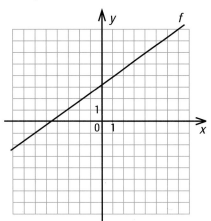
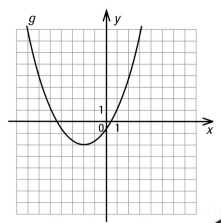

4. En te référant à la question précédente, indique pourquoi la fonction *f* n'a pas d'extremum absolu.

5. Pour la fonction illustrée ci-contre, indique si oui ou non il y a:

   a) un minimum absolu sur ℝ;

   b) un maximum absolu sur ℝ;

   c) un minimum relatif sur [0, 3];

   d) un maximum relatif sur [0, 3].

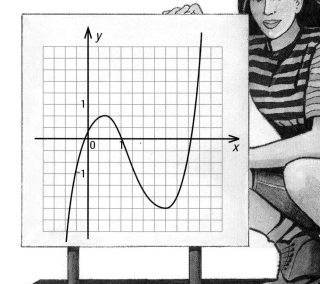

6. À l'aide d'une calculatrice à affichage graphique, édite la fonction définie par $Y_1 = {}^-2x^2 + 3x$. En utilisant le curseur, évalue son extremum.

 ▶ **FORUM**

a) Voici les graphiques de deux fonctions. Ces fonctions ont-elles des maximums ou des minimums absolus? relatifs? Justifiez votre réponse.

1)

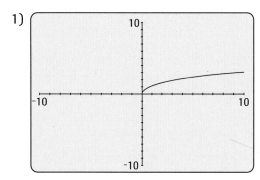

2)

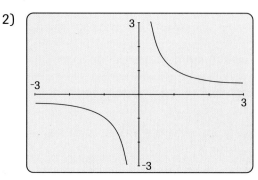

b) Une fonction peut-elle atteindre plus d'une fois un même maximum absolu? Si oui, tracez le graphique d'une telle fonction.

LES SIGNES D'UNE FONCTION

Créer sa propre entreprise

Lorsqu'Isabelle a terminé ses études universitaires, elle a fait plusieurs demandes d'emploi. Elles furent toutes infructueuses. Aussi, décida-t-elle de miser sur elle-même en créant sa propre entreprise. Le graphique suivant raconte l'histoire des avoirs d'Isabelle par rapport au temps écoulé depuis la fin de ses études.

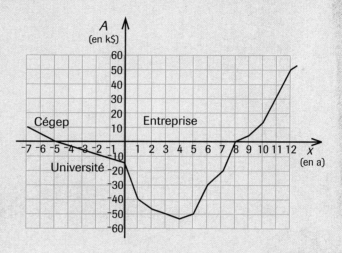

On estime qu'en l'an 2000, les travailleurs et travailleuses autonomes représenteront plus de 40 % de la population active au Québec.

a) Décris l'histoire des avoirs d'Isabelle à partir du graphique ci-dessus.

b) Donne les intervalles pendant lesquels les avoirs d'Isabelle sont positifs.

c) Donne l'intervalle pendant lequel ses avoirs sont négatifs.

d) Quels sont les zéros de cette fonction ?

Une fonction peut prendre des valeurs positives, nulles et négatives.

Une fonction f est dite **positive** sur un intervalle donné lorsque $f(x)$ est une valeur positive pour les valeurs de cet intervalle. Symboliquement, on écrit :
$$f \text{ est positive sur } [a, b] \Leftrightarrow \forall x \in [a, b] : f(x) \geq 0.$$

Une fonction f est dite **négative** sur un intervalle donné lorsque $f(x)$ est une valeur négative pour les valeurs de cet intervalle. Symboliquement, on écrit :
$$f \text{ est négative sur } [a, b] \Leftrightarrow \forall x \in [a, b] : f(x) \leq 0.$$

On peut également parler de fonction f strictement positive ou strictement négative lorsque $f(x)$ ne prend pas la valeur 0.

1. Indique sur quel intervalle de la variable indépendante la fonction représentée est négative.

a)
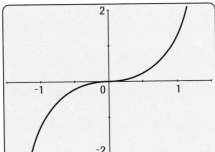

b)
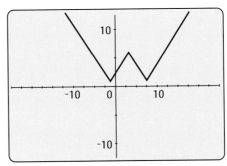

2. Indique sur quel intervalle de la variable indépendante la fonction est positive.

a)
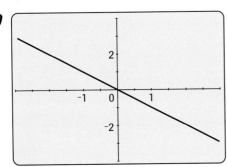

b)
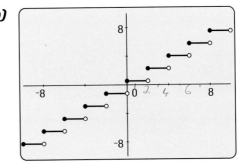

3. Sur quel intervalle de la variable indépendante la fonction est-elle :

    a) positive ?   **b)** nulle ?

    c) négative ?   **d)** croissante ?

    e) décroissante ?

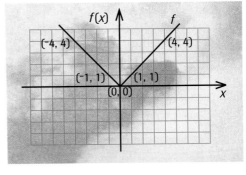

4. Trace, à main levée, le graphique d'une fonction qui est :

    a) croissante et strictement négative ;   **b)** décroissante et strictement positive.

5. La fonction f est définie comme suit : $f(x) = 2x + 3$.
Détermine sur quel intervalle :

    a) $f(x) > 0$ **b)** $2x + 3 \leq 0$

6. En utilisant le graphique ou
la table d'une calculatrice
à affichage graphique, détermine
sur quel intervalle la fonction f
définie par $f(x) = {-0,5}x - 2$
est négative.

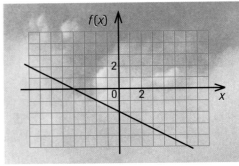

▶ FORUM

La fonction *f* illustrée ci-contre est définie par $f(x) = x^2 - 3x - 4$.

a) Déterminez pour quelles valeurs de *x* on a :

1) $x^2 - 3x - 4 < 0$

2) $x^2 - 3x - 4 = 0$

3) $x^2 - 3x - 4 > 0$

b) Tracez un graphique d'une fonction *g* montrant les valeurs de *x* qui font que $2x^2 - 3x < 0$.

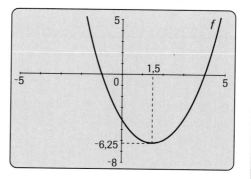

L'ALLURE DE LA COURBE D'UNE FONCTION

Des carrés de cure-dents

Naomi s'est amusée à construire des carrés à l'aide de cure-dents. Elle a compté le nombre de cure-dents nécessaires pour chaque construction.

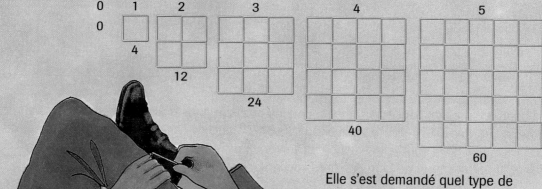

Elle s'est demandé quel type de relation pouvait exister entre la longueur du côté d'un carré (en unités de cure-dents) et le nombre de cure-dents utilisés pour le construire. À partir de la table de données ci-dessous, elle a recherché la règle de cette fonction.

Elle a trouvé la règle $f(x) = 2x^2 + 2x$.

L1	L2	L3
1	4	------
2	12	
3	24	
4	40	
5	60	
------	------	------

L1(1)=1

a) À l'aide des valeurs de la table, vérifie si cette règle décrit bien cette relation.

Naomi s'est empressée de faire afficher le graphique de cette fonction.

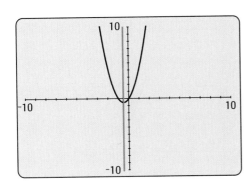

La courbe de ce modèle mathématique possède certaines caractéristiques.
Ainsi, on observe qu'elle est symétrique par rapport à une droite verticale. Cette droite verticale est appelée axe de symétrie.

b) Souvent, la courbe d'une fonction présente certaines caractéristiques ou régularités. Qu'ont de particulier les courbes des fonctions suivantes?

1)
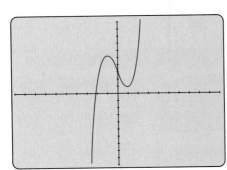

2)
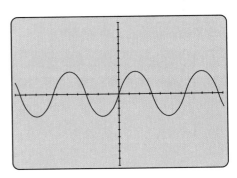

La courbe correspondant à certaines fonctions possède parfois différentes caractéristiques, telles qu'un **axe de symétrie** vertical ou diagonal. Cette caractéristique facilite la construction manuelle de la courbe et le calcul des images dans la table de valeurs. Souvent, la symétrie permet aussi de faire des prédictions dans certaines situations réelles.

Investissement 9 ....

1. Décris la position de l'axe de symétrie de la courbe des fonctions suivantes.

a)
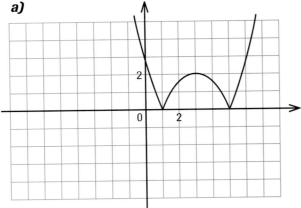

b)
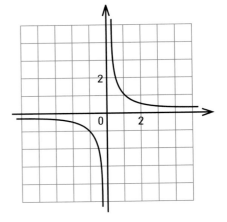

2. Les courbes suivantes possèdent-elles un axe de symétrie ? Si oui, décris la position de ces axes.

a)

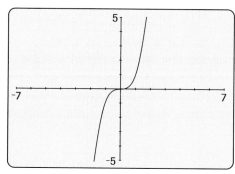

b)

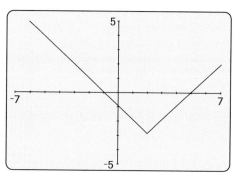

3. Détermine si la courbe de chaque fonction peut être qualifiée de symétrique par rapport à chacun des deux axes du plan cartésien.

a)

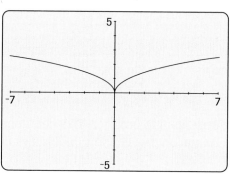

b)

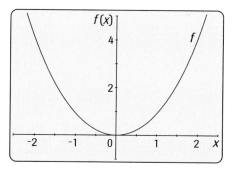

4. Voici le graphique d'une fonction *f* du second degré dont l'équation est $f(x) = x^2$.

a) Calcule $f(2)$ et $f(-2)$.

b) Donne deux autres paires d'abscisses qui ont la même image.

c) Quelle caractéristique possède la courbe de cette fonction ?

d) Décris la position de l'axe de symétrie de la courbe de cette fonction *f*.

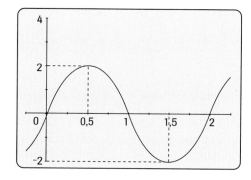

5. La table de valeurs ci-contre a été établie à partir d'une fonction définie par une expression algébrique contenant une valeur absolue.

a) Quelle est l'équation de cette fonction?

b) Trace le graphique de cette fonction.

c) Quelle caractéristique ont les coordonnées des points qui forment l'axe de symétrie de la courbe de cette fonction?

Feuille de calcul1

	A	B	C	D
1				
2				
3		*x*	*y*	
4		-3	2	
5		-2	1	
6		-1	0	
7		0	1	
8		1	2	
9		2	3	
10		3	4	
11				
12				
13				
14				
15				

6. Une droite verticale est décrite par l'équation représentant la propriété des coordonnées de ses points, c'est-à-dire $x =$ constante. Donne l'équation de l'axe de symétrie des courbes des fonctions ci-dessous.

a)

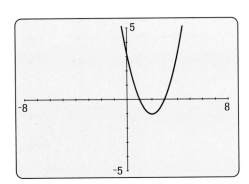

b)

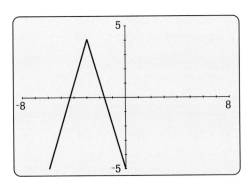

▶ FORUM

a) Est-il possible que la courbe d'une fonction soit symétrique par rapport à l'axe des *x*? Justifiez votre réponse.

b) Tracez le graphique d'une fonction qui est symétrique par rapport à la droite pour laquelle chaque point a une abscisse de 2.

On entend par **propriétés d'une fonction,** les éléments suivants.

Le domaine : ensemble des valeurs que prend la variable indépendante dans la fonction. Pour une fonction f, on le note **dom f.**

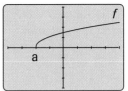

dom f = [a, $+\infty$[

Le codomaine ou image : ensemble des valeurs que prend la variable dépendante dans la fonction. Pour une fonction f, on le note **codom f** ou **ima f.**

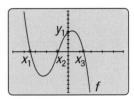

codom f = [b, $+\infty$[

Les coordonnées à l'origine : valeurs correspondant aux abscisses à l'origine (zéros) et à l'ordonnée à l'origine (valeur initiale) de la fonction.

- **Zéros :** abscisses dont l'image est 0.

- **Valeur initiale :** image de l'abscisse 0.

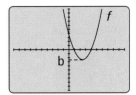

Zéros : x_1, x_2, x_3

Valeur initiale : y_1

Les intervalles de croissance, de décroissance et de constance : intervalles sur lesquels on étudie la variation de la fonction. Ces intervalles se donnent souvent sous la forme d'un tableau.

Intervalles	]$-\infty$, a]	[a, b]	[b, $+\infty$[
Variation	↘	↗	↘

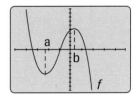

Les extremums : la plus grande (**maximum abs.**) ou la plus petite valeur (**minimum abs.**) que peut prendre la fonction, si ces valeurs existent. On peut parler aussi de maximum et de minimum relatifs d'une fonction.

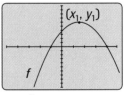

max f : y_1

Les signes de la fonction : la fonction est positive, nulle ou négative selon que la variable dépendante prend des valeurs positives, nulles ou négatives sur des intervalles donnés. Ces intervalles se donnent souvent sous la forme d'un tableau.

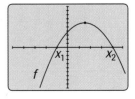

Intervalles	]$-\infty$, x_1]	x_1	[x_1, x_2]	x_2	[x_2, $+\infty$[
Signes	–	0	+	0	–

L'allure de la courbe : la courbe d'une fonction peut présenter diverses caractéristiques telles que : droite, parabolique, ..., symétrique, etc.

MAÎTRISE 2

1 Calcule mentalement le résultat de ces expressions en utilisant une fraction ou un nombre décimal.

a) 25 % de 1232   **b)** 10 % de 48,54   **c)** 20 % de 3,45   **d)** 50 % de 0,96

2 Estime le résultat de ces expressions en arrondissant ou en décomposant le pourcentage. (Ex.: 26 % de 450 $\approx \frac{1}{4}$ x 440 = 110 $\approx$ 120)

a) 48 % de 504   **b)** 11 % de 189   **c)** 2 % de 0,46   **d)** 16 % de 38

3 Dans l'addition de deux fractions, un élève fait constamment l'erreur d'additionner les numérateurs ensemble et les dénominateurs ensemble. En utilisant la valeur de chaque fraction de l'addition ci-contre, montre-lui que cette façon de faire n'a pas de sens.

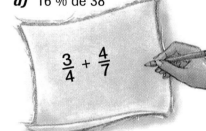

$$\frac{3}{4} + \frac{4}{7}$$

4 Détermine le domaine et le codomaine de chacune des fonctions suivantes.

a)

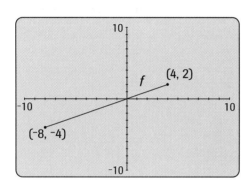

b)

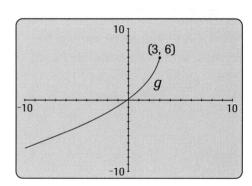

c)

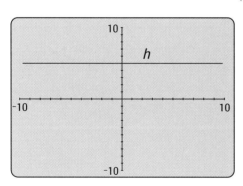

d)

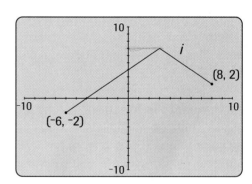

5 Soit $g(x) = {}^-2x + 3$.

a) Trace le graphique de cette fonction.

b) Quelle est la valeur initiale de cette fonction ?

c) Quel est le zéro de cette fonction ?

d) Cette fonction est-elle croissante ou décroissante ?

e) Étudie les signes de la fonction g sur IR.

6 Le graphique ci-contre représente le nombre de battements de coeur de Mireille la nuit dernière. Ces données ont été relevées à intervalles réguliers.

a) Dans cette situation, quelle est la valeur initiale?

b) Détermine l'intervalle correspondant à la nuit de sommeil de Mireille.

c) Trouve un intervalle qui peut être associé à un cauchemar.

d) Identifie les intervalles où la fonction est croissante, décroissante et constante pour cette nuit de sommeil.

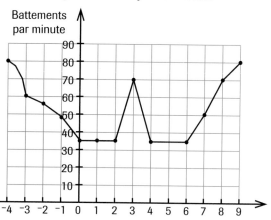

Rythme cardiaque de Mireille

Pendant une nuit de sommeil, le nombre de battements de coeur (par minute) diminue considérablement.

7 La valeur d'une voiture neuve payée 25 000 $, diminue de 25 % chaque année. On considère la relation entre la valeur (*V*) de la voiture et le nombre (*n*) d'années d'utilisation.

a) Quelle est la valeur initiale de cette fonction?

b) La courbe d'une telle fonction peut-elle couper l'axe des abscisses? Explique ta réponse.

c) La valeur *V* de cette voiture correspond à la règle $V = 25\ 000(0,75)^n$, où *n* représente le nombre d'années écoulées depuis l'achat. Détermine, à l'aide d'une calculatrice, la valeur de cette voiture après 3,5 ans.

d) Cette fonction est-elle croissante ou décroissante? Justifie ta réponse.

8 Voici une fonction définie sur un intervalle donné. Dans chaque cas, le curseur occupe un point spécial dans le graphique. Quelle information sur la fonction peut-on déduire de ce point?

a)

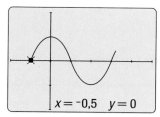

$x = -0,5 \quad y = 0$

b)

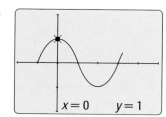

$x = 0 \quad y = 1$

c)

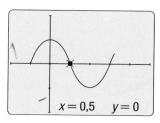

$x = 0,5 \quad y = 0$

d)

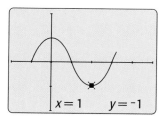

$x = 1 \quad y = -1$

e)

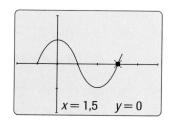

$x = 1,5 \quad y = 0$

9 En te référant aux graphiques du numéro 8, étudie la variation et les signes de cette fonction.

10 Détermine pour quelles valeurs de x, la fonction f est négative ($f(x) \leq 0$) dans chaque cas.

a)

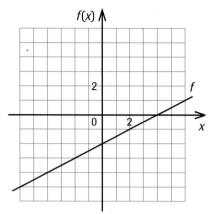

b)

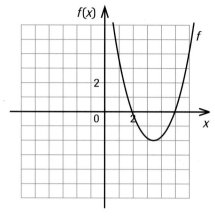

11 Trace le graphique d'une fonction f répondant aux conditions suivantes :

Zéros de f : -6, -2 et 6
Max. rel. de f : 4
Min. rel. de f : -6

x	]-∞, -4]	[-4, 2]	[2, +∞[
$f(x)$	➚	➘	➚
	croissante	décroissante	croissante

12 Voici les graphiques de deux fonctions f et g. Fais une étude complète de ces deux fonctions : domaine, codomaine, zéros, valeur initiale, extremums, variation, signes et caractéristiques de la courbe.

a)

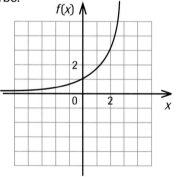

b)

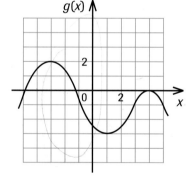

13 Trace le graphique d'une fonction h qui n'a pas de zéro et qui est décroissante sur ℝ.

14 Trace le graphique d'une fonction constamment négative et constamment croissante sur ℝ.

15 Est-il possible que la courbe d'une fonction coupe l'axe des x et qu'elle n'ait pas de zéro ? Justifie ta réponse.

16 Considérons des rectangles ayant la même hauteur mais une base différente. Comment varie alors la mesure de la diagonale d'un rectangle à l'autre ? Pour répondre à cette question, nous avons construit quatre rectangles de même hauteur et de base variable.

a) Calcule la mesure des diagonales de chaque rectangle.

Base (en cm)	Diagonale (en cm)
5	■
10	■
15	■
20	■

b) Représente cette situation dans un plan cartésien.

c) Le modèle mathématique qu'évoque cette situation est-il linéaire?

d) Fais une étude complète de cette fonction : domaine, codomaine, zéros, valeur initiale, extremums, croissance et décroissance, signes et caractéristiques de la courbe.

17 Fais afficher le graphique des fonctions définies par les règles suivantes.

$$f(x) = |x + 4| \quad g(x) = \sqrt{x^2 + 9} \quad h(x) = 2x + 8 \quad i(x) = x^4 + 2 \quad j(x) = 3x^2 - 7x$$

Parmi ces fonctions, lesquelles :

a) ont une courbe symétrique par rapport à un axe?

b) sont toujours positives?

18 Voici le graphique de la fonction f. En utilisant le graphique, réponds aux questions suivantes.

a) Que vaut $f(2)$?

b) Pour quelle valeur de x a-t-on $f(x) = 8$?

c) Donne les zéros de f.

d) Donne un intervalle pour lequel $f(x) > 0$.

e) Donne un intervalle pour lequel $f(x) < {}^-6$.

f) Donne deux intervalles pour lesquels la fonction f est croissante.

g) Donne, si elle existe, une valeur pour laquelle $f(x) = x$.

h) Évalue $f(f(1))$.

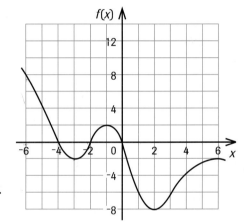

i) En supposant que la courbe maintient son allure et que la fonction est décroissante à partir de $x = 6$, quelle valeur correspond approximativement à $f(10)$?

19 L'INTELLIGENCE EST-ELLE INNÉE ?

Le graphique ci-contre représente le développement (en pourcentage) du cerveau humain en fonction de l'âge d'une personne.

a) Décris de quelle façon le cerveau humain se développe en fonction de l'âge.

b) Quelle est la valeur initiale de cette fonction?

c) À quoi correspond le zéro de cette fonction?

d) Cette fonction est-elle croissante tout au long de la vie d'un être humain? Justifie ta réponse.

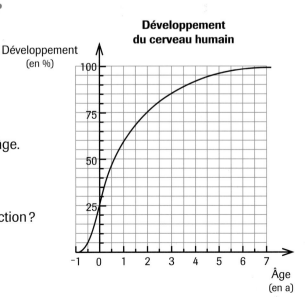

Développement du cerveau humain

Dès le troisième mois de la gestation, les neurones du cerveau humain se développent au rythme de 250 000 à la minute.

20 LE DIABÈTE, C'EST QUOI AU JUSTE ?

Pour déterminer si une personne est diabétique, on lui fait subir un test de tolérance au glucose. Le graphique suivant exprime le taux de glucose dans le sang d'une personne diabétique en fonction du temps écoulé depuis qu'on lui a administré 75 g de glucose.

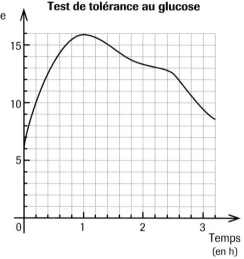

Une mole est l'unité SI de quantité de matière.

a) Combien de temps après l'injection du glucose le taux atteint-il son maximum ?

b) Quel est le taux de glucose dans le sang (en millimoles par litre) lorsqu'il atteint son maximum ?

c) Pour quel intervalle de temps le taux de glucose dans le sang est-il croissant ?

d) Est-il possible que cette fonction ait un zéro au-delà de trois heures après l'injection ? Explique ta réponse.

21 LES GRANDS PRIX DE FORMULE 1

Avant même d'effectuer des essais routiers en vue d'un Grand Prix, un coureur automobile doit analyser le circuit dans ses moindres détails pour déterminer où il pourra enclencher sa sixième vitesse. Il pourra également repérer les endroits permettant les dépassements et reconnaître les sections plus hasardeuses.

Le graphique suivant montre la relation existant entre la vitesse d'une voiture de formule 1 et la distance qu'elle a parcourue depuis la ligne «départ-arrivée».

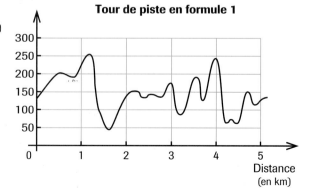

Jacques Villeneuve au Grand Prix du Brésil, en 1996.

a) Combien de virages serrés y a-t-il sur cette piste ?

b) Quelle est la valeur initiale de cette fonction ?

c) Concrètement, à quoi correspond une courbe croissante ? une courbe décroissante ?

d) Estime la vitesse maximale qu'un coureur de formule 1 peut atteindre sur cette piste.

e) Est-il possible que cette courbe corresponde à la vitesse d'une voiture de formule 1 lors du premier tour de la course ? Explique ta réponse.

f) Parmi les trajets qui sont illustrés ci-contre, lequel a été parcouru par notre pilote ?

Grand Prix d'Espagne

Grand Prix de France

Grand Prix de Saint-Marin

22 LE CIRCUIT GILLES-VILLENEUVE

Voici le tracé du circuit Gilles-Villeneuve de l'île Notre-Dame où se tient le Grand Prix de Montréal.

a) Pour lequel des tournants, la variation de la vitesse est-elle susceptible d'être la plus grande ?

b) Quels sont les endroits propices aux vitesses croissantes ?

c) Quels points du circuit peuvent correspondre au minimum et au maximum de la vitesse lors du premier tour ?

d) Trace le graphique de la vitesse d'une voiture de formule 1 en fonction de sa position sur la piste du circuit Gilles-Villeneuve au premier tour.

e) Sur combien d'intervalles la fonction est-elle croissante ?

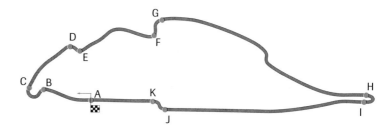

Circuit Gilles-Villeneuve. Gilles Villeneuve est le père de Jacques. Il est décédé en 1982 lors des essais en vue du Grand Prix de Belgique.

23 LE SON GÈLE-T-IL ?

À la suite de plusieurs expérimentations en milieu contrôlé, les physiciens et les physiciennes ont établi une équation permettant de connaître la relation entre la vitesse du son (*V*), en mètres par seconde, dans l'air et la température de l'air ambiant (*T*), en degrés Celsius, dans lequel les ondes sonores se propagent.

Cette équation est : $V = 331\sqrt{1 + {}^T/_{450}}$ avec $T \geq {}^-273$.

a) Décris toutes les propriétés de cette fonction (domaine, codomaine, zéro, valeur initiale, extremum, variation, signe et caractéristiques).

b) Dans une vallée, votre écho vous revient-il plus rapidement lorsqu'il fait froid que lorsqu'il fait chaud ?

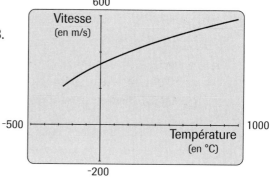

1. LES PRÉVISIONS

Le graphique suivant a été obtenu à la suite d'une étude de rentabilité effectuée pour la firme GTI. Un tel graphique permet à la présidente de prendre des décisions réfléchies quant au futur de l'entreprise.

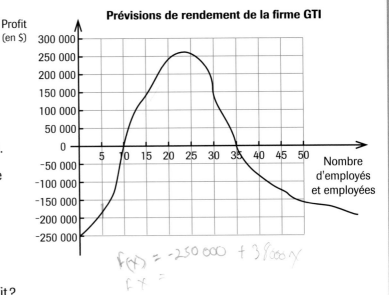

Prévisions de rendement de la firme GTI

Profit (en $)

Nombre d'employés et employées

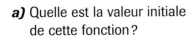

$f(x) = -250\,000 + 3\,8/000\,x$

a) Quelle est la valeur initiale de cette fonction?

b) Combien de personnes l'entreprise devrait-elle engager pour réaliser un profit maximum? De combien serait ce profit?

c) Quels sont les zéros de cette fonction?

d) Détermine sur quel intervalle cette fonction est croissante.

e) Détermine sur quel intervalle cette fonction est positive.

2. LA PLONGÉE DU HUARD

La courbe du graphique ci-dessous correspond au plongeon effectué par un huard pour capturer sa proie dans l'eau. En faisant correspondre la partie positive de l'axe des abscisses avec la surface de l'eau, le plongeon du huard peut être défini par $h(x) = (\frac{x}{2} - 3)^2 - 2$, où $h(x)$ représente la hauteur du huard par rapport à la surface de l'eau et x sa distance horizontale par rapport à la rive.

a) L'extremum de cette fonction correspond-il à un minimum ou à un maximum?

b) Détermine la valeur de cet extremum et explique ce qu'il représente par rapport à la situation.

c) Écris l'équation qui permet de déterminer à quelles distances de la rive le huard est entré et est sorti de l'eau.

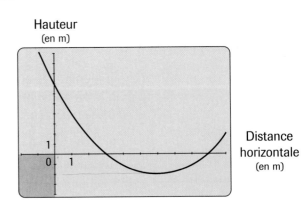

Hauteur (en m)

Distance horizontale (en m)

d) À l'aide de la représentation graphique de la fonction h, détermine approximativement les zéros de cette fonction.

e) En utilisant la règle de la fonction, détermine la hauteur (valeur initiale) du huard lorsqu'il passe au-dessus de la rive avant d'effectuer son plongeon.

 **RÔLE DES PARAMÈTRES D'UNE FONCTION**

TRANSFORMATIONS
DU PLAN
PARAMÈTRES
VS TRANSFORMATIONS

TRANSFORMATIONS DU PLAN

Le clown

Pas toujours facile le métier de clown!

a) Qu'a-t-on fait à la photo du clown
pour obtenir chacune des quatre
images suivantes?

1)

2)

3)

4)

Ces quatre images évoquent une transformation du plan qu'on appelle **changement
d'échelle.** On définit cette transformation de la façon suivante :

On appelle un **changement d'échelle** une transformation du plan telle que $(x, y) \mapsto (ax, by)$,
où a et b sont des constantes non nulles. Ces constantes sont appelées **facteurs** du
changement d'échelle.

Voici deux cas particuliers :

si $a = 1$, on a un **changement d'échelle vertical,** $(x, y) \mapsto (x, by)$;

si $b = 1$, on a un **changement d'échelle horizontal,** $(x, y) \mapsto (ax, y)$.

b) Trace l'image de chaque figure par le changement d'échelle donné.

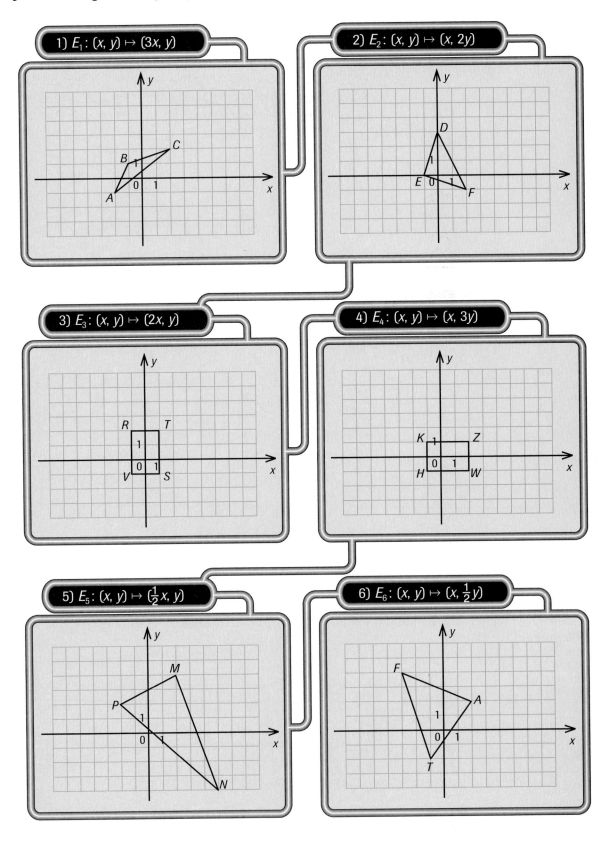

1) $E_1 : (x, y) \mapsto (3x, y)$

2) $E_2 : (x, y) \mapsto (x, 2y)$

3) $E_3 : (x, y) \mapsto (2x, y)$

4) $E_4 : (x, y) \mapsto (x, 3y)$

5) $E_5 : (x, y) \mapsto (\frac{1}{2}x, y)$

6) $E_6 : (x, y) \mapsto (x, \frac{1}{2}y)$

Feuille de travail 2 ....

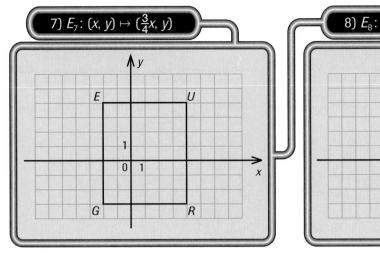

7) $E_7 : (x, y) \mapsto (\frac{3}{4}x, y)$

8) $E_8 : (x, y) \mapsto (x, \frac{1}{3}y)$

c)

On constate que certains changements d'échelle allongent les figures, alors que d'autres rétrécissent les figures.

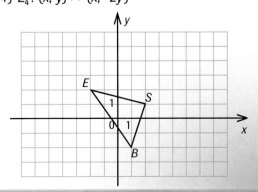

Détermine la caractéristique des facteurs d'un changement d'échelle qui :

1) allonge les figures ;

2) rétrécit les figures.

d) Pour chacun des changements d'échelle suivants, l'un des facteurs est négatif. Trace l'image de chacune des figures par le changement d'échelle donné et décris ce qui se produit.

1) $E_1 : (x, y) \mapsto (\text{-}x, y)$

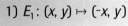

2) $E_2 : (x, y) \mapsto (x, \text{-}y)$

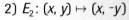

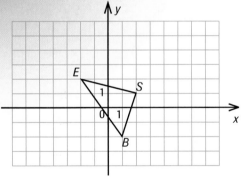

3) $E_3 : (x, y) \mapsto (\text{-}2x, y)$

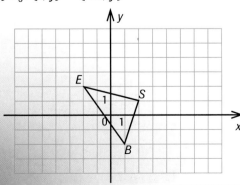

4) $E_4 : (x, y) \mapsto (x, \text{-}2y)$

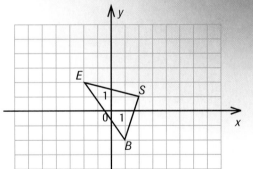

Feuille de travail 3 ....

e) Trace l'image des figures par le changement d'échelle donné et décris ce qui se produit.

1) $E_1 : (x, y) \mapsto (2x, 3y)$

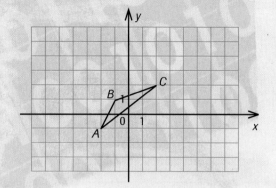

2) $E_2 : (x, y) \mapsto (3x, 2y)$

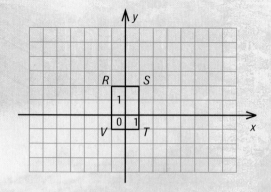

3) $E_3 : (x, y) \mapsto (-2x, -3y)$

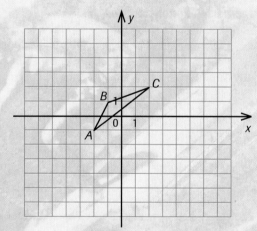

4) $E_4 : (x, y) \mapsto (-3x, -2y)$

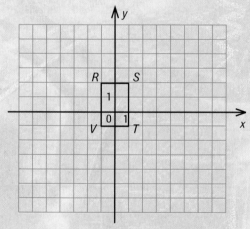

f) Pour chacun des changements d'échelle suivants, les deux facteurs sont les mêmes. Trace l'image de chacune des figures par le changement d'échelle donné et décris ce qui se produit.

1) $E_1 : (x, y) \mapsto (2x, 2y)$

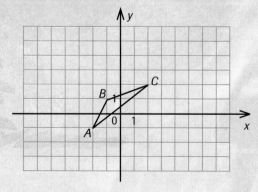

2) $E_2 : (x, y) \mapsto (-2x, -2y)$

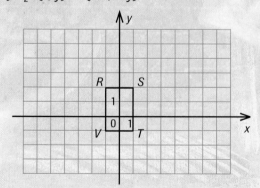

Feuille de travail 4 ....

Outre multiplier (ou diviser) les coordonnées *x* et *y* par une constante, on peut additionner (ou soustraire) une constante à ces coordonnées. On obtient alors les **translations** qu'on définit algébriquement ainsi :

> $t : (x, y) \mapsto (x + h, y + k)$ et dans les cas particuliers de :
>
> $h = 0$, on a une translation verticale ;
>
> $k = 0$, on a une translation horizontale.

g) Trouve l'image de chaque figure par la translation donnée.

1) $t_1 : (x, y) \mapsto (x + 3, y)$

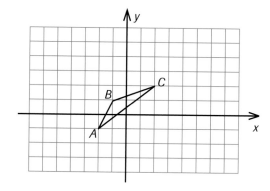

2) $t_2 : (x, y) \mapsto (x, y + 3)$

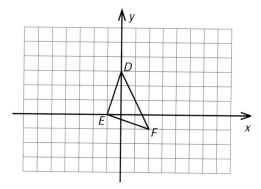

3) $t_3 : (x, y) \mapsto (x - 2, y)$

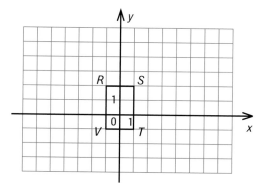

4) $t_4 : (x, y) \mapsto (x, y - 2)$

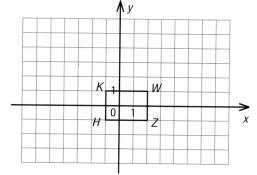

h) Analyse bien l'exercice précédent et complète la conjecture suivante sur le mouvement de la figure initiale vers la figure image.

> L'addition (ou la soustraction) d'un nombre aux coordonnées des points provoque un ▇▇▇▇▇ de la figure initiale.

Feuille de travail 5 ....

En résumé, on retiendra que :

Une transformation du plan qui consiste à :

- multiplier (ou diviser) **une des coordonnées x ou y** des points d'une figure par une constante provoque un allongement ou un rétrécissement. Si le facteur est négatif, la transformation provoque en plus un retournement ;

- additionner (ou soustraire) **une constante à l'une des coordonnées x ou y** des points d'une figure provoque un glissement horizontal ou vertical.

Cela est également vrai lorsqu'on applique ces transformations aux courbes des fonctions.

i) Trace l'image de la courbe donnée par la transformation décrite.

1) $E_1 : (x, y) \mapsto (2x, y)$

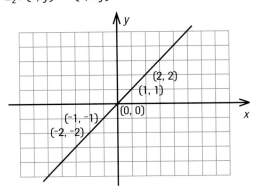

2) $E_2 : (x, y) \mapsto (x, 2y)$

3) $E_3 : (x, y) \mapsto (-3x, y)$

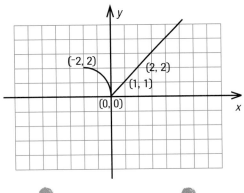

4) $E_4 : (x, y) \mapsto (x, -3y)$

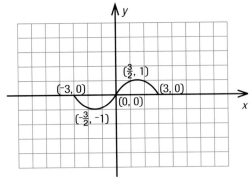

Feuille de travail 6 ....

j) Trace l'image de la courbe donnée par la transformation décrite.

1) $t_1 : (x, y) \mapsto (x + 2, y)$

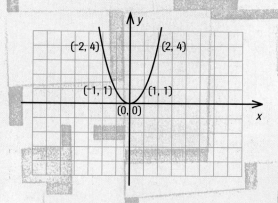

2) $t_2 : (x, y) \mapsto (x, y + 2)$

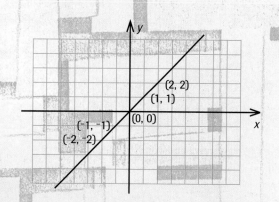

3) $t_3 : (x, y) \mapsto (x - 3, y)$

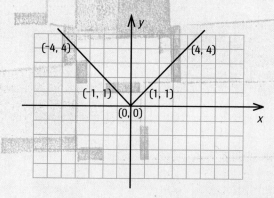

4) $t_4 : (x, y) \mapsto (x, y - 3)$

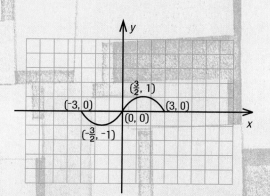

k) Trace l'image de la courbe donnée par la transformation décrite.

1) $t_1 : (x, y) \mapsto (2x - 3, 2y + 1)$

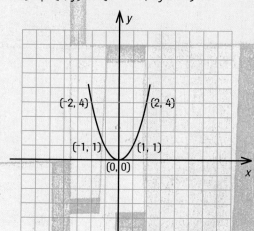

2) $t_2 : (x, y) \mapsto (-x + 3, 2y - 3)$

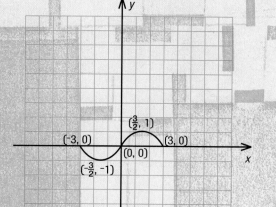

1. Indique quel type de transformation (changement d'échelle, translation ou réflexion) permet d'associer la courbe (1) à la courbe (2).

a) *translation*
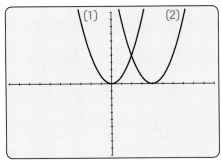

b) *changement d'échelle*
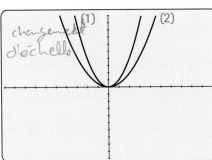

c) *changement d'échelle*
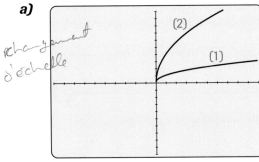

d) *réflexion*
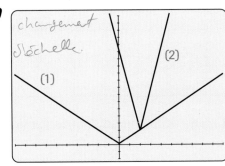

2. Indique quels types de transformations (changement d'échelle, translation ou réflexion) on a composées pour associer la courbe (1) à la courbe (2).

a) *changement d'échelle*
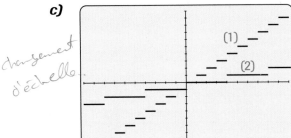

b) *changement d'échelle*
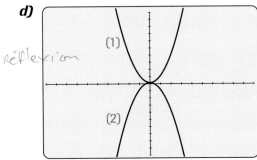

3. Décris ce qui arrive à la courbe si on lui applique un changement d'échelle vertical.

a) *une translation*
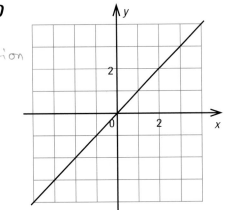

b) *elle devient moins large*
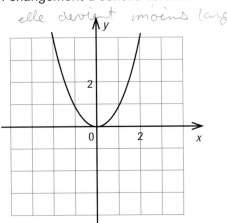

4. Quelle variable faut-il multiplier pour provoquer un changement d'échelle vertical ?

5. Trace l'image de la courbe ci-contre si l'on multiplie :

    a) l'ordonnée de tous les points par 2 ;

    b) l'abscisse de tous les points par 2.

6. Trace l'image de la courbe ci-contre si l'on additionne :

    a) 3 à chaque ordonnée ;

    b) 3 à chaque abscisse.

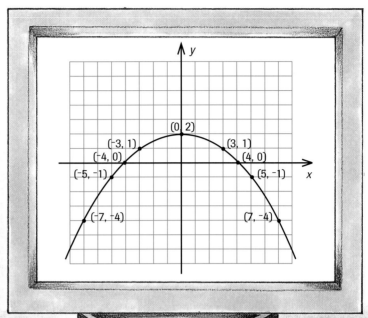

a) Dans le cas d'un changement d'échelle horizontal ou vertical, quelle est l'image de :

    1) l'origine du plan ?   2) l'axe des ordonnées ?

b) En quoi est transformé l'axe des abscisses dans le cas d'un changement d'échelle vertical ou horizontal ?

c) La courbe d'une fonction peut-elle être transformée en une courbe qui ne soit plus celle d'une fonction :

    1) par un changement d'échelle vertical ?   2) par un changement d'échelle horizontal ?

    3) par une réflexion suivant l'axe des x ?   4) par une réflexion suivant l'axe des y ?

PARAMÈTRES VS TRANSFORMATIONS

Marché mondial du médicament : une mine d'or

Le Canada jouit d'une réputation internationale dans plusieurs domaines de la recherche médicale : biologie moléculaire, génétique, neurosciences, sciences cardio-vasculaires, cancérologie, immunologie, transplantation d'organes et imagerie médicale. De plus, le marché mondial des médicaments et de l'instrumentation médicale constitue un formidable potentiel d'exportations. Voici les prévisions établies par le Canada pour ces deux derniers domaines.

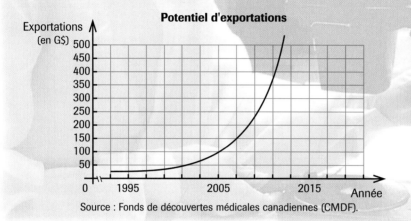

Source : Fonds de découvertes médicales canadiennes (CMDF).

Chercheuse travaillant dans un laboratoire.

a) Quel modèle mathématique la courbe illustrant cette situation présente-t-elle ?

b) Il s'agit ici d'une projection, mais la réalité pourrait être tout autre.
Décris des événements qui pourraient se produire et modifier cette courbe.

Ces modifications se traduisent dans la règle des fonctions par des changements de **valeurs des paramètres.**

Les changements de valeurs des paramètres viennent **modifier la fonction et son graphique.** Les modifications qui peuvent être introduites sont du type changement d'échelle, translation ou réflexion. Analysons en profondeur le rôle des paramètres dans la règle d'une fonction.

c) On a obtenu la règle d'une fonction f_2 en modifiant la valeur d'un paramètre de la règle de la fonction f_1. Quel paramètre a-t-on modifié et quelle transformation associe les deux courbes ?

1)
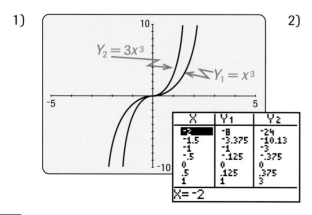

2)
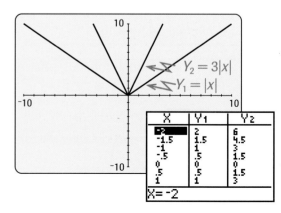

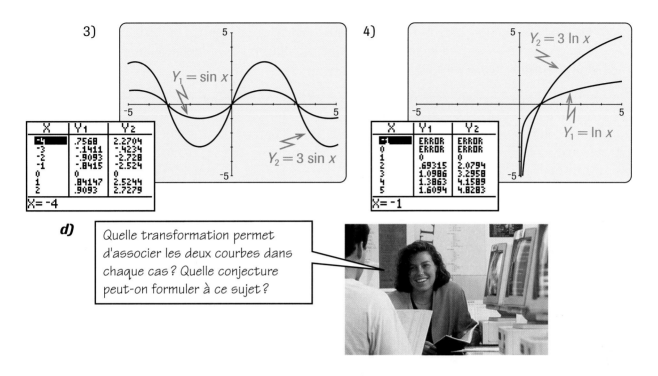

3) $Y_1 = \sin x$
$Y_2 = 3 \sin x$

X	Y₁	Y₂
-4	.7568	2.2704
-3	-.1411	-.4234
-2	-.9093	-2.728
-1	-.8415	-2.524
0	0	0
1	.84147	2.5244
2	.9093	2.7279

X= -4

4) $Y_2 = 3 \ln x$
$Y_1 = \ln x$

X	Y₁	Y₂
-1	ERROR	ERROR
0	ERROR	ERROR
1	0	0
2	.69315	2.0794
3	1.0986	3.2958
4	1.3863	4.1589
5	1.6094	4.8283

X= -1

d) Quelle transformation permet d'associer les deux courbes dans chaque cas? Quelle conjecture peut-on formuler à ce sujet?

e) On modifie cette fois la règle de f_1 en donnant au paramètre des valeurs comprises entre 0 et 1 et des valeurs négatives. Décris l'effet de ces modifications sur le graphique.

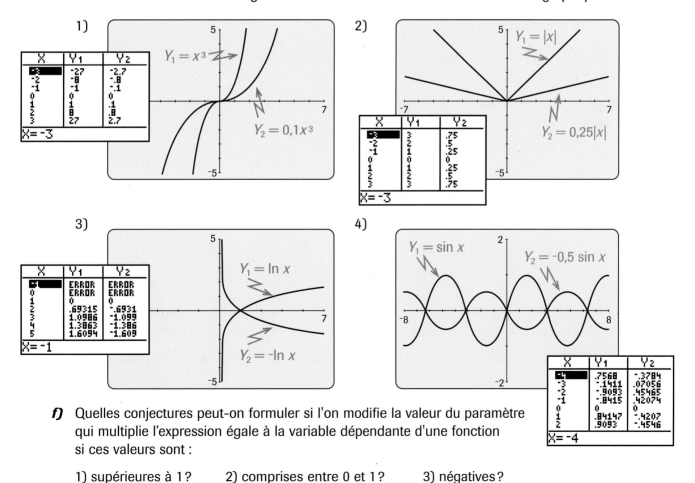

1) $Y_1 = x^3$
$Y_2 = 0,1x^3$

X	Y₁	Y₂
-3	-27	-2.7
-2	-8	-.8
-1	-1	-.1
0	0	0
1	1	.1
2	8	.8
3	27	2.7

X= -3

2) $Y_1 = |x|$
$Y_2 = 0,25|x|$

X	Y₁	Y₂
-3	3	.75
-2	2	.5
-1	1	.25
0	0	0
1	1	.25
2	2	.5
3	3	.75

X= -3

3) $Y_1 = \ln x$
$Y_2 = -\ln x$

X	Y₁	Y₂
-1	ERROR	ERROR
0	ERROR	ERROR
1	0	0
2	.69315	-.6931
3	1.0986	-1.099
4	1.3863	-1.386
5	1.6094	-1.609

X= -1

4) $Y_1 = \sin x$
$Y_2 = -0,5 \sin x$

X	Y₁	Y₂
-4	.7568	-.3784
-3	-.1411	.07056
-2	-.9093	.45465
-1	-.8415	.42074
0	0	0
1	.84147	-.4207
2	.9093	-.4546

X= -4

f) Quelles conjectures peut-on formuler si l'on modifie la valeur du paramètre qui multiplie l'expression égale à la variable dépendante d'une fonction si ces valeurs sont :

1) supérieures à 1 ?   2) comprises entre 0 et 1 ?   3) négatives ?

g) On modifie cette fois la règle d'une première fonction f_1, en ajoutant ou en soustrayant une constante au second membre de la règle. On obtient ainsi une fonction f_2. Quelle transformation associe les deux courbes?

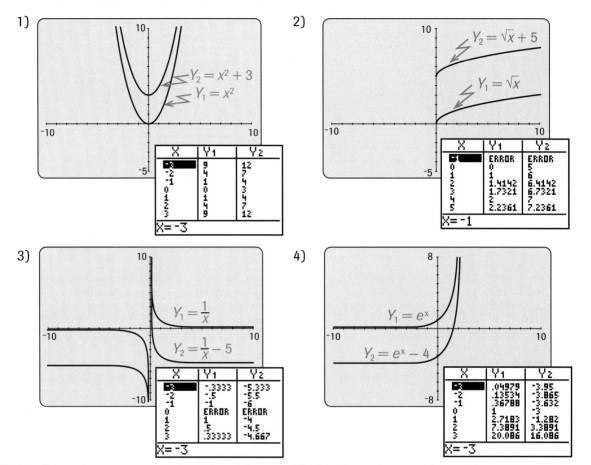

h) Quelle conjecture peut-on formuler si l'on modifie la valeur du paramètre qui s'additionne à l'expression égale à la variable dépendante d'une fonction?

i) On modifie à nouveau la règle d'une première fonction f_1, en ajoutant ou en soustrayant une constante à la variable indépendante. On obtient ainsi une fonction f_2. Quelle transformation associe les deux courbes?

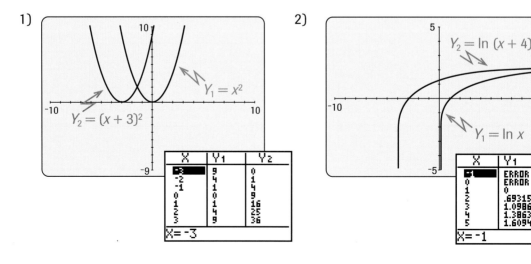

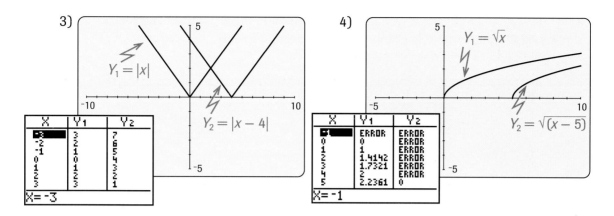

j) Quelle conjecture peut-on formuler si l'on modifie la valeur du paramètre qui s'additionne à la variable indépendante d'une fonction?

k) On modifie à nouveau la règle d'une première fonction f_1 en multipliant strictement sa variable indépendante x. On obtient ainsi une fonction f_2. Quelle transformation associe les deux courbes?

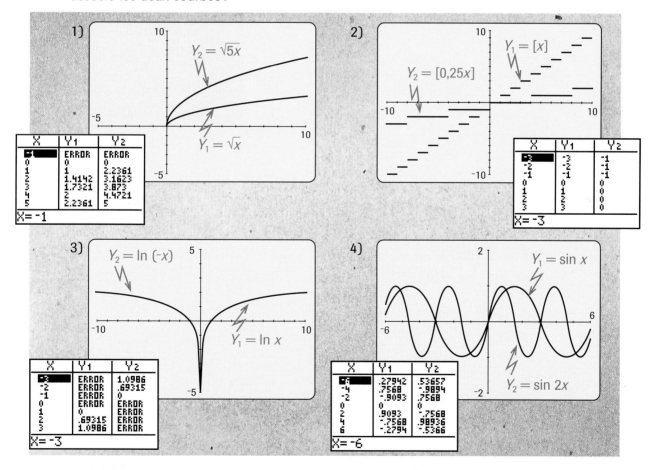

l) Quelles conjectures peut-on formuler si l'on modifie la valeur du paramètre qui multiplie la variable indépendante d'une fonction si cette valeur est:

   1) supérieure à 1?   2) comprise entre 0 et 1?   3) négative?

En résumé, on constate que des changements de valeurs des paramètres dans la règle d'une fonction transforment le graphique de la fonction initiale.

Ces transformations peuvent être :

- des **changements d'échelle** horizontaux ou verticaux (allongement ou rétrécissement du graphique initial) ;

- une **réflexion** par rapport à l'axe des x ou des y (retournement du graphique initial autour des axes) ;

- une **translation** horizontale ou verticale (glissement horizontal ou vertical du graphique initial).

Afin de simuler l'effet d'apesanteur, les astronautes sont soumis à une série de plongées paraboliques à bord d'un avion de ligne modifié (KC-135). Chaque plongée dure environ 40 s.

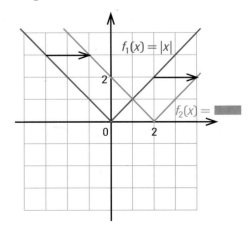

Marc Garneau, astronaute canadien.

Investissement 11

1. On donne la règle de la fonction f_1. Déduis la règle de f_2.

a)

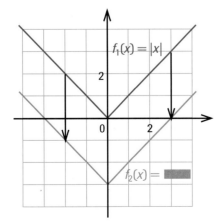

b)

c)

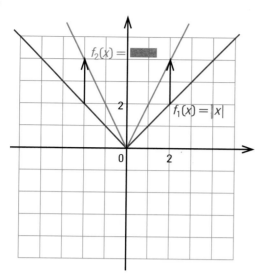

d)

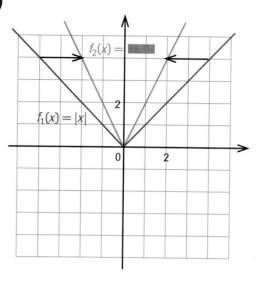

2. On donne la règle de la première fonction f, détermine la règle de la seconde g.
   Utilise une calculatrice à affichage graphique pour vérifier ta réponse.

   a) $f(x) = x^3 - 3x$

   b) $f(x) = x^2 - 3x$

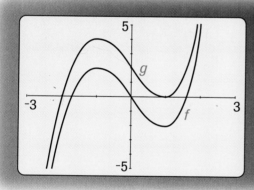

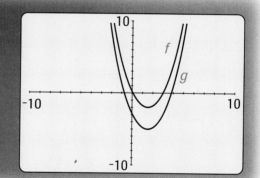

3. Nomme les transformations qui permettent d'associer successivement la courbe C_1 à
   la courbe C_2 et à la courbe C_3.

   a)

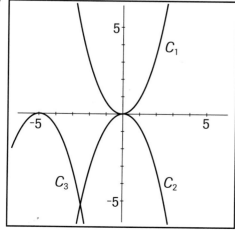

   b)

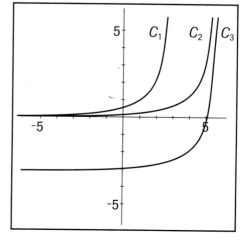

4.

Le graphique ci-contre est celui de $f(x) = x^2$. Pour chacun des graphiques ci-dessous, associe l'équation qui lui correspond parmi les suivantes.

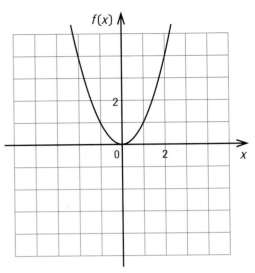

$g(x) = x^2 + 3$ $h(x) = x^2 - 3$ $i(x) = {}^-x^2 + 3$ $j(x) = (x - 3)^2$

a)

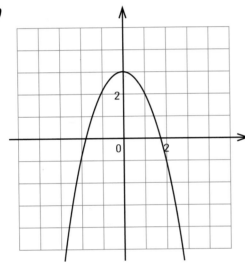

b)

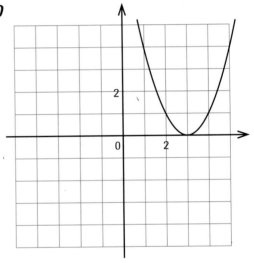

5. Trace le graphique de la première fonction. Ensuite, prédis où devrait passer la courbe de la seconde fonction. Enfin, vérifie ta prédiction.

a) $Y_1 = \sqrt{x}$
$Y_2 = 3\sqrt{x}$

b) $Y_1 = x^2$
$Y_2 = x^2 + 3$

c) $Y_1 = \ln x$
$Y_2 = \ln (x - 2)$

d) $Y_1 = \sin x$
$Y_2 = \sin 2x$

► FORUM

Dans chaque cas, décrivez le rôle du paramètre qu'on introduit dans l'équation $Y = f(x)$.

1) $Y_1 = a(f(x))$ 2) $Y_2 = f(x) + k$ 3) $Y_3 = f(ax)$ 4) $Y_4 = f(x - h)$

(Suggestion : Utilisez les fonctions définies par $Y_1 = \sqrt{x}$ et $Y_2 = \cos x$.)

On obtient une nouvelle fonction f_2 en changeant les valeurs des paramètres dans la règle d'une première fonction f_1. Ces changements transforment aussi les graphiques.

1° Tout paramètre **p** qui multiplie l'expression égale à la variable dépendante (y) provoque un changement d'échelle vertical et, en plus, une réflexion par rapport à l'axe des x si la valeur de ce paramètre est négative.

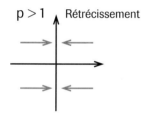 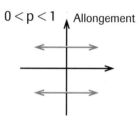 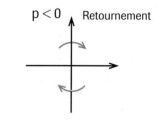

2° Tout paramètre **p** qui multiplie la variable indépendante (x) provoque un changement d'échelle horizontal et, en plus, une réflexion autour de l'axe des y si la valeur de ce paramètre est négative.

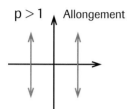 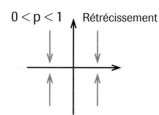 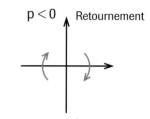

3° Tout paramètre **p** qui s'ajoute à l'expression égale à la variable dépendante (y) provoque une translation verticale du graphique.

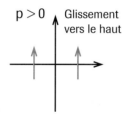 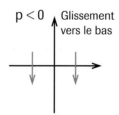

4° Tout paramètre **p** qui s'ajoute à la variable indépendante (x) provoque une translation horizontale du graphique.

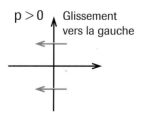 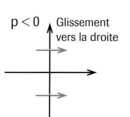

1 Calcule mentalement le résultat de chaque opération.

a) $\frac{3}{5} + \frac{4}{7}$

b) $\frac{4}{7} - \frac{1}{3}$

c) $\frac{3}{8} - \frac{1}{4}$

d) $\frac{4}{9} + \frac{3}{5}$

e) $\frac{1}{a} + \frac{3}{b}$

f) $\frac{a}{2} + \frac{a}{3}$

g) $\frac{2a}{3} - \frac{a}{5}$

h) $\frac{a}{b} + \frac{c}{b}$

2 Calcule mentalement le produit ou le quotient, selon le cas.

a) $\frac{4}{9} \times \frac{3}{4}$

b) $\frac{2}{7} \times \frac{7}{8}$

c) $\frac{4}{5} \div \frac{4}{5}$

d) $\frac{10}{21} \div \frac{2}{21}$

3 Donne le pourcentage correspondant à chacun des nombres suivants.

a) 1

b) 0,235

c) 0,8

d) 0,002

4 Estime le pourcentage correspondant au nombre donné.

a) $\frac{3}{11}$

b) $\frac{37}{101}$

c) $\frac{21}{412}$

d) 0,004

5 Pour chaque graphique, décris le type de changement d'échelle qui associe la courbe tracée en bleu (1) à celle tracée en rouge (2).

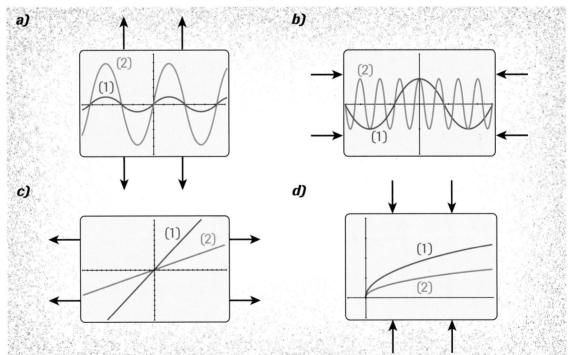

6 Trace la droite passant par les points (⁻3, ⁻3) et (3, 3) et l'image de cette droite par les transformations suivantes.

a) $T_1 : (x, y) \mapsto (⁻2x + 3, ⁻y)$

b) $T_2 : (x, y) \mapsto (\frac{x}{2} - 4, y - 7)$

c) $T_3 : (x, y) \mapsto (⁻2x - 3, ⁻y + 4)$

d) $T_4 : (x, y) \mapsto (⁻x + 3, ⁻0,75y)$

7 Si la règle de la fonction *f* est $f(x) = |x|$, donne la règle de la fonction *g*.

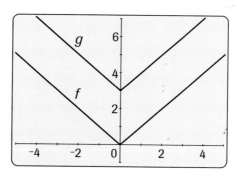

8 À partir de la droite d_1 correspondant à $Y_1 = x$, identifie les mouvements (allongement ou rétrécissement, retournement et glissement) que l'on doit lui appliquer pour obtenir les autres droites.

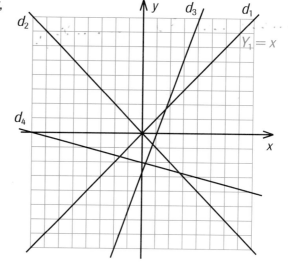

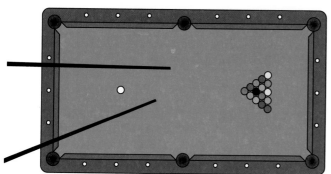

9 Pour définir la règle de la fonction f_2, on a ajouté deux paramètres à la règle de la fonction f_1 définie par $f_1(x) = [x]$. Trouve les valeurs de ces paramètres en répondant aux questions suivantes.

a) Décris les transformations qui associent la courbe de f_1 à celle de f_2.

b) L'observation de la distance verticale entre chaque «marche» permet-elle d'affirmer qu'on a appliqué un changement d'échelle vertical? Si oui, de quel facteur?

c) L'observation de la longueur des segments permet-elle d'affirmer qu'on a appliqué un changement d'échelle horizontal? Si oui, de quel facteur?

d) Quelle est l'équation de f_2?

10 Voici le graphique de la fonction définie par $f(x) = |x|$.

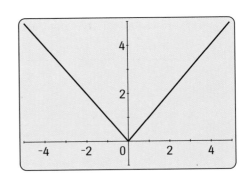

a) Reproduis et complète la table de valeurs suivante.

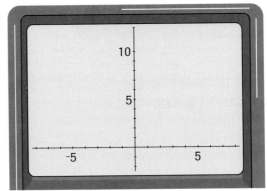

x	$|x|$	$3|x|$	$|x - 5|$	$|x| + 5$
-3	3	■	■	■
-2	2	■	■	■
-1	1	■	■	■
0	0	■	■	■
1	1	■	■	■
2	2	■	■	■
3	3	■	■	■

b) À partir de cette table de valeurs, construis le graphique de chacune des fonctions suivantes :

1) $g(x) = 3|x|$

2) $h(x) = |x - 5|$

3) $i(x) = |x| + 5$

c) En comparant les courbes obtenues en *b)* à celle de la fonction *f*, indique laquelle est l'image de la courbe de *f* par :

1) un changement d'échelle vertical;

2) une translation horizontale;

3) une translation verticale.

11 On définit une fonction f_2 en utilisant la règle d'une fonction f_1 dans laquelle on modifie la valeur d'un paramètre. Décris la transformation qui associe les deux courbes.

a) $f_2(x) = f_1(x) + 4$

b) $f_2(x) = 2f_1(x)$

12

Voici la table de valeurs de deux fonctions. Si la règle de f_1 est $Y_1 = 2x - 5$, donne la règle de f_2.

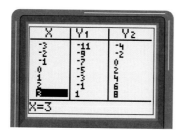

13 Après avoir entré les valeurs standard de la fenêtre d'affichage, édite les règles $Y_1 = \sqrt{x}$ et $Y_2 = Y_1 + k$, en donnant à k différentes valeurs (-8, -4, 0, 3, 6). On peut constater qu'on génère ainsi une famille de fonctions.

a) Quelle est l'ordonnée à l'origine de la courbe correspondant à $Y_1 = \sqrt{x}$?

b) Pour quelle valeur du paramètre k a-t-on $Y_1 = Y_2$?

c) Quelle est l'ordonnée à l'origine des cinq courbes générées par Y_2 pour $k \in \{-8, -4, 0, 3, 6\}$? Était-ce prévisible ?

d) Quel lien existe-t-il entre le signe de la constante k dans l'équation $Y_2 = Y_1 + k$ et le sens de la translation verticale ?

14 Voici le graphique de trois fonctions f_1, f_2 et f_3.

a) Si les règles de f_1 et f_2 sont respectivement $f_1(x) = x^2$ et $f_2(x) = (x - 2)^2$, trouve la règle de f_3.

b) Quel lien existe-t-il entre le signe de la constante h dans l'équation $f(x) = (x - h)^2$ et le sens de la translation horizontale ?

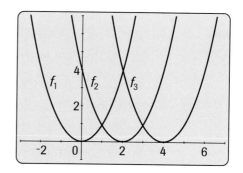

15 Si la règle de la fonction f est $f(x) = \sqrt{x}$, trouve la règle de chacune des fonctions g et h. (Vérifie tes réponses à l'aide d'une table de valeurs ou d'une calculatrice à affichage graphique.)

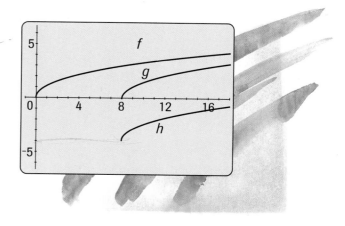

16 Si la règle de la fonction f est $f(x) = x^2$, trouve la règle des fonctions g, h et j. (Vérifie tes réponses à l'aide d'une table de valeurs ou d'une calculatrice à affichage graphique.)

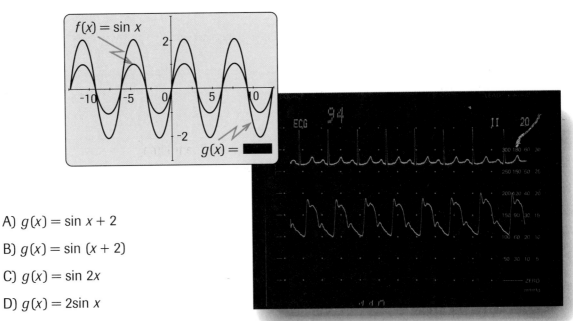

17 La fonction f illustrée ci-dessous a comme règle $f(x) = \sin x$. Sachant que la fonction g est obtenue de la fonction f, indique laquelle des règles données est celle de la fonction g.

A) $g(x) = \sin x + 2$

B) $g(x) = \sin (x + 2)$

C) $g(x) = \sin 2x$

D) $g(x) = 2\sin x$

Graphique montrant la pression artérielle d'une personne.

18 On transforme la règle $Y_1 = |x|$ pour obtenir $Y_2 = a|x|$. Décris l'effet de a pour les valeurs -3, -1, 2 et 5.

19 Chacune des règles données est obtenue en jouant sur les paramètres de la règle $f(x) = x^2$. Lesquelles ont un graphique qui a fait appel à une réflexion par rapport à l'axe des abscisses du graphique de f?

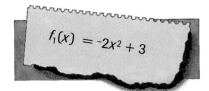

$$f_1(x) = -2x^2 + 3$$

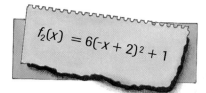

$$f_2(x) = 6(-x + 2)^2 + 1$$

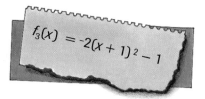

$$f_3(x) = -2(x + 1)^2 - 1$$

20 Lors d'une compétition d'athlétisme, Julie et Catherine ont terminé *ex æquo* au premier rang. Le graphique suivant montre la hauteur du javelot en fonction de la distance pour chaque lancer.

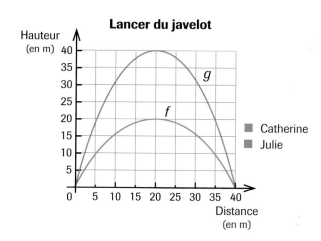

Isabelle Surprenant au Championnat canadien d'athlétisme, 1995.

a) À quel modèle mathématique peut-on associer le tracé de ces deux fonctions?

b) Ces deux fonctions ont-elles les mêmes zéros? Explique ta réponse.

c) Peut-on dire que la courbe de la fonction g est seulement l'image par une translation de la courbe de la fonction f? Explique ta réponse.

21 Lorsqu'on gonfle un ballon en caoutchouc, l'aire et le volume du ballon varient selon le diamètre.

a) Reproduis et complète le tableau ci-contre.

b) Trace les graphiques associés à l'aire et au volume du ballon en fonction du diamètre.

Diamètre (en cm)	Aire (en cm²)	Volume (en cm³)
5	■	■
10	■	■
15	■	■
20	■	■
25	■	■

c) Détermine le modèle mathématique de chacune de ces courbes.

d) Compare la croissance des courbes.

22 LA CONCURRENCE FAIT-ELLE BAISSER LES PRIX ?

Dans une région donnée, une nouvelle entreprise offre le service d'Internet. Elle prétend que ses tarifs sont inférieurs à ceux de sa concurrente. Afin de vérifier cette affirmation, nous avons effectué une petite enquête. Voici les résultats que nous avons obtenus.

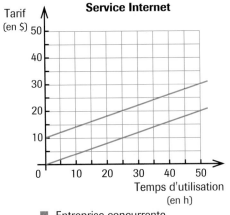

a) Parmi les deux modes de tarification présentés ci-dessus, lequel comporte des frais initiaux ?

b) De combien les tarifs de l'entreprise concurrente sont-ils supérieurs à ceux de la nouvelle entreprise ?

c) Trouve la règle qui permet de calculer le coût du service offert par la nouvelle entreprise en fonction du temps d'utilisation.

d) Que doit-on faire à cette règle pour obtenir la règle de la tarification de l'entreprise concurrente ?

e) Si le marché n'est pas aussi intéressant que prévu, Nechan, le propriétaire de la nouvelle entreprise, compte expliquer à la directrice de sa banque qu'il procédera à un changement d'échelle vertical de la représentation graphique de ses tarifs. Que veut-il faire concrètement ?

23 QUEL FEU D'ARTIFICE !

Un canon servant à lancer des pièces pyrotechniques réussit à les projeter jusqu'à une certaine hauteur. Le graphique de la fonction g représente la hauteur d'une pièce pyrotechnique en fonction du temps écoulé depuis son lancement.

a) Si la pièce explose au moment où elle atteint sa hauteur maximale, évalue après combien de temps et à quelle hauteur cela se produit.

b) Explique comment, à partir de la courbe de la fonction f, il est possible d'obtenir celle de g. Identifie les transformations que f doit subir.

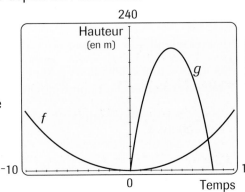

24 DES FILMS POPULAIRES

Le *Projecteur d'or* est accordé au film qui a attiré le plus grand public dans les salles de cinéma au cours d'une année. Cette année, avant de décerner ce prix, le comité de sélection a étudié le graphique ci-dessous, qui permet de comparer les deux films en nomination. Les courbes de ce graphique montrent la relation entre le nombre de spectateurs et de spectatrices qui ont vu la comédie «Dors dehors!» et le film d'action «Volcan», selon le temps écoulé (en semaines) depuis le début de l'année.

a) Pendant combien de semaines ces films ont-ils été à l'affiche?

b) Dans chacun des cas, quel a été le maximum de spectateurs et de spectatrices?

c) Lequel de ces films a attiré le plus de spectateurs et de spectatrices? Explique ta réponse.

d) À partir de la courbe associée au film d'action, explique le type de transformation que l'on doit lui appliquer pour obtenir l'autre courbe.

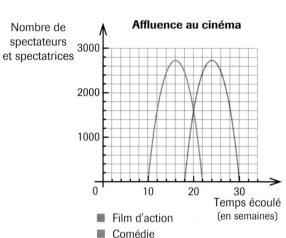

■ Film d'action
■ Comédie

25 ATTENTION, C'EST CHAUD !

L'aluminium est un métal qui possède plusieurs propriétés intéressantes pour les industries. Par exemple, il est fréquemment utilisé pour sa légèreté dans la fabrication de pièces d'automobiles et en aéronautique. Avant de fabriquer des pièces en aluminium, on doit d'abord fondre le métal. Un ingénieur désire comparer l'efficacité de deux méthodes qui permettent de fondre l'aluminium. Ainsi, il a construit le graphique représentant la température (en degrés Celsius) du métal en fonction du temps (en minutes) pour chacune des méthodes.

L'aluminium fond à 660 °C.

a) Quelle est la valeur initiale de ces deux fonctions?

b) Que représente la valeur initiale dans cette situation?

c) Peut-on appliquer une translation à la courbe (1) pour obtenir la courbe (2)? Explique ta réponse.

d) Quel type de changement d'échelle horizontal peut-on appliquer à la courbe (1) pour obtenir la courbe (2)?

1. DES TRANSFORMATIONS

Identifie la ou les transformations (changement d'échelle, translation ou réflexion) qui, au graphique de la fonction *f*, associent le graphique de la fonction *g*.

a)

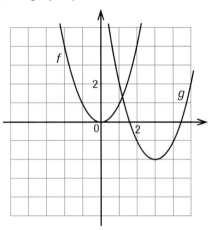

b)

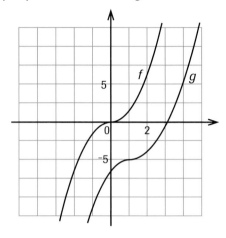

2. DES RÈGLES

Détermine la règle de *g* à partir de celle de *f*.

a)

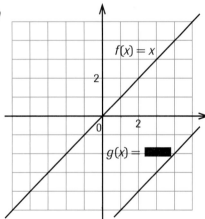

b)

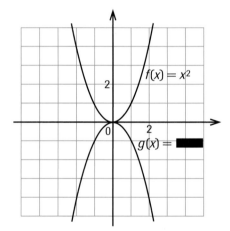

c)

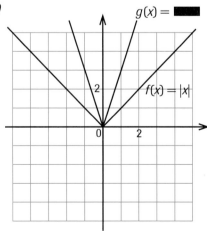

d)

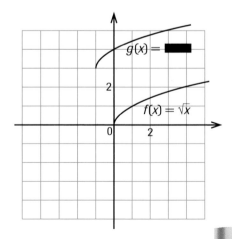

Rencontre avec... Isaac Newton

(1642 – 1727)

Est-ce vrai, monsieur Newton, que vous n'aimiez pas beaucoup l'école et que vos professeurs vous considéraient comme un élève paresseux et peu intelligent ?

En effet, je préférais jouer plutôt que de faire des travaux scolaires. Ma mère m'avait placé chez l'apothicaire du village. Dans la boutique de mon maître, j'aimais mieux flâner et fureter dans ses livres de chimie que d'apprendre le latin et les classiques français. J'étais le dernier de la classe.

On dit également que vous aimiez jouer des tours aux habitants de votre village. Pouvez-vous nous raconter un de ces tours ?

Je me rappelle, entre autres, une bonne blague qui a effrayé les gens pendant au moins une semaine. À un moment donné, le soir venu, plusieurs villageois ont aperçu des lumières qui semblaient flotter au-dessus de leurs champs. Ils pensaient que c'était une comète ou un autre phénomène extraordinaire. Ils n'osaient plus sortir le soir. En fait, il s'agissait de lucioles que j'avais capturées et enfermées dans des lanternes et que je m'amusais à transporter un peu partout à la tombée de la nuit.

Si vous étiez si peu studieux, comment en êtes-vous venu à vous intéresser aux mathématiques ?

À la mort de son mari, ma mère m'a fait revenir à la ferme pour que je l'aide. Cependant, elle s'est vite rendu compte que je préférais lire et que j'étais constamment perdu dans mes pensées. Mes professeurs et le ministre local lui conseillèrent alors de m'envoyer étudier au Trinity College, à Cambridge. Elle accepta. Je fus un étudiant plutôt médiocre jusqu'au jour où je découvris l'astronomie et où je m'aperçus qu'il me fallait connaître davantage les mathématiques pour pouvoir comprendre les ouvrages d'astronomie.

Vous aviez la réputation, monsieur Newton, d'être un homme distrait. L'étiez-vous vraiment ?

Oui, je l'avoue. Je me souviens d'un soir où j'avais invité des amis à souper à la maison. Pendant le repas, je me suis levé de table pour aller chercher une bouteille de vin. Toutefois, en chemin, je me suis arrêté pour écrire une idée qui m'était venue à l'esprit. Pris par mon travail, j'oubliai de revenir à table. Lorsque mes amis me trouvèrent, je les invitai à me suivre à la salle à manger. Quand je soulevai le couvercle qui recouvrait le poulet, je ne découvris que des os. J'avais oublié que nous avions déjà mangé !

Savez-vous, monsieur Newton, que vous êtes considéré comme l'un des plus grands mathématiciens de tous les temps? Alexander Pope a dit de vous : « La nature et les lois de la nature étaient dans la noirceur. Dieu dit : Que Newton soit ! Et tout devint lumineux. »

C'est un peu exagéré! En fait, j'ai peut-être été plus persévérant et plus patient que certains autres scientifiques. En outre, « si j'ai vu plus loin que d'autres, c'est que je me suis tenu sur l'épaule des géants qui m'ont précédé. »

Isaac Newton a fait plusieurs découvertes importantes. Entre autres, il a expliqué les lois de la gravitation, il a développé une théorie de la lumière et des couleurs, et il a été un des mathématiciens qui ont inventé le calcul infinitésimal dans lequel les régularités jouent un rôle primordial.

Voici un exemple d'une addition de fractions où calculer la somme en trouvant le dénominateur commun est une méthode qui peut s'avérer longue et difficile. Cependant, calculer cette somme en observant une régularité dans la suite est bien plus facile.

$$\frac{1}{1 \times 2} + \frac{1}{2 \times 3} + \frac{1}{3 \times 4} + \frac{1}{4 \times 5} + \frac{1}{5 \times 6} + \ldots + \frac{1}{99 \times 100}$$

Nombre de termes	Somme
1	$\frac{1}{2}$
2	$\frac{2}{3}$
3	$\frac{3}{4}$
4	$\frac{4}{5}$
...	...
99	?

a) Donne la règle des *n* premiers termes de la suite donnée ci-dessus.

b) Donne la somme des 50 premiers termes et la règle de la suite ci-dessous :

$$\frac{1}{1 \times 4} + \frac{1}{4 \times 7} + \frac{1}{7 \times 10} + \frac{1}{10 \times 13} + \frac{1}{13 \times 16} + \ldots$$

MES PROJETS

Projet 1   Relation vs fonction

Ce projet consiste à préparer un cours s'adressant aux parents. Le but du cours est d'expliquer à l'aide d'un document de deux à trois pages la différence entre une relation et une fonction. Ce document doit présenter des exemples originaux pris dans le monde réel afin d'illustrer vos explications. Vous pouvez également préparer un ou deux transparents ou utiliser une calculatrice à affichage graphique.

Il est aussi possible de modifier le sujet du projet, à condition de demeurer dans les mêmes limites.

Projet 2   Des règles pour dessiner

Ce projet consiste à rechercher au moins cinq règles de fonctions qui permettent de tracer des courbes bizarres ou remarquables. Cette recherche doit se faire à l'aide d'une calculatrice à affichage graphique. La valeur du projet repose sur l'originalité des courbes affichées.

Projet 3   La calculatrice à affichage graphique

Ce projet consiste à préparer et à animer un atelier dont le but est d'apprendre à un groupe d'élèves intéressés comment utiliser une calculatrice à affichage graphique. Le projet pourra être évalué par les élèves participants.

JE CONNAIS LA SIGNIFICATION DES EXPRESSIONS SUIVANTES :

Modèle : idéalisation mathématique et schématique d'une situation réelle qui, sur un certain intervalle, épouse les caractéristiques de cette situation.

Fonction : relation dans laquelle à chaque élément de l'ensemble de départ est associé au plus un élément de l'ensemble d'arrivée.

Mode de représentation d'une fonction : façon de décrire une fonction.

Description verbale : phrase décrivant la relation entre les variables souvent accompagnée d'un dessin ou d'un schéma.

Table de valeurs : tableau montrant quelques couples de valeurs associées par la fonction.

Graphique cartésien : courbe tracée dans un plan cartésien.

Règle : expression algébrique traduisant symboliquement la relation entre la variable indépendante et la variable dépendante.

Domaine : ensemble des valeurs prises par la variable indépendante dans une fonction.

Codomaine ou image : ensemble des valeurs prises par la variable dépendante dans une fonction.

Zéros de *f* : abscisses dont l'image est 0.

Min *f* sur [a, b] : plus petite valeur prise par la variable dépendante sur [a, b].

Max *f* sur [a, b] : plus grande valeur prise par la variable dépendante sur [a, b].

Fonction
• croissante ou décroissante sur [a, b] : fonction qui, à toute paire de valeurs prises en ordre croissant sur [a, b], fait correspondre des images en ordre croissant (décroissant).

• signe sur [a, b] : positif si les valeurs de la variable dépendante sont positives sur [a, b] ; négatif autrement.

Courbe symétrique : courbe pour laquelle il existe un axe de symétrie.

Paramètre d'une équation : valeur autre que les variables dans une équation.

Changement d'échelle : transformation du plan définie par $(x, y) \mapsto (ax, by)$ (évoque les mouvements d'allongement et de rétrécissement).

Translation : transformation du plan définie par $(x, y) \mapsto (x + h, y + k)$ (évoque le mouvement appelé glissement).

Réflexion : transformation du plan définie par $(x, y) \mapsto (x, -y)$ si définie par rapport à l'axe des *x* et par $(x, y) \mapsto (-x, -y)$ si définie par rapport à l'axe des *y* (évoque le mouvement de retournement).

Réflexion 2

LE CALCUL ALGÉBRIQUE

Parents

1re génération

2e génération

Les grandes idées

▶ Notion d'exposant réel.

▶ Lois des exposants.

▶ Les radicaux.

▶ Les polynômes.

▶ Opérations sur les polynômes.

Objectif terminal

▶ Transformer une expression algébrique en une expression équivalente.

Objectifs intermédiaires

▶ Appliquer les lois des exposants à la transformation d'expressions algébriques.

▶ Effectuer les opérations (addition, soustraction, multiplication, division et exponentiation) sur des expressions algébriques et, en particulier, sur les polynômes.

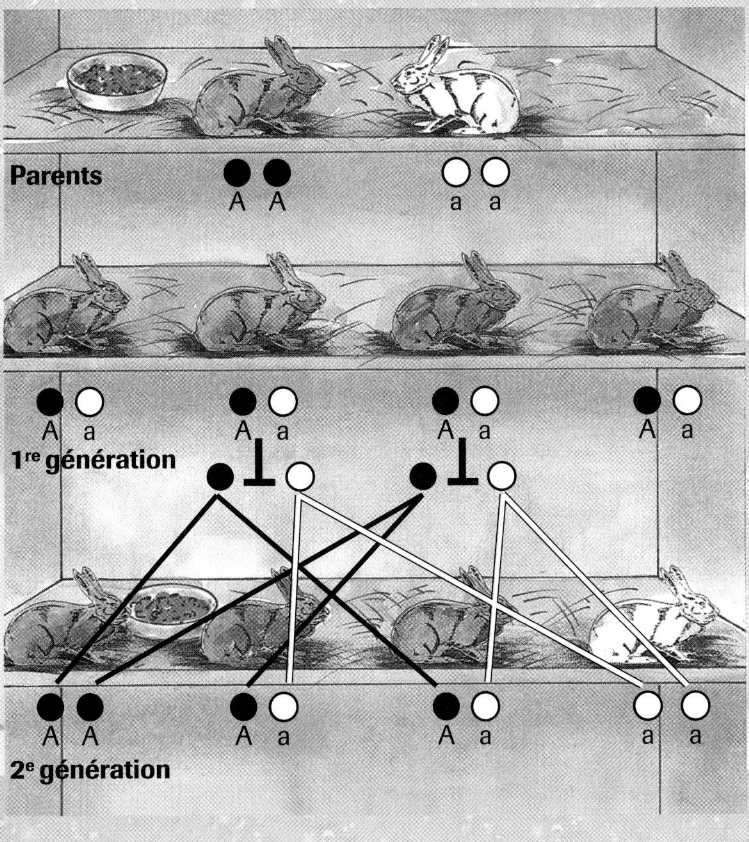

LES EXPOSANTS ENTIERS

La lunette d'approche

Lorsqu'on observe des objets au moyen d'une lunette d'approche, leur image est grossie un certain nombre de fois. Ce nombre dépend de la quantité et de la puissance des lentilles qui composent la lunette. Voici un modèle de lunette d'approche.

Christophe Colomb toucha la terre d'Amérique, pour la première fois, le 14 octobre 1492. C'était probablement à San Salvador, en Amérique centrale.

Lunette

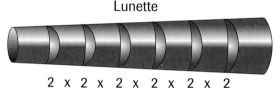

2 x 2 x 2 x 2 x 2 x 2

a) S'il y a 6 lentilles dans la lunette et que chaque lentille est de facteur 2, combien de fois l'image de l'objet est-elle grossie ?

b) Combien de fois l'image de l'objet est-elle grossie si la lunette est composée d'une suite de :

1) 5 lentilles de facteur 3 ?   2) 4 lentilles de facteur 5 ?

c) Écris les expressions suivantes sous une forme abrégée.

1) 2 x 2 x 2 x 2 x 2 x 2   2) 3 x 3 x 3 x 3 x 3   3) 5 x 5 x 5 x 5

d) Qu'arrive-t-il si l'on regarde l'objet par l'autre extrémité de la lunette ?

Lunette

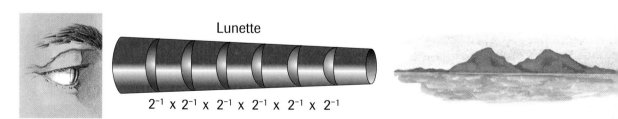

2^{-1} x 2^{-1} x 2^{-1} x 2^{-1} x 2^{-1} x 2^{-1}

e) Combien de fois l'image de l'objet est-elle alors réduite ?

f) Qu'arrive-t-il si l'on regarde l'objet avec une lunette qui n'a pas de lentille ou qui a de simples vitres ?

L'opération **exponentiation** consiste à affecter une **base** d'un **exposant** afin d'obtenir une **puissance.** Ainsi, dans une expression de la forme :

$$a^m = x$$

a est la base,
m l'exposant
et *x* la puissance.

C'est René Descartes qui a inventé la notation exponentielle, vers 1637.

D'une façon générale, pour toute base $a \neq 0$ et tout entier positif *m*, on a les définitions suivantes :

$m > 1$

$$a^m = \underbrace{a \cdot a \cdot a \cdot \ldots \cdot a}_{m \text{ fois}}$$

$$a^1 = a$$

$$a^0 = 1$$

$$a^{-m} = \frac{1}{a^m}$$

g) Dans chaque cas, calcule mentalement la puissance.

1) $5^{-2} = \blacksquare$ 2) $7^2 = \blacksquare$ 3) $8^{-1} = \blacksquare$ 4) $10^{-3} = \blacksquare$ 5) $100^0 = \blacksquare$

h) Dans chaque cas, détermine mentalement la base.

1) $\blacksquare^{-2} = \frac{1}{36}$ 2) $\blacksquare^2 = 144$ 3) $\blacksquare^0 = 1$ 4) $\blacksquare^{-3} = \frac{1}{125}$ 5) $\blacksquare^{-2} = 0,01$

i) Dans chaque cas, détermine mentalement l'exposant.

1) $3^{\blacksquare} = \frac{1}{9}$ 2) $8^{\blacksquare} = 8$ 3) $9^{\blacksquare} = \frac{1}{729}$ 4) $10^{\blacksquare} = 0,01$

LES EXPOSANTS FRACTIONNAIRES

Les bactéries, des êtres qui se reproduisent par scissiparité

Les bactéries sont des êtres vivants généralement unicellulaires qui se reproduisent à un rythme très rapide en se divisant en deux. On rencontre des bactéries un peu partout, dans le sang, le lait, l'air, le sol, etc.

Jeanne a oublié sur le comptoir de la cuisine un litre de lait contenant environ 500 bactéries par centimètre cube. On estime que, à la chaleur ambiante, le nombre de bactéries double à chaque heure. Le lait est considéré comme impropre à la consommation lorsqu'il contient plus de 20 000 bactéries par centimètre cube. On se demande dans combien de temps ce lait sera avarié.

La scissiparité est un mode de reproduction asexuée, c'est-à-dire se faisant sans fécondation, par division en deux.

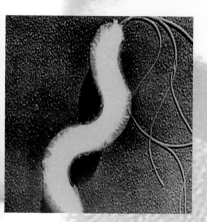
En raison de leur très petite taille, les bactéries ne peuvent être identifiées qu'à l'aide du microscope. Ce vibrion a été grossi 50 000 fois.

a) Complète la simulation du processus d'altération du lait, à chaque heure.

Temps		Bactéries
0	↦	500
1	↦	(500) x 2
2	↦	(500 x 2) x 2 ou 500 x 2²
3	↦	(500 x 2 x 2) x 2 ou 500 x 2³
4	↦	■
5	↦	■
...	↦	■
x	↦	■

b) Quelle est la règle de ce modèle mathématique?

On peut également se demander combien de bactéries il y a par centimètre cube de lait après une demi-heure, trois quarts d'heure, une heure et demie, cinq heures et demie, etc.

c) Complète chaque correspondance par l'expression qui convient et calcule sa valeur à l'aide d'une calculatrice.

Temps		Bactéries
$\frac{1}{2}$	↦	500 x ■
$\frac{3}{4}$	↦	500 x ■
$\frac{3}{2}$	↦	500 x ■
$\frac{11}{2}$	↦	500 x ■

On constate qu'une base affectée d'un exposant fractionnaire correspond à un nombre réel.

> Mais quelle signification peut-on donner à un exposant fractionnaire?

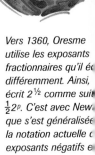

d) À l'aide d'une calculatrice, calcule la valeur de chaque expression.

1) $9^{1/2}$ 2) $16^{1/2}$ 3) $25^{1/2}$ 4) $36^{1/2}$ 5) $100^{1/2}$

e) Quelle valeur correspond à chacune des expressions suivantes?

1) $(-4)^{1/2}$ 2) $(-9)^{1/2}$ 3) $(-25)^{1/2}$ 4) $(-36)^{1/2}$ 5) $(-100)^{1/2}$

f) Quelle conclusion t'inspirent les calculs précédents? (Formule cette conclusion pour une base *b* affectée de l'exposant ½.)

g) Quelle valeur correspond à chacune des expressions suivantes?

1) $8^{1/3}$ 2) $(-8)^{1/3}$ 3) $125^{-1/3}$ 4) $(-125)^{1/3}$

Vers 1360, Oresme utilise les exposants fractionnaires qu'il éc différemment. Ainsi, écrit 2½ comme suit $\frac{1}{2}2^p$. C'est avec New que s'est généralisée la notation actuelle c exposants négatifs e fractionnaires.

De façon générale :

$$a^{1/2} = \sqrt[2]{a}$$
$$a^{1/3} = \sqrt[3]{a}$$

pour $a \geq 0$

h) À l'aide d'une calculatrice, calcule la valeur de :

1) $4^{3/2}$ et $\sqrt[2]{4^3}$

2) $(-8)^{3/4}$ et $\sqrt[4]{(-8)^3}$

3) $6^{2/5}$ et $\sqrt[5]{6^2}$

4) $(-10)^{3/5}$ et $\sqrt[5]{(-10)^3}$

5) $(-12)^{1/6}$ et $\sqrt[6]{(-12)}$

6) $(-2)^{1/3}$ et $\sqrt[3]{(-2)}$

On constate que :

$$a^{1/n} = \sqrt[n]{a} \quad \text{sauf si } n \text{ est pair et } a < 0 ;$$
$$a^{m/n} = \sqrt[n]{a^m} \quad \text{sauf si } n \text{ est pair et } a^m < 0.$$

Investissement 1

1. Ajoute cinq termes à chacune de ces suites de nombres.

a) 128, 64, 32, 16, 8, … **b)** 81, 27, 9, …   **c)** 125, 25, 5, 1, 0,2, … **d)** 1000, 100, 10, …

2. Écris ces expressions avec des exposants positifs.

a) 5^{-3}

b) $100^{-1/2}$

c) $\dfrac{2}{5^{-2}}$

d) $\dfrac{3^{-2}}{4^{-2}}$

3. Transforme chaque expression en une expression équivalente qui utilise un exposant positif.

a) $4a^{-1}$

b) $\dfrac{2}{c^{-1}}$

c) $(a + b)^{-1}$

d) $\dfrac{a^{-1}}{b^{-1}}$

4. Écris chaque expression à l'aide d'exposants positifs.

a) a^{-3}

b) bc^{-1}

c) $a^{-2}b^0$

d) $\left(\dfrac{1}{b}\right)^{-2}$

e) a^3b^{-2}

f) $b^{-2}c^{-3}$

g) $a^{-1} + b^{-1}$

h) $a^{-2} - b^{-1}$

5. Exprime chaque multiplication sous une forme exponentielle.

a) $-3 \times 3 \times 3 \times 3$

b) $(-3) \times (-3) \times (-3) \times (-3)$

6. L'expression $\sqrt{b}$ représente la mesure du côté d'un carré ayant une aire de b unités carrées. Calcule la mesure du côté d'un carré dont l'aire est de :

a) 6 cm²   **b)** 32 cm²   **c)** 45 cm²

d) 80 cm²   **e)** 125 cm²

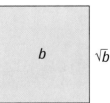

7. L'expression $\sqrt[3]{b}$ représente la mesure du côté d'un cube ayant un volume de b unités cubes. Détermine la mesure du côté d'un cube dont le volume est de :

a) 12 cm³   **b)** 36 cm³

c) 225 cm³   **d)** 512 cm³

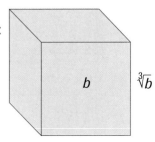

8. Sans faire de calcul autrement que mentalement, associe chacun des nombres de l'ensemble A au nombre le plus près de l'ensemble B.

a)

A
6^{-1} •
$0,5^{-1}$ •
$\dfrac{0,25^{-1}}{4}$ •

B
• 2
• 1
• 0,16
• 0,5

b)

A
$2\sqrt{125}$ •
$\sqrt[3]{130}$ •
$\sqrt{380}$ •
$20^{1/2}$ •

B
• 5
• 10
• 15
• 20
• 25

9. Écris chaque expression en notation décimale.

a) 4^{-2} **b)** $(-4)^{-2}$ **c)** -4^{-2} **d)** -4^2

10. Quel nombre est le plus grand?

a) $\dfrac{\sqrt{3}}{3}$ ou $\dfrac{\sqrt{9}}{9}$ **b)** $0,25^{-1}$ ou $0,1^{-1}$ **c)** $\sqrt{2}$ ou $\sqrt[3]{3}$

11. Montre que 0^{-1} ne correspond à aucun nombre réel.

12. Quel nombre correspond à la notation scientifique donnée?

a) $1,2 \times 10^{-3}$ **b)** $3,24 \times 10^4$ **c)** $9,14$ E -2 **d)** $2,64$ E 5

13. Écris les nombres suivants en notation scientifique.

a) $0,000\ 456$ **b)** $8\ 907\ 000\ 000$ **c)** $0,45$ **d)** $100,01$

14. Vérifie si ces énoncés sont vrais ou faux.

a) $\left(\dfrac{1}{3}\right)^4 = 3^{-4}$ **b)** $\dfrac{1}{25} = 5^{-2}$ **c)** $\left(\dfrac{1}{3}\right)^{-7} = 3^7$

15. Comment peut-on écrire $\dfrac{1}{3}$ et $\dfrac{3}{4}$ sans utiliser de dénominateur?

On a déjà utilisé la lettre «*l*» comme symbole de la racine carrée. Ce «*l*» provenait du mot latin «*latus*» qui signifie «côté». En 1525, l'Allemand Christophe Rudolff proposa le symbole $\sqrt{\ }$ pour les racines carrées.

 ► FORUM

a) Quand on parle d'une lunette d'approche, au lieu de dire qu'elle «grossit deux fois», peut-on dire qu'elle «rapproche deux fois»? Justifiez votre réponse.

b) Est-il possible d'affecter une base positive d'un exposant entier de façon à obtenir une puissance négative? Expliquez votre réponse.

c) Si *a* est un entier positif, donnez la signification de chaque expression.

1) $-m^a$ 2) $(-m)^a$

d) Laquelle des deux égalités est vraie? Justifiez votre réponse.

$$3x^{-2} = \dfrac{1}{3x^2} \qquad\qquad 3x^{-2} = \dfrac{3}{x^2}$$

LES EXPOSANTS RÉELS

Une glissoire

On peut définir une fonction en utilisant une base et une variable indépendante placée en exposant.

a) Toute valeur réelle de x correspond-elle à une valeur réelle de y?

On sait que $\sqrt{2}$ vaut approximativement 1,414 213 56... On se demande quelle valeur réelle peut bien correspondre à $2^{\sqrt{2}}$. Cette valeur peut être approchée progressivement.

b) À l'aide d'une calculatrice, calcule la valeur de chaque expression. Observe comment on approche progressivement la valeur de $2^{\sqrt{2}}$.

1) 2^1 2) $2^{1,4}$ 3) $2^{1,41}$ 4) $2^{1,414}$

5) $2^{1,414\,2}$ 6) $2^{1,414\,21}$ 7) $2^{1,414\,213}$ 8) $2^{1,414\,213\,5}$

On imagine que ce processus pourrait ainsi se poursuivre indéfiniment. À chaque étape, on s'approche de plus en plus d'une valeur réelle qui correspond à $2^{\sqrt{2}}$.

c) Pour chaque expression, calcule une valeur approchée.

1) $1,2^{\sqrt{3}}$ 2) $4^{\sqrt{5}}$ 3) $2^{-\sqrt{2}}$ 4) $5^{-\sqrt{5}}$

5) $0,8^{2\sqrt{3}}$ 6) $2,25^{3\sqrt{7}}$ 7) $\sqrt{7}^{\sqrt{7}}$ 8) $-\sqrt{5}^{-\sqrt{5}}$

d) On définit une fonction à l'aide d'une base négative. D'une table à l'autre, on change le pas de variation de *x*. Explique ce qui se passe.

1)
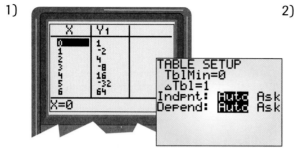

2)
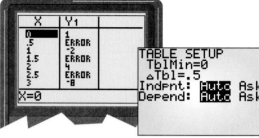

3)
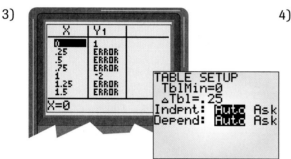

4)
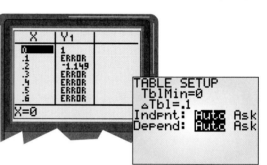

Pour cette raison, on élimine les bases négatives lorsqu'on travaille sur des expressions exponentielles. Ainsi :

Pour toute base réelle **a > 0** et tout nombre réel **m**, **a**^{m} est un nombre réel.

Symboliquement, on écrit : $\forall a \in \mathbb{R}_+^*$ et $\forall m \in \mathbb{R} : a^m \in \mathbb{R}$.

Investissement 2

1. Vers quelle valeur tend l'expression $\left(\frac{1}{2}\right)^x$ quand *x* prend des valeurs de plus en plus grandes ?

2. À l'aide d'une calculatrice, recherche à partir de quelle valeur de *x* l'expression $x^{\sqrt{2}}$ vaut plus que 1.

3. On définit une fonction à l'aide de la règle $f(x) = x^x$.

   a) Construis une table de valeurs de cette fonction.

x	1	2	3	4	5
x^x	■	■	■	■	■

   b) Que peut-on dire à propos de la croissance dans cette fonction ?

   c) Cette fonction est-elle toujours croissante entre 0 et 1 ?

4. Vers quelle valeur tend l'expression 2^x lorsque *x* prend des valeurs de plus en plus près de 0 ?

5. Est-il possible d'affecter 8 d'un exposant pour avoir la puissance 0,1 ?
   Recherche une telle valeur, si elle existe, par essais successifs.

6. La suite donnée est-elle croissante ou décroissante?

a) $1^{-1}, 2^{-2}, 3^{-3}, ...$ **b)** $\sqrt{2}, \sqrt[3]{3}, \sqrt[4]{4}, ...$

7. Donne un nombre dont la racine cubique est, au millième près, 2,620.

8. Vers quel nombre tend l'expression $\sqrt[n]{10}$ si n devient de plus en plus grand?

9. À quel nombre, s'il existe, correspond l'expression $\sqrt[1/2]{10}$? Explique ta réponse.

10. Effectue l'addition $3^{-1} + 4^{-1}$.

11. Peut-on extraire la racine cubique d'un nombre négatif? Si oui, indique pourquoi.

▶ FORUM

a) Mélissa affirme que tout nombre rationnel peut être le résultat de l'extraction de la racine carrée d'un nombre réel. Cette conjecture est-elle vraie ou fausse? Justifiez votre réponse.

b) Peut-on obtenir une puissance négative en affectant une base positive d'un exposant quelconque? Vérifiez votre réponse avec différents exposants.

c) Est-il correct d'écrire un nombre de cette façon: $\pm\sqrt{2}$? Expliquez pourquoi.

d) Pourquoi peut-on être assuré qu'une expression telle que $(((\sqrt{2})^{\wedge}\sqrt{2})^{\wedge}\sqrt{2})^{\wedge}\sqrt{2}$ correspond à une valeur réelle?

MATH EXPRESS 4

Par définition, on donne une signification particulière à chaque type d'exposants.

1° Exposant entier

Pour $m > 1$, on a:
$$a^m = \underbrace{a \cdot a \cdot a \cdot ... \cdot a}_{m \text{ fois}}$$

On a:
$$a^1 = a$$

Pour $a \neq 0$, on a:
$$a^0 = 1$$

Pour $a \neq 0$ et $m > 0$, on a:
$$a^{-m} = \frac{1}{a^m}$$

2° Exposant fractionnaire (ou rationnel)

Pour $a > 0$, on a: $a^{1/n} = \sqrt[n]{a}$ et $a^{m/n} = \sqrt[n]{a^m}$, sauf si n est pair et $a^m < 0$.

3° Exposant irrationnel

Une approche progressive qui utilise le développement décimal montre que toute base positive affectée d'un exposant irrationnel correspond, à la limite, à une valeur réelle.

En résumé, toute base strictement positive affectée d'un exposant réel correspond à un nombre réel.

1 Donne une fraction qui est plus près de 1 que le nombre donné.

a) $\frac{5}{6}$ **b)** 0,99   **c)** $\frac{14}{15}$ **d)** 99,9 %

2 Donne une valeur approchée ou une approximation du résultat de chaque multiplication.

a) 0,49 x 420   **b)** 0,24 x 24   **c)** 89 x 1,45   **d)** 0,19 x 149

3 Estime le nombre qui manque dans chaque cas.

a) 398 ÷ ■ = 19   **b)** 1794 ÷ ■ = 28   **c)** 0,05 ÷ ■ = 3

4 Donne une valeur approximative de chacune de ces expressions.

a) $\frac{13}{\sqrt{11}}$ **b)** $\frac{2 \times \sqrt{50}}{\sqrt{15}}$ **c)** $\frac{\sqrt{99} \times \sqrt{50}}{\sqrt{37}}$ **d)** $999^{\frac{1}{2}}$

5 Estime le nombre de :

a) pommes de terre que contient un sac de 5 kg ;

b) verres qu'on peut remplir avec un litre de lait ;

c) poteaux de téléphone le long d'une route de 1 km ;

d) pois que contient un sac de 1 kg.

6 On coupe une boule de polystyrène de la façon décrite.

La boule est coupée en deux.   Chaque moitié est coupée en deux.   Chaque quart est coupé en deux.

a) À quel modèle mathématique correspond ce processus ?

b) Combien de morceaux aura-t-on à la dixième étape ?

7 Une feuille de papier mesure 21 cm sur 28 cm.

a) Est-il possible de la plier 8 fois en deux ?

b) Combien d'épaisseurs de papier aurait un tel pliage ?

c) Théoriquement, quelle serait l'aire de chaque surface de papier au dernier pliage ?

8 On relie deux à deux des points sur un cercle. On forme ainsi des régions à l'intérieur du cercle. Le nombre de régions est en relation avec le nombre de points.

Régine a poussé plus loin la recherche sur le sujet. Elle a inscrit les résultats dans cette table.

Nombre de points	1	2	3	4	5	6	7	8	...
Nombre de régions	1	2	4	8	16	31	57	99	...

Peut-on affirmer que la règle correspondant à cette table est $y = 2^x$, $y = 2^{x-1}$, ou ni l'une ni l'autre de ces règles ? Justifie ta réponse.

9 Le processus de formation des fractales est illustré à partir d'un triangle équilatéral de 1 unité de côté.

Étape 1   Étape 2   Étape 3   Étape 4

On considère la relation entre le numéro de l'étape et la longueur de chaque côté de la fractale. Donne la règle de cette relation en utilisant une expression exponentielle.

10 Si les mesures des côtés d'un rectangle sont respectivement $\sqrt{a}$ unités et $\sqrt{b}$ unités, quelle expression représente l'aire de ce rectangle?

11 Quelle distance sépare le point A des autres points si les carrés du quadrillage ont 1 unité de côté?

12 Voici une suite particulière: $2^1 - 1,\ 2^2 - 1,\ 2^3 - 1,\ 2^4 - 1,\ \dots$

a) Quelle caractéristique les termes de cette suite possèdent-ils?

b) Si l'on utilise cette régularité pour trouver les termes qui précèdent le premier terme donné, retrouve-t-on la même caractéristique?

13 Détermine le signe de chaque puissance.

a) $(-2)^{231}$ **b)** -2^n **c)** $\sqrt[n]{100}$ **d)** $\left(\dfrac{a}{b}\right)^2$

14 Donne une expression équivalente à $\sqrt{\sqrt{9} + \sqrt{16}}$.

15 Une douzaine correspond au nombre 12. Une mole est l'unité SI de quantité de matière. Elle correspond également à un nombre, soit $6{,}022 \times 10^{23}$. À quel nombre correspond un millionième de mole?

16 Au jeu de bridge, chacun des 4 joueurs ou joueuses reçoit 13 cartes. Chaque distribution de 13 cartes s'appelle une main. Le nombre de mains différentes possibles est d'environ $6{,}35 \times 10^{11}$. Quelle est la probabilité qu'un joueur ou une joueuse reçoive les 13 cartes d'une même marque?

17 On perce un trou dans une feuille de papier. On plie la feuille en deux et l'on perce un autre trou. On déplie la feuille et l'on compte le nombre de trous. On replie deux fois la feuille et l'on perce à nouveau un trou. On déplie complètement la feuille et l'on compte le nombre de trous. On replie trois fois la feuille et l'on répète ce processus plusieurs autres fois. Détermine quelle expression exponentielle représente le nombre de trous dans la feuille après l'avoir pliée n fois.

Nombre de pliages	0	1	2	3	4	5	6	...	n
Nombre de trous	1	3	7	■	■	■	■	...	■

18 En 1935, Charles Richter a trouvé une façon d'exprimer la quantité d'énergie dégagée par les tremblements de terre. Cette quantité d'énergie s'exprime à l'aide de la base 10 affectée d'un exposant. Les $\frac{2}{3}$ de cet exposant correspondent à la magnitude du séisme.

a) Un tremblement de terre de magnitude 8 à l'échelle de Richter dégage-t-il deux fois plus d'énergie qu'un séisme de magnitude 4 ? Justifie ta réponse.

b) Combien de fois un tremblement de terre de 6 à l'échelle de Richter dégage-t-il plus d'énergie qu'un séisme de magnitude 5 ?

Quantité d'énergie (en kJ)	Magnitude (échelle de Richter)
10^3	2
10^6	4
10^9	6
10^{12}	8
10^{15}	10

Le dernier tremblement de terre important au Québec s'est produit en 1988 et a été ressenti au Saguenay. Sa magnitude était de 6 à l'échelle de Richter.

19 Analyse cette table et tire une conclusion.

Puissance de 4	Chiffre des unités
1	4
2	6
3	4
4	6
...	...
1907	■
1908	■

20 Quelle propriété particulière ont les puissances entières de 6 ?

21 Récemment, on a découvert le plus grand nombre premier jamais identifié jusqu'ici. Ce nombre correspond à $(2^{756\,839} - 1)$. Découvre le dernier chiffre de ce nombre.

22 Julien prétend que 2^{-a} est un nombre négatif. Il appuie son raisonnement sur le fait que, dans son lexique, 10^{-1}, 10^{-2}, 10^{-3}, ..., sont appelées les puissances négatives de 10. Julien a-t-il raison et interprète-t-il bien le sens de «puissances négatives»?

23 Dans une banlieue de Montréal, la population augmente de 2 % par année depuis 1980. La règle $P = 10\,360 \times (1 + 0,02)^t$ permet de déterminer la population de cette ville selon le nombre d'années écoulées depuis 1980. Si la tendance se maintient, détermine la population de cette ville en :

a) 1980   **b)** 1990   **c)** 2000   **d)** 2010

24   LES VOYAGES INTERPLANÉTAIRES

La planète Mars décrit autour du Soleil une orbite elliptique. Tous les 15 ans (1956, 1971,...), elle s'approche à $5,6 \times 10^7$ km de la Terre. Un ou une astronaute met 60 h pour se rendre à la Lune, qui est à $3,84 \times 10^5$ km de notre planète. À la même vitesse, combien de temps mettra-t-il ou mettra-t-elle pour atteindre Mars en l'an 2001 ?

Astronaute canadienne, Julie Payette a étudié le génie électrique et les sciences appliquées. Musicienne et sportive, elle parle le français, l'anglais, l'italien, l'espagnol, le russe et l'allemand.

25   LES PLACEMENTS À LONG TERME

La formule $M = M_i \times (1 + \frac{i}{100})^n$ donne la valeur accumulée M d'un capital initial M_i placé pour n années à un taux d'intérêt annuel de i %. Il y a 10 ans, Pierre a investi 5000 $ à un taux d'intérêt annuel de 5 %. Kim a investi 5000 $, il y a 5 ans, à un taux d'intérêt annuel de 10 %. À la fin de la présente année, qui aura la plus grande valeur accumulée ?

26   À CHACUN SON LOPIN DE TERRE

Le volume d'une boule est $V = \frac{4}{3}\pi r^3$ et son aire est $4\pi r^2$. La surface de la Terre est couverte d'eau à 70 % et seulement 45 % du reste de cette surface est habitable. Si chaque personne avait un lopin de terre, de quelle surface disposerait-elle ?

Le diamètre équatorial de la Terre est d'environ 12 756 km. La population mondiale est d'environ sept milliards.

1. USURE DE PNEUS

Les techniques de fabrication des pneus visent une meilleure adhérence à la chaussée. Pour favoriser cette adhérence, une entreprise fabrique des pneus dont la semelle a une épaisseur de 2 cm et dont le caoutchouc est de plus en plus résistant de l'extérieur vers l'intérieur. Des tests ont permis de mesurer que cette épaisseur, à tous les 10 000 km, équivaut aux ¾ de ce qu'elle était lors du test précédent. Quelle est l'épaisseur de la semelle d'un pneu qui a roulé sur 50 000 km?

2. LA DIAGONALE DU CARRÉ

Exprime la mesure de la diagonale d'un carré de 1 cm de côté en utilisant une base affectée d'un exposant.

3. DRÔLE D'ÂGE!

Pour passer le temps, Benoît, Simon, Dimitrios et Stefano ont exprimé l'âge de leur amie de coeur en utilisant diverses expressions.

> Josée: $100^{3/5}$ Nadia: $6 \times 5^{5/8}$ Carmen: $20^{7/8}$ Sonia: $\sqrt{251{,}19}$

a) Quelles amies ont le même âge?

b) Quelle fille est la plus âgée?

c) Quelle est, au dixième près, la différence d'âge entre la plus âgée et la plus jeune?

4. Pour chaque expression, donne une expression équivalente écrite sous une forme exponentielle.

a) $\sqrt[3]{5^2}$ ***b)*** 6^{-2} ***c)*** $\dfrac{2^{-2}}{5}$ ***d)*** $\dfrac{1}{12^{-3}}$

5. En utilisant la même base affectée d'un exposant, donne une valeur inférieure et une valeur supérieure à l'expression donnée. Ces deux valeurs doivent être très près de l'expression donnée.

a) $8^{2/3}$ ***b)*** $\sqrt{50}$ ***c)*** $10^{\sqrt{2}}$

Sujet 2 LOIS DES EXPOSANTS

PRODUIT DE PUISSANCES
QUOTIENT DE PUISSANCES
PUISSANCE D'UN PRODUIT
PUISSANCE D'UNE PUISSANCE
PUISSANCE D'UN QUOTIENT

PRODUIT DE PUISSANCES

Un raccourci pour la multiplication de puissances de même base

Vers 1130 ap. J.-C., Al-Samaw'al, mathématicien islamique et médecin réputé né à Bagdad, établissait les lois des exposants. Il avait alors 19 ans. En manipulant des expressions exponentielles et des puissances, il découvrit cette première loi:

PREMIÈRE LOI - PRODUIT DE PUISSANCES
Si $a \in \mathbb{R}$ et $m, n \in \mathbb{N}$, on a: $a^m \cdot a^n = a^{m+n}$

$8^2 \times 8^3$

$= \underbrace{8 \times 8}_{2 \text{ fois}} \times \underbrace{8 \times 8 \times 8}_{3 \text{ fois}}$

$= 8^{2+3}$

$= 8^5$

$a^m \cdot a^n$

$= \underbrace{a \cdot a \cdot ... \cdot a}_{m \text{ fois}} \cdot \underbrace{a \cdot a \cdot ... \cdot a}_{n \text{ fois}}$

$= a^{m+n}$

a) Explique en tes mots cette première loi des exposants.

b) Explique pourquoi cette loi ne peut pas s'appliquer dans la multiplication $3^4 \times 2^3$.

c) Utilise les définitions des exposants pour vérifier que cette loi s'applique également dans le cas d'exposants entiers négatifs.

1) $2^{-2} \times 2^3$ 2) $3^{-2} \times 3^{-4}$ 3) $a^{-2} \cdot a^{-3}$ $(a \neq 0)$

d) À l'aide d'une calculatrice à affichage graphique, on peut vérifier que cette loi s'applique aussi dans le cas d'exposants fractionnaires, sous certaines conditions.

1) À l'aide des écrans ci-dessous, explique comment on peut faire cette vérification.

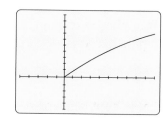

2) Obtient-on des points ou une courbe pour les valeurs négatives de x? Pourquoi?

e) Décris le graphique qu'on obtiendrait dans chaque cas, puis vérifie cette description à l'aide d'une calculatrice à affichage graphique.

1) $Y_1 = x^\wedge (1/4) \cdot x^\wedge (1/3)$ 2) $Y_2 = x^\wedge (1/4) \cdot x^\wedge (3/4)$

3) $Y_3 = x^\wedge (1/2) \cdot x^\wedge (3/2)$

Babylone était une ville de la Mésopotamie. On en trouve les ruines à 160 km au sud-est de Bagdad.

QUOTIENT DE PUISSANCES

Un raccourci pour la division de puissances de même base

Le mathématicien Al-Samaw'al a aussi découvert cette deuxième loi concernant le quotient de puissances:

DEUXIÈME LOI - QUOTIENT DE PUISSANCES	
Si $a \in \mathbb{R}^*$ et $m, n \in \mathbb{N}$, on a: $\dfrac{a^m}{a^n} = a^{m-n}$	
$8^5 \div 8^2 = \dfrac{8^5}{8^2}$	$a^m \div a^n = \dfrac{a^m}{a^n}$
$= \dfrac{8 \times 8 \times 8 \times 8 \times 8}{8 \times 8}$	$= \dfrac{\overbrace{a \cdot a \cdot \ldots \cdot a}^{m \text{ fois}}}{\underbrace{a \cdot a \cdot \ldots \cdot a}_{n \text{ fois}}}$
$= 8^{5-2}$	$= a^{m-n}$
$= 8^3$	

a) Explique en tes mots cette deuxième loi des exposants.

b) Explique pourquoi cette loi ne peut pas s'appliquer dans la division $3^5 \div 2^3$.

c) Vérifie que cette loi est aussi valable si l'exposant du dividende est inférieur à l'exposant du diviseur. Utilise la division suivante: $2^3 \div 2^5$.

Tablette avec inscriptions cunéiformes (face B), Mésopotamie, Babylone. Collection du Musée des beaux-arts de Montréal.

d) Utilise les définitions des exposants pour vérifier que cette loi s'applique dans le cas d'exposants entiers négatifs.

1) $2^{-2} \div 2^{-3}$ 2) $3^{-2} \div 3^{-4}$ 3) $a^{-2} \div a^{-3} \ (a \neq 0)$

e) À l'aide d'une calculatrice à affichage graphique, on peut vérifier que la loi s'applique aussi quand les exposants sont des fractions.

1) À l'aide des écrans ci-dessous, explique comment on peut faire cette vérification.

2) Quelles conditions faut-il pour que la loi s'applique?

f) Donne une règle équivalente dans chaque cas.

1) $Y_1 = x\char`\^(2/3) / x\char`\^(1/4)$ 2) $Y_2 = x\char`\^(1/4) / x\char`\^(3/4)$

3) $Y_3 = x\char`\^(11/6) / x\char`\^(3/2)$

> Chaque fois que les conditions d'existence ne sont pas spécifiées, elles sont sous-entendues.

1. Complète ces tables.

a)

	Multiplication de puissances	Forme décomposée	Produit (Forme réduite)
	$4^2 \times 4^3$	4 x 4 x 4 x 4 x 4	4^5
1)	$5^3 \times 5^4$	■	■
2)	$10^3 \times 10^3$	■	■
3)	$2 \times 9^2 \times 2^2 \times 9^3$	■	■
4)	$5^2 \times 6^3$	■	■

b)

	Multiplication de puissances	Forme décomposée	Produit (Forme réduite)
	$a^2 \cdot a^3$	$a \cdot a \cdot a \cdot a \cdot a$	a^5
1)	$x^3 \cdot x$	■	■
2)	$(2a)^2 \cdot (2a)^3$	■	■
3)	$ab^2 \cdot a^3b^2$	■	■
4)	$x^3 \cdot y^4$	■	■

2. Complète ces tables.

a)

	Division de puissances	Forme décomposée	Quotient (Forme réduite)
	$\dfrac{5^3}{5^2}$	$\dfrac{5 \times 5 \times 5}{5 \times 5}$	$5^1 = 5$
1)	$\dfrac{7^4}{7^2}$	■	■
2)	$\dfrac{2^2 \times 3^4}{2^2}$	■	■
3)	$\dfrac{3^5 \times 4^4}{3^3 \times 4^3}$	■	■
4)	$\dfrac{5^4}{4^5}$	■	■

b)

	Division de puissances	Forme décomposée	Quotient (Forme réduite)
	$\dfrac{a^3}{a^3}$	$\dfrac{a \cdot a \cdot a}{a \cdot a \cdot a}$	$a^0 = 1$
1)	$\dfrac{b^4}{b^3}$	■	■
2)	$\dfrac{a^4b^4}{a^3}$	■	■
3)	$\dfrac{ab^4}{a^3b^5}$	■	■
4)	$\dfrac{b^4}{c^5}$	■	■

3. Écris l'expression sous une forme exponentielle réduite, s'il y a lieu.
Utilise les raccourcis.

a) $10^2 \times 10^3$ **b)** $2^3 + 3^2$ **c)** $2^3 \times 2^{-2}$ **d)** $2^3 \times 3^2$

e) $10^3 \div 10^5$ **f)** $5^3 \div 5^{-3}$ **g)** $8^2 - 8^3$ **h)** $7^{-4} \div 7^{-4}$

i) $15^3 \div 5^3$ **j)** $(4 \times 5) \div 20^2$ **k)** $8^5 \div 9^3$ **l)** $4^2 \div 2^4$

4. Applique la loi concernant les multiplications ou les divisions de puissances de même base, s'il y a lieu.

a) $x^2 \cdot x^3$ **b)** $a^3 \cdot 2a$ **c)** $x^2 \div x^3$ **d)** $a^3 \div 2a$

e) $ab \div a^2b^3$ **f)** $ab \cdot a^2b^3$ **g)** $x^2 \cdot xy^2$ **h)** $x^2 \div xy^2$

5. Indique si la loi $a^m \cdot a^n = a^{m+n}$ ou la loi $a^m \div a^n = a^{m-n}$ s'applique dans chacun des cas suivants. Justifie ta réponse.

a) $a^2 + a^3$ **b)** $a^2 \div b^3$ **c)** $a^2 - a^3$

d) $a^2 \div a^3$ **e)** $a^2 \cdot b^3$ **f)** $a^3 \cdot a^2$

6. Exprime le produit ou le quotient sous une forme exponentielle réduite.

a) $c^2 \cdot 2c^3$ **b)** $4c^2 \div 2c^3$ **c)** $2a \cdot 2a$ **d)** $2a^3 \div 2a^2$

e) $2ab \cdot 2ab$ **f)** $2ab \div 4ab$ **g)** $a^2b^3 \cdot ab^2$ **h)** $a^2b^3 \div ab^2$

7. Effectue les multiplications et les divisions suivantes.

a) $2a \cdot 2a^2$ **b)** $3a \cdot 2b$ **c)** $3a \div 2b$ **d)** $2a^2b \div {-3}ab^2$

e) $2a^2b \cdot {-3}ab^2$ **f)** $-b \cdot 2b$ **g)** $2a \div 2a^2$ **h)** $-b \div 2b$

8. Effectue chaque multiplication en distribuant le facteur.

a) $2a(a + b)$ **b)** $x^2(x - 1)$ **c)** $2x^2(3 - 2x)$ **d)** $a^2(a - b)$

9. Exprime en notation scientifique le résultat des opérations suivantes.

a) $(1{,}2 \times 10^{-3}) \times (5 \times 10^4)$ **b)** $(1{,}2 \times 10^3) \times (6 \times 10^2)$

1,2 × 5 × 10⁻³ × 10⁴ = 6 × 10¹

c) $(4{,}2 \times 10^{-3}) \div (2{,}1 \times 10^4)$ **d)** $(8 \times 10^{-2}) \times (9 \times 10^4)$

e) $(2{,}5 \times 10^{-4}) \times (10^6)$ **f)** $(8 \times 10^{-2}) \div (2 \times 10^4)$

10. Écris les expressions suivantes, de deux façons différentes, sous la forme de multiplications de puissances de même base.

a) 10^1 **b)** $2x$ **c)** $-4ab$ **d)** $2a^2b^3$ **e)** 1

11. Écris les expressions suivantes, de deux façons différentes, sous la forme de divisions de puissances de même base.

a) 2^3 **b)** $2a^2$ **c)** $-c^2$ **d)** $2ab^2$ **e)** 1

12. Donne deux expressions équivalentes à chaque expression donnée.

a) $2x^2 \cdot 3x^3$ **b)** $(2a)^3 \cdot 2a^2$ **c)** $(x^3y^5)(-x^4y^6z^2)$

13. Écris chaque expression sous une forme exponentielle réduite.

a) $4^{1/2} \times 4^{3/2}$ **b)** $a^{1/4} \cdot a^{3/4}$

c) $2a^{-1/2} \cdot 3a$ **d)** $a^{1/3}b^{1/4} \cdot 2a^{2/3}b^{-1/2}$

14. Simplifie chaque expression.

a) $\dfrac{b^{-9}}{b^{-5}}$ **b)** $\dfrac{c^5}{2c^{-3}}$ **c)** $\dfrac{2^2c^5}{2^3c^3}$ **d)** $\dfrac{-4ab^5}{4^3b^3}$ **e)** $\dfrac{a^{-1}b}{ab^{-1}}$

15. Exprime sous une forme équivalente réduite.

a) $5^{1/2} \div 5^{1/4}$

b) $2a^{-1/2} \cdot 3a^{3/2}$

c) $\dfrac{a^{1/2}}{a^{1/3}}$

d) $2a^{1/2} \cdot -2a^{-1/2}$

e) $\dfrac{2x^{3/2}}{x^{1/2}}$

f) $(2a^{3/4}b)(2^{-1}a^{1/4}b^{-1})$

g) $\dfrac{4a^{1/2}b^{3/4}}{4^2a^{1/2}b^{1/2}}$

h) $\dfrac{2a^{3/2}b}{ab^{1/2}} \cdot \dfrac{a^{1/2}b}{ab}$

16. Donne une expression équivalente à chacune des expressions suivantes.

a) $\sqrt{5} \times \sqrt{5}$

b) $\sqrt{3} \div 2\sqrt{3}$

c) $2\sqrt{2} \times \sqrt{2}$

d) $15\sqrt{7} \div 3\sqrt{7}$

e) $\sqrt{a} \times \sqrt{a}$

f) $\sqrt{a} \div \sqrt{a}$

g) $a\sqrt{a}$

h) $a \div \sqrt{a}$

Le papyrus est une plante qui pousse sur les bords du Nil. Les anciens Égyptiens transformaient ses tiges en feuilles pour écrire.

17. Exprime sous une forme réduite, s'il y a lieu.

a) $(a + b)^{2m}(a + b)^{m - 3}$

b) $(a + b)^{1 - 2m} \div (a + b)^{1 - 2m}$

18. Dans le vide, la lumière voyage à une vitesse approximative de 300 000 km/s. Quelle distance la lumière parcourt-elle en un an?

19. Montre que $2^3 \times 4 = 2^5$.

20. Écris chaque produit sous la forme d'une base affectée d'un exposant, si cela est possible.

a) 6×36

b) 8×2^a

c) $15 \times 5^{n + 3}$

d) $9 \times 27 \times 3^n$

► FORUM

a) Que pensez-vous de l'affirmation suivante?
«Effectuer des opérations sur des radicaux revient à opérer sur des bases affectées d'exposants fractionnaires.»

b) Quelles sont les principales difficultés qu'on rencontre dans l'application des lois concernant le produit et le quotient de puissances de même base?

PUISSANCE D'UN PRODUIT

Un raccourci pour la puissance d'un produit

Encouragé par la découverte des deux premières lois, Al-Samaw'al poussa plus loin sa recherche. Il observa une troisième loi:

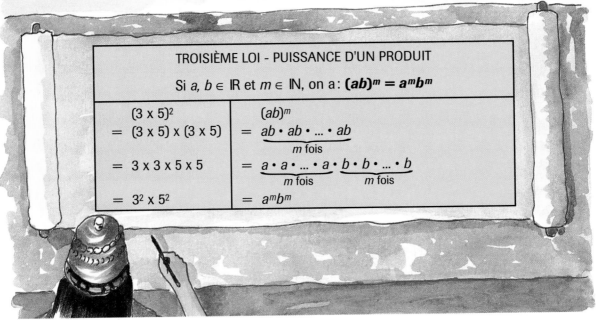

TROISIÈME LOI - PUISSANCE D'UN PRODUIT

Si $a, b \in \mathbb{R}$ et $m \in \mathbb{N}$, on a: $(ab)^m = a^m b^m$

$$(3 \times 5)^2$$
$$= (3 \times 5) \times (3 \times 5)$$
$$= 3 \times 3 \times 5 \times 5$$
$$= 3^2 \times 5^2$$

$$(ab)^m$$
$$= \underbrace{ab \cdot ab \cdot \ldots \cdot ab}_{m \text{ fois}}$$
$$= \underbrace{a \cdot a \cdot \ldots \cdot a}_{m \text{ fois}} \cdot \underbrace{b \cdot b \cdot \ldots \cdot b}_{m \text{ fois}}$$
$$= a^m b^m$$

a) Explique en tes mots cette troisième loi des exposants.

b) Explique pourquoi cette loi ne peut pas s'appliquer dans le cas suivant: $(3 + 5)^2$.

c) Utilise les définitions des exposants pour vérifier que cette loi s'applique également quand les exposants sont des entiers négatifs.

1) $(2 \times 5)^{-3}$ 2) $(3 \times 2)^{-4}$ 3) $(xyz)^{-2}$

d) À l'aide d'une calculatrice à affichage graphique, on peut vérifier que cette loi s'applique aussi dans le cas d'exposants fractionnaires, sous certaines conditions.

1) À l'aide des écrans ci-dessous, explique comment on peut faire cette vérification.

 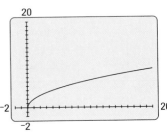

2) Quelles conditions faut-il pour que la loi s'applique?

e) Donne une règle équivalente dans chaque cas.

1) $Y_1 = (9x)^{\wedge}(1/4)$ 2) $Y_2 = 5^{\wedge}(1/4) \cdot x^{\wedge}(1/4)$

PUISSANCE D'UNE PUISSANCE

Un raccourci pour la puissance d'une puissance

Al-Samaw'al montra
l'existence d'une quatrième loi
des exposants:

QUATRIÈME LOI - PUISSANCE D'UNE PUISSANCE

Si $a \in \mathbb{R}$ et $m, n \in \mathbb{N}$, on a: $(a^m)^n = a^{mn}$

$(5^2)^3$	$(a^m)^n$
$= (5^2) \times (5^2) \times (5^2)$	$= \underbrace{a^m \cdot a^m \cdot \ldots \cdot a^m}_{n \text{ fois}}$
$= 5^{2+2+2}$	$= a^{\underbrace{m+m+\ldots+m}_{n \text{ fois}}}$
$= 5^{2 \times 3}$	$= a^{mn}$
$= 5^6$	

---

a) Explique en tes mots cette quatrième loi des exposants.

b) D'après la troisième et la quatrième loi des exposants, quel raccourci peut-on proposer pour $(x^a y^b z^c)^m$?

c) Utilise les définitions des exposants pour vérifier que la quatrième loi s'applique également dans le cas d'exposants entiers négatifs.

1) $(4^2)^{-3}$ 2) $(5^{-2})^{-3}$ 3) $(x^{-2}yz^4)^{-3}$ 4) $(a^{-1}b^2c^{-2})^{-2}$

d) À l'aide d'une calculatrice à affichage graphique, on peut vérifier que cette loi s'applique aussi dans le cas d'exposants fractionnaires, sous certaines conditions.

1) À l'aide des écrans ci-dessous, explique comment on peut faire cette vérification.

  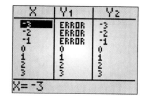

2) Quelles conditions faut-il pour que cette loi s'applique?

e) Donne une règle équivalente dans chaque cas.

1) $Y_1 = (9x\verb|^|4)\verb|^|(1/2)$ 2) $Y_2 = (5\verb|^|(3/2)\, x\verb|^|2)\verb|^|(1/2)$

f) Si $a \in \mathbb{R}_+$, vérifie que $(\sqrt{a})^2 = a$.

L'Iran est un pays riche en sites archéologiques.

PUISSANCE D'UN QUOTIENT

Un raccourci pour la puissance d'un quotient

Enfin, Al-Samaw'al montra l'existence d'une cinquième loi qui régit les exposants.

<table>
<tr><td colspan="2" align="center">CINQUIÈME LOI - PUISSANCE D'UN QUOTIENT
Si $a \in \mathbb{R}$, $b \in \mathbb{R}^*$ et $m \in \mathbb{N}$, on a: $\left(\dfrac{a}{b}\right)^m = \dfrac{a^m}{b^m}$</td></tr>
<tr>
<td>

$\left(\dfrac{2}{5}\right)^3$

$= \dfrac{2}{5} \times \dfrac{2}{5} \times \dfrac{2}{5}$

$= \dfrac{2 \times 2 \times 2}{5 \times 5 \times 5}$

$= \dfrac{2^3}{5^3}$
</td>
<td>

$\left(\dfrac{a}{b}\right)^m$

$= \underbrace{\dfrac{a}{b} \cdot \dfrac{a}{b} \cdot \ldots \cdot \dfrac{a}{b}}_{m \text{ fois}}$

$= \dfrac{\overbrace{a \cdot a \cdot \ldots \cdot a}^{m \text{ fois}}}{\underbrace{b \cdot b \cdot \ldots \cdot b}_{m \text{ fois}}}$

$= \dfrac{a^m}{b^m}$
</td>
</tr>
</table>

a) Explique en tes mots cette cinquième loi des exposants.

b) D'après les lois des exposants, quel raccourci peut-on proposer pour $\left(\dfrac{x^a}{y^b}\right)^c$?

c) Utilise les définitions des exposants pour vérifier que la cinquième loi s'applique également dans le cas d'exposants entiers négatifs.

1) $\left(\dfrac{2}{5}\right)^{-3}$ 　　 2) $\left(\dfrac{x}{y}\right)^{-2}$ 　　 3) $\left(\dfrac{2x}{3y}\right)^{-2}$ 　　 4) $\left(\dfrac{x^{-1}}{3y^2}\right)^{-2}$

d) À l'aide d'une calculatrice à affichage graphique, on peut vérifier que la loi s'applique aussi dans le cas d'exposants fractionnaires, sous certaines conditions.

1) À l'aide des écrans ci-dessous, explique comment on peut faire cette vérification.

2) Quelles conditions faut-il pour que cette loi s'applique?

e) Donne une règle équivalente dans chaque cas.

1) $Y_1 = (9x^2/4) ^ (1/2)$ 　　　　 2) $Y_2 = (27/x^3) ^ (1/3)$

1. Complète ces tables.

a)

	Puissance d'un produit	Forme décomposée	Forme réduite
	$(4 \times 5)^2$	$(4 \times 5) \times (4 \times 5)$	$4^2 \times 5^2$
1)	$(5 \times 8)^3$	■	■
2)	$(10 \times 9)^3$	■	■
3)	$(2 \times 9)^{-2}$	■	■
4)	$(3 \times 4 \times 7)^5$	■	■

b)

	Puissance d'un produit	Forme décomposée	Forme réduite
	$(ab)^2$	$(ab) \cdot (ab)$	a^2b^2
1)	$(2x)^{-3}$	■	■
2)	$(2ab)^4$	■	■
3)	$-(2xy)^2$	■	■
4)	$(-2xy)^2$	■	■

2. Complète ces tables.

a)

	Puissance d'un quotient	Forme décomposée	Forme réduite
	$\left(\dfrac{2}{3}\right)^4$	$\dfrac{2}{3} \times \dfrac{2}{3} \times \dfrac{2}{3} \times \dfrac{2}{3}$	$\dfrac{2^4}{3^4}$
1)	$\left(\dfrac{5}{6}\right)^3$	■	■
2)	$\left(\dfrac{3}{5}\right)^{-2}$	■	■
3)	$\left(\dfrac{7}{2}\right)^2$	■	■
4)	$\left(\dfrac{-1}{4}\right)^2$	■	■

b)

	Puissance d'un quotient	Forme décomposée	Forme réduite
	$\left(\dfrac{a}{b}\right)^3$	$\dfrac{a}{b} \cdot \dfrac{a}{b} \cdot \dfrac{a}{b}$	$\dfrac{a^3}{b^3}$
1)	$\left(\dfrac{2a}{b}\right)^2$	■	■
2)	$\left(\dfrac{2a}{3b}\right)^4$	■	■
3)	$\left(\dfrac{b}{a}\right)^{-3}$	■	■
4)	$\left(\dfrac{-2}{c}\right)^3$	■	■

3. Complète ces tables.

a)

	Puissance d'une puissance	Forme décomposée	Forme réduite
	$(4^2)^2$	$4^2 \times 4^2$	4^4
1)	$(5^{-1})^3$	■	■
2)	$(10^3)^3$	■	■
3)	$(a^2)^2$	■	■
4)	$(x^3)^2$	■	■

b)

	Puissance d'un produit de puissances	Forme décomposée	Forme réduite
	$(2^2 \times 3^2)^2$	$(2^2 \times 3^2) \times (2^2 \times 3^2)$	$2^4 \times 3^4$
1)	$(3^2 \times 4^3)^4$	■	■
2)	$(2a)^2$	■	■
3)	$(a^3b^2)^3$	■	■
4)	$(-x^3y^4)^2$	■	■

4. Simplifie chaque expression.

a) $(x^2)^3$ **b)** $(ab^2)^3$ **c)** $(3x)^2$ **d)** $2(x^2)^3$

e) $2(ab)^2$ **f)** $(a^2b^3)^2$ **g)** $-3(x^2)^{-2}$ **h)** $(-2ab^{-2})^{-1}$

5. Énonce la loi des exposants qui correspond à la distributivité de l'exponentiation sur la multiplication.

6. Détermine mentalement la valeur de chaque expression.

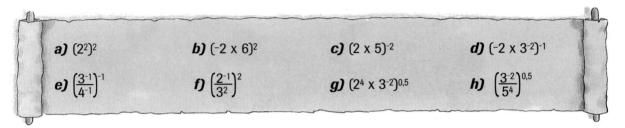

a) $(2^2)^2$ **b)** $(-2 \times 6)^2$ **c)** $(2 \times 5)^{-2}$ **d)** $(-2 \times 3^{-2})^{-1}$

e) $\left(\dfrac{3^{-1}}{4^{-1}}\right)^{-1}$ **f)** $\left(\dfrac{2^{-1}}{3^2}\right)^2$ **g)** $(2^4 \times 3^{-2})^{0,5}$ **h)** $\left(\dfrac{3^{-2}}{5^4}\right)^{0,5}$

7. Réduis les expressions suivantes.

a) $(m^m)^m$ **b)** $m^m \cdot m^m$ **c)** $m^m \div m^m$ **d)** $m^m + m^m$

8. Réduis la base le plus possible dans les expressions suivantes.

Ex. : $121^4 = (11^2)^4 = 11^8$

a) 49^3 **b)** $16^{3/2}$ **c)** 125^n **d)** 25^{n+1}

9. Élimine les parenthèses dans chaque cas.

a) $(xy)^n$ **b)** $(2m)^3$ **c)** $3(cd)^2$ **d)** $(x^2y)^3$

10. Exprime chaque fraction sous la forme d'un nombre décimal affecté d'un exposant.

Ex. : $\dfrac{3^2}{4^2} = \left(\dfrac{3}{4}\right)^2 = 0,75^2$

a) $\dfrac{4^3}{5^3}$ **b)** $\dfrac{1^4}{4^4}$ **c)** $\dfrac{1^n}{2^n}$ **d)** $\dfrac{1^n}{2^{2n}}$

11. On a défini différentes fonctions à l'écran d'édition d'une calculatrice à affichage graphique. Dans chaque cas, détermine si les deux fonctions sont équivalentes.

a)
b)
c)
d)

12. Écris chaque expression sous la forme la plus simple.

a) $\left(\dfrac{\sqrt{3}}{\sqrt{5}}\right)^2$ **b)** $(\sqrt{3} \times \sqrt{6})^2$ **c)** $(2\sqrt{6})^2$ **d)** $\left(\dfrac{2\sqrt{6}}{3^{-1}}\right)^2$

13. Écris chaque expression sous la forme la plus simple.

a) $(2\sqrt{ab})^2$ **b)** $(-2ab^{-1})^{-2}$ **c)** $\left(\dfrac{2\sqrt{a}}{b^{-1}}\right)^2$ **d)** $\left(\dfrac{2a^3b^{-2}}{b^{-1}}\right)^2$

e) $\left(\dfrac{2a^3b^{-2}}{3a^2b^{-2}}\right)^3$ **f)** $(2a^{-2}b^{-1})^2 \, (2^4a^3b^3)$ **g)** $\left(\dfrac{\sqrt{a^{12}}}{a^4}\right)^{\frac{1}{2}}$ **h)** $\left(\dfrac{2a^3b^{-2}}{b^{-1}}\right)^2 \left(\dfrac{\sqrt{a^{-2}}}{a^{-1}}\right)^2$

14. Écris chacune des expressions suivantes sous la forme d'un quotient de deux puissances d'une même base, puis réduis l'expression.

> Ex.: $\dfrac{4^2}{2^5} = \dfrac{(2^2)^2}{2^5} = \dfrac{2^4}{2^5} = \dfrac{1}{2}$

a) $\dfrac{8^3}{4^5}$ **b)** $\dfrac{9^n}{3^{n-1}}$ **c)** $\dfrac{25^{n-2}}{5^3}$ **d)** $\dfrac{7^n}{49^{1-n}}$

15. Détermine si les deux expressions données sont équivalentes.

a) $(2^2)^3$ et $(2^3)^2$ **b)** $2^{(3^2)}$ et $(2^3)^2$

16. Insère des parenthèses dans le membre de gauche de chaque équation afin d'obtenir une égalité vraie.

a) $3x^3y^2 = 3x^6y^2$ **b)** $3x^3y^2 = 9x^6y^2$ **c)** $3x^3y^2 = 27x^3y^2$

17. Simplifie les expressions suivantes.

a) $(a^2)^3$ **b)** $((a^3)^{\frac{1}{4}})^2$ **c)** $(m^2)^{a+1}$ **d)** $(m^2)^n \cdot (m^n)^2$

18. Dans les métropoles, pour éviter les difficultés de la circulation automobile aux heures de pointe, beaucoup de travailleurs et de travailleuses choisissent le métro pour se déplacer matin et soir. Depuis sa mise en service il y a 12 ans dans une certaine ville, le nombre de personnes utilisant ce mode de transport a doublé tous les trois ans. On en dénombre actuellement 300 000 par jour.

a) Combien de personnes utilisaient le métro il y a 12 ans?

b) Si la tendance se maintient, qu'en sera-t-il dans 6 ans?

En 1996, le métro de Montréal comptait 65 stations et couvrait 65 km de voies.

19. Montre que la racine cubique de la racine carrée d'un nombre correspond à sa racine sixième.

20. Une substance radioactive se désintègre de façon telle qu'elle conserve chaque année *n* % de la masse qu'elle possédait l'année précédente. Si sa masse initiale était de 1 g et qu'au bout de 10 ans, il ne reste que $(2^{20} \times 5^{-10})$ g, détermine la valeur de *n*.

Piscine d'entreposage de déchets radioactifs à la centrale nucléaire de Gentilly II.

 ▶ **FORUM**

a) Voici 12 expressions qui peuvent être réduites en appliquant les lois des exposants.

1) $(25^{-1})^2$

2) $a^{1/2} \cdot a^{3/4}$

3) $\left(\dfrac{b^{1/2}}{b^{-1/4}}\right)^2$

4) $\sqrt{x} \cdot \sqrt[3]{x}$

5) $(x^{1/2} \cdot y^{3/4})^2$

6) $6^{3/2} \cdot 2^{3/2}$

7) $\dfrac{y^{1/3}}{2y^{1/3}}$

8) $\left(\dfrac{c^{1/3}}{c^{-1/3}}\right)^3$

9) $5^{1/2} \cdot 5^{-1/2}$

10) $(25^{1/2})^{-2}$

11) $(a^2 \cdot a^3)^{1/2}$

12) $\dfrac{(9^{1/2})^{-2}}{9}$

Pour réduire ces expressions, il faut souvent appliquer plus d'une loi. On propose ci-dessous différentes façons de commencer la réduction. Reproduisez ce tableau et placez chaque expression dans la colonne qui convient. Certaines expressions peuvent être placées dans plus d'une colonne.

1re étape	Additionner les exposants	Soustraire les exposants	Multiplier les exposants	Distribuer les exposants

b) On a défini différentes fonctions à l'écran d'édition d'une calculatrice à affichage graphique. Ces fonctions sont-elles équivalentes ? Justifiez votre réponse.

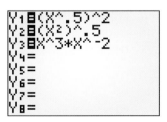

LES NOMBRES IRRATIONNELS

Pythagore ébranlé

Au VIe s. av. J.-C., la découverte des nombres irrationnels avait semé la consternation parmi les disciples de Pythagore. À cette époque, on croyait que tout rapport pouvait être exprimé à l'aide d'entiers.

Aujourd'hui, si les nombres irrationnels n'existaient pas, il faudrait les inventer. Par **nombres irrationnels,** on entend les nombres qui ont un **développement décimal illimité et non périodique.** La plupart de ces nombres correspondent à une expression de la forme $a^{1/n}$ ou $\sqrt[n]{a}$, où a, n sont des entiers. Quand ils sont exprimés sous cette dernière forme, on les appelle des **racines** ou des **radicaux.**

Les lois sur les exposants permettent de découvrir certaines propriétés des radicaux.

a) Exprime à l'aide de radicaux cette propriété des exposants :

$$a^{1/2}b^{1/2} = (ab)^{1/2} \Leftrightarrow \text{\rule{3cm}{0.3cm}}$$

Cette propriété indique la façon de multiplier des racines carrées.

b) Détermine le produit des racines carrées suivantes.

1) $\sqrt{3} \times \sqrt{5}$ 2) $\sqrt{2} \times \sqrt{8}$

3) $\sqrt{5} \times \sqrt{7}$ 4) $\sqrt{7} \times \sqrt{8}$

5) $\sqrt{x} \cdot \sqrt{y}$ 6) $\sqrt{2x} \cdot \sqrt{3y}$

7) $\sqrt{5} \cdot \sqrt{2ab}$ 8) $\sqrt{a} \cdot \sqrt{a}$

c) Exprime à l'aide de radicaux cette propriété des exposants :

$$(a^{1/2})^2 = a \Leftrightarrow \text{\rule{3cm}{0.3cm}}$$

d) Exprime chaque puissance sous une forme plus simple.

1) $(\sqrt{5})^2$ 2) $(\sqrt{10})^2$ 3) $(\sqrt{ab})^2$ 4) $(\sqrt{a^2})^2$

À la fin du XIXe siècle, Richard Dedekind définit l'ensemble des nombres réels comme l'union de deux ensembles de nombres : les nombres rationnels et les nombres irrationnels.

Ces deux propriétés des radicaux permettent de réduire le radicande.
Pour ce faire, il suffit de le factoriser en utilisant un carré.

Ainsi, on a :

$\sqrt{72} = \sqrt{36 \times 2} = \sqrt{36} \times \sqrt{2} = 6 \times \sqrt{2}$, ou simplement $6\sqrt{2}$.

e) Réduis le radicande, si cela est possible.

1) $\sqrt{50}$ 2) $\sqrt{20}$

3) $\sqrt{200}$ 4) $\sqrt{162}$

5) $\sqrt{150}$ 6) $\sqrt{288}$

7) $\sqrt{1000}$ 8) $\sqrt{1800}$

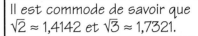

Il est commode de savoir que $\sqrt{2} \approx 1{,}4142$ et $\sqrt{3} \approx 1{,}7321$.

f) Exprime sous la forme de radicaux cette autre propriété des exposants :

$$\frac{a^{\frac{1}{2}}}{b^{\frac{1}{2}}} = \left(\frac{a}{b}\right)^{\frac{1}{2}} \Leftrightarrow$$

On utilise cette propriété pour effectuer la division de racines carrées. Ainsi, on a :

$$\frac{\sqrt{40}}{\sqrt{5}} = \sqrt{\frac{40}{5}} = \sqrt{8}$$

g) Effectue ces divisions.

1) $\dfrac{\sqrt{12}}{\sqrt{3}}$ 2) $\dfrac{\sqrt{20}}{\sqrt{5}}$ 3) $\dfrac{\sqrt{30}}{\sqrt{6}}$ 4) $\dfrac{\sqrt{50}}{\sqrt{75}}$

5) $\dfrac{\sqrt{100}}{\sqrt{75}}$ 6) $\dfrac{4\sqrt{10}}{2\sqrt{5}}$ 7) $\dfrac{\sqrt{ab}}{\sqrt{a}}$ 8) $\dfrac{\sqrt{6x}}{\sqrt{3x}}$

RATIONALISATION DES DÉNOMINATEURS

Il arrive parfois que le quotient présente un radical au dénominateur. L'expression s'évalue plus facilement si l'on rationalise ce dénominateur, c'est-à-dire si l'on élimine tout radical du dénominateur. On y parvient en multipliant le quotient par une fraction unité qui est formée à partir du dénominateur à rationaliser. Ainsi, on a :

$$\frac{6}{\sqrt{3}} \times \frac{\sqrt{3}}{\sqrt{3}} = \frac{6\sqrt{3}}{3} = 2\sqrt{3}$$

a) Dans chaque cas, donne une expression équivalente sans radical au dénominateur, c'est-à-dire sous une forme réduite.

1) $\dfrac{1}{\sqrt{2}}$ 2) $\dfrac{1}{2\sqrt{3}}$

3) $\dfrac{2\sqrt{2}}{-\sqrt{3}}$ 4) $\dfrac{4\sqrt{5}}{3\sqrt{2}}$

5) $\dfrac{1}{\sqrt{a}}$ 6) $\dfrac{\sqrt{a}}{\sqrt{b}}$

7) $\dfrac{1 - \sqrt{2}}{\sqrt{2}}$ 8) $\dfrac{\sqrt{3} + 1}{\sqrt{3}}$

b) Rationalise le dénominateur de l'expression $\dfrac{7}{\sqrt{4}}$.

1. Donne trois valeurs entières de x pour lesquelles $\sqrt{x+1}$ est un entier.

2. Les dimensions les plus harmonieuses en photographie sont celles dont le rapport se rapproche du nombre d'or, soit $\frac{1+\sqrt{5}}{2}$. Quelle est la valeur de ce rapport, au millième près ?

La photographie s'est beaucoup développée depuis son invention en 1816, par le Français Niepce.

3. Détermine le produit.

   a) $\sqrt{2} \times \sqrt{8}$ **b)** $\sqrt{6} \times \sqrt{2}$

   c) $2\sqrt{5} \times \sqrt{3}$ **d)** $4\sqrt{2} \times 3\sqrt{2}$

   e) $\frac{\sqrt{5}}{\sqrt{6}} \times \frac{\sqrt{3}}{\sqrt{5}}$ **f)** $\sqrt{a} \cdot \sqrt{c}$

   g) $\sqrt{a} \cdot \sqrt{ab}$ **h)** $2\sqrt{x} \cdot 2\sqrt{x}$

4. Exprime le quotient sous une forme réduite.

   a) $\frac{\sqrt{12}}{\sqrt{6}}$ **b)** $\frac{18}{\sqrt{3}}$ **c)** $\frac{2\sqrt{20}}{\sqrt{20}}$ **d)** $\frac{2\sqrt{15}}{\sqrt{3} \times \sqrt{5}}$

   e) $\frac{2\sqrt{x}}{3\sqrt{x}}$ **f)** $\frac{2\sqrt{72}}{4\sqrt{24}}$ **g)** $\frac{\sqrt{4a}}{\sqrt{2a}}$ **h)** $\frac{12\sqrt{ab}}{\sqrt{a}\sqrt{2b}}$

5. Réduis le plus possible les expressions suivantes.

   a) $\frac{2\sqrt{10}}{\sqrt{20}}$ **b)** $\frac{(\sqrt{6} + \sqrt{8})}{\sqrt{2}}$ **c)** $\frac{2(\sqrt{ab})^2}{ab}$ **d)** $\frac{(\sqrt{a} + \sqrt{ab})}{\sqrt{a}}$

6. Réduis le radicande, s'il y a lieu.

   a) $\sqrt{54}$ **b)** $2\sqrt{24}$ **c)** $5\sqrt{98}$ **d)** $-3\sqrt{50}$ **e)** $\frac{1}{2}\sqrt{128}$

7. Estime la valeur de chaque expression.

   a) $2\sqrt{2}$ **b)** $-5\sqrt{3}$ **c)** $\sqrt{3} \times \sqrt{5}$ **d)** $12\sqrt{2} \div 4\sqrt{3}$

8. Détermine le produit.

   a) $2(3 - \sqrt{5})$ **b)** $\sqrt{2}(\sqrt{3} + 2)$ **c)** $2\sqrt{3}(3\sqrt{2} + 4\sqrt{3})$ **d)** $-2\sqrt{6}(3\sqrt{6} + 4\sqrt{3})$

9. Écris chaque expression à l'aide d'exposants.

   a) $\sqrt{x^3}$ **b)** $2(\sqrt{x})^3$ **c)** $\sqrt{x^2 y^5}$ **d)** $\sqrt{24a^2 b^2}$

10. Dans chaque cas, exprime sous une forme réduite la mesure de l'hypoténuse.

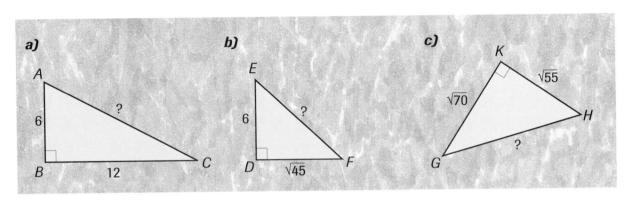

a)

A — ? — C, $AB = 6$, $BC = 12$, angle droit en B.

b)

E — ? — F, $ED = 6$, $DF = \sqrt{45}$, angle droit en D.

c)

K, $\sqrt{55}$, $\sqrt{70}$, H, G, ?, angle droit en K.

11. Dans chaque cas, déduis des valeurs possibles pour a et b.

a) $\dfrac{\sqrt{a}}{\sqrt{b}} = \dfrac{3}{4}$ 　　　 **b)** $(\sqrt{a})^b = 5$ 　　　 **c)** $\dfrac{\sqrt{a}}{\sqrt{b}} = 2$ 　　　 **d)** $(\sqrt{a})^2 = b$

12. Si l'on pouvait former un nombre en tirant au sort successivement chacun des chiffres de son développement décimal, quelle serait, à ton avis, la probabilité qu'on obtienne un nombre rationnel ?

13. Quelle caractéristique remarquable possède l'expression $\sqrt{\dfrac{40 - \sqrt{12}}{3}}$?

14. Une policière mesure soigneusement la distance de freinage de véhicules impliqués dans un accident. Cette distance renseigne sur la vitesse minimale des véhicules avant l'impact. Cette vitesse V, en kilomètres par heure, est égale à l'expression $\sqrt{250df}$, où d représente la distance de freinage en mètres et f, le coefficient de frottement de la route. Par temps sec, ce coefficient est 0,7. À quelle vitesse minimale allait l'un des conducteurs s'il a freiné sur une distance de 55 m avant l'impact ?

15. En avion, par temps clair, la distance à laquelle on peut voir à l'horizon, dépend de l'altitude de l'avion. Cette distance d (en kilomètres) est approximativement égale à l'expression $2{,}05\sqrt{3a}$, où a représente l'altitude (en mètres).

a) Par temps clair, à quelle distance à l'horizon peut-on voir d'un avion qui vole à une altitude de 3000 m ?

b) Exprime la formule de la distance sous une forme équivalente.

c) À quelle altitude vole un avion d'où l'on peut voir jusqu'à 60 km à l'horizon ?

 ► **FORUM**

Expliquez comment Pythagore et ses disciples ont probablement découvert l'existence des nombres irrationnels.

Cinq lois régissent les opérations sur des expressions exponentielles en autant que ces expressions soient définies.

1° Le produit de puissances de même base:

$$a^m \cdot a^n = a^{m+n}$$

2° Le quotient de puissances de même base:

$$a^m \div a^n = a^{m-n}$$

3° La puissance d'un produit:

$$(ab)^m = a^m b^m$$

4° La puissance d'une puissance:

$$(a^m)^n = a^{mn}$$

5° La puissance d'un quotient:

$$\left(\frac{a}{b}\right)^m = \frac{a^m}{b^m}$$

De ces lois, on déduit certaines propriétés des racines carrées. Ainsi, on a:

1° $\sqrt{a} \cdot \sqrt{b} = \sqrt{ab}$ 　　　　 2° $\dfrac{\sqrt{a}}{\sqrt{b}} = \sqrt{\dfrac{a}{b}}$ 　　　　 3° $(\sqrt{a})^2 = a$

Il est aussi fréquemment utile de **rationaliser** le dénominateur. Une simple multiplication par la fraction unité appropriée permet d'éliminer un dénominateur irrationnel.

$$\frac{\cdots}{\sqrt{a}} \times \frac{\sqrt{a}}{\sqrt{a}} = \frac{\cdots\sqrt{a}}{a}$$

MAÎTRISE 5

1 Démontre que (*a* % de *b*) égale (*b* % de *a*), puis calcule mentalement 280 % de 25.

2 Ajoute deux entiers afin d'obtenir une égalité vraie.

a) $2 = {}^-12 + 16 + \blacksquare + \blacksquare$

b) $^-8 = 9 + {}^-6 + \blacksquare + \blacksquare$

c) $^-12 = 5 \times {}^-2 + {}^-3 \times {}^-4 + \blacksquare + \blacksquare$

d) $8 = {}^-24 \div {}^-3 + 18 \div {}^-2 + \blacksquare + \blacksquare$

3 Remplace chaque ■ par le symbole approprié : +, − ou x.

a) $19 = (8\ \blacksquare\ 6) \times 5 + 5\ \blacksquare\ 4\ \blacksquare\ 1$

b) $25 = {}^-8 + 6\ \blacksquare\ 5\ \blacksquare\ 4\ \blacksquare\ 1$

4 Détermine les dimensions d'un rectangle dont le périmètre est de 84 cm.

5 On donne les températures extrêmes enregistrées à la surface de certaines planètes le jour et la nuit. Quel est l'écart entre ces températures ?

a) Terre : (-90 ˚C) et (57 ˚C)

b) Lune : (-175 ˚C) et (130 ˚C)

c) Mars : (-140 ˚C) et (27 ˚C)

d) Mercure : (-170 ˚C) et (430 ˚C)

6 Donne un argument qui pourrait convaincre quelqu'un que $\frac{2}{5} < \frac{5}{8}$.

7 Au karaté, un coup donné à une vitesse de pointe de 10 à 14 m/s est capable d'exercer une force supérieure à 3000 newtons. Pour traduire cette force en kilogrammes, il suffit de diviser la force en newtons par 9,8. Quel est approximativement l'équivalent d'un tel coup, en kilogrammes ?

Le karaté est un sport de combat et un art martial d'origine japonaise.

8 Écris chacune des expressions suivantes de deux manières équivalentes.

a) 4^2

b) $25^{1/2}$

c) $8^{2/3}$

d) $0,1$

e) $\sqrt{125}$

f) 16

g) $\frac{3}{4}$

h) $\left(\frac{1}{16}\right)^{1/2}$

9 En utilisant les données ci-dessous, donne en notation exponentielle le résultat des opérations suivantes.

$2^5 = 32$	$2^7 = 128$	$2^9 = 512$	$2^{11} = 2048$	$2^{13} = 8192$
$2^6 = 64$	$2^8 = 256$	$2^{10} = 1024$	$2^{12} = 4096$	$2^{14} = 16\ 384$

a) 64×128

b) $16\ 384 \div 1024$

c) 256^3

d) $(32 \times 2048)^{1/2}$

10 Écris chaque expression de deux façons équivalentes.

a) $3^2 \times 3^4$ **b)** $12 \div 3^2$ **c)** $(2 \times 3)^2$ **d)** $(9 - 6)^2$

e) $\left(\dfrac{2}{3}\right)^3$ **f)** $(9^{1/2})^{-2}$ **g)** $\left(\dfrac{4}{25}\right)^{-2}$ **h)** $\left(\dfrac{2+4}{3}\right)^3$

11 À l'aide d'exposants positifs, écris chaque expression sous la forme la plus simple.

a) $25a^2 \div 5a^5$ **b)** $2(-3x^{-2})^{-2}$ **c)** $2(3x)^2 \cdot (x^{-2})$ **d)** $(2x^3y^2) \cdot (-3xy^{-1})$

12

Écris chaque expression de deux façons équivalentes.

a) $(a^2 \cdot a^3)^{1/2}$ **b)** $\left(\dfrac{ab}{a}\right)^3$

c) $(a^2 \cdot a^{1/2} \cdot b)^2$ **d)** $\left(\dfrac{x}{2y}\right)^2$

e) $\left(\dfrac{(ab)^2}{a^{1/2}}\right)^3$ **f)** $2x^2y^3 \cdot 3xy^{-2}$

g) $2x^2y^3 \div 4xy^{-2}$ **h)** $2x^2y + (4x^4y^2)^{1/2}$

13 Réduis chaque expression et exprime le résultat à l'aide d'exposants positifs.

a) $\left(\dfrac{x^3y^4}{x^3y^{-2}}\right)^{1/3}$ **b)** $a^3b^2 \cdot (2a^{-2}b^{-1})^{-1}$

c) $\left(\dfrac{8a^3b^2c}{2a^3b^{-2}c^{-1}}\right)^{1/2}$ **d)** $(2a^{-1}b^2)^2 \div (-2ab^{-1})^{-1}$

14 Donne une expression équivalente réduite.

a) $\sqrt{2} \times 2\sqrt{2}$ **b)** $\sqrt{a} \times b\sqrt{a}$ **c)** $(\sqrt{5} \times \sqrt{7})^2$ **d)** $\dfrac{2\sqrt{15}}{\sqrt{3}} \times \dfrac{\sqrt{5}}{2}$

15 Rationalise chaque dénominateur.

a) $\dfrac{2\sqrt{3}}{\sqrt{2}}$ **b)** $\dfrac{\sqrt{14}}{-\sqrt{7}}$ **c)** $\dfrac{2\sqrt{3}-1}{2\sqrt{2}}$ **d)** $\dfrac{2\sqrt{5}-5}{\sqrt{50}}$

16 Donne une expression équivalente réduite.

a) $\dfrac{x^{3a}y^{2b}}{x^2y^b}$ **b)** $a^{3n}b^{2t} \cdot 2a^{-2n}b^{-2t}$

c) $(2x^ay^b)^2$ **d)** $\left(\dfrac{2a^{3x}b^{2x}}{3a^{2x}b^x}\right)^{1/x}$

17 Écris l'expression $\dfrac{a^3b^2}{ac^{-2}}$ de deux autres façons. Explique comment passer de l'une à l'autre.

18 On connaît cinq lois concernant les exposants.

a) Énonce ces cinq lois.

b) Donne les restrictions qui s'appliquent à chacune de ces lois.

Plusieurs mathématiciens et mathématiciennes, dont Leibniz, ont beaucoup réfléchi sur la possibilité de «mécaniser» le raisonnement mathématique. De telles préoccupations sont à l'origine de la notation exponentielle et de l'utilisation du symbole $\sqrt{}$.

19 Voici des paires de règles de fonctions. Leurs graphiques sont-ils confondus? S'ils ne le sont pas, explique pourquoi.

a)

b)

c)

20 En appliquant les lois des exposants, montre que:

a) $7^{26} = 49^{13}$

b) $1 \times 4 \times 4 \times 9 = 12^2$

c) $\dfrac{(n \div n)^n}{n} = \dfrac{1}{n}$

21 Découvre l'erreur dans cet énoncé: $x^{a+b} = x^a \cdot x^b = (x^a)^b$.

22 Détermine la véracité de chaque énoncé. Justifie ta réponse.

a) Si $x^2 = y$, alors $x = \sqrt{y}$.

b) $\sqrt{a^2 b^2} = ab$

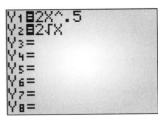

Démocrite

23 Les premiers mathématiciens grecs ont longtemps cherché une formule pour engendrer la suite des nombres premiers. En 1640, Fermat proposa la formule suivante: $P_n = 2^{(2^n)} + 1$. Cependant, un siècle plus tard, Euler montra que le cinquième nombre généré, soit $P_5 = 4\,294\,967\,297$, n'est pas premier.

Pierre de Fermat

a) Détermine P_1, P_2 et P_3.

b) Montre que P_5 est divisible par un nombre entier compris entre 638 et 645.

24 Démontre que $(2 + 3)^2 \neq 2^2 + 3^2$.

25 On sait que $x^a \cdot x^b$ entraîne une addition des exposants. Quelle expression contenant x, a et b entraîne:

Léonhard Euler

a) une soustraction des exposants?

b) une multiplication des exposants?

c) une division des exposants?

26 Écris une expression équivalente sans dénominateur.

a) $\dfrac{1}{a^{m-1}}$

b) $\dfrac{b}{a^{1-m}}$

c) $\left(\dfrac{a}{b}\right)^{-1}$

d) $\left(\dfrac{1}{a^2 b}\right)^{-1}$

27 Dire que $x^a = x^b$ (où $x \neq 0$ et $x \neq 1$) équivaut à dire que $a = b$. Utilise cette équivalence pour résoudre les équations suivantes. (Tous les exposants sont des entiers.)

a) $2^x = 2^3$

b) $3^{x+1} = 3^{12}$

c) $2^{x-1} = 4^{10}$

d) $4 \times 2^x = 8^3$

28 Si $x = 2^3$, $y = 4^{-3}$ et $z = 8^{2/3}$, simplifie chacune des expressions suivantes et donne la réponse sous la forme de 2^n.

a) $\dfrac{xy}{z}$ **b)** $2z(xy^2)$ **c)** $y^x z$ **d)** $\dfrac{(4z)^{-3}}{xy^{-5}}$

29 UN GRAIN DE SEL

Le sel de table (NaCl) est composé d'ions de sodium et d'ions de chlore réunis sous la forme d'un cube de $(2,83 \times 10^{-8})$ cm de côté. Combien de ces petits cubes faut-il pour former un grain de sel de 0,1 mm³?

30 LA PROLIFÉRATION DU CHAT

Une zoologiste a calculé combien de chats pourrait engendrer un couple de ces félins en quelques années.

Recherche une expression qui permet de calculer le nombre de chats engendrés selon le nombre d'années, sachant que la gestation dure entre 52 et 65 jours.

Prolifération du chat

Année	Nombre de chats
1ʳᵉ	12
2ᵉ	144
3ᵉ	1728
4ᵉ	20 736

31 COMBIEN DE GRAINS DE SABLE FAUT-IL POUR REMPLIR L'UNIVERS ?

Le mathématicien grec Archimède (-287, -212) s'intéressait aux grands nombres. Aussi, décida-t-il un jour d'imaginer combien de grains de sable pourraient remplir l'Univers. Avec l'index, il fit un trou dans le sable et compta combien de graines de pavot il fallait pour remplir le trou. Il détermina ensuite le nombre d'index nécessaires pour remplir un stade. Le résultat de tous ces calculs fut 10^{63}, le plus grand nombre jamais imaginé jusque-là!

En supposant que la Terre soit entièrement constituée de sable, combien de ces grains compterait-elle?

Parfois, pour résoudre un problème, il faut effectuer certaines recherches et poser certaines hypothèses.

32 LA SURFACE DE TON CORPS

Selon le sport pratiqué, la masse et la taille d'un ou d'une athlète peuvent influencer la qualité de sa performance. Par exemple, un cycliste sur route est avantagé si la surface de son corps offre peu de résistance à l'air. Ainsi, il conserve plus facilement ses énergies. La formule $A = \sqrt{mt/3953,3}$ permet de calculer l'aire (en mètres carrés) du corps humain à partir de la masse (en kilogrammes) et de la taille (en centimètres) d'une personne.

a) Quelle est la mesure de la surface du corps d'une personne dont la taille est de 1,75 m et la masse de 63,5 kg?

b) Donne la taille et la masse de deux personnes différentes dont le corps a une aire de 2 m².

c) Quelle est l'aire de ton corps?

1. Lequel des deux produits suivants peut s'écrire sous la forme d'une seule base affectée d'un seul exposant?

    $$m^a \cdot m^b \quad \text{ou} \quad m^a \cdot t^b$$

2. Écris chaque expression sous la forme d'une puissance de 2.

    a) $\dfrac{2^3}{2^n}$ **b)** $2^n \cdot 2^4$ **c)** $(2^n)^2$ **d)** $\left(\dfrac{2^n}{2^n}\right)^{\frac{1}{2}}$

3. Donne une expression équivalente.

    a) $3^2 \times 3^4$ **b)** $\dfrac{m^4}{m^3}$ **c)** $(xy)^n$ **d)** $(a^n)^3$

    e) $m^2 \cdot n^2$ **f)** $m^2 \cdot (m^2)^3$ **g)** $\left(\dfrac{ab}{a^2b}\right)^2$ **h)** $(2ab^2)^2$

    i) $\sqrt{3} \times \sqrt{6}$ **j)** $\dfrac{2\sqrt{40}}{3\sqrt{10}}$ **k)** $(\sqrt{2xy})^2$ **l)** $\sqrt{3a^2b^4}$

4. Écris chaque expression sous la forme la plus simple.

    a) $\left(\dfrac{3a^{-2}b^3}{ab^{-1}}\right)^{-1}$ **b)** $\left(\dfrac{\sqrt{125}}{2\sqrt{5}}\right)^{-1}$ **c)** $\dfrac{(2n)^2}{(\sqrt{2n})^2}$ **d)** $\dfrac{\sqrt{2}+1}{\sqrt{2}}$

5. **LE SEUIL DE L'OBÉSITÉ**

    Le seuil de l'obésité est défini comme la masse cruciale au-dessus de laquelle le risque de mortalité d'un homme ou d'une femme grimpe énormément. En se basant sur plusieurs observations, on a établi que la masse M (en kilogrammes) représentant ce seuil pour les hommes âgés entre 40 et 49 ans est donnée par la formule : $M = 0{,}455 \left(\dfrac{T}{31{,}34}\right)^3$, où T représente la taille en centimètres.

    Calcule ce seuil pour un homme de 45 ans qui mesure 1,80 m.

6. **LA LOI DE BODE**

    En 1772, l'astronome Bode émit la conjecture que la distance des planètes par rapport au Soleil, en unités astronomiques, suivait la règle suivante : $D = \dfrac{3(2^{n-2}) + 4}{10}$, où n représente le rang de la planète.

    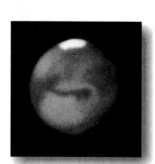

    Mars.

    a) À quelle distance du Soleil (en unités astronomiques) devrait se trouver Mercure, la première planète du système solaire?

    b) Selon cette conjecture, il devrait y avoir une planète entre Mars et Jupiter qui occuperait le cinquième rang. À quelle distance du Soleil devrait se trouver cette cinquième planète? (Plus tard, on découvrit qu'à la place d'une planète se trouvait une ceinture d'astéroïdes.)

LES MONÔMES SEMBLABLES

Les formes géométriques

L'utilisation de formes géométriques est une façon de représenter certains termes algébriques.

- Les **carrés unitaires** représentent les termes constants :

  1 -1

- Les **bandes** représentent les termes du 1er degré à une variable :

- Les **rectangles** représentent les termes du 2e degré à une ou deux variables :

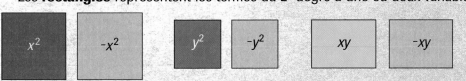

- Les **prismes** représentent les termes du 3e degré à une, deux ou trois variables :

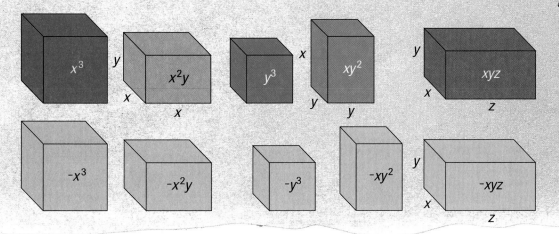

Ces termes algébriques sont appelés des **monômes.**

a) Quel monôme peut-on associer à chaque représentation ?

1) 1 1 1
   1 1

2) x x
   x

3)

4) x^2 x^2
   x^2 x^2

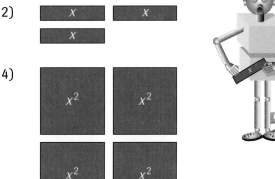

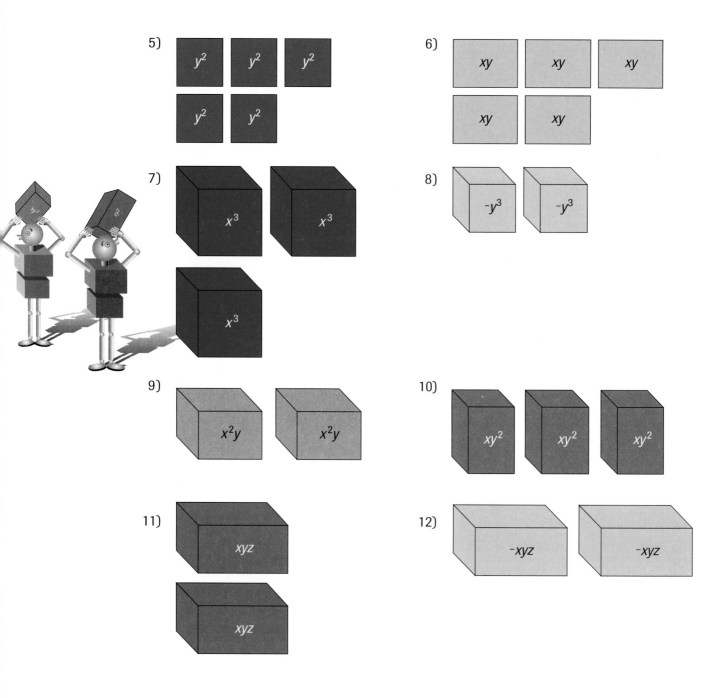

b) Qu'indique le nombre en caractère gras dans les monômes suivants?

1) **3**y 2) **4**xy 3) **-2**x^2 4) **5**x^2y

c) Quel nom donne-t-on à de tels nombres?

d) Décris ou dessine à main levée la forme géométrique que l'on peut faire correspondre à chaque monôme donné.

1) 4 2) $2x$ 3) $-3x^2$ 4) $-2xy$

5) y^3 6) xyz 7) x^2y 8) xy^2

e) En te référant à leur forme géométrique, donne le degré des monômes suivants.

1) x
2) $-4x^2$
3) $2x^3$
4) $-5xy^2$

5) $2x^2y$
6) $-xyz$
7) $2xy^2$
8) $4xyz$

f) Comment peut-on déterminer le degré d'un monôme sans se référer à sa forme géométrique ?

g) Voici des paires de formes géométriques correspondant à des monômes de même degré. Ces formes sont-elles isométriques pour des valeurs différentes de x, y et z ?

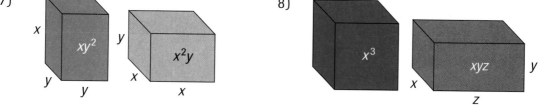

1) x y
2) x x
3) xy x^2

4) x^2 y^2
5) xy xy
6) x^3 y^3

7) x xy^2 y y y x^2y x x
8) x^3 xyz y x z

h) À quelles conditions a-t-on deux formes géométriques isométriques ?

i) Si toute quantité de formes isométriques représente des monômes semblables, quelle définition pourrait-on donner à l'expression « termes semblables » ?

Les termes formés d'un nombre, ou d'une variable, ou du produit d'un nombre et d'une ou plusieurs variables affectées d'exposants entiers positifs sont appelés des **monômes.**
Le nombre qui précède les variables est appelé **coefficient**; ce nombre prend le nom de **terme constant** s'il n'y a pas de variable.

-5 $2x$ $3ab$ $-5xy^2$ $-\dfrac{3}{4}st^2$ $\sqrt{2}ab$

La somme des exposants des variables dans un monôme correspond au **degré** du monôme. Ainsi, $2x^2y^3$ est de degré 5.

Deux monômes sont **semblables** s'ils sont formés des mêmes variables affectées respectivement des mêmes exposants.

$2a^2$ et $-5a^2$ $3ab^2$ et $-8ab^2$ $\dfrac{3}{4}x^2y^3$ et $\sqrt{5}x^2y^3$

LES REGROUPEMENTS DE MONÔMES

Les placements de Manon

Depuis l'âge de 8 ans, Manon reçoit 30 $ en cadeau d'anniversaire de son grand frère David. Pour ses deux derniers anniversaires (le 11e et le 12e), ses parents lui ont également offert 20 $. Chaque année, Manon a placé cet argent à la banque à un taux d'intérêt annuel de 6 %. Aujourd'hui, elle fait le point avec David sur les bilans annuels des placements de ces cinq années.

Voici le tableau des calculs arithmétiques de David montrant le détail des bilans.

Bilans annuels des placements de Manon

Âge	Capital et intérêt	Total
8 ans	30	30,00 $
9 ans	$30(1,06) + 30$	61,80 $
10 ans	$30(1,06)^2 + 30(1,06) + 30$	95,51 $
11 ans	$30(1,06)^3 + 30(1,06)^2 + 30(1,06) + 50$	151,24 $
12 ans	$30(1,06)^4 + 30(1,06)^3 + 30(1,06)^2 + 50(1,06) + 50$	210,31 $

↑ Depuis l'âge de 8 ans ↑ Depuis l'âge de 9 ans ↑ Depuis l'âge de 10 ans ↑ Depuis l'âge de 11 ans ↑ Depuis l'âge de 12 ans

a) Il est possible de généraliser cette situation en remplaçant 1,06 par x. Quelle expression représente alors le total des avoirs de Manon à chacun de ses anniversaires?

De telles expressions algébriques sont appelées des **polynômes.** Un polynôme est un regroupement par addition ou soustraction de monômes non semblables. On l'appelle **binôme** s'il comprend deux monômes, et **trinôme** s'il en compte trois.

Il est également possible de représenter géométriquement les polynômes les plus simples.

b) Quel polynôme a-t-on représenté ici?

c) Écris le polynôme correspondant à chaque représentation et indique s'il s'agit d'un monôme, d'un binôme ou d'un trinôme.

1)

2)

3)
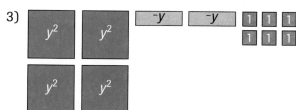

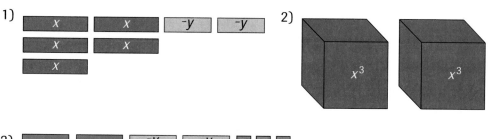

Voici la représentation du polynôme y² + 2y + 6.

Si $y = 3$,
le nombre
représenté
est: 3 x 3   +   2 x 3   +   6   =   21

d) Quel est le nombre représenté par chacun des polynômes suivants si $x = 2$ et $y = 3$?

1) $5x^2y$ 2) $x^2 - y$ 3) $3x^2 + 4x - 3$

4) $y^2 - 5x + 6$ 5) $3x^2 - xy - y^2$ 6) $3xy^2 + y - 1$

On peut former des polynômes en utilisant une ou plusieurs variables. Chaque monôme d'un polynôme est appelé **terme.** Généralement, les termes formant le polynôme sont présentés en ordre décroissant selon leur degré.

On symbolise les polynômes en x de la façon suivante :

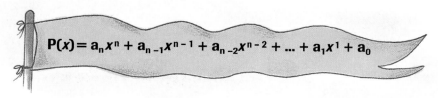

$$P(x) = a_n x^n + a_{n-1} x^{n-1} + a_{n-2} x^{n-2} + \dots + a_1 x^1 + a_0$$

où **a** représente les coefficients, **x** la variable et **n** le plus grand exposant. Le degré du terme de plus haut degré est le **degré du polynôme.**

1. En te référant à leur représentation géométrique, détermine si les monômes donnés sont semblables.

   a) $4x^2$ et $3x$

   b) $-2xy$ et $3xy$

   c) y^2 et $-y^2$

   d) $2x^3$ et $3y^3$

   e) $8y$ et $8x$

   f) $\frac{3}{4}x$ et $\frac{2}{5}x$

   g) $-4x^2y$ et $-4xy^2$

   h) $-xy$ et xy

   i) xy et x^2y

2. Les monômes peuvent être formés de n'importe quelle variable. Dans chaque cas, détermine si les deux monômes sont semblables.

   a) 2 et $2a$

   b) $2ab$ et $3ab$

   c) $-2a^2$ et $2k^2$

   d) $4c$ et $-4c$

   e) $8nm^3$ et $5m^3n$

   f) p^2qr et pq^2r

3. Détermine les exposants manquants afin que les monômes soient semblables.

   a) $a^\blacksquare b^2c$ et $-4a^3b^\blacksquare c$

   b) $-rst^\blacksquare$ et $2r^\blacksquare s^\blacksquare t^2$

4. En utilisant les variables m et n, écris deux monômes semblables du 3e degré.

5. Identifie le degré de ces polynômes.

   a) $2x^2 + 3x - 5$

   b) $2x^3 - 2x^2$

   c) $x^4 - 1$

   d) 8

6. Représente géométriquement chacun des polynômes donnés.

   a) $P(x) = 2x^2 - x$

   b) $P(y) = -y^3 + 2y^2 + 3y - 2$

   c) $P(x, y) = x^2 + 2xy + y^2$

   d) $P(x, y) = x^3 - y^3$

7. Compose un binôme qui est :

   a) une somme de deux carrés ;

   b) une différence de deux carrés.

8. Compose le polynôme décrit dans chaque cas.

   a) Un polynôme en a du 2e degré.

   b) Un polynôme en t du 3e degré.

9. Compose un trinôme $P(x, y)$ du 2e degré.

10. Donne l'opposé des monômes suivants.

    a) 3

    b) a

    c) $-2a$

    d) $3xy^2$

11. On peut également parler de «radicaux semblables». Deux radicaux sont semblables s'ils sont formés des mêmes racines et des mêmes radicandes. Ainsi, $3\sqrt{2}$ et $5\sqrt{2}$ sont deux racines carrées de 2 et sont semblables. Transforme ces radicaux afin de les rendre semblables.

    a) $\sqrt{12}$ et $\sqrt{75}$

    b) $\sqrt{72}$ et $\sqrt{98}$

    c) $\sqrt{300}$ et $\sqrt{75}$

    d) $3\sqrt{8}$ et $2\sqrt{32}$

12. Indique dans chaque cas s'il s'agit de radicaux semblables.

    a) $a\sqrt{b}$ et $b\sqrt{a}$

    b) $2\sqrt{a}$ et $3\sqrt{a}$

    c) $\sqrt{2a}$ et $\sqrt{3a}$

    d) $a\sqrt{2}$ et $b\sqrt{2}$

► FORUM

a) Les termes $2a^x$ et $-5x^a$ sont-ils semblables?

b) À quelle condition les termes $2a^xb^y$ et $-3a^rb^s$ sont-ils semblables?

c) Le terme x^{ab} est-il semblable au terme x^{a+b}?

d) Les termes donnés sont-ils semblables? Justifiez votre réponse.

   1) a et a^{-1} 2) $6a^0$ et -4 3) ab et $\dfrac{a}{b}$

e) Le terme 3^2a^2bc est-il du 6e degré? Justifiez votre réponse.

f) Qu'arrive-t-il à un terme d'un polynôme si son coefficient vaut 0?

g) Est-il possible d'avoir un polynôme du 1er degré à trois variables? Justifiez votre réponse.

 **OPÉRATIONS SUR LES POLYNÔMES**

| ADDITION DE POLYNÔMES |
| SOUSTRACTION DE POLYNÔMES |
| MULTIPLICATION DE POLYNÔMES |
| DIVISION DE POLYNÔMES |

ADDITION DE POLYNÔMES

Qui se ressemble, s'assemble

L'addition de polynômes repose sur un certain nombre de règles.

Règle 1 : Réduction de termes semblables

a) En utilisant les formes géométriques ci-dessous, détermine si les énoncés suivants ont du sens.

   1) $x + x = x^2$

   2) $x^2 + x = x^3$

   3) $x^2 + x^2 = 2x^2$

   4) $3x^3 - x = 2x^2$

   5) $xy + xy^2 = 2xy^2$

   6) $2x + y = 2xy$

   7) $x^2y - y = x^2$

   8) $2x^2y + x^2y = 3x^2y$

   9) $2x^2y - x^2y = 1$

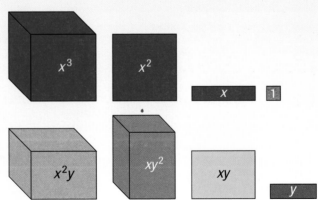

On constate, selon «le gros bon sens», que seules les sommes ou les différences de termes semblables sont réductibles en un seul terme également semblable. On parle alors de **réduction des termes semblables** par addition ou soustraction.

b) Réduis les termes semblables, s'il y a lieu.

1) $3x + 4x$ 2) $xy + 4xy$ 3) $3x^2y - 2x^2y$ 4) $4x^2 - x^2$

5) $4y^2 - 2y$ 6) $5x^2y - 2xy^2$ 7) $2xyz + 4xyz$ 8) $3x^3 + 2x^2$

Seuls les **termes semblables** peuvent être **réduits en un seul terme** par addition ou soustraction.

Règle 2 : Réduction de termes opposés

Par convention, la réunion de deux formes isométriques représentant des termes opposés correspond à 0.

c) Voici des formes isométriques représentant des termes opposés. Donne ces termes.

1)   2) $\boxed{x}$ $\boxed{-x}$ 3)

4) $\boxed{xy}$ $\boxed{-xy}$ 5) 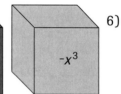   6)

d) Ces groupements de mêmes quantités de formes isométriques représentent également des termes opposés. Donne ces termes.

e) Donne une définition de l'expression «termes opposés».

La somme de deux termes opposés est 0.

Ces deux règles sont à la base de l'addition des polynômes.

f) Additionne les deux polynômes en t'inspirant de leur représentation géométrique.

1)

$$\begin{array}{r} 2x^2 + 3x + 5 \\ + \quad x^2 - x - 1 \\ \hline \end{array}$$

2)

$$\begin{array}{r} 3x^2 - 3xy + 4y^2 \\ + \underline{4x^2 + xy - 2y^2} \end{array}$$

$\oplus$

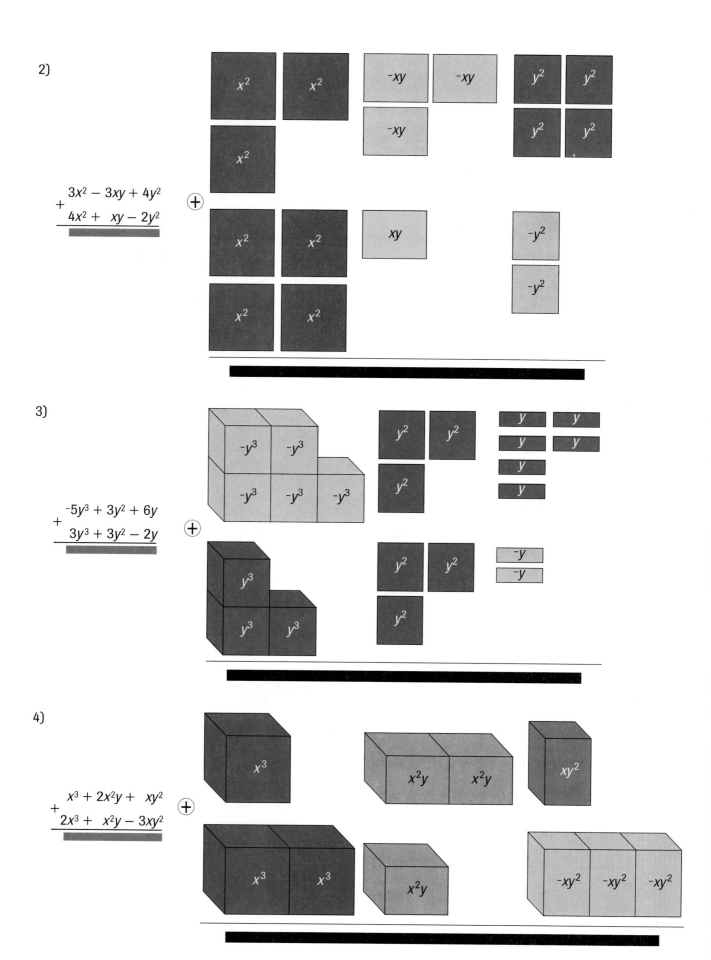

3)

$$\begin{array}{r} {}^-5y^3 + 3y^2 + 6y \\ + \underline{3y^3 + 3y^2 - 2y} \end{array}$$

$\oplus$

4)

$$\begin{array}{r} x^3 + 2x^2y + xy^2 \\ + \underline{2x^3 + x^2y - 3xy^2} \end{array}$$

$\oplus$

Le raisonnement sur les formes géométriques suggère qu'additionner deux polynômes revient à regrouper les termes semblables des deux polynômes et à réduire ces termes.

La **somme** de deux polynômes s'obtient en réduisant les termes semblables.

Investissement 7

1. Donne mentalement la somme que suggèrent ces représentations de polynômes.

a)

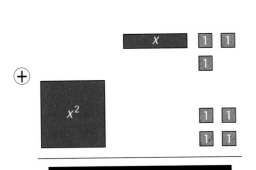

b)

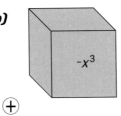

2. Effectue les additions suivantes.

a)
$$\begin{aligned} & 3x^2 + x + 1 \\ + & \\ & 2x^2 - x + 4 \end{aligned}$$

b)
$$\begin{aligned} & 3x^2 - xy - 6y^2 \\ + & \\ & {}^-2x^2 - xy - 8y^2 \end{aligned}$$

c)
$$\begin{aligned} & 5a^3 + 2a^2 + 5a - 4 \\ + & \\ & 2a^3 \quad\quad - 3a + 4 \end{aligned}$$

d)
$$\begin{aligned} & {}^-x^3 - 2x^2y + \ xy^2 \\ + & \\ & 4x^3 + 3x^2y + 2xy^2 \end{aligned}$$

3. Détermine la somme.

a) $(2x^2 + 3x + 3) + (x^2 - 4x - 2)$

b) $(2x + 3xy + y^2) + (y + 2xy - y^2)$

c) $(2a^2 + 3ab + a - 2) + (3b^2 - 3ab + b + 1)$ **d)** $(2x^2 - 3xy^2 - 4xy + 3y) + (2y^2 + 2xy^2 + 4)$

4. Voici trois polynômes : $P(x) = 1 + 2x + 3x^2$, $R(x) = {}^-2x^2 - 3x$ et $Q(x) = 3x^2 + 5$. Détermine le polynôme correspondant aux sommes suivantes.

a) $P(x) + R(x)$ **b)** $P(x) + Q(x)$ **c)** $P(x) + Q(x) + R(x)$

a) Que suggérez-vous comme résultat de l'addition $2(a + b)^2 + 4(a + b)^2$? Justifiez votre réponse.

b) Pourquoi $2a^2b + 3ba^2$ égale-t-il $5a^2b$?

SOUSTRACTION DE POLYNÔMES

Le tout *versus* les parties

La soustraction fait également appel à certaines règles connues et fondamentales.

> **Règle 1 : L'opposé d'un tout est l'opposé de chacune de ses parties.**

a) Voici des représentations de polynômes opposés. Donne ces polynômes.

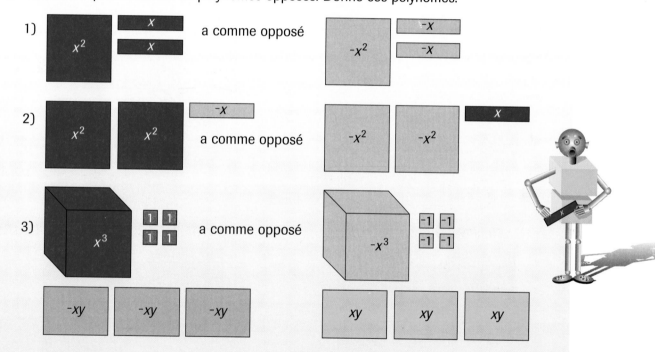

b) Donne l'opposé de chaque polynôme.

1) $2x - 3$

2) $-2x^2 + 3x - 1$

3) $4x^2 - 2xy + 3y^2$

4) $-2x^2y + 3xy^2 - 5$

> **Règle 2 : Soustraire un tout, c'est additionner les opposés de ses parties.**

Ces deux règles sont à la base de la soustraction de polynômes.

c) Effectue la soustraction des deux polynômes en t'inspirant de leur représentation géométrique.

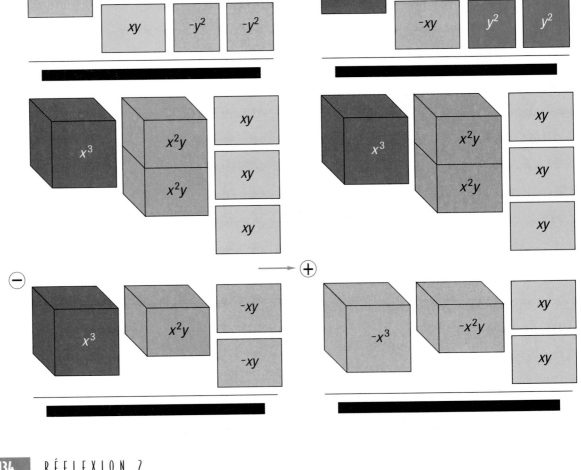

Ainsi :

$$\begin{array}{r} 4x^2 - 2xy + \ y^2 \\ - \ \underline{2x^2 + \ xy + 2y^2} \end{array}$$

$$\begin{array}{r} 4x^2 - 2xy + \ y^2 \\ + \ \underline{{}^-2x^2 - \ xy - 2y^2} \\ 2x^2 - 3xy - \ y^2 \end{array}$$

De même : $\qquad (5a^2 + ab + 4b^2) - (2a^2 - 5ab + 3b^2)$

$\updownarrow$ (en transformant la soustraction en addition des opposés)

$= (5a^2 + ab + 4b^2) + ({}^-2a^2 + 5ab - 3b^2)$

$\updownarrow$ (en regroupant les termes semblables)

$= \underbrace{5a^2 - 2a^2}_{} + \underbrace{ab + 5ab}_{} + \underbrace{4b^2 - 3b^2}_{}$

$= \qquad 3a^2 \quad + \quad 6ab \quad + \quad b^2$

Investissement 8

1. Donne mentalement la différence que suggèrent ces représentations de polynômes.

a)

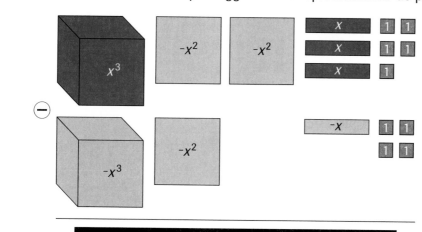

b)

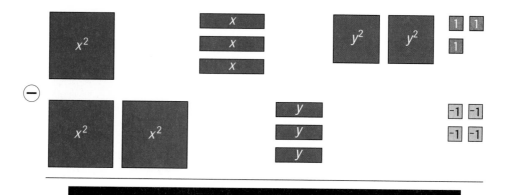

2. Effectue les soustractions suivantes.

a) $4x^2 - 3xy - 6y^2$
$-\ \underline{2x^2 + \ xy - 8y^2}$

b) $-2a^2 + 8a - 1$
$-\ \underline{-2a^2 - \ a + 4}$

c) $5x^3 - 4x^2y - 6xy$
$-\ \underline{-6x^3 + 4x^2y - 3xy}$

d) $-4b^3 + 2ab^2 - 5a^2b$
$-\ \underline{-5b^3 - \ ab^2 - 5a^2b}$

3. Détermine la différence.

a) $2x^2 - \ xy + y \quad\ + 2$
$-\ \underline{\ x^2 + 2xy \quad\ + x - 3}$

b) $\quad 2a + 3b + 4ab - 5$
$-\ \underline{2a^2 \quad\ + 2b - 3ab + 8}$

4. Donne le polynôme correspondant à la différence.

a) $(2x^2 + 12x - 4) - (8x + 5)$

b) $(2ab + 3a - 5b + 3) - (3ab - 4a + 5)$

c) $(3ay^2 + 3by^2 - a) - (2a^2y + 5by^2 + 2a + b)$

d) $(2m^2 + 2m - 5) - (2m^2 + 3) - (m^2 + 2m)$

5. Voici trois polynômes : $P(x) = 2x^3 + 3x - 1$, $Q(x) = -2x^2 - 4x + 1$ et $R(x) = x^3 - 2x^2 - 4$.
Détermine le polynôme correspondant à la différence dans chacun des cas suivants.

a) $P(x) - Q(x)$ **b)** $Q(x) - P(x)$ **c)** $Q(x) - R(x)$ **d)** $R(x) - P(x)$

► FORUM

a) L'opposé d'un polynôme correspond au produit de ce polynôme par -1.
Que pensez-vous de cette affirmation ?

b) Dans chaque cas, déterminez le polynôme
$P(x)$ de sorte que l'égalité soit vraie.

1) $2x^2 + 3x - 4 + P(x) = 5x^2 - 3$

2) $P(x) - (4x^2 - 2x) = 6x^2 - 4x + 6$

c) Quelle stratégie permet de déterminer facilement les polynômes dans la question précédente ?

Les termes algébriques formés d'un nombre, ou d'une variable, ou du produit d'un nombre et d'une ou de plusieurs variables affectées d'exposants entiers positifs sont appelés des **monômes**. Le nombre qui précède les variables est appelé **coefficient**; ce nombre prend le nom de **terme constant** s'il n'y a pas de variable.

La **somme des exposants des variables** dans un monôme correspond au **degré du monôme**.

Deux monômes sont semblables s'ils sont formés des **mêmes variables** affectées respectivement des **mêmes exposants**.

Un **polynôme** est un regroupement par addition ou soustraction de monômes non semblables.

On peut former des polynômes à une ou plusieurs variables. Les polynômes en x (à une variable) se symbolisent de la façon suivante :

$$P(x) = a_n x^n + a_{n-1} x^{n-1} + a_{n-2} x^{n-2} + ... + a_1 x^1 + a_0$$

dans lequel les **a** avec indice représentent les coefficients, **x** la variable et **n** le plus grand exposant. Le degré du terme de plus haut degré fixe le **degré du polynôme**.

L'**opposé d'un polynôme** est le polynôme formé par l'**opposé de chacun de ses termes**. Ainsi, l'opposé de $2x^2 + 3x - 4$ est $-2x^2 - 3x + 4$.

Additionner deux polynômes consiste à regrouper, puis à réduire les termes semblables.

Soustraire un polynôme d'un autre polynôme revient à **additionner l'opposé** du polynôme à soustraire.

$$P(x) = a_n x^n + ...$$

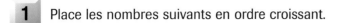
1 Place les nombres suivants en ordre croissant.

$\sqrt{10}$ $\dfrac{10}{3}$ 3,333 π 10 % de 32

2 Estime la valeur des expressions suivantes.

a) 74 % de 1603   **b)** 7π **c)** 3996 x $(1,05)^2$ **d)** $0,6666^2$

3 Combien de chiffres y a-t-il dans le résultat des opérations suivantes ?

a) 288 x 277   **b)** 550 x 620   **c)** 987 x 3 456 427   **d)** 2421^2

4 Estime la valeur de ces nombres.

a) $\dfrac{\sqrt{10}}{9}$ **b)** $\dfrac{2\sqrt{50}}{3}$ **c)** $\dfrac{\sqrt{3}+1}{2}$ **d)** $\dfrac{\sqrt{99}+1}{5}$

5 Estime le résultat de ces expressions.

a) $\sqrt{15}+\sqrt{20}$ **b)** $\sqrt{10}$ x $\sqrt{40}$ **c)** $\sqrt{800}\div\sqrt{20}$ **d)** $15\sqrt{10}-10\sqrt{15}$

6 Effectue l'opération indiquée dans chaque cas.

a) $+\begin{array}{r} 2a^2 + 6a + 5 \\ a^2 + 4a + 8 \\ \hline \end{array}$

b) $+\begin{array}{r} 6b^2 - 5b + 4 \\ 3b^2 - \ b + 1 \\ \hline \end{array}$

c) $+\begin{array}{r} 8c^2 - \ c - 1 \\ 7c^2 + 3c - 4 \\ \hline \end{array}$

d) $+\begin{array}{r} 12m^2 - 3m - 4 \\ \text{-}13m^2 - 4m + 4 \\ \hline \end{array}$

e) $-\begin{array}{r} 15r^2 - 3r + 6 \\ \text{-}5r^2 + \ r - 8 \\ \hline \end{array}$

f) $+\begin{array}{r} 16y^2 - 2y - 1 \\ 11y^2 - 3y + 1 \\ \hline \end{array}$

g) $-\begin{array}{r} \text{-}6p^2 - 8p - \ 4 \\ 2p^2 - 4p - 15 \\ \hline \end{array}$

h) $-\begin{array}{r} \text{-}d^2 + 3d - 9 \\ \text{-}d^2 - 3d - 9 \\ \hline \end{array}$

i) $+\begin{array}{r} 2a^3 - 4ab - 6b^2 \\ a^3 - 6ab - 8b^2 \\ \hline \end{array}$

j) $-\begin{array}{r} 8x^2 - 4xy - 5y^2 \\ 6x^2 + 4xy + 8y^2 \\ \hline \end{array}$

k) $-\begin{array}{r} 3c^2d - 6cd^2 - \ d^3 \\ \text{-}11c^2d - 3cd^2 - 2d^3 \\ \hline \end{array}$

l) $+\begin{array}{r} 12g^3 - 8gh + 7h^2 \\ \text{-}11g^3 + 8gh - \ h^2 \\ \hline \end{array}$

7 Réduis les expressions suivantes.

a) $(5x^2 - 8x + 6) + (x^2 + x - 6)$ **b)** $(17y^2 - 4y - 6) + (7y^2 - 4y + 4)$

c) $(\text{-}3v^2 + v - 10) + (4v^2 - v - 11)$ **d)** $(\text{-}16m^2 - 9m - 3) - (6m^2 - 4m)$

e) $(11m^2 - 3m) - (\text{-}4m - 6)$ **f)** $(ab^2 - 6a - ab^2) - (5ab^2 - a^2b)$

g) $(16s^3 - 8s^2 - 6s) - (\text{-}9s^3 - 4s^2 + 7s)$ **h)** $(12m^3 - 4mn - 6n^2) + (\text{-}12m^3 + 4mn + 6n^2)$

8 Effectue les opérations indiquées.

a) $(0{,}5a^2 - 0{,}6a - 0{,}1) + (0{,}25a^2 + 0{,}8a - 0{,}6)$

b) $(2{,}4y^2 - y + 3{,}6) - (1{,}8y^2 - 0{,}5y - 4{,}1)$

c) $(\text{-}1{,}01x^3 - 1{,}1x^2 - x) + (\text{-}1{,}2x^3 - 3{,}2x^2 - 4{,}2x)$

d) $(0{,}3c^2 - 0{,}6cd + 1{,}7d^2) - (0{,}5c^2 + cd - 1{,}8d^2)$

9 Détermine le polynôme correspondant au résultat dans chaque cas.

a) $\left(\dfrac{a}{4} - \dfrac{4}{5}\right) + \left(\dfrac{a}{2} - \dfrac{3}{5}\right)$

b) $\left(\dfrac{3x}{4} - \dfrac{3}{2}\right) - \left(\dfrac{x}{5} - \dfrac{3}{4}\right)$

c) $\left(\dfrac{3b}{8} + \dfrac{5}{6}\right) + \left(\dfrac{b}{2} - \dfrac{1}{9}\right)$

d) $\left(\dfrac{3x^2}{2} - \dfrac{x}{4} - \dfrac{3}{2}\right) - \left(\dfrac{x^2}{2} + \dfrac{x}{4} - \dfrac{5}{2}\right)$

e) $\left(\dfrac{b^2}{2} - \dfrac{3}{4}b - \dfrac{1}{2}\right) + \left(\dfrac{b^2}{2} - b - \dfrac{2}{3}\right)$

f) $\left(\dfrac{3c^2}{2} - \dfrac{cd}{4} - \dfrac{3d^2}{2}\right) + \left(\dfrac{5c^2}{2} + \dfrac{cd}{4} - \dfrac{d^2}{2}\right)$

10 Donne l'opposé de chacun des polynômes suivants.

a) $2x - 1$ **b)** $\text{-}3a + 5$ **c)** $\text{-}2x^2 + 3x - 1$ **d)** $a - b + c$

11 Dans chaque cas, écris deux polynômes qui ont la même somme que celle des polynômes donnés.

a) $(2x^2 + 3x - 6)$ et $(x^2 - x + 4)$ **b)** $(2a^2 + 3ab - 3b^2)$ et $(\text{-}a^2 - 2ab + 2b^2)$

12 Vrai ou faux ?

a) La somme de $2x^2$ et $4x^3$ est $6x^5$.

b) La différence de $16x^3$ et $\text{-}3x^3$ est $13x^3$.

c) La somme de deux polynômes opposés est toujours 0.

d) La demi-somme de x et y se traduit par $\dfrac{1}{2}x + y$.

13 Effectue les opérations indiquées.

a) $(6ab + 3b^2) + (ab - a) - (2a + 3b^2 - 1)$

b) $(2xy - 1) - (xy^2 + 1) + (^-2xy + xy^2)$

c) $(^-y^2 - (y^2 + 3y - 2)) - (2y - 2) + (2y^2 + 5y - 4)$

d) $(m^2 + n^2 - (m^2 - n^2) - (m^2 - (2m^2 + 2n^2)))$

e) $(x^3 + x - 2) + (x^3 - x - 1) - (x^3 - x - 1) + (^-x^3 - x - 2)$

14 Si A, B et C représentent les polynômes suivants, effectue les opérations demandées.

$$A = 3a^2 - ab + b - 1 \qquad B = ab - 3b \qquad C = a^2 - 4$$

a) $A - (B + C)$ *a²+ab-3b-4*
b) $(A + B) - C$ *3a²-2b-1*
c) $(A + B) + (A - B)$ *3a²-2b-1 + 3a²-2b-1*
d) $(A + B) - (A - B)$ *3a²-2b-1   ab-2b-1*

15 Donne deux polynômes dont la somme est le polynôme indiqué.

a) $3x - 7$
b) $3b^2 - 5b$
c) $3x^2 - 2x - 4$
d) 1

16 Donne deux polynômes dont la différence est le polynôme indiqué.

a) $2c - 1$
b) 0
c) $2a^2 + 3a + 3$
d) 1

17 Soustrais de $(9a^2 - 10)$ la somme des binômes $(4a^2 - 1)$ et $(5a^2 + 1)$.

18 Quel polynôme doit être additionné au trinôme $6x^2 - 5x + 4$ pour obtenir le trinôme $x^2 - 2x - 6$?

19 Deux rectangles ont les mesures indiquées ci-contre.

Écris le polynôme représentant:

a) le périmètre du grand rectangle;

b) le périmètre du petit rectangle;

c) la somme des périmètres;

d) la différence des périmètres.

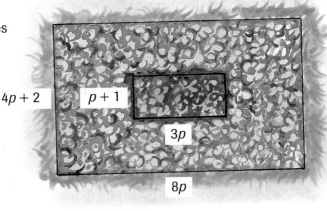

$4p + 2$ $p + 1$

$3p$

$8p$

20 Donne le polynôme qui représente le périmètre de la figure ci-contre.

$3x + 4$

x^2

$x - 1$

$x^2 + x - 3$

21 Si le périmètre du trapèze ci-contre est représenté par $(22y + 6)$ cm, détermine le polynôme qui représente la mesure manquante.

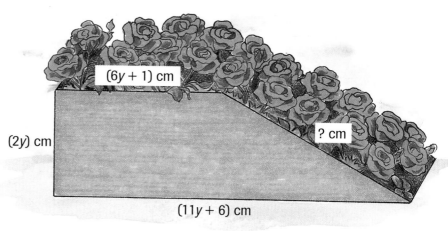

(6y + 1) cm

(2y) cm

? cm

(11y + 6) cm

22 Les racines carrées formées des mêmes radicandes sont également considérées comme semblables. Réduis ces expressions.

a) $\sqrt{3} + 4\sqrt{3}$ **b)** $2\sqrt{5} + 7\sqrt{5}$ **c)** $12\sqrt{6} - 7\sqrt{6}$ **d)** $2\sqrt{a} + 9\sqrt{a}$

e) $4\sqrt{2a} - 3\sqrt{2a}$ **f)** $20\sqrt{5x} - 12\sqrt{5x}$ **g)** $2\sqrt{ab} + 4\sqrt{ab}$ **h)** $^-\sqrt{2xy} + 12\sqrt{xy} - 6\sqrt{xy}$

23 Après réduction, certains radicaux deviennent semblables. Réduis, puis effectue l'opération indiquée.

a) $2\sqrt{18} + 5\sqrt{2}$ **b)** $3\sqrt{54} - 4\sqrt{6}$ **c)** $12\sqrt{98} - 12\sqrt{72}$ **d)** $2\sqrt{4a} + 4\sqrt{9a}$

24 L'aire d'un premier disque est représentée par πa^2 et l'aire d'un second par $2a^2$.

Quelle expression représente:

a) la somme des aires de ces disques?

b) la différence des aires de ces disques?

25 Écris deux trinômes dont la somme est un binôme.

26 Écris deux trinômes dont la différence est un binôme.

27 La somme de deux polynômes de même degré est-elle toujours un polynôme du même degré que ces polynômes? Si oui, justifie ta réponse; sinon, donne un contre-exemple.

28 Exprime la somme des trois entiers qui précèdent l'entier $(n - 1)$.

29 Exprime algébriquement la somme de trois nombres pairs consécutifs dont le premier est $(2a + 6)$.

30 Donne trois nombres impairs consécutifs dont la somme est $(24n + 9)$.

31 Louise, Chantale et Fanie pratiquent le jogging trois fois par semaine. Si Louise parcourt 2 km de plus que Fanie et Chantale 3 km de moins que Louise, quelle distance les trois amies auront-elles parcourue à la fin de la semaine?

32 Si $f(x) = 3x + 6$ et $g(x) = x^2 + 1$, quelle expression pourrait correspondre à $(f + g)(x)$? Vérifie ta réponse à l'aide d'une calculatrice à affichage graphique.

33 **LA CHÈVRE BALADEUSE**

À différents moments de la journée, on attache une chèvre à l'un des coins de divers bâtiments.

1° On l'attache d'abord au coin d'une étable rectangulaire. La corde mesure le double de la largeur du bâtiment et la moitié de sa longueur.

2° On l'attache ensuite au coin d'une remise dont la base a la forme d'un triangle équilatéral. La longueur de la corde égale la longueur d'un côté de la remise.

3° Enfin, on l'attache au coin d'un garage de forme carrée. La corde mesure le double d'un côté du garage.

a) Dans chaque cas, si x représente la longueur de la corde, quelle expression algébrique représente l'aire de chacune des régions accessibles à la chèvre?

b) Quelle expression algébrique représente l'aire des trois régions que la chèvre a possiblement dégarnies de quelques pousses vertes?

34 **DE LA VIANDE FRAÎCHE**

Il est très important de conserver la viande au réfrigérateur. En effet, la viande exposée à la température de la pièce s'avarie beaucoup plus rapidement que la viande que l'on garde au frais. Les expressions $P(t) = 3t^3 - 6{,}2t^2 + 4t + 140$ et $Q(t) = 3{,}2t^2 - 2{,}2t + 100$ donnent une approximation de la population de bactéries, selon le temps (t), de deux morceaux de viande de même grosseur respectivement exposés à la température de la pièce et gardés au réfrigérateur. Donne le polynôme qui permet de connaître la différence de population de bactéries des deux morceaux de viande.

Capsule D'ÉVALUATION 6

1. Donne un polynôme en x de degré 3 contenant trois termes, dont un terme constant.

2. Soit trois polynômes: $P(x) = 2x^2 + 5x - 2$, $Q(x) = {}^-2x^2 + 6$ et $R(x) = {}^-3x^2 - 3x$.

   a) Effectue ces additions:

   1) $P(x) + R(x)$ 2) $P(x) + Q(x)$

   b) Effectue ces soustractions:

   1) $P(x) - Q(x)$ 2) $P(x) - R(x)$

3. **LE RECTANGLE DE CARTON**

   La figure ci-contre illustre un rectangle de carton découpé en deux régions.

   a) Détermine le polynôme qui correspond au périmètre du rectangle.

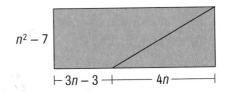

$n^2 - 7$

$\vdash 3n - 3 \dashv$ $4n$

   b) En séparant les deux régions, on obtient un trapèze et un triangle. Sachant que le périmètre du trapèze correspond à $n^2 + 9n + 19$, détermine le polynôme qui correspond au périmètre du triangle.

4. **LA LONGUEUR DE LA CLÔTURE**

   Dans une municipalité, un terrain de jeu de forme rectangulaire est délimité par une clôture. Sachant qu'il faut retrancher 18 m à la longueur du terrain pour obtenir le triple de la largeur, donne le polynôme en x qui représente le périmètre du terrain de jeu.

MULTIPLICATION DE POLYNÔMES

Multiplication et rectangle

Les formes géométriques disposées en rectangle sont une bonne illustration de la multiplication.

a) Donne le résultat de chacune des multiplications illustrées ci-dessous, puis dégage une règle de multiplication.

1) $3 \cdot x = \boxed{}$

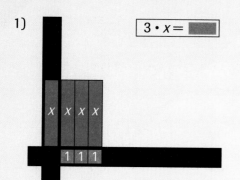

2) $4 \cdot 2y = \boxed{}$

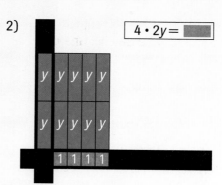

3) $3x \cdot 2x = \boxed{}$

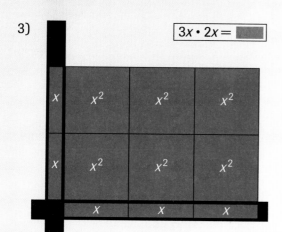

4) $2x \cdot 2y = \boxed{}$

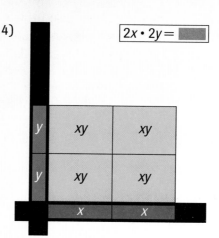

b) À partir de ces observations, détermine le produit des deux monômes donnés.

1) $6 \cdot y$
2) $x \cdot 3y$
3) $3b \cdot b$
4) $c \cdot d$
5) $2m \cdot n$
6) $-2 \cdot 4y$
7) $-4x \cdot {-2x}$
8) $2ab \cdot 3ab$

Le **produit de deux monômes** s'obtient en appliquant la règle suivante:

$$ax^m\, y^t \cdot bx^n\, y^s = abx^{m+n}\, y^{t+s}$$
$$2x^3y \cdot {-4x^2y^2} = -8x^5y^3$$

c) Donne le résultat de chacune des multiplications illustrées ci-dessous, puis dégage une règle de multiplication.

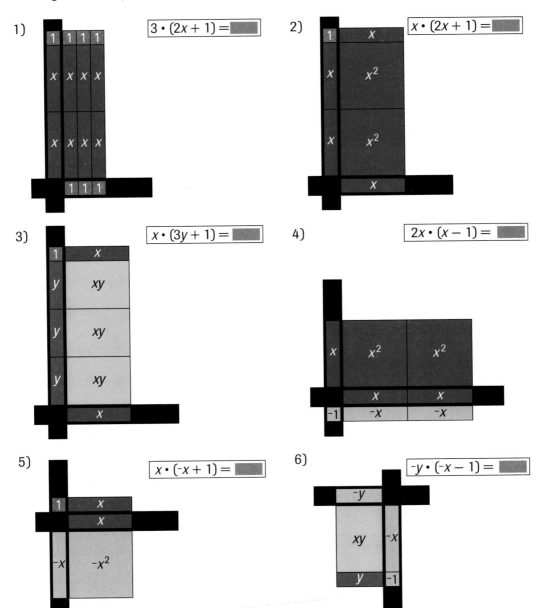

1) $3 \cdot (2x + 1) =$ ▇

2) $x \cdot (2x + 1) =$ ▇

3) $x \cdot (3y + 1) =$ ▇

4) $2x \cdot (x - 1) =$ ▇

5) $x \cdot (^-x + 1) =$ ▇

6) $^-y \cdot (^-x - 1) =$ ▇

d) À partir de ces observations, détermine le produit du monôme et du polynôme donnés.

1) $5(y + 3)$ 2) $3(3y + 1)$ 3) $x(3x + 2)$ 4) $2a(3x - 4)$

5) $2m(^-3m + 5)$ 6) $^-2ab(a + b)$ 7) $^-4x(^-2x + 3)$ 8) $2ab(3ab + 2a + b)$

Le **produit d'un monôme et d'un polynôme** s'obtient en appliquant la propriété de distributivité :

$$a(bx + c) = abx + ac$$
$$2a \cdot (3x + 2) = 2a \cdot 3x + 2a \cdot 2$$
$$= 6ax + 4a$$

e) Donne le résultat de chacune des multiplications illustrées ci-dessous, puis dégage une règle de multiplication.

1)

$(x + 2)(x + 1) = $ ▨

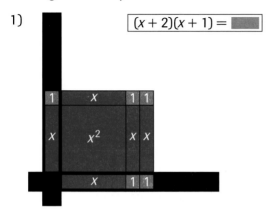

2)

$(y + x)(y + x + 1) = $ ▨

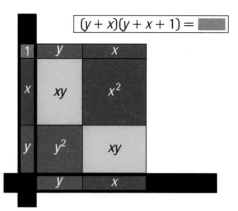

3)

$(2x - 1)(x - 2) = $ ▨

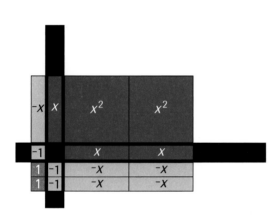

4)

$(x + 1 - y)(y - x - 1) = $ ▨

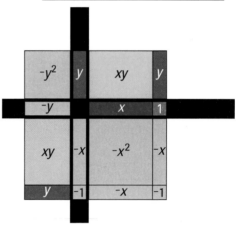

f) Compare les résultats obtenus à la question précédente avec ceux qu'on obtient ci-dessous en effectuant la multiplication de tous les termes entre eux.

1)
$$\begin{array}{c} x + 1 \\ \times \\ x + 2 \end{array}$$

2)
$$\begin{array}{c} y + x + 1 \\ \times \\ y + x \end{array}$$

3)
$$\begin{array}{c} x - 2 \\ \times \\ 2x - 1 \end{array}$$

4)
$$\begin{array}{c} y - x - 1 \\ \times \\ -y + x + 1 \end{array}$$

On peut formuler la règle générale suivante pour la multiplication des polynômes.

Chaque terme du premier polynôme multiplie chaque terme du second polynôme.

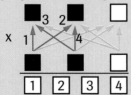

En réalité, chaque terme du premier polynôme est distribué sur chacun des termes du second polynôme.

$$(\mathbf{ax + b}) \cdot (\mathbf{cx + d}) = \mathbf{acx^2 + adx + bcx + bd} \quad \text{(double distributivité)}$$

Investissement 9

1. Donne le polynôme correspondant à l'aire de la figure illustrée ci-contre.

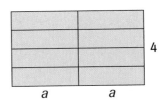

2. Détermine le produit dans chaque cas.

   a) $4 \cdot 2a$ **b)** $5 \cdot 3b$ **c)** $^{-}2 \cdot 4s$ **d)** $^{-}3 \cdot {}^{-}5x$

   e) $\frac{1}{2} \cdot 10ab$ **f)** $\frac{3}{5} \cdot \frac{5xy}{6}$ **g)** $\frac{^{-}4}{9} \cdot \frac{^{-}3a^2}{2}$ **h)** $0{,}25 \cdot 0{,}75cd$

3. Donne la multiplication illustrée ci-contre.

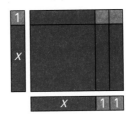

4. Effectue ces multiplications.

   a) $2(10 + 5)$ **b)** $\sqrt{2}(\sqrt{3} + 3)$ **c)** $^{-}1(3a - 2)$ **d)** $2(m + 3)$

   e) $^{-}3(2 + 2n)$ **f)** $0{,}5(4a + 6)$ **g)** $\sqrt{2}(a + 5)$ **h)** $^{-}3(2a - 3b)$

   i) $^{-}2a(a^2 - a)$ **j)** $^{-}a(1 - 2a + a^2)$ **k)** $^{-}2x^2(2a - 3b)$ **l)** $^{-}5ab(a - 2b)$

5. Donne la multiplication illustrée dans chaque cas.

   a)

	a	b
c	ac	bc
d	ad	bd

   b)

6. Détermine le produit dans chaque cas.

   a) $(2x + 1)(x + 2)$ **b)** $2a(m + 5)$ **c)** $(m + n)(2n - 5)$ **d)** $(a + b)(a - b)$

   e) $(2x - 3)(4a - 3)$ **f)** $(ax + 3)(bx - 2)$ **g)** $(2a + b)^2$ **h)** $2(2x + 3)^2$

7. Donne les termes manquants dans cette multiplication : $(2x + 3)(4x - \blacksquare) = \blacksquare x^2 + 6x - 9$.

8. Complète l'énoncé afin qu'il se vérifie quelle que soit la valeur donnée à x.

   $$(\blacksquare x + 5)(4x - \blacksquare) = 12x^2 + \blacksquare x - 10$$

► FORUM

a) Le produit de deux binômes peut-il être un monôme ?

b) À quelles conditions le produit de deux binômes est-il un binôme ?

c) À quelles conditions le produit de deux binômes est-il un «quadrinôme» ?

DIVISION DE POLYNÔMES

Multiplication et division : deux opérations inverses

Avec les nombres, la division se définit à partir de la multiplication. Ex.: 3 x 4 = 12 ⇔ 12 ÷ 3 = 4 et 12 ÷ 4 = 3. Cette équivalence : A • B = C ⇔ C ÷ B = A et C ÷ A = B, pour des nombres non nuls, se traduit comme suit pour les polynômes non nuls :

$$P(x) \cdot Q(x) = R(x) \Leftrightarrow R(x) \div Q(x) = P(x) \text{ et } R(x) \div P(x) = Q(x)$$

Analysons, à l'aide d'exemples, les deux cas de division des polynômes les plus fréquents : division par un monôme et division par un binôme.

Division par un monôme

Exemple 1

Soit à effectuer la division suivante : $(3xy + 6y) \div 3y$ pour $y \neq 0$.

Ce polynôme est représenté par les pièces ci-contre :

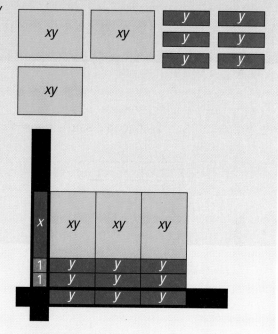

Cherchons à former un rectangle dont l'une des dimensions est $3y$. Le rectangle obtenu donne automatiquement l'autre dimension, qui correspond au quotient recherché.

On constate que $(3xy + 6y) \div 3y = x + 2$.

Ce même résultat peut être obtenu en divisant chaque terme du polynôme par le monôme :

$$\frac{3xy}{3y} + \frac{6y}{3y} = x + 2.$$

Exemple 2

Soit à effectuer la division suivante : $(x^2 - 3x) \div x$ pour $x \neq 0$.

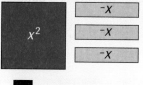

Ce polynôme est représenté par les pièces ci-contre que nous pouvons disposer en rectangle de la façon illustrée afin d'obtenir le diviseur x.

On constate que le quotient recherché est $x - 3$.

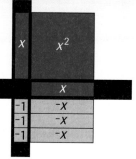

Ce résultat s'obtient en divisant chaque terme du polynôme par le monôme : $\frac{x^2}{x} - \frac{3x}{x} = x - 3$.

Pour **diviser un polynôme par un monôme non nul,** il suffit de diviser chaque terme du polynôme par ce monôme.

Ainsi, $(6x^3 + 9x^2 - 12x) \div 3x = 6x^3 \div 3x + 9x^2 \div 3x - 12x \div 3x$

$$= \frac{6x^3}{3x} + \frac{9x^2}{3x} - \frac{12x}{3x}$$

$$= 2x^2 + 3x - 4$$

a) Dans chaque cas, détermine le quotient du polynôme par le monôme.

1) $(8xy + 6x) \div 2x$

2) $(6y^3 + 18y^2 - 27y) \div 3y$

3) $(12ab + 16b) \div 4b$

4) $(25m^3 - 10m^2 + 5m) \div 5m$

Division par un binôme

Exemple 1

Soit à effectuer la division suivante : $(x^2 + 5x + 6) \div (x + 3)$.

Ce polynôme est représenté par les pièces ci-contre que nous pouvons disposer en rectangle de la façon illustrée afin d'obtenir le diviseur $(x + 3)$.

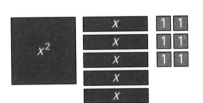

On constate que le quotient recherché est $x + 2$.

Ce résultat s'obtient aussi en divisant, en deux étapes, le polynôme par le binôme.

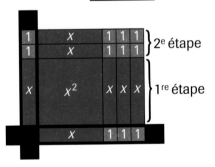

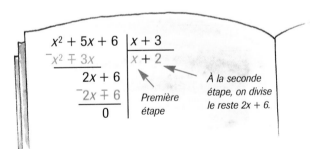

Première étape

À la seconde étape, on divise le reste $2x + 6$.

Cela se passe comme si l'on partageait le rectangle en deux parties et que l'on divisait chaque partie.

Un **reste de 0** confirme que le **diviseur** $x + 3$ et le **quotient** $x + 2$ sont des **facteurs** du polynôme $x^2 + 5x + 6$.

Exemple 2

Soit à effectuer la division suivante : $(x^2 - 4) \div (x + 2)$.

Ce polynôme est représenté par les pièces ci-contre que nous pouvons disposer en rectangle de la façon illustrée afin d'obtenir le diviseur $(x + 2)$.

On a utilisé deux opposés $(2x)$ et $(-2x)$ pour compléter le rectangle. Sans cela, la formation du rectangle est impossible.

On constate que le quotient recherché est $x - 2$.

Ce résultat s'obtient aussi en divisant, en deux étapes, le polynôme par le binôme.

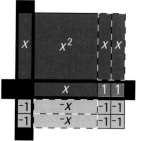

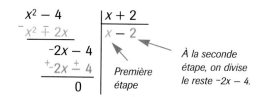

À la seconde étape, on divise le reste $-2x - 4$.

Première étape

Encore ici, le rectangle est partagé en deux parties et on divise chaque partie.

Exemple 3

Soit à effectuer la division suivante : $(x^2 + 3x + 3) \div (x + 1)$.

On aurait bien du mal à essayer de former un rectangle dont l'une des dimensions est $x + 1$, car, comme on va s'en rendre compte, ce diviseur n'est pas un facteur du polynôme.

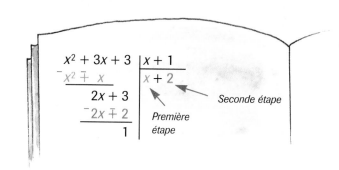

Seconde étape

Première étape

On constate l'existence d'un reste, 1.
On le signale en le posant sur le diviseur :

$$(x^2 + 3x + 3) \div (x + 1) = x + 2 + \frac{1}{x + 1}$$

Le **quotient d'un polynôme par un binôme** non nul s'obtient en divisant par étapes successives le polynôme par le binôme. Il peut arriver que le reste soit non nul. Dans ce cas, le diviseur et le quotient **ne sont pas des facteurs** du polynôme.

b) Détermine le quotient dans chaque cas.

1) $(x^2 + 7x + 12) \div (x + 3)$

2) $(2c^2 + 7c + 3) \div (c + 3)$

3) $(6a^2 - 2a - 20) \div (2a - 4)$

4) $(4x^2 - 2x - 10) \div (2x + 3)$

1. Donne le quotient de chaque division.

   a) $(2x^2 + 4x) \div 2x$

   b) $(3ab - 6a^2b^2) \div 3ab$

   c) $(12xy - 4y + 8y^2) \div 4y$

2. Effectue la division indiquée.

   a) $(x^2 + 2x + 1) \div (x + 1)$

   b) $(x^2 - 2xy + y^2) \div (x - y)$

   c) $(a^2 + 4a + 4) \div (a + 2)$

   d) $(a^2 + 2ab + b^2) \div (a + b)$

   e) $(x^3 - 1) \div (x - 1)$

   f) $(x^4 + 3x^3 - x - 3) \div (x + 3)$

3. Simplifie ces expressions.

   a) $\dfrac{3a^2 + 6a}{3a}$

   b) $\dfrac{x^2 + 9x + 8}{x + 8}$

   c) $\dfrac{8b^2 - 2b - 6}{2b - 2}$

4. Quel polynôme correspond à $\dfrac{x + 3x^2}{x} + 2x^2$?

5. Si A représente l'aire, détermine le polynôme qui représente la mesure manquante de chacune des figures suivantes.

   a)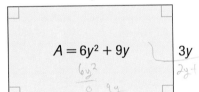

   b)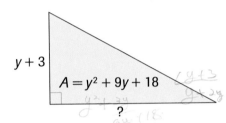

   c)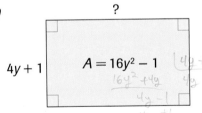

   d)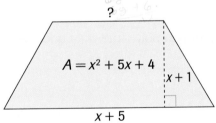

6. Écris deux binômes dont le quotient est un binôme.

7. La division d'un polynôme par $(2m - 3)$ a pour quotient $(3m - 4)$ et pour reste, 6. Détermine ce polynôme.

▶ FORUM

a) Peut-on simplifier les a dans chacun des cas suivants ?

1) $\dfrac{2a^2 - a}{a}$

2) $\dfrac{a - b}{a}$

3) $\dfrac{a(b - c)}{a}$

b) Quel est le quotient de $\dfrac{2(a - b)^2 + 3(a - b)}{(a - b)}$?

c) Déterminez la valeur de c afin que $(x - 1)$ soit un facteur de $10x^3 - x^2 + cx - 3$.

On peut formuler la règle générale suivante pour la multiplication des polynômes :

Chaque terme du premier polynôme multiplie chaque terme du second polynôme.

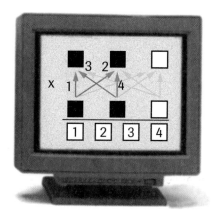

En particulier :

$$a x^m \cdot b x^n = (ab) x^{m+n}$$

$$a x^m \cdot b y^n = (ab) x^m y^n$$

$$a(bx + c) = abx + ac$$

$$(ax + b) \cdot (cx + d) = acx^2 + adx + bcx + bd \quad \text{(double distributivité)}$$

La **division** est l'**opération inverse** de la multiplication. Si le diviseur est l'un des facteurs du polynôme, le quotient est l'autre facteur.

Dans la division de polynômes, les deux cas les plus fréquents sont :

1° Si le **diviseur est un monôme,** le **quotient** s'obtient en divisant **chaque terme du polynôme** par ce monôme.

2° Si le **diviseur est un binôme,** le **quotient** s'obtient en effectuant par étapes la **division du polynôme** par le binôme.

On ne s'intéresse guère aux divisions avec reste.

De façon générale, $P(x) \div Q(x) = R(x) + \dfrac{\text{reste}}{Q(x)}$. Si le reste est nul, $R(x)$ et $Q(x)$ sont des facteurs de $P(x)$.

La division par un polynôme suppose que ce polynôme est non nul et que ses variables ne peuvent prendre de valeurs qui l'annulent.

MAÎTRISE 7

1 Trouve une stratégie et calcule mentalement le résultat.

a) 22 + 23 + 24 + 25 + 26 **b)** $\frac{3}{8} \div 2$ **c)** 0,25 x 320

2 Place chacune des fractions $\frac{1}{5}, \frac{1}{6}, \frac{1}{7}, \frac{1}{8}$ dans la case appropriée afin d'obtenir des expressions équivalentes.

48 x ▨   64 x ▨   40 x ▨   56 x ▨

3 Calcule mentalement ces carrés.

a) $1,2^2$ **b)** $0,9^2$ **c)** $0,1^2$ **d)** $1,5^2$

4 Estime la valeur des expressions suivantes.

a) Le montant payé par Amal pour l'achat d'un disque marqué 12,97 $ si le taux de la taxe est de 15,56 %.

b) Le montant de la commission gagnée par un agent immobilier s'il a touché 6 % de commission sur une vente de 82 850 $.

5 Donne la stratégie qui te permet d'estimer le résultat dans chaque cas.

a) $\frac{17}{36} \div 2$ **b)** 0,49 x 705

c) 151 % de 39   **d)** $\frac{1}{11}$ x 36

Les premiers disques laser ont fait leur apparition sur le marché au début des années quatre-vingt.

6 Quelle multiplication correspond à l'aire de chaque figure ?

a)

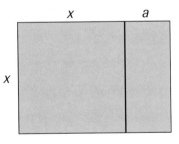

b)

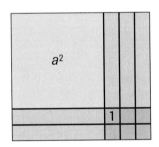

7 Effectue ces multiplications.

a) $4 \cdot 2a$ **b)** $6b \cdot b$ **c)** $(d^2)(3d^2)$ **d)** $^-5c(2cd)$

e) $3a^2b \cdot {}^-4ab^2$ **f)** $a(8a + 3)$ **g)** $^-4c(4c - 11)$ **h)** $2ab(12ab - 7)$

i) $y(7y^2 - 5y + 6)$ **j)** $^-6c^2(c - 3d)$ **k)** $2m(m^2 - 5m + 6)$ **l)** $3pq(^-4p + q)$

m) $(m - n)(2m + n)$ **n)** $(2r + 3)(6r^2 - 5)$ **o)** $(6d^2 - 1)(d - 3)$ **p)** $(b - 2)(b^2 - 5b + 4)$

8 Pour toute valeur attribuée aux variables, détermine si l'énoncé est vrai ou faux.

a) $m(m - 1) = m^2 - 1$ **b)** $^-2a(a^2 - 1) = {}^-2a^3 + 2a$

c) $(c - 2d)(c + d) = c^2 - 2d^2$ **d)** $5(x + 1) + 2(x - 2) = 7x - 1$

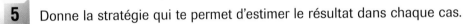

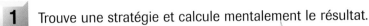

9 Détermine le produit.

a) $(a + b)(a + b)$

  $a^2 + ab + ab + b^2$

b) $(a + b)(a - b)$

  $a^2 - ab + ab + b^2$

c) $(a - b)(a - b)$

  $a^2 - ab - ab - b^2$

10 Quel polynôme réduit correspond à $(2a - b)(a + b) - (2a + b)(a - b)$?

  $(2a^2 + 2ab - ab - b^2) - (2a^2 - 2ab + ab - b^2)$
  $(2a^2 + ab - b^2) + (2a^2 + ab + b^2)$ $2ab$

11 Donne deux polynômes différents de 1 dont le produit est:

a) $4xy + 2y + 2x + 1$

b) $2a^2 - 4$

c) $r^2 - r^3$

12 Quel polynôme divisé par $(2d - 6)$ donne $(3d + 8)$?

  $2d - 6$
  $3d + 8$
  $6d^2 - 48$

13 Détermine deux binômes dont le produit, une fois réduit, est un binôme.

14 Mandrio affirme que le produit des deux trinômes suivants est un trinôme. A-t-il raison?

$$(a + b - c)(a - b + c)$$

  $(a^2 - ab + ac)(ab - b^2 + bc)(-ac + bc - c^2)$
  $a^2 - b^2 - c^2$

15 Des expressions telles que $\dfrac{2}{\sqrt{3} + 1}$ ont un dénominateur irrationnel. Il est possible de rationaliser ce dénominateur en multipliant toute la fraction par une fraction-unité formée à partir du conjugué du dénominateur, soit ici la fraction $\dfrac{\sqrt{3} - 1}{\sqrt{3} - 1}$.

> Le conjugué d'une somme de deux termes est la différence de ces deux termes, et vice versa.

Détermine la fraction équivalente ainsi obtenue:

$$\frac{2}{\sqrt{3} + 1} \times \frac{\sqrt{3} - 1}{\sqrt{3} - 1}$$

16 Rationalise le dénominateur en multipliant par la fraction-unité appropriée.

a) $\dfrac{5}{\sqrt{5} + 2}$

b) $\dfrac{\sqrt{8}}{\sqrt{3} - 5}$

c) $\dfrac{\sqrt{5}}{2\sqrt{6} - 1}$

d) $\dfrac{2\sqrt{3} + 2}{2\sqrt{3} - 1}$

e) $\dfrac{a}{\sqrt{a} + 2}$

f) $\dfrac{a\sqrt{b}}{\sqrt{a} + b}$

g) $\dfrac{\sqrt{x} + 1}{\sqrt{x} - 1}$

h) $\dfrac{3}{3\sqrt{2} + \sqrt{5}}$

17 Détermine le quotient dans chaque cas.

a) $42a^2 \div 3$

b) $\text{-}16xy^2 \div y$

c) $18c^2d \div 6c$

d) $\text{-}15rs \div \text{-}15rs$

e) $(10a - 15) \div 5$

f) $(6x^2 - 8x + 12) \div 2$

g) $(54x^2 + 15x) \div 3x$

h) $(\text{-}3y^5 + 6y^4) \div \text{-}3y^4$

i) $(x^2 - x) \div x$

j) $(25r^2t - 15rt^2 - 5rt) \div 5rt$

k) $(b^3 - b^2 - b + 1) \div \text{-}1$

l) $(14m^3n^2 + 16m^2n^2 - 4mn^3) \div 2mn^2$

18 Détermine le quotient dans chaque cas.

a) $(2x^2 - 2x - 12) \div (2x + 4)$

b) $(4a^2 - 12a + 5) \div (2a - 5)$

c) $(2c^2 + 7c - 72) \div (c + 8)$

d) $(6y^2 + y - 1) \div (3y - 1)$

e) $(-2x^2 + 3x + 20) \div (-x + 4)$

f) $(10a^2 + 7a - 12) \div (2a + 3)$

19 Détermine le quotient dans chaque cas.

a) $\dfrac{2a + 8ab}{2a}$

b) $\dfrac{3xy - 9xy}{6xy}$

c) $\dfrac{2x^2 + 7x - 15}{2x - 3}$

d) $\dfrac{a^2 + 2ab + b^2}{a + b}$

20 Quel polynôme multiplié par $(x + 3)$ égale $(x^2 + 2x - 3)$?

21 Quel polynôme multiplié par $(3x - 2)$ donne $(15x^2 + 2x - 8)$?

22 Quel polynôme multiplié par $(2x - 5)$ a comme produit $(6x^2 - 15x)$?

23 Le binôme $(2a - 3)$ est-il un des facteurs de $(6a^3 - 5a^2 + 8a - 6)$? Justifie ta réponse.

24 Quel est le second facteur de $(11x^2 - 26x - 21)$ si le premier est $(x - 3)$?

25 Écris $(2a^2 + a - 15)$ comme le produit de $(a + 3)$ par un autre binôme.

26 Quel est le polynôme qui, multiplié par $(2xy - 5)$, donne $(4x^3y^3 - 22x^2y^2 + 38xy - 20)$?

27 Dans chaque cas, par quel polynôme a-t-on multiplié le premier pour obtenir le second?

a) $(5mn - 4)$ et $(35m^2n^2 - 23mn - 4)$

b) $(1 - 8d)$ et $(5 - 41d + 4d^2 + 32d^3)$

28 Quelle est la moyenne arithmétique de: -4, $x + 3$, $2x - 5$, -16 et $3x + 2$?

29 Écris chacune des expressions suivantes sous la forme d'une division de deux polynômes différents de 1.

a) 12   **b)** $2a$ **c)** $5a^2$ **d)** $1 + \dfrac{1}{x}$ **e)** $2x - 1$

30 Démontre, par des manipulations algébriques, que $3z + z = 4z$.

31 On veut réduire l'expression algébrique ci-contre. Dans la colonne de droite, décris en mots ce que tu fais à chaque étape dans la colonne de gauche.

Étape	Description
$x + 5 - 3(x - 4)$	
$1° \ldots$ ■	D'abord, j'applique...
$2° \ldots$ ■	■

32 Voici une suite particulière : $\left(\dfrac{\sqrt{1} \times \sqrt{1}}{1+1}\right)$, $\left(\dfrac{\sqrt{2} \times \sqrt{2}}{2+2}\right)$, $\left(\dfrac{\sqrt{3} \times \sqrt{3}}{3+3}\right)$, ...

a) Quel est le prochain terme de cette suite ?

b) Quelle est la valeur de chaque rapport dans cette suite ?

c) Montre, pour tout nombre n strictement positif, que le rapport $\dfrac{\sqrt{n} \times \sqrt{n}}{n+n}$ a toujours la même valeur.

33 La longueur d'un terrain rectangulaire est de $(5a + 4b)$ m et la largeur a $(2a - b)$ m de moins que la longueur. Calcule :

a) le périmètre du terrain ;

b) l'aire du terrain.

34 Un prisme rectangulaire mesure $2a$ cm de largeur sur $(3a - b)$ cm de longueur. Sa hauteur est de $(a + b)$ cm. Quel polynôme représente :

a) son aire ?

b) son volume ?

35 Démontre que la différence entre les carrés de deux entiers consécutifs est toujours un nombre impair, c'est-à-dire un nombre de la forme $2n - 1$ ou $2n + 1$.

36 Voici un modèle numérique formé d'entiers :

$$1 \times 2 \times 3 + 2 = 6 + 2 = 8 = 2^3$$
$$2 \times 3 \times 4 + 3 = 24 + 3 = 27 = 3^3$$
$$3 \times 4 \times 5 + 4 = 60 + 4 = 64 = 4^3$$
$$...$$

On peut généraliser ce modèle en utilisant une variable :

$$x(x + 1)(x + 2) + (x + 1) = (x + 1)^3.$$

Vérifie ce cas général en effectuant les opérations.

37 Donne les deux expressions pour représenter l'aire de la figure ci-contre.

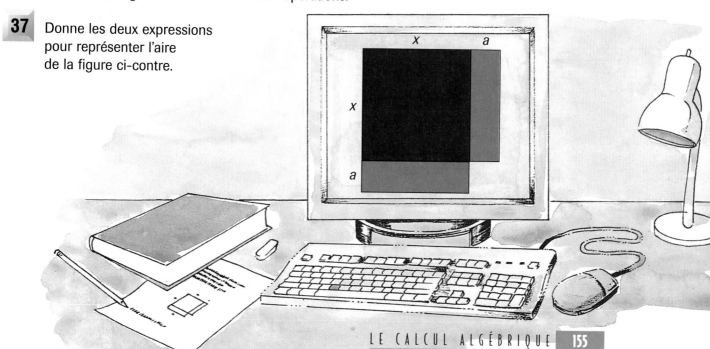

38 Utilise la somme des aires des trois triangles rectangles et celle du trapèze pour démontrer que $a^2 + b^2 = c^2$.

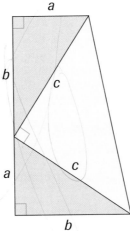

39 En utilisant l'aire du grand carré et celle de chacune des pièces, montre que $a^2 + b^2 = c^2$.

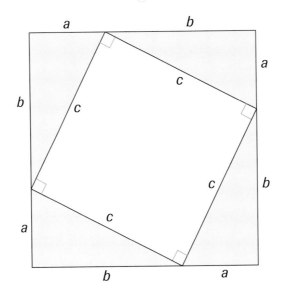

40 Quelle expression algébrique représente le volume de cette serre?

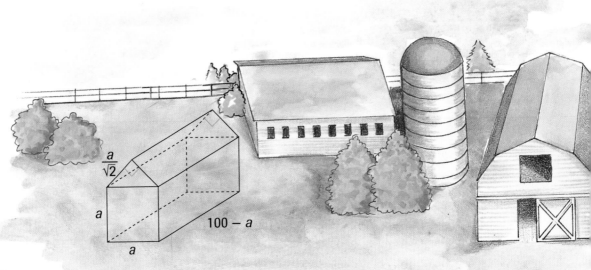

41 Détermine l'aire du parallélogramme *ORMT* à partir de l'aire du rectangle *OPMN* de laquelle on retranche l'aire des autres régions.

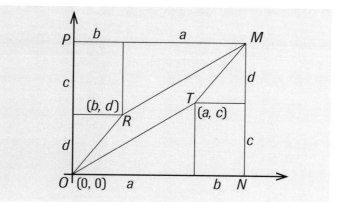

42 Voici un modèle présentant une régularité remarquable:

$$3^2 + 4^2 + (3 \times 4)^2 = 13^2$$
$$4^2 + 5^2 + (4 \times 5)^2 = 21^2$$
$$5^2 + 6^2 + (5 \times 6)^2 = 31^2$$
$$6^2 + 7^2 + (6 \times 7)^2 = 43^2$$
$$...$$

a) Ajoute une ligne à ce modèle numérique.

b) Montre que la règle ci-dessous traduit bien ce modèle.

$$n^2 + (n + 1)^2 + (n(n + 1))^2 = (n(n + 1) + 1)^2$$

c) Détermine trois nombres dont la somme des carrés est égale à 91^2.

43 Voici la suite des nombres triangulaires:

Rang:	①	②	③	④	...	ⓝ
Suite:	1	3	6	10	...	■

a) Quel est le prochain nombre de cette suite?

b) Quelle expression algébrique correspond au nombre de rang *n*?

c) Montre que:

$$\frac{n(n + 1)}{2} \cdot 8 + 1 = (2n + 1)^2$$

d) Vérifie cette dernière affirmation en attribuant quelques valeurs à *n*.

44 On peut vérifier de plusieurs façons le résultat d'un calcul algébrique à l'aide d'une calculatrice à affichage graphique. Par exemple, pour vérifier si $(x + 3)^2$ est équivalent à $x^2 + 9$, on peut procéder comme suit:

Première façon

1° Attribuer une valeur à la variable x.

2° Calculer la valeur de chaque expression.

3° Si l'on obtient le même résultat, vérifier pour quelques autres valeurs de x.

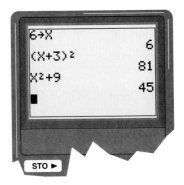

Deuxième façon

1° Attribuer une valeur à la variable x.

2° Poser l'égalité des expressions.

3° Vérifier la véracité de l'égalité.

4° Si l'égalité est vraie, vérifier pour quelques autres valeurs de x.

Un résultat de 0 correspond à une égalité fausse et un résultat de 1 à une égalité vraie.

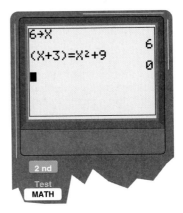

Troisième façon

1° Considérer chaque expression comme définissant une fonction.

2° Comparer les graphiques ou, mieux, les tables de valeurs.

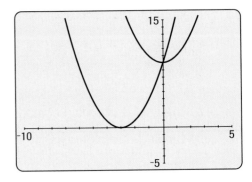

Des tables de valeurs différentes montrent que les deux expressions ne sont pas équivalentes.

Vérifie si les expressions suivantes sont équivalentes.

a) $\sqrt{4x^2 + 25}$ et $2x + 5$ **b)** $(x + 2)^3$ et $x^2 + 8$ **c)** $\sqrt{\sqrt{16x^4}}$ et $2x$

45 Si $(ax + 5)(3x + b) = cx^2 + 27x + 10$, détermine la valeur de a (b + c).

46 Si $4(9a - 13b) = 6(a - 2b)$, quelle est la valeur de $a : b$?

47 Si $ab = 0$, que peut-on déduire à propos des valeurs possibles de a et de b ?

48 Si $(x + 2)(x - 3) = 0$, que peut-on dire à propos des valeurs possibles de x ?

49 Pour chaque solide illustré, détermine la mesure demandée.

a) L'aire de la base du prisme si son volume est $(4c^3 + 22c^2 + 40c + 24)$ unités cubes et sa hauteur $(2c + 3)$ unités.

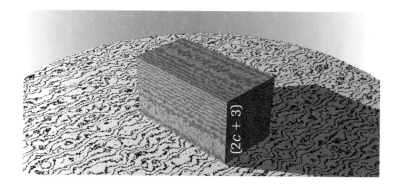

b) La hauteur du cylindre si son volume est de $(\pi x^3 + 2\pi x^2 - 4\pi x - 8\pi)$ unités cubes et l'aire de sa base $\pi(x + 2)^2$ unités carrées.

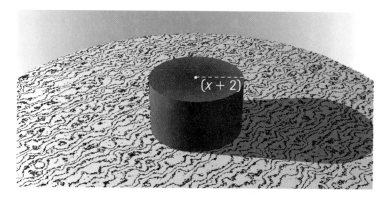

c) La hauteur du cône si son volume est de $\dfrac{\pi(a^3 + 5a^2 + 3a - 9)}{3}$ unités cubes et si le rayon de sa base est de $(a + 3)$ unités.

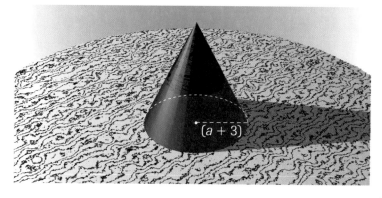

50 Que vaut le quotient du volume d'une boule de $(a + 2)$ unités de rayon par l'aire de la sphère limitant cette boule?

51 MÉLI-MÉLO

Voici un test concernant les quatre opérations sur les polynômes. Essaie d'obtenir le score maximum.

a) $(2x^2 + 3x - 5) + (-x^2 + 5x - 7)$

b) $(2b^2 + 3b - 6) - (-b^2 + 3b - 5)$

c) $2(x + 3)^2$

d) $2(x + 3) - 4(3x - 2)$

e) $3(a + b)^2 - 2(a + b)^2$

f) $(a + b)^2 - (a - b)^2$

g) $(2a^2 - 3a + 1) \div (2a - 1)$

h) $(y^3 + 1) \div (y^2 - y + 1)$

i) $(b - 2a)(2b + a) - (2ab + 2b^2)$

j) $(2s^2 + 7s - 15) \div (2s - 3) - 2(4s + 3)$

k) $(4n^2 + 3n - 1) \div (n + 1) + (n^2 - 4) \div (n - 2)$ **l)** $(-2s^2 + 11s - 12) \div (s - 4) + (s - 1)^2$

52 LA SÉRIE FINALE

Les équipes de soccer A et B se rencontrent dans une série finale 2 de 3. On suppose que les parties sont indépendantes et que la probabilité que l'équipe A gagne chaque partie est x.

Quel polynôme représente la probabilité:

a) de chaque résultat?

b) que l'équipe A gagne la série en 2 parties?

c) que l'équipe A gagne la série?

d) que l'équipe B gagne la série?

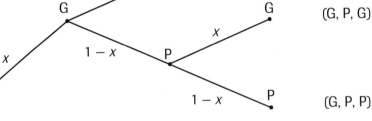

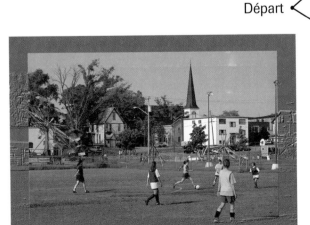

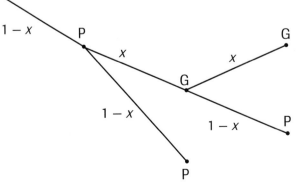

53 PLUS RAPIDE QUE LA CALCULATRICE!

Les suites de nombres possèdent plusieurs caractéristiques qui, à première vue, semblent magiques. Pour générer une suite de Fibonacci, il suffit de choisir deux nombres entiers, 3 et 5 par exemple, et de les placer d'abord en ordre croissant. On obtient chacun des termes suivants en additionnant les deux précédents. Si l'on additionne les dix premiers termes d'une telle suite, on remarque que le résultat correspond toujours au septième terme de la suite multiplié par 11! Est-ce de la magie?

3
5
8
13
21
34
55
89
144
+ 233
605

a) Choisis deux nombres entiers et construis une suite de Fibonacci composée de dix termes.

b) Additionne les dix termes de cette suite et compare le résultat obtenu au produit du septième terme par 11. Est-ce le même résultat?

Pour expliquer ce résultat et montrer qu'il ne s'agit pas d'une simple coïncidence ou d'un tour de magie, on peut généraliser la procédure en utilisant l'algèbre. Soit a et b deux nombres entiers. La suite de Fibonacci générée par ces nombres est de la forme ci-contre.

a
b
$a + b$
$a + 2b$
$2a + 3b$
$3a + 5b$
...

c) Complète cette suite de Fibonacci jusqu'au dixième terme, puis additionne ces termes.

d) Montre algébriquement que la somme des dix premiers termes d'une suite de Fibonacci est toujours égale au septième terme de la suite multiplié par 11.

> Léonard de Pise, mieux connu sous le nom de Fibonacci, est l'auteur du Livre de l'abaque *qui porte principalement sur des méthodes algébriques.*

54 LA BOÎTE À SURPRISE

On dispose d'un carton carré de 20 cm de côté. En enlevant des carrés aux quatre coins et en pliant le carton, on peut former une boîte sans couvercle.

a) Quelle expression représente le volume de la boîte que l'on peut fabriquer en coupant un carré de x cm de côté à chaque coin?

b) À l'aide d'une calculatrice à affichage graphique et d'une table de valeurs, détermine, au dixième près, pour quelle valeur de x le volume de la boîte ainsi formée est le plus grand.

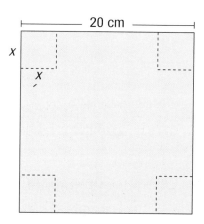

1. UNE PARTIE DE MINI-GOLF

Samia, Yacine et Josée ont joué une partie de mini-golf. Josée a joué 12 coups de moins que le triple du nombre de coups de Samia. Pour sa part, Yacine a joué 3 coups de moins que le double du nombre de coups de Samia. Donne le polynôme réduit qui exprime la moyenne de coups par personne.

2. DIMENSIONS *VS* AIRE

La longueur d'un rectangle a 4 unités de plus que sa largeur. On forme un nouveau rectangle en doublant les dimensions du précédent. Combien de fois l'aire du second est-elle plus grande que celle du premier ?

3. UNE BOÎTE DE ROMANS

Un libraire reçoit une boîte qui contient plusieurs exemplaires d'un roman de science-fiction. Les dimensions, en centimètres, de la boîte sont indiquées sur la figure ci-dessous.

a) Quel polynôme représente :

1) l'aire du fond de la boîte ?   2) le volume de la boîte ?

b) Si un exemplaire du roman de science-fiction mesure (x) cm sur $(x + 2)$ cm et a une épaisseur de 2 cm, combien d'exemplaires peut-on placer dans une boîte ?

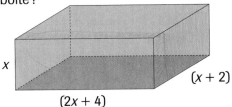

x

$(x + 2)$

$(2x + 4)$

4. L'AMÉNAGEMENT D'UNE PISCINE

La figure ci-dessous représente une piscine entourée d'un trottoir en béton. Toutes les dimensions sont en mètres.

Quel polynôme représente :

a) l'aire de la surface de l'eau de la piscine ?

b) l'aire du trottoir ?

$4x$ $(2x - 4)$

$(3x - 3)$

$(5x - 1)$

5. LA MEULE DE FROMAGE

Une meule de fromage a un volume représenté par l'expression $(x^3 + 3x^2 - 4x - 12)$ cm³. L'aire de sa base est donnée par $(x^2 + 5x + 6)$ cm². Quel polynôme représente sa hauteur, en centimètres ?

Hypatie

(370 – 415)

Orpheline de mère, c'est votre père, Théon d'Alexandrie, qui vous a élevée seul. Dites-moi, Hypatie, quelle sorte d'éducation avez-vous reçue ?

Mon père voulait m'aider à devenir aussi parfaite que possible, tant du point de vue physique qu'intellectuel. Il m'enseigna donc les arts, la littérature, les sciences et la philosophie. De plus, il mit sur pied un programme d'exercices et une diète spéciale que je suivais à la lettre.

Voilà sans doute pourquoi on vous disait aussi intelligente que belle ! Vous attiriez des gens de partout : Europe, Asie, Afrique. Certains vous considéraient même comme un oracle tenant son savoir des dieux. Que pensez-vous de tout cela ?

C'est très flatteur pour moi ! En fait, tout en maintenant le régime de vie instauré par mon père, j'ai beaucoup voyagé en étudiant les autres cultures. Je pense que mes élèves appréciaient ma facilité à expliquer d'une manière simple des concepts difficiles.

Quelles ont été vos principales contributions à la science ?

J'ai contribué à l'avancement de l'algèbre en m'inspirant des textes de Diophante, d'Appollonius, d'Euclide et de Ptolémée. J'ai également inventé certains instruments scientifiques tels que l'astrolabe, le planisphère et l'hydromètre.

Vous étiez également reconnue comme philosophe, n'est-ce-pas ?

Mon père m'avait appris qu'il faut avoir l'esprit ouvert et se questionner sans cesse sur tout. Il m'a fait connaître les diverses religions et leurs bons côtés. De même, j'ai appris à remettre en question les décisions de mon gouvernement et j'amenais mes élèves à en faire autant afin de développer leur esprit critique. C'est cela qui a causé ma perte !

Que voulez-vous dire par là ?

On m'a accusée d'utiliser mes cours de mathématique pour enseigner la révolte contre le gouvernement et l'Église. On voyait en moi une hérétique et le gouverneur Cyrille décida de se débarrasser de moi. Un jour, en 415, alors que je me dirigeais en chariot vers l'université, les hommes de Cyrille se sont emparés de moi et m'ont conduite à la cathédrale. Là, j'ai connu une triste fin : ils m'ont décapitée, coupée en morceaux et brûlée...

Hypatie fut la première femme mathématicienne reconnue comme telle. Accusée de s'opposer à la religion et au gouvernement, elle devint la victime du fanatisme des chrétiens. Sa mort symbolise le déclin de l'école d'Alexandrie et la fin de la culture hellénistique. À partir de ce moment-là, et durant près de mille ans, toute vie scientifique cessa pratiquement d'exister car la plupart des églises chrétiennes du temps condamnaient les activités scientifiques. Elles firent même brûler les collections des musées et les traités de sciences.

Certains historiens pensent que la fin tragique d'Hypatie a longtemps détourné les femmes de la mathématique.

Hypatie écrivit certains problèmes dont la résolution peut être facilitée par l'observation de régularités. Voici une version moderne d'un problème d'Hypatie.

Hypatie est la première mathématicienne connue qui a rédigé des travaux portant sur l'ellipse. L'ellipse est la forme de la trajectoire des orbites décrites par les planètes autour du Soleil. Hypatie découvrit la façon de calculer l'aire d'une ellipse.

À partir de l'aire des ellipses ci-contre, détermine le lien existant entre la formule qui permet de calculer l'aire d'un disque et celle qui permet de calculer l'aire d'une ellipse.

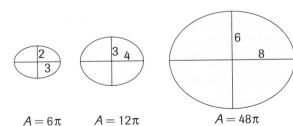

$A = 6\pi$ $A = 12\pi$ $A = 48\pi$

Projet 1 Le triangle de Pascal

Le triangle de Pascal correspond à la représentation d'une suite de nombres disposés sous la forme d'un triangle. Cet arrangement présente plusieurs caractéristiques. Entre autres, chaque nombre du triangle s'obtient en effectuant la somme des deux nombres situés immédiatement au-dessus de lui.

Triangle de Pascal	Rangée
1	1
1 1	2
1 2 1	3
1 3 3 1	4
1 4 6 4 1	5
1 5 10 10 5 1	6
... ...	...

Fais une recherche pour découvrir les merveilles mathématiques que cache ce triangle. Consulte les dictionnaires mathématiques, les encyclopédies, etc. Tes découvertes peuvent être étonnantes.

Projet 2 Les triplets pythagoriciens entiers

La relation de Pythagore, $a^2 + b^2 = c^2$, permet de déterminer les mesures des côtés d'un triangle rectangle où a et b représentent les mesures des cathètes et c la mesure de l'hypoténuse. Le tableau ci-contre indique les mesures entières des côtés de certains triangles rectangles.

Fais une recherche qui te fera découvrir quelques secrets que cachent les triplets pythagoriciens.

a	b	c
3	4	5
5	12	13
7	24	25
9	40	41
11	60	61
13	84	■
15	■	113
17	■	■
...	...	...
a	■	■

Projet 3 Le nombre d'or

Le nombre $\dfrac{\sqrt{5} + 1}{2}$ a mérité le titre de nombre d'or. Pourquoi? Quelle est son origine? Quelles sont ses particularités? Quelles sont ses applications? Une recherche t'apprendra beaucoup de choses sur ce nombre.

JE CONNAIS LA SIGNIFICATION DES EXPRESSIONS SUIVANTES :

Base : nombre qu'on affecte d'un exposant dans une exponentiation.

Exposant : nombre qui exprime la puissance d'une base.

Puissance : résultat d'une exponentiation.

Monôme : expression formée d'un nombre ou d'une variable, ou du produit d'un nombre et de variables affectées d'exposants entiers positifs.

Terme : chacun des monômes qui constituent un polynôme. Un terme qui ne contient pas de variable est un terme constant.

Termes opposés : termes dont la somme est zéro.

Termes semblables : termes formés des mêmes variables affectées des mêmes exposants.

Coefficient : nombre qui est facteur de la ou des variables dans un monôme.

Polynôme : regroupement par addition ou soustraction de monômes non semblables.

Binôme : polynôme formé de deux monômes.

Trinôme : polynôme formé de trois monômes.

Polynôme réduit : polynôme composé seulement de termes non semblables.

Radical : nom du symbole utilisé pour l'écriture des racines carrées ($\sqrt{\ }$) ou des racines $n^{\text{ièmes}}$ ($\sqrt[n]{\ }$) d'un nombre.

Radicande : quantité placée sous un radical.

Rationalisation du dénominateur : opération qui consiste à éliminer le ou les radicaux au dénominateur.

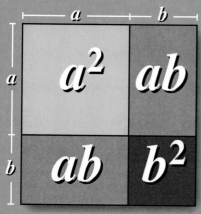

$(a + b)^2 = a^2 + 2ab + b^2$

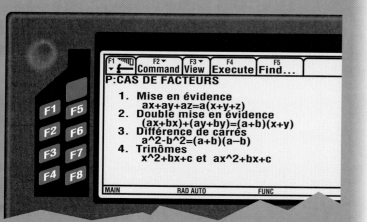

P:CAS DE FACTEURS

1. **Mise en évidence**
   ax+ay+az=a(x+y+z)
2. **Double mise en évidence**
   (ax+bx)+(ay+by)=(a+b)(x+y)
3. **Différence de carrés**
   a^2-b^2=(a+b)(a−b)
4. **Trinômes**
   x^2+bx+c et ax^2+bx+c

Réflexion 3

LA FACTORISATION

Les grandes idées

▶ Factorisation de polynômes.

▶ Simplification d'expressions rationnelles.

▶ Opérations sur les expressions rationnelles.

Objectif terminal

▶ Transformer une expression algébrique en une expression équivalente.

Objectifs intermédiaires

▶ Décomposer en facteurs un polynôme donné.

▶ Transformer des expressions algébriques rationnelles soit par division soit par factorisation.

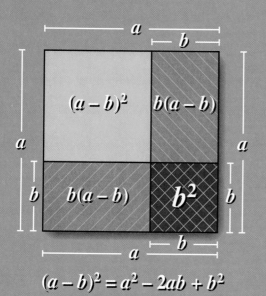

$(a − b)^2 = a^2 − 2ab + b^2$

NOTION DE FACTEUR

L'excursion en canot

Dans une colonie de vacances, 33 jeunes participent à une excursion en canot sur le lac.

a) Combien d'embarcations sont nécessaires si un même nombre de personnes doivent monter dans chacune d'elles?

b) Pour répondre à la question *a)*, il a fallu trouver les nombres qui, multipliés ensemble, donnent 33. Quel nom donne-t-on à ces nombres?

Le Camp Jeune-Air, fondé en 1965 par le père Marcel de la Sablonnière, est situé sur la base de plein air du Petit Bonheur, au Québec.

Factoriser un nombre entier *n*, c'est rechercher une multiplication d'entiers dont le produit est *n*. On appelle ces nombres **facteurs.**

Multiplication : $17 \times 3 = 51$

Facteurs   Produit

Factorisation : $51 = 17 \times 3$

Produit   Facteurs

Les nombres 17 et 3 sont des facteurs de 51.

En algèbre, le même principe s'applique aux polynômes.

Multiplication : $5(x + 3) = 5x + 15$

Facteurs   Produit

Factorisation : $5x + 15 = 5(x + 3)$

Produit   Facteurs

Les polynômes $(x + 3)$ et 5 sont des facteurs de $5x + 15$.

La représentation géométrique dans le plan cartésien nous aide à visualiser cette opération.

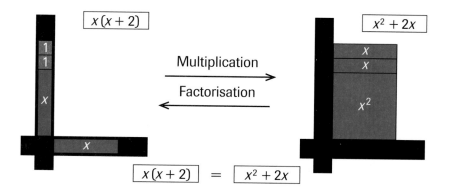

$$x(x+2) = x^2 + 2x$$

> **Factoriser un polynôme,** c'est l'écrire sous la forme d'une multiplication de facteurs.
> On dit aussi **décomposer** le polynôme en **facteurs.**

FACTEURS ET ZÉROS

Devine mes nombres!

a) Je pense à deux nombres dont le produit est négatif. Quelle conclusion peut-on tirer avec certitude de ces renseignements?

b) Je pense à deux nombres dont le produit est positif. Peut-on conclure avec certitude que ces deux nombres sont positifs? Explique ta réponse.

c) Je pense à deux nombres dont le produit est 0. Est-il possible de déduire avec certitude la valeur de l'un de ces nombres?

d) Si le produit de deux nombres est 0, est-il possible que:

1) les deux facteurs soient différents de 0?

2) l'un de ces facteurs soit différent de 0?

3) les deux facteurs soient 0?

> Si un **produit de facteurs est égal à 0,** alors **au moins un** de ces facteurs est **0.**

e) Quelles valeurs peut-on attribuer à la variable x pour que le produit $(x - 1)(x - 2)(x + 3)$ prenne la valeur 0?

f) Quelles valeurs de x annulent le produit $-12(x^2 + 1)(x - 5000)(x - \pi)$?

Si une multiplication contient un facteur de la forme **$(x - a)$,** alors **a** est une valeur de **x** qui **annule** le produit.

g) Si x prend la valeur 1, le polynôme $x^3 - 7x + 6$ s'annule-t-il?

h) Pour vérifier si $(x - 1)$ est un facteur de $x^3 - 7x + 6$, effectue la division de ce trinôme par le binôme $(x - 1)$.

i) Le trinôme $x^3 - 7x + 6$ peut s'écrire sous la forme $(x - 1)(x^2 + x - 6)$.
Si x prend la valeur 2, ce trinôme s'annule-t-il?

j) Effectue la division de $x^2 + x - 6$ par $(x - 2)$.

k) Écris le trinôme $x^3 - 7x + 6$ sous la forme d'une multiplication de trois binômes.

Si **a** est une valeur de x qui **annule** un polynôme P(x), alors **$(x - a)$** est un **facteur** de P(x).

En résumé:

$$(x - a) \text{ est un facteur de } P(x) \Leftrightarrow P(a) = 0$$

Voici le graphique et la table de valeurs de la fonction $Y_1 = x^2 - 5x + 6$.

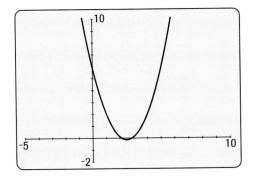

l) D'après le graphique ou la table de valeurs ci-dessus, détermine les zéros de cette fonction.

m) Donne un binôme qui est nécessairement un facteur de $x^2 - 5x + 6$.

n) Effectue la division de $x^2 - 5x + 6$ par le binôme trouvé en *m)*.

o) Écris le trinôme $x^2 - 5x + 6$ sous la forme d'une multiplication de deux binômes.

La capacité de factoriser des polynômes est une habileté très importante en algèbre. La factorisation est utile dans la **simplification des fractions algébriques,** dans les **opérations** sur ces fractions et dans la **résolution des équations.** Elle a de nombreuses applications et est, pour ainsi dire, omniprésente en algèbre.

Investissement 1

1. Factorise chaque nombre ou expression de toutes les façons possibles.

   a) -35

   b) 56

   c) 69

   d) $2a$

   e) $4a^2$

   f) $6ab$

2. Donne tous les rectangles qui ont une aire de 18 unités carrées et des dimensions entières.

3. Voici la représentation d'un polynôme.

   a) Quel est ce polynôme?

   b) Quelles expressions algébriques représentent les dimensions du rectangle que l'on peut construire avec ces formes géométriques?

4. Dans chaque cas, donne le polynôme et ses facteurs.

   a)

   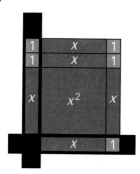

   b)

   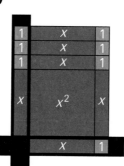

   c)

   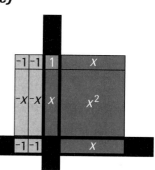

5. Vérifie si $(x - 2)$ est un facteur du polynôme donné en effectuant la division appropriée.

   a) $x^2 + 4x$

   b) $x^2 + 3x + 2$

   c) $2x^2 - 3x - 2$

   d) $3x^2 - 10x + 8$

6. Détermine si $(x - 3)$ est un facteur du polynôme donné en vérifiant si 3 annule ce polynôme.

   a) $x^2 - 9$

   b) $x^2 + 6x - 27$

   c) $2x^2 - 3x + 8$

   d) $4x^2 - 12x + 5$

7. Vérifie si $(x + 2)$ est un facteur du polynôme donné.

   a) $x^2 - 4$

   b) $x^2 + 3x + 2$

   c) $2x^2 - 3x - 15$

   d) $4x^2 + 12x - 24$

► FORUM

a) Pourquoi ne considère-t-on que les facteurs entiers lorsqu'on parle des facteurs d'un nombre ?

b) Lorsqu'on parle de facteurs entiers, élimine-t-on les facteurs négatifs ?

c) Les facteurs de $2ab$ correspondent-ils à tous les facteurs du nombre obtenu en remplaçant a et b par :

    1) des nombres premiers ?   2) des nombres non premiers ?

 **LA MISE EN ÉVIDENCE**

| MISE EN ÉVIDENCE |
| DOUBLE MISE EN ÉVIDENCE |

MISE EN ÉVIDENCE

Une question de distribution

a) On connaît bien la propriété de distributivité de la multiplication sur l'addition ou la soustraction. Explique cette propriété en tes propres mots.

b) On utilise la propriété de distributivité pour effectuer mentalement certaines multiplications. Utilise cette propriété pour trouver mentalement le produit des facteurs suivants.

    1) 8 x 34   2) 9 x 99

    3) 12 x 45   4) 20 x 42

Le mot « kayak » est d'origine inuite. Embarcation traditionnelle des Inuits, le kayak est devenu une embarcation de sport.

La propriété de distributivité est la clé de la factorisation des polynômes.

c) Quel polynôme est représenté par les tuiles ci-dessous ?

On est en présence d'un polynôme qui compte plus d'un terme. Voici deux façons de disposer ces tuiles pour former un rectangle dont les dimensions sont différentes de 1. Ces deux façons sont équivalentes. Ce sont les suivantes :

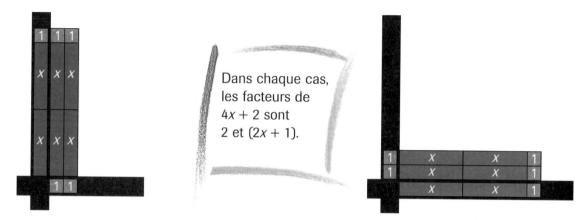

Dans chaque cas, les facteurs de $4x + 2$ sont 2 et $(2x + 1)$.

d) Pourquoi ces deux façons sont-elles équivalentes ?

Pour passer des facteurs au produit, il suffit d'appliquer la **propriété de distributivité** de la multiplication sur l'addition (ou la soustraction).

$$2 \cdot (2x + 1) = 2 \cdot 2x + 2 \cdot 1 = 4x + 2$$

En appliquant la propriété de distributivité, **chaque terme du produit** dissimule un **facteur commun.**

e) Comment applique-t-on la propriété de distributivité dans le sens inverse ?

Pour appliquer la propriété de distributivité dans le sens inverse, il faut d'abord identifier le plus grand facteur commun qui s'est « fondu » dans chaque terme du polynôme lors de la multiplication.

f) Comment peut-on obtenir le second facteur du produit ?

g) Voici des polynômes dont chaque terme dissimule un facteur commun. Quel est ce facteur commun ?

1) $2x^2 + 2x$ 2) $4ab + 6b^2$ 3) $4a^2 - 8ab + 12$ 4) $2ac + 6bc + 12c^2$

h) Détermine les facteurs de chacun des polynômes en *g)*.

La propriété de distributivité de la multiplication sur l'addition ou la soustraction a deux sens. Le premier sens permet de dissimuler un facteur commun dans les termes d'un polynôme. Le second sens permet de **mettre en évidence** ce facteur commun et, ainsi, d'écrire le polynôme sous la forme d'un produit de facteurs.

Pour **factoriser un polynôme par mise en évidence,** il faut :

1° Identifier le plus grand facteur commun et le rendre visible dans chaque terme.

2° Écrire ce facteur commun en le faisant suivre de parenthèses.

3° Diviser chaque terme du polynôme par ce facteur commun pour déterminer le facteur entre parenthèses.

Ainsi, $3x^2 + 6x = 3x \cdot x + 3x \cdot 2 = 3x(x + 2)$.

Pour factoriser un polynôme, on doit toujours tenter d'abord de mettre en évidence un facteur commun.

Investissement 2

1. Dans chaque cas, on a formé un rectangle pour représenter un polynôme. Quel est ce polynôme ?

a)

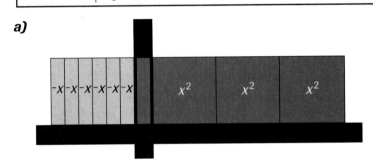

b)

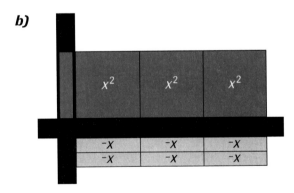

2. Réfère-toi au numéro 1.

   a) Donne la factorisation illustrée dans chaque cas.   **b)** Laquelle est la meilleure ?

3. Quel est le plus grand facteur commun à chaque terme du polynôme donné ?

   a) $2a + 8$ **b)** $3b + 2$ **c)** $5y - 15$ **d)** $6d - d^2$

4. Complète la factorisation du polynôme donné.

   a) $2a + 12 = 2(\blacksquare)$ **b)** $5ab + 6a = \blacksquare(5b + 6)$ **c)** $3x^2 + 6x + 9 = 3(\blacksquare)$

5. Quel est le plus grand facteur commun à tous les termes du polynôme $4x^3 + 8x^2 + 2x$?

6. L'un des facteurs du polynôme $9x^2 - 6x + 12$ est 3. Quel est l'autre ?

7. Décompose en facteurs le polynôme $a^3 + 4a^2$.

8. Factorise les polynômes ci-dessous par une mise en évidence.

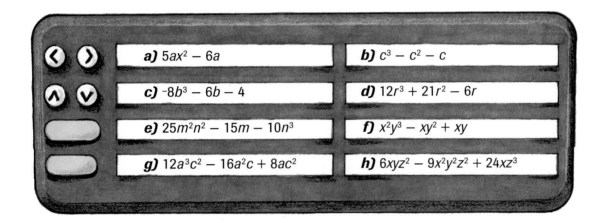

a) $5ax^2 - 6a$

b) $c^3 - c^2 - c$

c) $-8b^3 - 6b - 4$

d) $12r^3 + 21r^2 - 6r$

e) $25m^2n^2 - 15m - 10n^3$

f) $x^2y^3 - xy^2 + xy$

g) $12a^3c^2 - 16a^2c + 8ac^2$

h) $6xyz^2 - 9x^2y^2z^2 + 24xz^3$

9. Cindy a factorisé le polynôme $3x^2 - 6x$ comme suit : $x(3x - 6)$. Quelle remarque peut-on lui faire ?

10. Décompose en facteurs les polynômes suivants. Le facteur à mettre en évidence est lui-même un polynôme.

a) $6(a - 3) + 5(a - 3)$

b) $5b^2(b - 4) - 3(b - 4)$

c) $a(a - 1) + (a - 1)$

d) $3(2d - 1) + d(2d - 1)$

e) $(b - 4)(b + 2) + (b - 5)(b + 2)$

f) $4b(2a + 5) - 3b(2a + 5)$

g) $b(5 - 2b) - (5 - 2b)$

h) $(a + 2)(a + 1) + (a - 3)(a + 1)$

i) $5(ab - c) + (ab + c)(ab - c)$

j) $(xy - 3) + 2y(xy - 3)$

11. Il est parfois utile de mettre en évidence un facteur dont le coefficient est négatif. Il faut alors bien faire attention aux signes. Factorise les binômes suivants en mettant en évidence un facteur dont le coefficient est négatif.

a) $-3x + x^2$

b) $36x^2 - 4xy$

c) $-2x^4 + 3x^2$

d) $-a^2 + 5ab$

e) $-36ab^2 - 36a^2b$

f) $21x^2y - 28xyz$

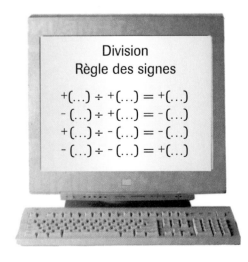

Division
Règle des signes

$+(\ldots) \div +(\ldots) = +(\ldots)$
$-(\ldots) \div +(\ldots) = -(\ldots)$
$+(\ldots) \div -(\ldots) = -(\ldots)$
$-(\ldots) \div -(\ldots) = +(\ldots)$

12. Vérifie que $2ab^2$ et $3a - 5b$ sont des facteurs de $6a^2b^2 - 10ab^3$.

13. 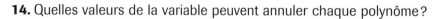 Qu'ont de particulier les deux expressions suivantes ?

$$2c(x + 4) + 3(x + 4) \quad \text{et} \quad x(2c + 3) + 4(2c + 3)$$

14. Quelles valeurs de la variable peuvent annuler chaque polynôme ?

a) $x^2 - 2x$ **b)** $3x^2 - 21x$ **c)** $4x^2 + 3x$

d) $x^3 + x^2$ **e)** $(x - 2)(x^2 + 7x)$ **f)** $4x^2 - 6x$

15. Calcule la valeur de $\frac{x^2 + 6x}{x}$, sachant que $x = 5,5$.

16. La somme des n premiers nombres naturels non nuls peut être calculée à partir de la règle $S = \frac{n^2 + n}{2}$. Exprime cette règle à l'aide d'une expression équivalente.

 # ▶ FORUM

a) La factorisation du polynôme suivant présente une difficulté. Quelle est cette difficulté ?

$$2a(2ax - 1) + (1 - 2ax) = (2a - 1)(2ax - 1)$$

b) Dans une fraction, on ne peut simplifier que des facteurs communs. Laquelle des égalités suivantes est vraie ? Justifiez votre réponse.

1) $\dfrac{4a + 8ab}{4a} = 1 + 8ab$ 2) $\dfrac{4a + 8ab}{4a} = 1 + 2b$

c) Donnez une valeur de x pour laquelle ces deux expressions ne sont pas équivalentes.

$$\frac{2x^2 + x}{x} \quad \text{et} \quad 2x + 1$$

DOUBLE MISE EN ÉVIDENCE

Une double distribution

La multiplication des binômes s'effectue en distribuant d'abord le premier binôme sur chacun des termes du second binôme.

$$(2a + 1)(3b - 2) = 3b(2a + 1) - 2(2a + 1)$$

Elle est ensuite complétée en distribuant chaque terme du second binôme sur le premier.

$$\begin{aligned} &= 3b(2a + 1) - 2(2a + 1) \\ &= 3b \cdot 2a + 3b \cdot 1 - 2 \cdot 2a - 2 \cdot 1 \\ &= 6ab + 3b - 4a - 2 \end{aligned}$$

Il y a donc une **double distributivité** dans le calcul du produit.

Par conséquent, le retour à la forme factorisée passe par **deux mises en évidence :**

| Première mise en évidence dans chaque groupement → |
| Seconde mise en évidence du facteur commun entre parenthèses → |

$$6ab + 3b - 4a - 2$$

$$= 3b(2a + 1) - 2(2a + 1)$$

$$= (2a + 1)(3b - 2)$$

a) Pourquoi la double mise en évidence exige-t-elle un même nombre de termes dans chaque groupement du polynôme?

b) À quelle condition peut-on effectuer la seconde mise en évidence?

Pour effectuer une **double mise en évidence,** on procède de la façon suivante:

1° On **regroupe** les termes ayant un facteur commun.

2° On **met en évidence** le facteur commun dans **chacun des groupes.**

3° On met en évidence le **facteur commun entre parenthèses.**

Pour factoriser un polynôme, on doit toujours tenter d'abord de mettre en évidence un facteur commun. S'il n'y a pas de facteur commun, on tente alors la double mise en évidence en regroupant les termes qui ont un facteur commun.

Le polynôme $xy + 3x + 2y + 6$ ne montre pas de facteur commun à tous les termes. Toutefois, les deux premiers termes ont un facteur commun x, et les deux derniers termes ont aussi un facteur commun, 2. On tente alors la factorisation par la double mise en évidence.

L'obtention d'un facteur commun $(y + 3)$ permet la seconde mise en évidence.

$$x(y + 3) + 2(y + 3)$$
$$\Downarrow$$
$$(y + 3)(x + 2)$$

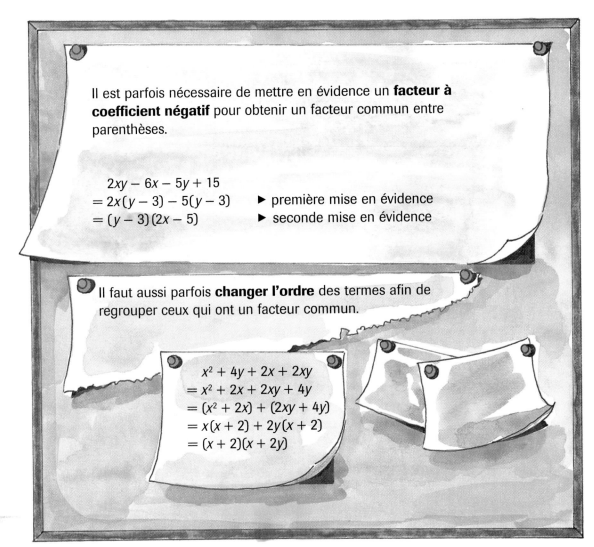

Il est parfois nécessaire de mettre en évidence un **facteur à coefficient négatif** pour obtenir un facteur commun entre parenthèses.

$$2xy - 6x - 5y + 15$$
$$= 2x(y - 3) - 5(y - 3) \qquad \blacktriangleright \text{ première mise en évidence}$$
$$= (y - 3)(2x - 5) \qquad \blacktriangleright \text{ seconde mise en évidence}$$

Il faut aussi parfois **changer l'ordre** des termes afin de regrouper ceux qui ont un facteur commun.

$$x^2 + 4y + 2x + 2xy$$
$$= x^2 + 2x + 2xy + 4y$$
$$= (x^2 + 2x) + (2xy + 4y)$$
$$= x(x + 2) + 2y(x + 2)$$
$$= (x + 2)(x + 2y)$$

Investissement 3

1. Factorise les polynômes ci-dessous par une double mise en évidence.

   a) $4x + 2xy + 6 + 3y$

   b) $2y^3 - 6y^2 + 3y - 9$

   c) $2cd - 3d + 6c - d^2$

   d) $2a^3b + 3a^3 + 2b^2 + 3b$

2. Mets en évidence le facteur commun à tous les termes et factorise le polynôme obtenu, s'il y a lieu.

   a) $abx + aby + acx + acy$

   b) $7ab + 84 + 21b + 28a$

   c) $2ax + 4ay + 6az + 2z$

   d) $axy - 2ay - 5a^2x + 10a^2$

3. Le polynôme $x^3 + 2x^2 + 4x + 8$ représente l'aire d'un certain parallélogramme et $(x + 2)$, la mesure de la base. Quel polynôme représente la hauteur du parallélogramme ?

4. Décompose en facteurs les polynômes ci-dessous.

a) $2c^4 + c^3d + 2cd^2 + d^3$

b) $a^2b + 4a - 5ab - 20$

c) $x^2y^2 - 5xy - 2xyz + 10z$

d) $12ab - a^2 - 8a + 96b$

e) $6y^5 - 12y^4 + 2y^3 - 4y^2$

f) $8mx + 3my - 8nx - 3ny$

g) $r^4 + r^3 + r^2 + r$

h) $21a^2x^2 + 3xy - 28a^3xy - 4ay^2$

i) $16y^2z - x^2z - 16y^2 + x^2$

j) $9cd^2 + 12d^2 + 15c^2 + 20c$

5. Exprime l'aire de ce triangle rectangle sous la forme d'un polynôme.

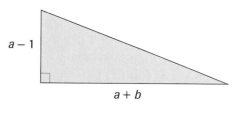

$a - 1$

$a + b$

6. Exprime l'aire des deux rectangles suivants sous la forme d'une somme et d'un produit.

a)

b)

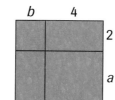

7. Voici un assemblage de tuiles.

a) Quel polynôme a-t-on illustré ici?

b) Utilise la double mise en évidence pour montrer que les facteurs de ce polynôme sont bien ceux qu'on a illustrés ci-contre.

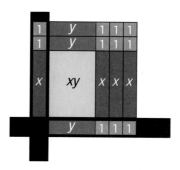

8. Quelles valeurs faut-il donner à A et à B pour que le polynôme $14xy + 22y + 21x + 33$ soit égal à $(7x + A)(2y + B)$, peu importe la valeur attribuée à x?

9. Pour quelles valeurs des variables les polynômes ci-dessous sont-ils égaux à 0?

a) $xy - x + 3y - 3$

b) $xy + y - 2x - 2$

c) $8xy - 10x + 12y - 15$

d) $x^2y - xy - 2x^2 + 2x$

10. À l'aide d'une calculatrice, ou autrement, vérifie si l'expression $(3x^2 + 101)(11x + 7)$ est toujours égale à $33x^3 + 1111x + 707 + 21x^2$, quelle que soit la valeur de x.

11. Factorise le polynôme $ax + ay + az + bx + by + bz$ en regroupant, d'une part, les trois premiers termes et, d'autre part, les trois derniers.

12. La double mise en évidence est la deuxième façon de tenter une factorisation, la première étant toujours la mise en évidence simple. Factorise les polynômes suivants :

    a) $10xy + 4y - 40x - 16$ ***b)*** $12a^2 - 6ab - 8a - 4a^2b$

13. Factorise l'expression donnée.

    a) $(2x + 1)^2 + (2x + 1)(x + 3)$ ***b)*** $(x + 6)(3x - 5) + x + 6$

14. Le tableau ci-contre est l'oeuvre du peintre Masino. L'aire totale de ce tableau, comprenant la toile et l'encadrement, correspond à l'expression $(4xy + 86x + 102y + 2193)$ cm². En factorisant ce polynôme, détermine l'aire de la surface peinte.

Le songe, *oeuvre de l'artiste québécois Alexandre Masino.*

 ► FORUM

    a) Est-il possible de factoriser par une double mise en évidence un polynôme contenant un nombre impair de termes ? Justifiez votre réponse.

    b) Le polynôme $x^2 + 5x + 6 + 2ax + 3a$ est égal à $(x + 2)(x + 3) + 2a(x + 3)$. Peut-on parler de double mise en évidence dans ce cas ?

Sujet 3 DIFFÉRENCE DE CARRÉS

FACTEURS CONJUGUÉS

FACTEURS CONJUGUÉS

Le coup de ciseaux ingénieux

La possibilité de factoriser un polynôme est directement reliée à la possibilité de former un rectangle dont les dimensions correspondent aux facteurs du polynôme. De plus, certains polynômes qu'on ne peut factoriser par mise en évidence simple ou double peuvent l'être par un autre procédé.

Voici une figure dont l'aire correspond à la différence des deux carrés a^2 et b^2.

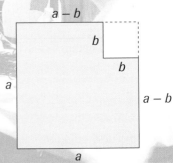

    a) Explique en quoi l'aire de cette figure correspond à une différence de carrés.

Cette différence de carrés, $(a^2 - b^2)$, peut être factorisée en autant qu'on soit capable de transformer la figure en un rectangle de même aire.

Cette transformation est possible si l'on coupe de façon adéquate, par exemple en suivant les pointillés.

b) Explique comment on peut passer d'une figure à l'autre.

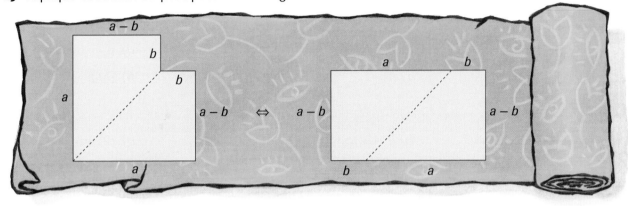

c) Quelles expressions représentent les dimensions du rectangle obtenu?

d) Exprime l'aire de ce rectangle sous la forme d'un produit de facteurs.

Cette activité confirme que les facteurs d'une différence de deux carrés sont des conjugués dont les termes correspondent aux côtés de chaque carré:

$$a^2 - b^2 = (a + b)(a - b)$$

e) Les tuiles algébriques confirment ce résultat. Explique comment.

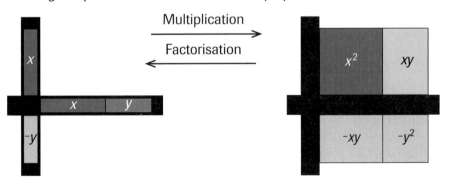

On doit les représentations géométriques d'une somme et d'une différence de carrés aux pythagoriciens (-540). Ces derniers avaient l'habitude d'illustrer les expressions algébriques par des diagrammes composés de carrés et de rectangles.

Tout polynôme identifiable à une différence de carrés peut être factorisé selon le modèle suivant:

$$x^2 - y^2 = (x + y)(x - y)$$

Ainsi, $4x^2 - 9$ est identifiable à la différence de carrés $(2x)^2 - (3)^2$. On peut alors immédiatement poser: $4x^2 - 9 = (2x + 3)(2x - 3)$.

Investissement 4

1. Puisque $49 = 50 - 1$ et que $51 = 50 + 1$, calcule mentalement le produit de 49 par 51.

2. Dans chaque cas, calcule mentalement le produit.

   a) 22 x 18 b) 33 x 27 c) 54 x 46 d) 68 x 72

3. Les polynômes suivants sont-ils des différences de carrés?

   a) $y^2 - 9$ b) $1 - a^2$ c) $b^2 - c^4$ d) $s^6 - 36$

   e) $49x^2 - 16$ f) $81 - x^9$ g) $16a^2 - 100x^2$ h) $144a^2 + 81b^2$

4. Décompose en facteurs ces différences de carrés.

   a) $25b^2 - 49c^2$ b) $b^2 - a^2c^2$ c) $-h^2 + 49$ d) $121a^2b^2 - 36c^2$

5. Certains polynômes qui ne sont pas des différences de carrés peuvent toutefois donner lieu à une différence de carrés après une mise en évidence. Écris les polynômes suivants sous la forme de facteurs indécomposables.

   a) $2x^2 - 18$ b) $75 - 27a^2$ c) $5b^2 - 20a^2$ d) $2x^2y - 8y$

6. Factorise les différences de carrés suivantes.

   a) $4b^2 - c^4$ b) $49a^2b^2 - 64c^6$ c) $1024 - 25x^2$

   d) $4a^2 - 9b^4$ e) $-121x^2 + 256$ f) $1 - x^6$

7. L'aire d'un certain losange est représentée par l'expression suivante: $\dfrac{9a^2 - 25b^2}{2}$.

   Quels binômes peuvent exprimer la longueur des diagonales de ce losange?

8. 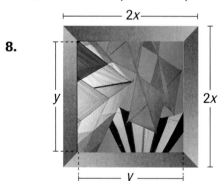 On a placé une photo dans un cadre argenté. Les dimensions du cadre et de la photo sont représentées par les variables indiquées. Exprime l'aire de la partie argentée sous la forme d'un produit.

9. Dans un carré dont la mesure du côté est de x unités, on a construit un carré dont la mesure du côté est de 4 unités.

   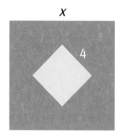

   a) Détermine l'expression algébrique qui correspond à l'aire de la partie rouge de la figure ci-contre.

   b) Factorise cette expression.

10. Dans la figure ci-contre, r_1 correspond au rayon du grand cercle et r_2 à celui du petit. Détermine, sous la forme d'un produit de facteurs indécomposables l'expression algébrique qui représente l'aire de la surface jaune.

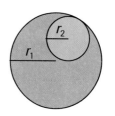

11. Factorise les binômes suivants.

a) $\dfrac{1}{4} - x^2$ **b)** $4a^2 - \dfrac{1}{9}$ **c)** $\dfrac{121}{9} - \dfrac{s^2}{16}$ **d)** $\dfrac{x^2}{9} - \dfrac{4y^2}{25}$

12. Factorise ces expressions.

a) $a^2b^4 - c^6$ **b)** $\dfrac{25a^2}{16} - \dfrac{36}{49}$ **c)** $4{,}41 - 1{,}21x^{10}$

d) $(a + b)^2 - 9$ **e)** $(x - y)^2 - 4z^2$ **f)** $y^2 - (c + d)^2$

13. Écris ces expressions sous la forme d'un produit de facteurs.

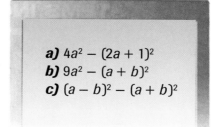

a) $4a^2 - (2a + 1)^2$
b) $9a^2 - (a + b)^2$
c) $(a - b)^2 - (a + b)^2$

> N'oublie pas de réduire les polynômes.

14. Quelles valeurs des variables annulent les polynômes ci-dessous ?

a) $x^2 - 289$ **b)** $100 - z^2$ **c)** $4x^2 - 36$

d) $9y^2 - 25$ **e)** $x^3 - 196x$ **f)** $y^4 - y^2$

15. Résous les équations suivantes en utilisant la factorisation.

a) $x^2 - 0{,}04 = 0$ **b)** $x^2 = 144$ **c)** $x^2 + 10 = 74$

d) $6{,}25x^2 - 4 = 0$ **e)** $y^3 - 16y = 9y$ **f)** $3x^2 - 70 = 5$

16. Factorise le plus possible les expressions suivantes.

a) $a^4 - b^4$ **b)** $a^3 + a^2 - 4a - 4$ **c)** $ab^2 + b^3 - a - b$

▶ FORUM

a) Donnez un polynôme qui ne se décompose pas.

b) Jessy affirme que la différence de deux carrés peut être factorisée par une double mise en évidence. Comment cela peut-il être possible ?

c) Pourquoi la somme de deux carrés telle que $a^2 + b^2$ ne peut-elle pas être factorisée ? Quelle propriété aurait cette somme s'il était possible de la factoriser ?

Factoriser un polynôme consiste à le transformer en une expression équivalente qui a la forme d'un **produit** de polynômes que l'on appelle **facteurs.** On convient que ces facteurs sont indécomposables.

L'une des propriétés importantes des polynômes est :

$$(x - a) \text{ est un facteur d'un polynôme } P(x) \Leftrightarrow P(a) = 0.$$

On distingue différents cas de factorisation des polynômes. La première tentative de factorisation consiste en une mise en évidence simple ou double. On pense ensuite aux autres méthodes possibles, par exemple la différence de carrés. On poursuit la décomposition jusqu'à l'obtention de facteurs indécomposables.

Voici les cas de factorisation abordés jusqu'ici.

Cas	Caractéristique	Technique de factorisation	Forme factorisée
Mise en évidence	Un facteur est commun à tous les termes. $ax + ay + az$	1° Écrire le facteur commun en le faisant suivre de parenthèses. 2° Diviser chacun des termes du polynôme par ce plus grand facteur commun.	$a(x + y + z)$
Double mise en évidence	Un facteur est commun aux termes de chaque groupe. $(ax + bx) + (ay + by)$	1° Regrouper les termes ayant un facteur commun. $(ax + bx) + (ay + by)$ 2° Mise en évidence simple pour chacun des groupes. $x(a + b) + y(a + b)$ 3° Mise en évidence du facteur commun entre parenthèses. $(a + b)(x + y)$	$(a + b)(x + y)$
Différence de carrés	Les deux termes de la différence sont des carrés. $a^2 - b^2$	Écrire le produit de la somme des bases des carrés par la différence de ces mêmes bases.	$(a + b)(a - b)$

MAÎTRISE 8

1 Donne de mémoire le carré des 15 premiers nombres naturels.

2 Calcule mentalement en utilisant la propriété de distributivité.

a) 15 x 18   *b)* 22 x 12   *c)* 32 x 40   *d)* 15 x 98

3 Calcule mentalement en utilisant les facteurs d'une différence de carrés.

a) 19 x 21   *b)* 28 x 32   *c)* 53 x 47   *d)* 98 x 102

4 Sachant que :

$$15^2 \mapsto 1 \times 2 = 2 \mapsto 225$$
$$25^2 \mapsto 2 \times 3 = 6 \mapsto 625$$
$$35^2 \mapsto 3 \times 4 = 12 \mapsto 1225$$

calcule mentalement les carrés suivants.

a) 45^2 *b)* 55^2 *c)* 75^2 *d)* 85^2

5 Explique comment on peut calculer mentalement le produit de :

a) 99 x 67   *b)* 0,3 par 48   *c)* 16 x 1,25   *d)* 84 x 1,5

6 Sachant que 3 x 37 = 111, calcule mentalement :

a) 6 x 37   *b)* 9 x 37   *c)* 12 x 37   *d)* 21 x 37

7 Estime la valeur de chaque expression.

a) $\dfrac{395 \times 1207}{306}$ *b)* $\dfrac{2}{7}$ x 1225   *c)* $\dfrac{4}{9}$ x 2512   *d)* 0,72 x 1580

8 Factorise les polynômes suivants, s'il y a lieu.

a) $3a + 9$ *b)* $17a - 51$ *c)* $5b - 15$ *d)* $2ab + b^2 - a^2$

9 Décompose en facteurs les expressions suivantes.

a) $2am + 3bm - 6cm$ *b)* $4a^2b - b^2$ *c)* $3am^2 - 3a^2m + am$

d) $9 + 12ac - 15b$ *e)* $2a^2 - 3ab + 2a - 3b$ *f)* $2x^3 - 4x^2 + 2x - 4$

10 Factorise ces différences de carrés.

a) $4a^2 - 1$ *b)* $1 - 9b^2$ *c)* $25 - 81x^2$ *d)* $100a^2 - 49b^2$

11 Effectue mentalement ces multiplications.

a) $(2a + 3)(2a - 3)$ *b)* $(5x - 4)(5x + 4)$ *c)* $(10ax + b)(10ax - b)$

12 Dans chaque cas, complète l'énoncé afin que l'égalité soit vraie quelles que soient les valeurs attribuées aux variables.

a) (■)$(4m^2 - 3m + 1) = 8m^2 - 6m + 2$ **b)** $3a^3($■$) = 12a^4 - 15a^3$

c) $1 - a^2 = (1 - a)($■$)$ **d)** $2ab + 3b - 4a - 6 = (2a + 3)($■$)$

13 Décompose en facteurs les polynômes suivants.

a) $a^2b - ab + a - 1$ **b)** $xy^2 + xy - x^2y^2 - x^2y$

c) $6ab^3 - 2ab + 18ab^2 - 6a$ **d)** $3m^3 - 2m^2n - 9mn + 6n^2$

14 Dans chaque cas, indique si l'expression correspond à une différence de carrés.

a) $(c - d)(c - d)$ **b)** $(c - m)^2$ **c)** $c^2d^2 - m^2n^2$ **d)** $(cd)^2 - mn^2$

15

> Factorise les polynômes ci-dessous jusqu'à l'obtention de facteurs indécomposables.

a) $x^2 - 9$ **b)** $a^2 - 16b^2$ **c)** $4y^2 - 25^4$

d) $2b^2 - 18c^4$ **e)** $a^2 - (a - c)^2$ **f)** $(x + y)^2 - x^2y^2$

16 Quelles valeurs des variables vérifient les équations ci-dessous?

a) $x(x - 4) = 0$ **b)** $2b(5b - 12) = 0$

c) $5a(a + 2) = 0$ **d)** $-3m(5m - 3) = 0$

17 Quel monôme représente la base de ce rectangle si l'aire est donnée par $6x^2 + 9x$?

$2x + 3$

18 Sylvain affirme que la factorisation de $12x^2y + 18xy + 24xy^2$ est $2xy(6x + 9 + 12y)$. Suzanne prétend qu'on peut poursuivre la factorisation. Quel peut être son argument?

19 La figure ci-contre indique certaines mesures d'un rectangle.

a) Écris l'aire de ce rectangle sous la forme d'un produit de deux binômes.

b) Écris l'aire de ce rectangle sous la forme d'une somme de quatre termes.

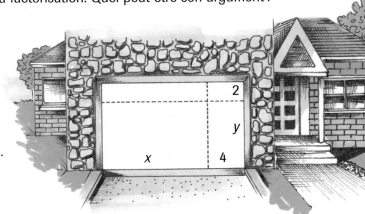

2

y

x 4

20 Écris sous la forme d'un produit les polynômes que l'on peut factoriser.

a) $6y^3 - 9y^2 + 15y + 12$

b) $21a - 4b^2 + 12ab - 7b$

c) $6mn - 9n^2 - 16m - 24n$

d) $5x^3 - 2x - 5x^2y + 2y$

21 Factorise les expressions suivantes.

a) $(ab - a^2)(a^2 - b^2)$

b) $3x(x^2 + 1) + 4x^2 + 4$

c) $(y + 1)(y - 1)(y^2 - y)$

d) $2(m - 2n)^2(5m^2 - 20n^2)$

22 Comme $a^2 - b^2 = (a + b)(a - b)$ est vrai pour toutes les valeurs de a et de b, certains calculs peuvent être simplifiés.

a) Quel est le produit de $(5 + \sqrt{7})$ par $(5 - \sqrt{7})$?

b) Effectue le produit $(x + \sqrt{11})(x - \sqrt{11})$.

c) Peut-on en conclure que $(x + \sqrt{11})(x - \sqrt{11})$ sont les facteurs de $x^2 - 11$?

d) Factorise $a^2 - 7$.

23 En utilisant la factorisation, montre que :

a) $24^2 - 23^2 = 47$;

b) l'on peut généraliser ce résultat pour tout nombre naturel, c'est-à-dire que $n^2 - (n - 1)^2 = 2n - 1$.

24 En utilisant deux méthodes différentes, montre que $(x + 1)^2 - (x - 1)^2 = 4x$.

25 Utilise la factorisation pour déterminer les zéros de la fonction $f(x) = (2x - 1)(4x - 5) + 8x - 4$.

26 **LE RING**

La boxe est un sport de combat olympique qui se déroule dans un ring. La surface de combat est délimitée par des câbles. L'aire totale, en mètres carrés, du ring illustré ci-contre correspond à l'expression $4mn + 10m + 10n + 25$. En factorisant cette expression algébrique, détermine l'aire de la surface de combat et la longueur d'un des câbles qui entourent cette surface.

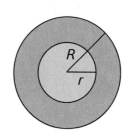

Le Québécois Éric Lucas, boxeur professionnel.

27 **L'AIRE D'UNE COURONNE**

Une couronne est une figure géométrique formée par la surface comprise entre deux cercles concentriques, l'un de rayon R et l'autre de rayon r. Exprime l'aire de cette couronne sous la forme d'un produit de facteurs indécomposables.

28 **LA MAGIE DES MATHS!**

Je pense à un nombre entier. Si je l'augmente de 1, son carré augmente de 19. Quel est ce nombre?

29 **LA BOÎTE-CADEAU**

Détermine les dimensions de la boîte
ci-contre dont le volume est de 70 cm³.

$x - 5$

$x - 2$

x

30 **LES PLANTES EXOTIQUES**

Les visiteurs et les visiteuses du Jardin botanique
de Montréal peuvent admirer
de magnifiques plantes exotiques
offertes gracieusement par
certains pays asiatiques.
Afin de mieux protéger
ces plantes, les responsables
ont fait construire tout autour
un trottoir de largeur x.

Exprime l'aire de ce trottoir
sous la forme d'un produit de
facteurs indécomposables.

20 m

60 m

Fleur d'hibiscus.

31 **LES PIÈCES EMBOÎTABLES**

Des pièces de plastique d'une maquette
ont les formes et les dimensions illustrées
ci-contre. L'aire des pièces mâles
est de 40 cm² et celle des pièces femelles,
de 32 cm². Quelles sont les valeurs de x et de y?

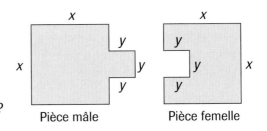

x x
y y
x y y x
y y

Pièce mâle   Pièce femelle

32 **LA FONTAINE MUNICIPALE**

Dans un parc municipal, une fontaine rectangulaire
est entourée d'un trottoir dont les largeurs,
en mètres, sont a et b. Sachant que l'aire
du rectangle comprenant la fontaine et
le trottoir correspond à l'expression
$(16a + 10b + 4ab + 40)$ m², détermine
les dimensions de la fontaine.

b

a

1. Décompose en facteurs les polynômes suivants.

   a) $2x^2 + 4x$ **b)** $8abc - 4a^2c + 24b^2 - 12ab$ **c)** $4m^2 - n^2$

2. L'aire d'un certain rectangle est donnée par le polynôme $10xy - 8x - 12 + 15y$. Écris ce polynôme sous la forme d'un produit de facteurs.

3. Montre que les facteurs de $(x + 3)^2 - 49$ sont $(x + 10)$ et $(x - 4)$.

4. Lesquels des polynômes suivants ont $(x + 3)$ comme facteur?

   $P(x) = x^3 + 3x^2 + 2x + 6$ $R(x) = 2x^2 - 18$ $Q(x) = 12x^2 - 36x$

5. **DES TAPIS RÉSISTANTS!**

   Les tapis de Turquie sont reconnus à travers le monde pour conserver leur éclat durant plusieurs décennies. L'illustration ci-contre montre un tapis dont le motif central est entouré d'une bordure. Si l'aire totale du tapis correspond à l'expression $(4ab + 6a + 10b + 15)$ m², détermine l'expression algébrique qui représente les dimensions du motif central.

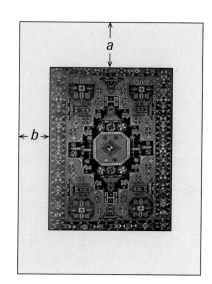

6. **UN DÉCOUPAGE**

   On a enlevé un rectangle de 6 cm sur 3 cm à un triangle rectangle isocèle dont la mesure des cathètes correspond à $4x$ cm.

   a) Quelle expression correspond à l'aire du triangle original?

   b) Quelle est l'aire de la surface qu'on lui a retranchée?

   c) Détermine, sous la forme d'un produit de facteurs, l'expression algébrique qui correspond à l'aire de la surface ombrée.

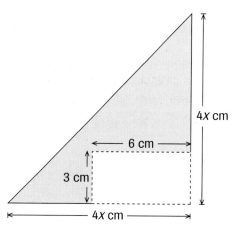

Sujet 4 FACTORISATION DE TRINÔMES

FORME $x^2 + bx + c$
FORME $ax^2 + bx + c$
CARRÉ PARFAIT

FORME $x^2 + bx + c$

Un autre arrangement de tuiles

a) Quel polynôme les tuiles algébriques ci-dessous représentent-elles?

Avec cet assemblage, il est possible
de former le rectangle ci-contre.

On constate alors que les facteurs de
ce polynôme sont: $(x + 3)$ et $(x + 2)$.

Il est possible d'établir des liens entre
les coefficients du polynôme et les coefficients
des facteurs: $x^2 + 5x + 6 = (x + 3)(x + 2)$.

b) Quels sont ces liens?

Ces liens se confirment quand on observe la façon dont on a formé le rectangle. Celui-ci
se compose de 4 régions correspondant à $x^2 + 3x + 2x + 6$, qui s'écrit également de la façon
suivante: $x^2 + (3 + 2)x + 3 \cdot 2$.

c) On peut facilement démontrer que cela est toujours vrai pour des facteurs de la forme
$(x + m)$ et $(x + n)$. Complète cette démonstration:

$$(x + m)(x + n) = x^2 + \rule{2cm}{0.3cm}$$
$$= x^2 + (\rule{1.5cm}{0.3cm})x + \rule{1cm}{0.3cm}$$

Ainsi, on constate que les facteurs d'un trinôme de la forme ***$x^2 + bx + c$***
sont $(x + m)$ et $(x + n)$, si $m + n = b$ et $mn = c$.

La méthode de factorisation des trinômes de la forme $x^2 + bx + c$, où b et c sont des entiers,
est la suivante:

Méthode	Exemple
Soit à factoriser le trinôme $x^2 + bx + c$.	$x^2 + 7x + 12$
1° Rechercher deux entiers m et n tels que: $\quad$ $m + n = b$ $\quad$ $m \cdot n = c$	1° $\quad$ m = 4 et n = 3 $\quad$ 4 + 3 = 7 $\quad$ 4 x 3 = 12
2° Écrire les facteurs sous la forme: $\quad$ $(x + m)(x + n)$	2° $\quad$ $(x + 4)(x + 3)$ Donc: $x^2 + 7x + 12 = (x + 4)(x + 3)$

Les entiers b et c peuvent être positifs ou négatifs. Le raisonnement est le même.

Exemple 1 :   Soit à factoriser le trinôme $x^2 - 6x + 8$.

1° On recherche deux entiers m et n dont la somme est -6 et le produit, 8 : on trouve -2 et -4.

$$-2 + {}^-4 = {}^-6 \text{ et } {}^-2 \times {}^-4 = 8$$

2° Les facteurs sont donc $(x + {}^-2)(x + {}^-4)$, ou plus simplement $(x - 2)(x - 4)$.

Exemple 2 :   Soit à factoriser le trinôme $x^2 - 3x - 10$.

1° On recherche deux entiers m et n dont la somme est -3 et le produit, -10.

$$-5 + 2 = {}^-3 \text{ et } {}^-5 \times 2 = {}^-10$$

2° Les facteurs sont donc $(x + {}^-5)(x + 2)$, ou plus simplement $(x - 5)(x + 2)$.

Exemple 3 :   Soit à factoriser le trinôme $x^2 + 4xy - 12y^2$.

Ce trinôme présente deux variables, mais la procédure est la même.

1° On recherche deux entiers m et n dont la somme est 4 et le produit, -12.

$$6 + {}^-2 = 4 \text{ et } 6 \times {}^-2 = {}^-12$$

2° Les facteurs sont donc $(x + 6y)(x + {}^-2y)$, ou plus simplement $(x + 6y)(x - 2y)$.

> Un produit positif signifie que les deux facteurs sont de même signe.

> Un produit négatif signifie que les deux facteurs sont de signes contraires. Comme la somme est négative, alors...

> Un produit négatif signifie que les deux facteurs sont de signes contraires. Comme la somme est positive, alors...

On se rappelle que si $(x - a)$ est un facteur d'un polynôme, alors a est une valeur qui annule le polynôme. Voici trois polynômes :

1) $x^2 + 7x + 10$ 2) $x^2 - 8x + 16$ 3) $-x^2 + 5x - 8$

Utilisons-les pour définir des fonctions et faisons afficher les graphiques.

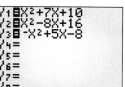

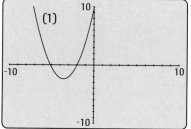

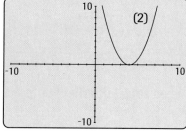

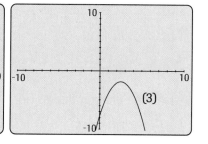

d) Combien de valeurs annulent le polynôme dans chaque cas ?

e) Exprime chaque polynôme sous la forme d'un produit de facteurs, s'il y a lieu.

f) Explique comment une calculatrice à affichage graphique peut aider à factoriser des trinômes de la forme $x^2 + bx + c$.

Pour factoriser un **trinôme** de la forme **$x^2 + bx + c$**, où b et c sont des entiers :

1° On trouve **deux entiers,** m et n, dont la **somme** est **b** et le **produit** est **c.**

2° On écrit directement le produit : **$(x + m)(x + n)$.**

Investissement 5

1. Trouve les deux nombres dont la somme (S) et le produit (P) sont donnés.

a) $S = 17$, $P = 60$ **b)** $S = -51$, $P = 98$ **c)** $S = 7$, $P = 6$

d) $S = -14$, $P = 45$ **e)** $S = 7$, $P = -18$ **f)** $S = -4$, $P = -96$

g) $S = 1$, $P = -42$ **h)** $S = -16$, $P = 64$ **i)** $S = 0$, $P = -81$

2. a) Le produit de deux nombres est positif et leur somme est négative. Quel est le signe de chacun de ces nombres ?

b) Le produit de deux nombres est négatif et leur somme est positive. Quel est le signe du nombre le plus grand en valeur absolue ?

c) Le produit de deux nombres est négatif et leur somme est négative. Quel est le signe du nombre le plus petit en valeur absolue ?

La recherche de deux nombres satisfaisant à la fois une somme et un produit donnés remonte probablement aussi loin que le IIIe s. av. J.-C. On retrouve la résolution de ce problème dans les écrits d'Euclide et de Diophante.

3. Dans la factorisation des trinômes ci-dessous, l'un des facteurs est donné ; détermine l'autre.

a) $x^2 + 11x + 28 = (x + 4)(\blacksquare)$ **b)** $a^2 + 3a - 40 = (a + 8)(\blacksquare)$

c) $c^2 - 4cd - 60d^2 = (c - 10d)(\blacksquare)$ **d)** $y^2 - 21yz + 108z^2 = (y - 9z)(\blacksquare)$

4. Factorise les trinômes suivants.

a) $x^2 - 5x - 6$ **b)** $a^2 + 7a + 10$ **c)** $y^2 + 4y + 3$

d) $x^2 + 9x - 10$ **e)** $c^2 - 2c - 15$ **f)** $r^2 - 9r + 20$

g) $5 + 6x + x^2$ **h)** $a^2 + 8ab + 12b^2$ **i)** $a^2x^2 - 4ax + 3$

5. Exprime chacun de ces polynômes sous la forme d'un produit.

a) $x^2 + 18x + 45$ **b)** $b^2 - 17b + 30$ **c)** $a^2 - ab - 72b^2$

d) $y^2 + 2y - 35$ **e)** $d^2 - 10dg + 16g^2$ **f)** $13 + 14x + x^2$

6.

Les tuiles ci-contre représentent le polynôme $x^2 - 2x - 3$.
Explique comment on a réussi à former un rectangle
avec cet assemblage.

7. À l'aide de tuiles algébriques, représente le rectangle qui correspond au polynôme $x^2 - 5x + 6$.

8. Détermine les facteurs de ces trinômes « jumeaux ».

a) $x^2 + 17x + 60$ et $x^2 + 17x - 60$

b) $x^2 + 25x + 150$ et $x^2 + 25x - 150$

c) $x^2 + 37xy + 210y^2$ et $x^2 + 37xy - 210y^2$

9. Un seul des trinômes suivants est décomposable en facteurs. Lequel?

$x^2 + 3x + 5$ $\qquad$ $x^2 - 2x + 98$ $\qquad$ $x^2 + 5x + 13$ $\qquad$ $x^2 - x - 240$

10. Décompose en facteurs le membre de gauche des équations suivantes et indique
les valeurs des variables qui vérifient l'égalité.

a) $x^2 + 9x + 14 = 0$

c) $y^2 + y - 12 = 0$

b) $x^2 - x - 42 = 0$

d) $y^2 - 7y + 12 = 0$

Mona veut factoriser le trinôme $z^2 + 118z + 1717$. Elle utilise une calculatrice à affichage graphique et entre à l'écran d'édition les deux fonctions ci-contre. Elle recherche les deux nombres m et n. Elle pose $x = $ m et $Y_1 = $ n et $Y_2 = $ m + n.

a) Pourquoi dit-on que $Y_1 = $ n ?

Mona consulte ensuite la table des valeurs. Elle déplace le curseur jusqu'à ce qu'elle repère 118 dans la troisième colonne.

b) Quels sont les facteurs de $z^2 + 118z + 1717$?

c) À l'aide d'une calculatrice à affichage graphique, ou autrement, décomposez en facteurs les trinômes ci-dessous.

1) $x^2 + 10x - 551$ 2) $m^2 - 62m + 961$

3) $a^2 - 2a - 9408$ 4) $y^2 + 160y + 4879$

```
Y1▪1717/X
Y2▪X+Y1
Y3=▪
Y4=
Y5=
Y6=
Y7=
Y8=
```

X	Y1	Y2
1	1717	1718
2	858.5	860.5
3	572.33	575.33
4	429.25	433.25
5	343.4	348.4
6	286.17	292.17
7	245.29	252.29

X=7

X	Y1	Y2
13	132.08	145.08
14	122.64	136.64
15	114.47	129.47
16	107.31	123.31
17	101	118
18	95.389	113.39
19	90.368	109.37

Y2=118

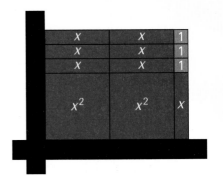

FORME $ax^2 + bx + c$

À la recherche d'un rectangle

a)

Quel polynôme est associé aux tuiles algébriques ci-contre ?

| x^2 | x^2 | x | x | x | x | x | x | 1 |
| | | | | | | | | 1 | 1 |

Avec cet assemblage, il est possible de former le rectangle ci-dessous.

b) Quelles sont les expressions qui représentent les dimensions du rectangle formé ?

Il est également possible de faire des liens entre les coefficients du polynôme et les coefficients des facteurs.

On remarque que les tuiles vertes x ont été placées en deux groupes : **6** tuiles placées horizontalement et **1** tuile placée verticalement.

x	x	1
x	x	1
x	x	1
x^2	x^2	x

c) Où retrouve-t-on la somme de ces deux nombres (1 et 6) dans le trinôme?

d) Comment peut-on retrouver le produit de ces deux nombres en utilisant le trinôme?

e) Le trinôme $2x^2 + 7x + 3$ est-il égal au polynôme $2x^2 + 1x + 6x + 3$? Pourquoi?

f) Factorise le polynôme $2x^2 + 1x + 6x + 3$ par une double mise en évidence.

Pour factoriser un trinôme de la forme **$ax^2 + bx + c$,** où a, b et c sont des entiers:

1° On trouve **deux entiers,** m et n, dont la **somme** est **b** et le **produit** est **ac**.

2° On **remplace** le terme **bx** par l'addition de deux termes semblables: **$mx + nx$.**
Le polynôme s'écrit donc $ax^2 + mx + nx + c$.

3° On factorise par une **double mise en évidence.**

Exemple: Soit à factoriser le trinôme $3x^2 + 11x + 6$.

1° On trouve deux nombres dont le produit est 18 et la somme, 11.
Ces nombres sont 9 et 2.

2° On écrit le polynôme sous la forme $3x^2 + 9x + 2x + 6$.

3° On décompose par une double mise en évidence:

$$3x^2 + 9x + 2x + 6 = 3x(x + 3) + 2(x + 3)$$
$$= (x + 3)(3x + 2)$$

CARRÉ PARFAIT

Des rectangles carrés

a) Quel polynôme est associé aux tuiles algébriques ci-dessous?

b) Quelle est la caractéristique du premier et du dernier terme de ce trinôme?

c) Quelles sont les dimensions du rectangle illustré ci-contre?

d) Quelle est la particularité de ce rectangle?

e) Quels sont les facteurs de ce trinôme?

On donne le nom de «**carré parfait**» à un tel trinôme.

Un trinôme de la forme $ax^2 + bx + c$ est un **carré parfait** s'il possède les caractéristiques suivantes:

1° **a** et **c** sont des **carrés.**

2° **b** est le **double produit** des bases de ces carrés.

Pour factoriser un trinôme carré parfait:

1° On vérifie si le trinôme possède les caractéristiques d'un carré parfait.

2° On détermine si les facteurs sont des sommes ou des différences selon le signe du terme médian.

3° On détermine les bases des carrés.

4° On écrit directement le carré du binôme.

Exemple 1: Soit à factoriser le trinôme $x^2 + 4x + 4$, qui est un carré parfait.

1° Le signe du terme médian permet de déterminer que les facteurs sont des sommes.

2° Les bases des carrés sont x et 2.

3° Les facteurs sont $(x + 2)^2$.

> Un b positif indique que les facteurs sont des sommes.

Exemple 2: Soit à factoriser le trinôme $9x^2 - 24xy + 16y^2$, qui est un carré parfait.

1° Le signe du terme médian permet de déterminer que les facteurs sont des différences.

2° Les bases des carrés sont $3x$ et $4y$.

3° Les facteurs sont $(3x - 4y)^2$.

> Un b négatif indique que les facteurs sont des différences.

Investissement 6

1. On donne l'un des facteurs du trinôme. Quel est l'autre?

a) $2c^2 + 5c + 2 = (c + 2)(\rule{2cm}{0.4em})$

b) $6d^2 - 19d + 8 = (3d - 8)(\rule{2cm}{0.4em})$

c) $4b^2 - 12b + 9 = (2b - 3)(\rule{2cm}{0.4em})$

d) $3r^2 - 5rs - 2s^2 = (3r + s)(\rule{2cm}{0.4em})$

e) $2c^2 + 9cd - 5d^2 = (c + 5d)(\rule{2cm}{0.4em})$

f) $^-4x^2 - 7x + 15 = (^-4x + 5)(\rule{2cm}{0.4em})$

2. Factorise les trinômes ci-dessous.

a) $4x^2 + 3x - 1$

b) $3y^2 + 2y - 8$

c) $4x^2 - 4x - 15$

d) $8y^2 - 22y + 15$

3. Indique si chaque trinôme est un carré parfait ou non.

a) $x^2 + 8x + 34$

b) $36y^2 + 108y + 81$

c) $4x^2 + 1 - 8x$

d) $25y^2 + 40y - 16$

4. Décompose en facteurs les trinômes ci-dessous.

a) $x^2 + 10x + 25$

b) $4y^2 - 12y + 9$

c) $a^2 - 2ab + b^2$

d) $49m^2 + 28mn + 4n^2$

5. Les trinômes ci-dessous expriment l'aire de certains rectangles. Dans chaque cas, détermine les deux binômes qui en représentent la base et la hauteur. Indique les rectangles qui sont des carrés.

a) $9x^2 + 16x - 4$

b) $9x^2 + 12x + 4$

c) $9x^2 + 13x + 4$

d) $9x^2 + 20x + 4$

6. Détermine les valeurs des variables qui annulent les polynômes ci-dessous.

a) $2y^2 + 5y - 12$

b) $6x^2 + 11x + 4$

c) $8a^2 + 18a + 9$

d) $-6b^2 - 19b + 11$

7. Ajoute un terme à chacun des binômes suivants pour qu'ils deviennent des trinômes carrés parfaits.

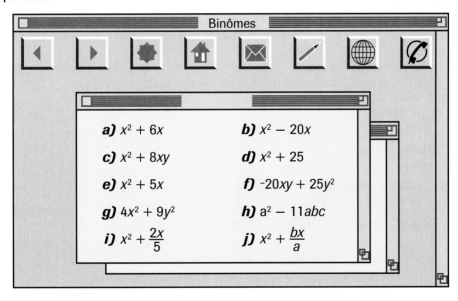

Binômes

a) $x^2 + 6x$

b) $x^2 - 20x$

c) $x^2 + 8xy$

d) $x^2 + 25$

e) $x^2 + 5x$

f) $-20xy + 25y^2$

g) $4x^2 + 9y^2$

h) $a^2 - 11abc$

i) $x^2 + \dfrac{2x}{5}$

j) $x^2 + \dfrac{bx}{a}$

8. L'aire d'un carré correspond à l'expression $c^2 - 14c + 49$. Détermine les expressions algébriques qui correspondent :

a) à la mesure du côté du carré ;

b) au périmètre du carré.

9. Utilise une calculatrice à affichage graphique pour factoriser les trinômes suivants.

a) $2x^2 + 5x + 3$

b) $2x^2 - 2x - 4$

c) $x^2 + 2\sqrt{3}x + 3$

Lors d'un test, les élèves devaient factoriser les trois trinômes suivants :

1° $-12x^2 + 7x - 1$ 2° $4x^2 + 20xy + 25y^2$ 3° $49x^2 + 42x + 9y^2$

Cynthia et Tsin-Ming ont donné les réponses suivantes :

Cynthia : 1° $(-4x + 1)(3x - 1)$ 2° $(2x + 5y)^2$ 3° $(7x - 3y)^2$

Tsin-Ming : 1° $(1 - 3x)(4x - 1)$ 2° $(-2x - 5y)^2$ 3° Indécomposable

Qui a eu le meilleur résultat ?

Sujet 5 COMPLÉTION DE CARRÉ

UNE TECHNIQUE EFFICACE

UNE TECHNIQUE EFFICACE

Des calculs anciens

Certains trinômes sont très facilement décomposables, d'autres le sont difficilement et d'autres ne le sont pas du tout.

Pour venir à bout de trinômes récalcitrants, les Anciens utilisaient une technique, encore utile aujourd'hui, appelée « la complétion de carré ».

L'essentiel de cette méthode consiste à former un trinôme carré parfait afin d'obtenir une différence de deux carrés.

Des tablettes d'argile remontant aussi loin qu'au roi babylonien Hammurabi (vers -1700) laissent croire que déjà, à cette époque, on connaissait la méthode de « complétion de carré ».

a) Avant d'aborder cette technique, il faut bien saisir la relation qui existe entre les coefficients **b** et **c** dans un trinôme carré parfait. En suivant les traces des mathématiciens babyloniens, découvre cette relation en complétant le raisonnement suivant.

1° Dans la factorisation d'un trinôme de la forme $x^2 + bx + c$, on recherche deux entiers m et n pour lesquels m + n = b et mn = c.

2° Or, dans un trinôme carré parfait, les entiers m et n sont égaux, ce qui entraîne les égalités suivantes :

$$2m = b \text{ ou } m = \blacksquare$$
$$m \cdot m = c \text{ ou } c = \blacksquare$$

3° Donc, la relation entre b et c est : $c = \blacksquare$

Voici en quoi consiste la technique de factorisation par **complétion de carré :**

Trinôme de la forme ax^2 + bx + c, où a = 1

DÉMARCHE	EXEMPLE
1° Puisque a = 1, il n'est pas nécessaire de le mettre en évidence.	$x^2 + 2x - 195$ 1° $x^2 + 2x - 195$
2° Compléter un carré parfait en ajoutant et soustrayant $\left(\dfrac{b}{2}\right)^2$ ou $\dfrac{b^2}{4}$ au trinôme.	2° $x^2 + 2x + \boxed{\left(\dfrac{2}{2}\right)^2} - \boxed{\left(\dfrac{2}{2}\right)^2} - 195$ $x^2 + 2x + \boxed{1} - \boxed{1} - 195$
3° Former une différence de deux carrés.	3° $(x^2 + 2x + 1) - 196$ $(x + 1)^2 - 14^2$
4° Factoriser la différence de carrés pour obtenir les facteurs du trinôme.	4° $(x + 1 + 14)(x + 1 - 14)$ $(x + 15)(x - 13)$

Trinôme de la forme ax^2 + bx + c, où a ≠ 1

DÉMARCHE	EXEMPLE
1° Mettre a en évidence pour obtenir 1 comme coefficient de x^2.	$2x^2 - 24x + 54$ 1° $2(x^2 - 12x + 27)$
2° Compléter un carré parfait en ajoutant et soustrayant $\left(\dfrac{b}{2a}\right)^2$ ou $\dfrac{b^2}{4a^2}$ au trinôme.	2° $2(x^2 - 12x + \boxed{\left(\dfrac{12}{2}\right)^2} - \boxed{\left(\dfrac{12}{2}\right)^2} + 27)$ $2(x^2 - 12x + \boxed{36} - \boxed{36} + 27)$
3° Former une différence de deux carrés.	3° $2((x^2 - 12x + 36) - 9)$ $2((x - 6)^2 - 3^2)$
4° Factoriser la différence de carrés pour obtenir les facteurs du trinôme.	4° $2(x - 6 + 3)(x - 6 - 3)$ $2(x - 3)(x - 9)$

b) Vérifie ta compréhension de cette technique : utilise-la pour factoriser le trinôme $4x^2 + 12x + 8$.

Cette technique de factorisation par complétion de carré a permis un déblocage du développement de l'algèbre. On aura l'occasion de la rencontrer à nouveau.

Pour factoriser un trinôme de la forme $ax^2 + bx + c$ par la technique de la **complétion de carré**:

1° On place a, le coefficient de x^2, en évidence.

2° On ajoute et on retranche la quantité nécessaire pour obtenir un trinôme carré parfait. Cette quantité est le **carré de la moitié du coefficient de x**: $\left(\dfrac{b^2}{4a^2}\right)$.

3° On écrit sous la forme d'une **différence de carrés**.

4° On factorise.

Investissement 7

1. Quelle quantité faut-il ajouter et retrancher aux binômes suivants pour former un trinôme carré parfait?

   a) $x^2 + 10x$ **b)** $n^2 - 18n$ **c)** $x^2 + \dfrac{2x}{3}$ **d)** $2y^2 + 6y$

   e) $4s^2 - 8s$ **f)** $3x^2 + 8x$ **g)** $d^2 + 11d$ **h)** $x^2 + \dfrac{bx}{a}$

2. Transforme les trinômes ci-dessous en une différence de carrés.

   a) $x^2 + 8x - 9$ **b)** $y^2 - 22y + 105$ **c)** $c^2 + c - 2$

   d) $2s^2 + 4s - 70$ **e)** $4n^2 - 12n - 16$ **f)** $x^2 + 6xy - 16y^2$

3. Complète la factorisation des trinômes de l'exercice 2.

4. Montre que le trinôme $x^2 - 2x + 10$ ne peut pas être factorisé, même par la technique de la complétion de carré.

5. En utilisant la méthode de la complétion de carré, montre que:

   a) $7x^2 + 28x + 21 = 7(x + 3)(x + 1)$ **b)** $9x^2 + 36x + 20 = (3x + 10)(3x + 2)$

6. Décompose en facteurs les trinômes suivants par la méthode de la complétion de carré.

   a) $x^2 - 2x - 899$ **b)** $y^2 + 12y + 11$

   c) $9x^2 + 9x + 2$ **d)** $3x^2 + 15xy + 12y^2$

 # ► FORUM

En utilisant la technique de la complétion de carré, montrez que les facteurs du trinôme $ax^2 + bx + c$ sont:

$$a\left(\left(x + \frac{b}{2a} + \sqrt{\frac{b^2}{4a^2} - \frac{c}{a}}\right)\left(x + \frac{b}{2a} - \sqrt{\frac{b^2}{4a^2} - \frac{c}{a}}\right)\right)$$

Il est possible de factoriser :

1° certains polynômes dont les termes ou des groupes de termes présentent un facteur commun par une mise en évidence simple ;

2° les binômes qui sont des différences de carrés ;

3° certains trinômes de la forme $x^2 + bx + c$ ou $ax^2 + bx + c$.

Les techniques de factorisation d'un trinôme sont les suivantes.

Cas	Caractéristique	Technique de factorisation	Forme factorisée
Trinôme $x^2 + bx + c$	Le coefficient de x^2 est 1.	1° Trouver deux entiers, m et n, dont la somme est b et le produit, c. 2° Écrire directement les facteurs.	$(x + m)(x + n)$
Trinôme $ax^2 + bx + c$	Les coefficients sont des entiers.	1° Trouver deux nombres, m et n, dont la somme est b et le produit, ac. 2° Écrire le polynôme sous la forme $ax^2 + mx + nx + c$. 3° Faire une double mise en évidence.	$(...x + ...)(...x + ...)$
Trinôme carré parfait $ax^2 + bx + c$	Les termes a et c sont des carrés parfaits.	1° Vérifier que b est le double produit des bases de ces carrés. 2° Déterminer si les facteurs sont des sommes ou des différences. 3° Écrire le carré du binôme.	$(...x + ...)^2$ **ou** $(...x - ...)^2$
Trinôme $ax^2 + bx + c$	Trinômes quelconques décomposables.	1° Mettre a en évidence, si a ≠ 1. 2° Ajouter et retrancher $\frac{b^2}{4a^2}$. 3° Former une différence de deux carrés. 4° Factoriser la différence de carrés.	$a(x + ...)(x + ...)$

1 Donne la stratégie qui permet d'estimer le résultat dans chaque cas.

a) $\frac{7}{16} \div 2$ **b)** $0,49 \times 705$ **c)** 151% de 39 **d)** $\frac{1}{11} \times 36$

2 Sans effectuer de calcul, place la virgule au bon endroit dans chaque résultat.

a) $3,6 \times 24,5 = 8\ 8\ 2$

b) $42 \div 0,06 = 7\ 0\ 0$

c) $312 \times 42,5 = 1\ 3\ 2\ 6\ 0\ 0$

d) $245 \div 0,15 = 1\ 6\ 3\ 3\ 3\ 3\ 3\ \ldots$

e) $0,24 \times 1,8 = 0\ 4\ 3\ 2\ 0$

f) $95 \div 0,19 = 0\ 5\ 0\ 0\ 0$

3 Combien de fois peut-on soustraire 34 de 577 en obtenant un résultat positif?

4 Place ces nombres en ordre croissant:

ordre
1,231   1,23   1,231 223 122   1,231 23

5 Calcule mentalement le résultat.

a) $9,4 \times 6,8 + 6,8 \times 0,6$

b) $\frac{52}{99} \times \frac{14}{17} + \frac{52}{99} \times \frac{3}{17}$

c) $36 \times 0,27 - 36 \times 0,02$

d) $0,07 \times 7,03 + 0,07 \times 2,97$

6 Dans chaque cas, estime le résultat.

a) Sur une population étudiante de 940 élèves, 2 élèves sur 3 prennent l'autobus pour aller à l'école. Parmi ces derniers, 2 élèves sur 5 dînent à l'école. Combien d'élèves prennent l'autobus et dînent à l'école?

b) Lors des sorties, la commission scolaire exige la présence de 12 adultes par centaine d'élèves. Combien faut-il d'adultes pour accompagner 7 classes au spectacle du Cirque du Soleil?

7 Factorise les trinômes suivants.

a) $b^2 + 17b + 72$

b) $36 - 12a + a^2$

c) $m^2 + 3m - 54$

d) $f^2 - 8f - 33$

e) $p^2 + 2pr - 63r^2$

f) $x^2 - 10xy - 39y^2$

g) $c^2d^2 + 9cd + 20$

h) $r^2 - 7r - 30$

8 Décompose en facteurs les trinômes suivants.

a) $3a^2 + 14a + 8$

b) $2b^2 - b - 3$

c) $4x^2 - 25x + 6$

d) $2y^2 + y - 21$

9 Il est possible de factoriser rapidement tous les trinômes suivants en déterminant les deux nombres dont la somme est 19 et le produit 60. Détermine ces nombres, puis factorise les trinômes.

$(15 + 4)$

a) $x^2 + 19x + 60$

b) $2x^2 + 19x + 30$

c) $3x^2 + 19x + 20$

d) $4x^2 + 19x + 15$

e) $5x^2 + 19x + 12$

f) $6x^2 + 19x + 10$

10 Détermine toutes les valeurs de k pour lesquelles les trinômes suivants peuvent être décomposés en un produit de binômes.

a) $c^2 + kc + 8$

b) $m^2 + km - 4$

c) $x^2 + kx + 15$

d) $16 + kb + b^2$

11 Dans chaque cas, indique si le trinôme est un carré parfait ou non.

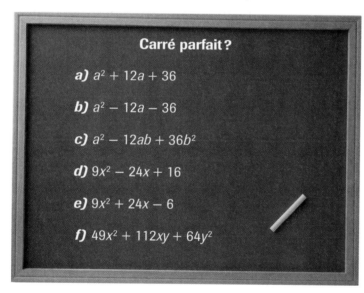

Carré parfait ?

a) $a^2 + 12a + 36$

b) $a^2 - 12a - 36$

c) $a^2 - 12ab + 36b^2$

d) $9x^2 - 24x + 16$

e) $9x^2 + 24x - 6$

f) $49x^2 + 112xy + 64y^2$

12 Pour quelle valeur de c chacun des trinômes suivants est-il un trinôme carré parfait ?

a) $cx^2 + 28x + 49$

b) $81a^2 - 36a + c$

c) $16p^2 + cpr + 25r^2$

13 Factorise ces carrés parfaits.

a) $y^2 - \frac{4}{3}y + \frac{4}{9}$

b) $\frac{4}{9}a^2 + \frac{16}{3}a + 16$

14 Applique la méthode de la complétion de carré pour décomposer en facteurs les polynômes ci-dessous.

a) $y^2 + 6y - 16$

b) $3b^2 - 18b + 24$

c) $x^2 - 8x - 9$

d) $4c^2 + 12c - 27$

15 Lequel des deux polynômes suivants est indécomposable?

$x^2 + x + 1$ ou $2x^2 - 9x + 4$

16 Pour quelles valeurs de x, en degrés, la demi-droite AB est-elle perpendiculaire à la demi-droite BC?

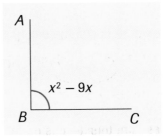

17 Un rectangle a été amputé d'un carré de 3 cm de côté.

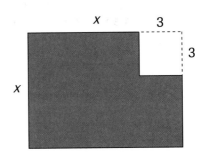

a) Quel trinôme représente l'aire de la région colorée?

b) Quelle est la valeur de la variable x si l'aire du polygone coloré est de 79 cm² ?

18 Quelle expression représente le périmètre du carré dont l'aire est $y^2 + 32y + 256$?

19 Je choisis un nombre. Je le multiplie par 10 et je soustrais 25. J'obtiens comme résultat le carré du nombre choisi au début. Quel est ce nombre?

20 On veut transformer un rectangle en carré. Quelle est l'aire de la partie manquante?

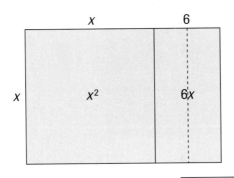

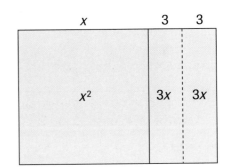

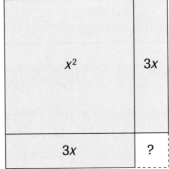

21 Écris chacun des polynômes suivants sous la forme d'un produit d'au moins trois facteurs.

a) $x^4y^2 - x^2y^4$

b) $a^4 - 8a^2 + 16$

c) $y^3 - 4 - 4y + y^2$

d) $10x^2y^2 - 4xy^2 - 14y^2$

e) $5 - 80a^2$

f) $2x^2(x + y) + 5xy(x + y) + 3y^2(x + y)$

22 Les Bourque ont un jardin rectangulaire dont la longueur mesure 3 m de plus que la largeur. Quelles sont les dimensions de ce jardin si l'aire est de 54 m² ?

23 Cet exercice présente tous les cas de factorisation étudiés jusqu'ici. Juge de la qualité de tes apprentissages en factorisant complètement les polynômes ci-dessous.

a) $x^2 - (y^2 - 2y + 1)$

b) $(a - b)^2 - c^2$

c) $3ab^2 - 6a^2x^2 + 9ay^3$

d) $2(m + n) - 3n(m + n)$

e) $81a^2 - 9c^2$

f) $5x - 10 + 4xy - 8y$

g) $(x - 1)^2 - 2(x - 1)$

h) $-3p^2 + 10p - 8$

i) $r^2 - 9r + 8$

j) $3y^3 - 12y + 3y^2 - 12$

k) $cy^2 + 11cy - 12c$

l) $2mn + m^2 - 1 + n^2$

m) $9a^2 - 42ab + 49b^2$

n) $18x^3 - 12x^2 + 6x - 4$

24 Factorise les polynômes suivants en utilisant une table de valeurs obtenue à l'aide d'une calculatrice à affichage graphique.

a) $x^3 + 5x^2 - x - 5$

b) $x^4 - 10x^3 + 35x^2 - 50x + 24$

25 Dans la figure ci-contre, la hauteur du triangle mesure x unités et sa base $(2x - 4)$ unités.

a) Écris l'expression réduite qui correspond à l'aire de ce triangle.

b) Quel est le périmètre de ce triangle si son aire est de 48 unités carrées ?

26 Dans la figure ci-dessous, la mesure du côté de chacun des carrés est donnée par une expression contenant la variable x. Quel est le périmètre de chacun de ces carrés si l'aire de C est égale à la somme des aires de A et B?

x | A $x + 1$ | B $x + 2$ | C

27 Soit le trinôme $3x^2 + bx + 8$. Indique toutes les valeurs de b pour lesquelles ce polynôme est décomposable en un produit de binômes à coefficients entiers.

28 Détermine toutes les valeurs possibles de C, de sorte que $x^2 - 14x + C = (x - A)(x - B)$, où A, B et C sont des entiers positifs.

29 LA PHOTO RÉDUITE

Frédérica possède une photo de 12 cm sur 16 cm. Elle désire en diminuer la longueur et la largeur d'une même quantité. Elle veut aussi que l'aire de la photo ainsi réduite soit la moitié de l'aire de la photo originale. De combien Frédérica doit-elle réduire la longueur et la largeur?

30 LE JARDIN

M. Chang possède un jardin rectangulaire de 8 m sur 12 m. Il veut l'entourer d'un trottoir dont l'aire serait la même que celle du jardin. Quelle doit être la largeur de ce trottoir?

31 LA PIÈCE TROUÉE

Une pièce de plastique est trouée. Le rayon du trou est de 3 cm. Quel est le rayon de la pièce si l'aire de la partie turquoise est de 112π cm²?

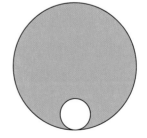

32 LE DRAPEAU

Le Club des Loups s'est confectionné un drapeau distinctif. Il est de forme carrée et porte une croix bleue. Chaque coin comporte un carré blanc. Si le côté du drapeau mesure $(3x + 2)$ dm et que l'aire de la croix est de 85 dm², quelle est l'aire, en décimètres carrés, de l'un des carrés blancs?

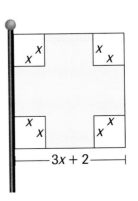

1. Factorise chacun des trinômes ci-dessous.

a) $x^2 - 12x + 35$ **b)** $y^2 + 3y - 40$

c) $2x^2 + x - 3$ **d)** $9b^2 - 24bc + 16c^2$

2. Décompose en facteurs les trinômes suivants. Utilise la technique de la complétion de carré.

a) $x^2 + 12x - 133$ **b)** $2y^2 - 40y + 128$

3. Factorise les trinômes ci-dessous par la méthode de ton choix.

a) $x^2 - 4x - 21$ **b)** $2x^2 + 3xy - 5y^2$

4. LA REMISE DU JARDINIER

Une remise est située dans l'un des coins d'un jardin rectangulaire. La variable x représente la distance, en mètres, entre la remise et la limite du jardin dans un sens comme dans l'autre.

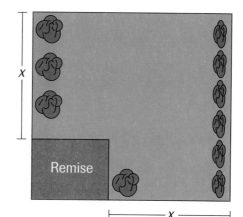

Le polynôme $x^2 + 7x + 12$ représente l'aire totale du jardin, incluant la remise. Ses facteurs représentent les dimensions du terrain.

Quelle est l'aire de la partie du jardin occupée par la remise?

5. LE VOILIER

L'aire d'une voile triangulaire est donnée par l'expression $\dfrac{2x^2 + 11x + 5}{2}$.

Quels binômes du premier degré peuvent représenter la hauteur et la largeur de ce triangle? (Utilise la méthode de complétion de carré.)

QUOTIENT DE POLYNÔMES

Les deux patinoires

Un centre sportif abrite deux patinoires de même largeur. La longueur de l'une des patinoires a 36 m de plus que la largeur. La longueur de l'autre a 30 m de plus que sa largeur. Le gérant de l'édifice veut établir le prix de location de chacune selon l'aire de la surface glacée. On représente par x la largeur des patinoires.

a) Quelle expression algébrique représente le quotient des aires des deux patinoires ?

b) Le numérateur est-il un polynôme ?

c) Le dénominateur est-il un polynôme ?

On appelle **fraction rationnelle** une expression de la forme $\dfrac{P(x)}{Q(x)}$ dans laquelle $P(x)$ et $Q(x)$ sont des polynômes et où $Q(x) \neq 0$.

d) Cette définition des fractions rationnelles inclut-elle les fractions numériques qui correspondent aux nombres rationnels ? Justifie ta réponse.

e) Les expressions suivantes sont-elles des fractions rationnelles ?

1) $\dfrac{3x^2 + 45}{x - 6}$

2) $\dfrac{3x^2 + 4}{5x}$

3) $\dfrac{4}{x}$

4) $\dfrac{3x^2 + 4}{5}$

5) $\dfrac{4}{5}$

6) $\dfrac{3x^2}{y^3 + 7}$

f) La largeur des patinoires est de 24 m. Quel devrait être le prix de location de la grande patinoire si celui de la petite est de 180 $ l'heure ?

g) Dans l'expression algébrique trouvée en *a)*, quelles sont les valeurs que la variable x ne peut pas prendre :

1) si l'on tient compte de la situation ?

2) si l'on ne tient compte que de l'expression elle-même ?

Une fraction rationnelle **n'est pas définie** pour les valeurs des variables qui **annulent son dénominateur.** L'utilisation d'une fraction rationnelle exige que l'on précise ses **restrictions** ou ses **conditions d'existence.**

h) À partir de chacune des expressions suivantes, définis une fonction et analyse la table de valeurs pour découvrir les restrictions de ces expressions.

1) $\dfrac{4}{x-5}$

2) $\dfrac{3x-2}{x^2+3x-4}$

L'utilisation d'une fraction rationnelle exige qu'on exclut toujours les valeurs des variables qui annulent son dénominateur.

SIMPLIFICATION DE FRACTIONS RATIONNELLES

Les tours jumelles

Le coût de chauffage d'un édifice dépend directement du volume d'air à chauffer. Deux tours cylindriques ont la même aire de plancher. L'une est plus élevée que l'autre de 10 m. La variable x représente la hauteur de la plus haute des deux tours et A_b, l'aire de plancher de chacune.

a) Quel est le rapport des volumes de ces deux édifices ?

b) La fraction rationnelle $\dfrac{A_b x}{A_b(x-10)}$ est-elle équivalente à $\dfrac{x}{x-10}$?

c) La fraction rationnelle $\dfrac{x}{x-10}$ est-elle équivalente à $\dfrac{1}{\text{-}10}$? Pourquoi ?

En algèbre, comme en arithmétique, les fractions sont réduites par simplification d'un facteur commun au numérateur et au dénominateur.

$$\begin{aligned}
\frac{15}{35} &= \frac{3 \times 5}{7 \times 5} \\
&= \frac{3}{7} \times \frac{5}{5} \\
&= \frac{3}{7} \times 1 \\
&= \frac{3}{7}
\end{aligned}$$

$$\begin{aligned}
\frac{x^2-3x}{x^2-9} &= \frac{x(x-3)}{(x+3)(x-3)}, \text{ où } x \neq 3 \text{ et } x \neq \text{-}3 \\
&= \frac{x}{(x+3)} \cdot \frac{(x-3)}{(x-3)} \\
&= \frac{x}{(x+3)} \cdot 1 \\
&= \frac{x}{(x+3)}
\end{aligned}$$

Simplifier une fraction rationnelle consiste à éliminer les **facteurs communs** au numérateur et au dénominateur. Cela signifie éventuellement la rendre irréductible. Cette fraction irréductible est dite équivalente à la première bien que certaines restrictions aient été éliminées.

d) Pourquoi peut-on simplifier les facteurs communs au numérateur et au dénominateur sans changer la valeur de la fraction ?

Pour **réduire une fraction rationnelle,** il faut :

DÉMARCHE	EXEMPLE
1° Factoriser le numérateur et le dénominateur, s'il y a lieu.	1° $\dfrac{x+1}{x^2+3x+2} = \dfrac{1(x+1)}{(x+2)(x+1)}$
2° Simplifier les facteurs communs.	2° Si $x \neq \text{-}1$ et $x \neq \text{-}2$: $= \dfrac{1\cancel{(x+1)}}{(x+2)\cancel{(x+1)}}$ $= \dfrac{1}{x+2}$

Investissement 8

1. Détermine si les fractions ci-dessous sont toujours définies quelles que soient les valeurs des variables. S'il y a des restrictions, indique-les.

a) $\dfrac{4}{5}$ **b)** $\dfrac{3}{x}$ **c)** $\dfrac{b}{8}$ **d)** $\dfrac{2a}{a}$

e) $\dfrac{3+y^2}{y^2}$ **f)** $\dfrac{x+2}{x-3}$ **g)** $\dfrac{(x+1)(x+2)}{(x+3)(x+4)}$ **h)** $\dfrac{x+1}{x^2-5x+6}$

i) $\dfrac{4x+9}{4x^2-12x+9}$ **j)** $\dfrac{x+9}{x^2-9}$ **k)** $\dfrac{x+9}{x^2+9}$ **l)** $\dfrac{x+1}{ax+bx+a+b}$

2. Pose les conditions d'existence, s'il y a lieu, et simplifie les fractions suivantes.

a) $\dfrac{12}{18}$ **b)** $\dfrac{21}{35}$ **c)** $\dfrac{39}{65}$ **d)** $\dfrac{64}{144}$

e) $\dfrac{2a}{4ab}$ **f)** $\dfrac{6x^2}{3x}$ **g)** $\dfrac{(x+1)(x-1)}{(x+1)}$ **h)** $\dfrac{(a^2-1)}{(a+1)}$

3. Détermine les restrictions à imposer aux variables et simplifie les fractions rationnelles suivantes :

a) $\dfrac{36}{24}$ **b)** $\dfrac{a}{b}$ **c)** $\dfrac{m^2+6m+9}{m+3}$ **d)** $\dfrac{2x+10}{x^2+7x+10}$

e) $\dfrac{y^2-25}{xy+3y+5x+15}$ **f)** $\dfrac{3a^3+6a^2}{3a^3}$ **g)** $\dfrac{6s+15}{2s^2+11s+15}$ **h)** $\dfrac{x-y}{x^2-y^2}$

4. Peut-on simplifier les *a* dans chaque fraction ? S'il n'est pas possible de le faire, explique pourquoi.

a) $\dfrac{a+1}{a}$ **b)** $\dfrac{a+1}{a-1}$ **c)** $\dfrac{a(x+1)}{a(x-1)}$ **d)** $\dfrac{a^2}{a}$

5. Explique comment la fraction $\dfrac{x - 4}{4 - x}$ peut être équivalente à -1.

6. Dans chaque cas, indique si les deux expressions rationnelles données sont équivalentes, sachant que toutes les restrictions sont respectées.

a) $\dfrac{b^2}{ab}$ et $\dfrac{b}{a}$

b) $\dfrac{3x + 2}{y}$ et $\dfrac{9x^2 - 4}{3xy - 2y}$

c) $\dfrac{25c^2d}{10c^3d}$ et $\dfrac{15cd^3}{6d^3}$

d) $\dfrac{x(x + 1)}{x^2 + 2x + 1}$ et $\dfrac{3x^2}{3x^3 + 3x^2}$

7. Simplifie les fractions suivantes :

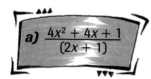

a) $\dfrac{4x^2 + 4x + 1}{(2x + 1)}$

b) $\dfrac{(y + 1)(x + 2)}{xy + 2y + 4x + 8}$

8. Effectuer la division par le dénominateur est une autre façon de simplifier des fractions. Simplifie les fractions suivantes en utilisant cette méthode.

a) $\dfrac{x^2 - 2x + 1}{x - 1}$

b) $\dfrac{2x^2 + 14x - 36}{2x - 4}$

c) $\dfrac{b^3 + 1}{b + 1}$

d) $\dfrac{2x^3 + 5x^2 + x - 2}{2x - 1}$

9. Écris une expression rationnelle équivalente à $\dfrac{a + 2}{4}$, dont :

a) le dénominateur est $12a$;

b) le numérateur est $3a^2 + 6a$;

c) le dénominateur est $-4(a + 2)$.

10. À quelles conditions les réponses données au numéro 9 sont-elles acceptables ?

11. Comment peut-on utiliser une calculatrice à affichage graphique pour déterminer les conditions d'existence d'une fraction rationnelle à une variable ?

12.

À ton avis, les expressions 1 et $\dfrac{a}{a}$ sont-elles des fractions équivalentes ? Justifie ta réponse.

13. Une entreprise fabrique des mouvements basés sur des engrenages formés de roues dont le nombre de dents varie entre 5 et 200. Un client de cette entreprise a commandé des engrenages de deux roues dont le nombre de dents doit satisfaire la relation suivante: si la première compte x dents, la seconde doit avoir $(2x^2 - 4x)$ dents. On sait qu'un tour de la première roue entraîne une rotation de la seconde d'un nombre de tours équivalent au rapport du nombre de dents de la première au nombre de dents de la seconde.

Pour chaque rotation donnée de la première roue, quelle fraction de tour effectue la seconde roue?

a) 1 tour   **b)** 2 tours   **c)** x tours   **d)** $(x - 2)$ tours

14. La charge sécuritaire maximale, en kilogrammes, que peut supporter une pièce de bois appuyée sur ses extrémités peut être calculée à partir de la formule suivante: $C = k\left(\dfrac{ab^2}{c}\right)$, où a et b sont exprimés en centimètres et c en mètres. La constante k dépend de la résistance du bois.

a) Quelle charge sécuritaire maximale une pièce de bois de 5 cm x 10 cm x 6 m peut-elle porter si la constante $k = 0,6$?

b) Quelle expression représente la charge sécuritaire maximale d'une pièce de bois si sa largeur est $(x - 1)$ cm, sa hauteur $(x + 1)$ cm et sa longueur $(x^2 - 1)$m ?

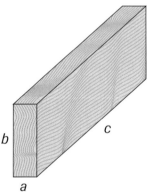

15. À l'aide d'une calculatrice, on a évalué le quotient $\dfrac{(4x^3 + 2x^2)}{(x - 1)(x + 2)}$, pour $x = {}^-1, 0, 1$.

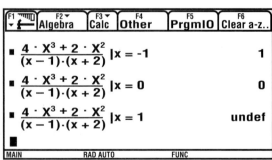

a) Explique pourquoi ce quotient est non défini pour $x = 1$.

b) Quelle est l'autre valeur pour laquelle ce quotient est non défini?

c) Laquelle des expressions évaluées dans cet écran permet de déterminer une valeur qui annule la fraction rationnelle?

d) Détermine une autre valeur de x qui annule cette fraction.

e) Que peut-on conclure au sujet d'une valeur qui annule:

1) le numérateur d'une fraction rationnelle?

2) le dénominateur d'une fraction rationnelle?

16. Écris un court texte expliquant pourquoi on ne peut faire la simplification ci-contre.

Donne au moins deux arguments.

$$\frac{2x + 3}{3x + 3} = \frac{2x}{3x} = \frac{2}{3}$$

17. À l'écran d'édition d'une calculatrice à affichage graphique, entre les deux fonctions définies par les équations suivantes :

$$Y_1 = \frac{x^2 - 2x}{2x - 4} \quad \text{et} \quad Y_2 = \frac{x}{2}$$

a) Les graphiques obtenus sont-ils identiques ?

b) En donnant 0 comme première valeur de x et en augmentant de 1, fais afficher les tables de valeurs de ces deux fonctions. Les deux tables de valeurs sont-elles identiques ?

▶ FORUM

a) Quelqu'un prétend que l'expression $\frac{3x + \pi}{5x^2 + 8}$ ne peut pas être une fraction rationnelle, étant donné que π est un nombre irrationnel. Qu'en pensez-vous ?

b) Cherchez l'erreur dans la démonstration suivante.

Soit deux nombres égaux a et b, tous les deux différents de 0.	
$a = b$	Par hypothèse.
$a^2 = ab$	Multiplication de chaque membre de l'équation par a.
$a^2 - b^2 = ab - b^2$	Soustraction de b^2 des deux membres de l'équation.
$(a + b)(a - b) = b(a - b)$	Décomposition en facteurs.
$(a + b) = b$	Division de chacun des membres par le facteur $(a - b)$.
$a + a = a$	Substitution de b par une valeur a équivalente.
$2a = a$	Addition de termes semblables.
$2 = 1$	Division de chacun des membres par a.

SANS DÉNOMINATEUR COMMUN

Les deux ogres

Deux ogres entrent dans un restaurant. Aussitôt assis, ils s'emparent d'un gâteau laissé sur le comptoir. La propriétaire les surprend à la fin de leur collation. Elle leur demande de payer. Le premier propose de payer les $\frac{3}{5}$ du gâteau et l'autre, les $\frac{4}{7}$. La propriétaire accepte avec empressement.

a) Pourquoi la propriétaire du restaurant accepte-t-elle la proposition avec autant d'empressement ?

b) Quelle fraction du gâteau les ogres ont-ils payée ?

On connaît la technique pour additionner ou soustraire deux fractions,

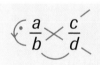

qui se traduit mathématiquement par :

$$\frac{a}{b} + \frac{c}{d} = \frac{ad + bc}{bd}$$

c) Additionne ou soustrais mentalement ces fractions.

1) $\frac{3}{4} + \frac{1}{3}$ 2) $\frac{4}{5} - \frac{2}{3}$ 3) $\frac{7}{9} - \frac{5}{6}$ 4) $\frac{5}{8} + \frac{3}{7}$

d) La technique n'est pas plus compliquée avec les fractions algébriques.
Trouve mentalement la somme ou la différence.

1) $\frac{a}{2} + \frac{a}{3}$ 2) $\frac{1}{a} + \frac{2}{b}$ 3) $\frac{x}{3} - \frac{2x}{7}$ 4) $\frac{2b}{3} - \frac{b}{2}$

5) $\frac{a}{b} - \frac{c}{d}$ 6) $\frac{2a}{b} - \frac{3b}{a}$ 7) $\frac{2m}{n} - \frac{3m}{2}$ 8) $\frac{2a}{x} - \frac{3a}{y}$

e) En effectuant les calculs selon la même technique, détermine la somme ou la différence.

1) $\dfrac{x+1}{3} - \dfrac{x-1}{4}$

2) $\dfrac{2x+1}{4} + \dfrac{3x-2}{5}$

3) $\dfrac{n+1}{3} + \dfrac{3n-5}{2}$

4) $\dfrac{5a}{3} - \dfrac{3a+5}{2}$

f) Détermine la somme ou la différence.

1) $\dfrac{1}{x+1} - \dfrac{2}{x-1}$

2) $\dfrac{1}{2a+1} + \dfrac{3}{a-2}$

3) $\dfrac{4}{2n+5} - \dfrac{6}{3n-2}$

4) $\dfrac{4}{3-x} - \dfrac{6}{x-3}$

g) Additionne ou soustrais les fractions rationnelles suivantes.

1) $\dfrac{a+1}{a-1} - \dfrac{a+2}{a-3}$

2) $\dfrac{2b+1}{3b-1} + \dfrac{a+2}{a-3}$

3) $\dfrac{2x+3}{5x-1} - \dfrac{4x+2}{10x-3}$

De façon générale, pour des dénominateurs différents de 0, on a:

$$\dfrac{a}{b} + \dfrac{c}{d} = \dfrac{ad+bc}{bd} \qquad \text{ou} \qquad \dfrac{P(x)}{Q(x)} + \dfrac{R(x)}{S(x)} = \dfrac{P(x)S(x) + Q(x)R(x)}{Q(x)S(x)}$$

AVEC DÉNOMINATEUR COMMUN

Pourquoi bâille-t-on ?

Autrefois considéré comme un geste maléfique, bâiller est aujourd'hui jugé comme un signe d'impolitesse. Pourtant, le bâillement signifie simplement que l'on a besoin de plus d'oxygène. Généralement, lors d'une inspiration, on emplit les poumons aux $\dfrac{7}{10}$ de leur capacité environ. Lors d'un bâillement, cette fraction monte aux $\dfrac{5}{6}$ de cette capacité.

a) À quelle fraction de la capacité des poumons correspond la différence de ces deux fractions ?

Dans certains cas, les fractions ont la particularité de présenter des facteurs communs aux dénominateurs. Il arrive aussi qu'elles aient le même dénominateur. On a généralement avantage à tenir compte de cette particularité en utilisant la technique du plus petit dénominateur commun. Cette technique consiste à :

1° Factoriser les dénominateurs.	$\dfrac{5}{6} - \dfrac{7}{10}$ $\dfrac{5}{2 \times 3} - \dfrac{7}{2 \times 5}$
2° Former un dénominateur commun en utilisant le moins de facteurs possible.	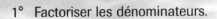
3° Déterminer les fractions équivalentes qui ont ce dénominateur commun.	$\dfrac{5 \times 5 - 7 \times 3}{2 \times 3 \times 5}$
4° Compléter les calculs.	$\dfrac{2}{15}$

b) Calcule la somme ou la différence, selon le cas, en utilisant la technique du plus petit dénominateur commun.

1) $\dfrac{7}{12} + \dfrac{1}{8}$ 2) $\dfrac{4}{9} + \dfrac{5}{12}$ 3) $\dfrac{7}{18} - \dfrac{5}{24}$

4) $\dfrac{11}{15} - \dfrac{9}{25}$ 5) $\dfrac{11}{25} - \dfrac{9}{75}$ 6) $\dfrac{21}{32} + \dfrac{7}{32}$

c) La technique du plus petit dénominateur commun s'applique également à l'addition et à la soustraction de fractions rationnelles. Effectue cette soustraction : $\dfrac{5}{3x} - \dfrac{7}{5x}$.

d) Détermine la somme ou la différence en utilisant la technique du plus petit dénominateur commun.

1) $\dfrac{5a}{12} + \dfrac{7a}{18}$ 2) $\dfrac{7b}{10} - \dfrac{3b}{8}$ 3) $\dfrac{3}{4x} - \dfrac{3}{2x}$ 4) $\dfrac{21}{4ab} + \dfrac{3}{2a}$

5) $\dfrac{x+1}{x} + \dfrac{x-1}{2x}$ 6) $\dfrac{b+1}{2ab} + \dfrac{b-1}{4ab}$ 7) $\dfrac{2a+1}{2a^2} + \dfrac{3a-1}{6a^3}$ 8) $\dfrac{x+3}{2x} - \dfrac{2x-1}{3x}$

e) Effectue les opérations suivantes.

1) $\dfrac{x^2}{x+1} + \dfrac{2x+1}{x+1}$ 2) $\dfrac{x-2}{x^2-1} + \dfrac{2x+1}{x+1}$

3) $\dfrac{a-b}{a^2-1} + \dfrac{b-1}{a-1}$ 4) $\dfrac{x-3}{x^2+3x+2} + \dfrac{x-2}{x^2-1}$

5) $\dfrac{x-2}{x^2-3x+4} - \dfrac{x-3}{x^2+3x+2}$ 6) $\dfrac{x+1}{x^2+2x+1} - \dfrac{x+3}{x^2+4x+3}$

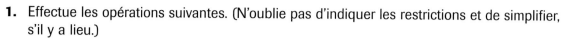

Investissement 9

1. Effectue les opérations suivantes. (N'oublie pas d'indiquer les restrictions et de simplifier, s'il y a lieu.)

a) $\dfrac{3}{14} + \dfrac{4}{14}$

b) $\dfrac{3}{x} - \dfrac{5}{x}$

c) $\dfrac{3 + x}{x - 5} + \dfrac{4x + 1}{x - 5}$

d) $\dfrac{a^2}{a + 4} - \dfrac{16}{a + 4}$

e) $\dfrac{3 + 2x^2}{x^2 + 3} - \dfrac{x^2}{x^2 + 3}$

f) $\dfrac{8 + x}{2x - 3} - \dfrac{x + 1}{2x - 3}$

2. Calcule la somme ou la différence.

a) $\dfrac{3}{5} + \dfrac{5}{4}$

b) $\dfrac{x}{5} - \dfrac{x}{4}$

c) $\dfrac{4}{x} + \dfrac{x}{y}$

d) $\dfrac{x + 2}{x} - \dfrac{x}{x + 1}$

e) $\dfrac{m}{m - n} - \dfrac{5}{m}$

f) $\dfrac{y + 1}{y + 2} - \dfrac{y + 3}{y + 4}$

3. Quelles sont les restrictions à poser avant de faire l'addition suivante ?

$$\dfrac{2}{x^2 - x} + \dfrac{2}{x^2 - 3x + 2}$$

4. Pour effectuer les additions suivantes, cherche d'abord le plus petit dénominateur commun.

a) $\dfrac{5}{26} + \dfrac{4}{39}$

b) $\dfrac{x + 3}{5x^3} + \dfrac{5}{2x^2}$

c) $\dfrac{5}{a^3 - 4a} + \dfrac{7}{a - 2}$

d) $\dfrac{x}{x^2 - 4} + \dfrac{4}{x + 2}$

e) $\dfrac{x}{x^2 + 2x + 1} + \dfrac{1}{x + 1}$

f) $\dfrac{y + 1}{y^2 + 2y} + \dfrac{y + 1}{y^2 + 3y}$

5. Effectue les soustractions ci-dessous.

a) $\dfrac{7}{3a} - \dfrac{3}{6a^2}$

b) $\dfrac{5}{3b - 9} - \dfrac{3}{b - 3}$

c) $\dfrac{s + 4}{s - 4} - \dfrac{2s}{s^2 - 16}$

d) $\dfrac{a + b}{a - b} - \dfrac{a - b}{a + b}$

e) $\dfrac{1}{6x^2 + xy - y^2} - \dfrac{1}{15x^2 + xy - 2y^2}$

6. Marion a procédé comme suit pour effectuer la soustraction $\dfrac{x}{x - 2} - \dfrac{2}{x - 1}$. Quelle erreur a-t-elle commise ?

Si $x \neq 1$ et $x \neq 2$, $\quad \dfrac{x}{x - 2} - \dfrac{2}{x - 1} = \dfrac{x(x - 1) - 2(x - 2)}{(x - 2)(x - 1)}$

$$= \dfrac{x^2 - x - 2x + 2}{(x - 2)(x - 1)} = \dfrac{x^2 - 3x + 2}{(x - 2)(x - 1)} = \dfrac{(x - 2)(x - 1)}{(x - 2)(x - 1)} = 1$$

7. Effectue les opérations indiquées.

a) $\dfrac{a}{2a + b} + \dfrac{a - b}{2a + b} + \dfrac{2b}{2a + b}$

b) $\dfrac{a}{a + b} + \dfrac{b}{a - b} - \dfrac{2ab}{a^2 - b^2}$

8. Quelle expression algébrique doit-on additionner à $\dfrac{5}{7y^2}$ pour obtenir $\dfrac{15 + 8y}{21y^2}$?

9. À l'aide d'une calculatrice à affichage graphique, illustre que $\dfrac{1}{x^2 + 1} + \dfrac{1}{x^2 + 2}$ est équivalent à $\dfrac{2x^2 + 3}{(x^2 + 1)(x^2 + 2)}$ pour toutes les valeurs de x. Mets la première expression en Y_1 et la seconde en Y_2. Compare ensuite les graphiques et les tables de valeurs obtenus.

10. Écris les fractions suivantes sous la forme d'une somme de deux fractions.

a) $\dfrac{2x + 3}{x}$

b) $\dfrac{2a + b}{2ab}$

11. Écris les fractions suivantes sous la forme d'une différence de deux fractions.

a) $\dfrac{a - b}{a}$

b) $\dfrac{3x - 5}{x + 1}$

12. Quelle est la somme de tout nombre x et de son inverse $\dfrac{1}{x}$?

13. Dans chaque cas, transforme l'équation donnée en une équation équivalente dont le premier membre est une fraction rationnelle et le second membre est 0.

a) $\dfrac{2}{x} - 4 = \dfrac{5}{x}$

b) $\dfrac{2}{x + 1} - x = \dfrac{2}{x + 1}$

14.

Si $A = \dfrac{1}{x} + \dfrac{1}{y} + 1$ et $B = \dfrac{x + y}{xy}$, que vaut $A - B$?

15. Utilise le résultat de $\dfrac{1}{a} - \dfrac{1}{2a}$ pour calculer mentalement le résultat des soustractions suivantes.

a) $\dfrac{1}{14} - \dfrac{1}{28}$

b) $\dfrac{1}{24} - \dfrac{1}{48}$

16. Utilise le résultat de $\dfrac{1}{n} + \dfrac{1}{n + 1}$ pour calculer rapidement les sommes suivantes.

a) $\dfrac{1}{2} + \dfrac{1}{3}$

b) $\dfrac{1}{5} + \dfrac{1}{6}$

c) $\dfrac{1}{24} + \dfrac{1}{25}$

d) $\dfrac{1}{99} + \dfrac{1}{100}$

17. Utilise le résultat de $\dfrac{1}{n} - \dfrac{1}{n + 1}$ pour calculer rapidement les différences suivantes.

a) $\dfrac{1}{4} - \dfrac{1}{5}$

b) $\dfrac{1}{19} - \dfrac{1}{20}$

c) $\dfrac{1}{99} - \dfrac{1}{100}$

18. La valeur des appareils électroménagers diminue rapidement. Un marchand d'appareils électroménagers utilise la formule suivante pour calculer la valeur (V), en dollars, de réfrigérateurs usagés:

$$V = v - \frac{vn}{10} - 50,$$ où v représente la valeur à neuf, en dollars, et n le nombre d'années d'utilisation.

a) Après 5 ans d'utilisation, quelle est la valeur d'un réfrigérateur payé 2000 $?

b) Après 5 ans d'utilisation, quelle est la valeur d'un réfrigérateur payé x $?

c) Combien un réfrigérateur, payé 200 $ de plus que celui payé x $, vaut-il de plus après 5 ans?

 ▶ FORUM

a) On recherche deux fractions dont la somme est $\frac{2x + 3}{x^2 + 3x}$. Expliquez deux façons de trouver des fractions convenables.

b) Peut-on trouver des entiers naturels distincts (a, b, c, d, ...) qui vérifient ces équations?

1) $\frac{1}{a} + \frac{1}{b} = 1$ 2) $\frac{1}{a} + \frac{1}{b} + \frac{1}{c} = 1$ 3) $\frac{1}{a} + \frac{1}{b} + \frac{1}{c} + \frac{1}{d} = 1$

 **8** MULTIPLICATION ET DIVISION DE FRACTIONS RATIONNELLES

MULTIPLICATION DE FRACTIONS
DIVISION DE FRACTIONS

MULTIPLICATION DE FRACTIONS RATIONNELLES

La chimiothérapie

A la suite de tests cliniques, des chercheurs et des chercheuses en pharmacologie ont mis au point un médicament aidant à atténuer les effets secondaires causés par la chimiothérapie. Pour que son action soit vraiment efficace, ils et elles suggèrent d'injecter régulièrement une certaine quantité de ce médicament durant toute la durée d'un traitement de chimiothérapie. La dose injectée varie en fonction de l'âge et de la masse. Le tableau ci-dessous montre les doses (D) suggérées pour des personnes d'âge a dont la masse est inférieure à 50 kg.

Dosage du médicament

Catégorie d'âge	Dose (D) (en ml)
Enfants de 6 à 12 ans	$\frac{a - 3}{4}$
Jeunes de 13 à 24 ans	$\frac{a^2 - 3a}{16}$
Adultes de 25 à 52 ans	$\frac{a^2 - 6a + 9}{2a}$

La chimiothérapie est un traitement par des substances chimiques, notamment antibiotiques et anticancéreuses.

a) Quelle dose de médicament doit prendre une personne qui pèse moins de 50 kg si elle est âgée de :

1) 12 ans ?　　　　　2) 15 ans ?　　　　　3) 40 ans ?

Lorsque la masse d'une personne dépasse 50 kg, on doit augmenter la dose injectée dans le but de conserver la même efficacité. Pour ce faire, on doit modifier l'expression de la dose (D) suggérée pour chaque catégorie d'âge en la multipliant par le facteur $F = \dfrac{a}{(a-3)}$.

b) Explique pourquoi l'expression $F = \dfrac{a}{(a-3)}$ a nécessairement pour effet d'augmenter la dose D suggérée.

Jacques suit des traitements de chimiothérapie. Il est âgé de 23 ans et sa masse est de 80 kg. Avant de lui prescrire le médicament, son médecin doit calculer la dose qu'il doit lui injecter en effectuant les calculs suivants :

$$D = \frac{(23)^2 - 3(23)}{16} = \frac{529 - 69}{16} = \frac{460}{16} = \frac{115}{4} \quad \text{et} \quad F = \frac{23}{23-3} = \frac{23}{20}$$

Il obtient le produit DF en multipliant les numérateurs et les dénominateurs ensemble.

$$DF = \frac{115}{4} \times \frac{23}{20} = \frac{115 \times 23}{4 \times 20}$$

Cependant, il simplifie les fractions avant d'effectuer leur produit.

$$DF = \frac{\overset{23}{\cancel{115}}}{4} \times \frac{23}{\underset{4}{\cancel{20}}} = \frac{529}{16}$$

Il peut également calculer l'expression générale permettant de déterminer rapidement la dose à injecter à des personnes de 13 à 24 ans et pesant plus de 50 kg :

$$DF = \frac{a^2 - 3a}{16} \cdot \frac{a}{a-3} = \frac{a\cancel{(a-3)}}{16} \cdot \frac{a}{\cancel{a-3}} = \frac{a^2}{16}$$

c) Détermine la fraction rationnelle qui permet au médecin de calculer la dose à prescrire aux adultes de 25 à 52 ans et pesant plus de 50 kg.

Pour **multiplier** deux fractions rationnelles, on multiplie les **numérateurs** et les **dénominateurs** après avoir simplifié.

Plus formellement,

Si $\dfrac{P(x)}{Q(x)}$ et $\dfrac{R(x)}{S(x)}$ sont des fractions rationnelles, et que $Q(x) \neq 0$ et $S(x) \neq 0$, alors :

$$\frac{P(x)}{Q(x)} \cdot \frac{R(x)}{S(x)} = \frac{P(x) \cdot R(x)}{Q(x) \cdot S(x)}$$

1° On simplifie $\dfrac{P(x) \cdot R(x)}{Q(x) \cdot S(x)}$.

2° On complète les multiplications, si nécessaire.

DIVISION DE FRACTIONS RATIONNELLES

Un diagnostic précoce

Les cancers peuvent être détectés à l'aide d'une prise de sang ou d'une biopsie qui consiste à prélever un fragment de tissu humain.

Lorsque la présence de cellules cancérigènes est décelée rapidement, les chances de guérison d'une personne sont généralement meilleures.

Les mêmes chercheurs et chercheuses considèrent que la dose (D) injectée à des malades dont le cancer est diagnostiqué rapidement peut être réduite. On modifie alors l'expression de la dose (D) suggérée pour chaque catégorie d'âge en la divisant par $\dfrac{2(a-3)}{(a-5)}$.

a) Explique pourquoi la division par $\dfrac{2(a-3)}{(a-5)}$ a pour effet de diminuer la dose.

Chez une femme de 36 ans pesant 45 kg, on a diagnostiqué un début de cancer.

Pour connaître la dose (D) qu'il doit lui injecter, son médecin effectue les calculs suivants :

$$D = \frac{(36)^2 - 6(36) + 9}{2(36)} = \frac{1296 - 216 + 9}{72} = \frac{1089}{72} = \frac{121}{8} \text{ et } R = \frac{2(36-3)}{(36-5)} = \frac{66}{31}$$

On obtient le quotient D/R en multipliant la première fraction par l'inverse de la seconde.

$$\frac{D}{R} = \frac{121}{8} \div \frac{66}{31} = \frac{\overset{11}{\cancel{121}}}{8} \times \frac{31}{\underset{6}{\cancel{66}}} = \frac{341}{48}$$

La dose est d'environ 7,1 ml.

Pour un diagnostic précoce, l'expression générale permettant de déterminer la dose (D) d'un adulte de 25 à 52 ans et pesant moins de 50 kg, s'obtient de la même façon :

$$\frac{D}{R} = \frac{a^2 - 6a + 9}{2a} \div \frac{2(a-3)}{(a-5)} = \frac{(a-3)\cancel{(a-3)}}{2a} \times \frac{(a-5)}{2\cancel{(a-3)}} = \frac{(a-3)(a-5)}{4a}$$

b) Pour des personnes dont la masse est inférieure à 50 kg, détermine la fraction rationnelle qui permet au médecin de calculer la dose à prescrire aux jeunes de 13 à 24 ans si le cancer a été détecté rapidement.

Pour **diviser** deux fractions rationnelles, on **multiplie** la première par l'**inverse de la seconde.**

Plus formellement,

Si $\dfrac{P(x)}{Q(x)}$ et $\dfrac{R(x)}{S(x)}$ sont des fractions rationnelles, et que $Q(x) \neq 0$, $R(x) \neq 0$ et $S(x) \neq 0$, alors :

$$\frac{P(x)}{Q(x)} \div \frac{R(x)}{S(x)} = \frac{P(x)}{Q(x)} \cdot \frac{S(x)}{R(x)} = \frac{P(x) \cdot S(x)}{Q(x) \cdot R(x)}$$

1° On simplifie $\dfrac{P(x) \cdot S(x)}{Q(x) \cdot R(x)}$.

2° On complète les multiplications, si nécessaire.

Si $x \neq 0$, $y \neq 0$ et $y \neq {}^-1$,

$$\frac{2y^2}{y+1} \div \frac{3y}{xy+x} = \frac{2y^2}{y+1} \div \frac{3y}{x(y+1)}$$

$$= \frac{2y^2}{y+1} \cdot \frac{x(y+1)}{3y}$$

$$= \frac{2\overset{y}{y^2} \cdot x(y+1)}{(y+1) \cdot 3x} = \frac{2xy}{3}$$

Investissement 10

1. Effectue les opérations indiquées.

a) $\frac{5}{4} \times \frac{3}{2}$

b) $\frac{48}{55} \times \frac{33}{32}$

c) $\frac{5}{4} \times 3$

d) $\frac{63}{48} \div \frac{56}{32}$

e) $\frac{1}{5} \div 2$

f) $3 \div \frac{1}{2}$

2. Indique les restrictions et multiplie les fractions rationnelles suivantes.

a) $\frac{2x}{y} \cdot \frac{5y}{4}$

b) $\frac{2y}{y+1} \cdot \frac{y+1}{3y}$

c) $\frac{c+d}{5} \cdot \frac{15c}{c-d}$

d) $\frac{3a-3b}{a} \cdot \frac{a^2}{a-b}$

e) $\left(\frac{y^2+y}{y-2}\right)\left(\frac{1}{y+1}\right)$

f) $\left(\frac{x}{x^2+8x+15}\right)\left(\frac{2x+10}{x^2}\right)$

3. Divise les fractions rationnelles suivantes.

a) $\frac{x^2}{y^2} \div \frac{x}{y}$

b) $\frac{5m^6}{8n^4} \div \frac{10m}{12n^5}$

c) $\frac{3a}{a-1} \div \frac{a^2}{a-1}$

d) $\frac{a^2-b^2}{a-b} \div \frac{a+b}{7}$

e) $\frac{2x-4y}{3x+6} \div \frac{20}{5x+10}$

f) $\frac{x^2-y^2}{x-y} \div (2x+2y)$

4. Réponds aux questions suivantes et indique les restrictions quand c'est nécessaire.

a) Par quel nombre entier doit-on multiplier 5 pour obtenir 55?

b) Par quel nombre rationnel doit-on multiplier $\frac{3}{4}$ pour obtenir $\frac{15}{28}$?

c) Par quelle fraction rationnelle doit-on multiplier $\frac{x+5}{3-x}$ pour obtenir $\frac{x^2-25}{9-x^2}$?

d) Par quelle fraction rationnelle doit-on multiplier $\frac{x^2}{2x+1}$ pour obtenir $\frac{{}^-1}{x}$?

e) Par quelle fraction rationnelle doit-on diviser $\frac{x^2}{2x+1}$ pour obtenir $\frac{{}^-1}{x}$?

5. Effectue les opérations ci-dessous.

a) $\dfrac{4a^2 + 4ab + b^2}{2c} \div \dfrac{2a + b}{c}$

b) $\left(\dfrac{y^2 + y}{y - 2}\right)\left(\dfrac{y^2 - 3y + 2}{y^3 - y}\right)$

c) $\dfrac{2m^2 + 7m - 15}{m + 5} \div \dfrac{9m^2 - 4}{3m + 2}$

d) $\left(\dfrac{2x^2 + 7x + 6}{2x^2 + 5x + 3}\right)\left(\dfrac{x^2 + x}{x^2 + x - 2}\right)\left(\dfrac{x - 1}{x}\right)$

e) $\dfrac{1}{9x^2 + 24xy + 16y^2} \div \dfrac{1}{9x^2 - 24xy + 16y^2}$

f) $\dfrac{\dfrac{x}{x - 2}}{\dfrac{x - 1}{x^2 - 4}}$

6. La concentration d'alcool dans le sang (en mg/l) pour une consommation de 100 ml d'une certaine marque de cognac A suit la règle suivante :

$$C = \dfrac{2x}{x^2 + 2x + 1}\text{,}$$ où x représente le nombre d'heures écoulées après la consommation.

Pour une autre marque de cognac B, la concentration d'alcool dans le sang suit cette seconde règle :

$$C = \dfrac{2x}{x^2 + 4x + 3}$$

a) Quel cognac est le plus fort ?

b) Quelle expression algébrique réduite correspond au rapport des concentrations à chaque heure ?

► FORUM

Déterminez si chacune des égalités suivantes est vraie, quelles que soient les valeurs données aux variables. Justifiez votre réponse.

1) $\dfrac{a}{b} \cdot \left(\dfrac{c}{d} \cdot \dfrac{x}{y}\right) = \left(\dfrac{a}{b} \cdot \dfrac{c}{d}\right) \cdot \dfrac{x}{y}$

2) $\dfrac{a}{b} \cdot \left(\dfrac{c}{d} \div \dfrac{x}{y}\right) = \left(\dfrac{a}{b} \cdot \dfrac{c}{d}\right) \div \dfrac{x}{y}$

3) $\dfrac{a}{b} \div \left(\dfrac{c}{d} \div \dfrac{x}{y}\right) = \left(\dfrac{a}{b} \div \dfrac{c}{d}\right) \div \dfrac{x}{y}$

Une **fraction rationnelle** est une expression de la forme $\dfrac{P(x)}{Q(x)}$, où P(x) et Q(x) sont des polynômes et Q(x) ≠ 0.

Une fraction rationnelle **n'est pas définie** pour les valeurs de la variable qui annulent son dénominateur. Il faut toujours spécifier ces restrictions.

Les opérations sur les fractions rationnelles s'effectuent de la même façon que sur les fractions ordinaires.

Les fractions rationnelles qui présentent des facteurs communs au numérateur et au dénominateur **se réduisent par simplification de ces facteurs communs.**

$$\text{Si } x \neq 2 \text{ et } x \neq 1, \text{ alors } \frac{(x+2)(x-2)}{(x-1)(x-2)} = \frac{x+2}{x-1}$$

L'**addition** et la **soustraction** de fractions rationnelles s'effectuent en appliquant l'algorithme suivant :

$$\frac{P(x)}{Q(x)} + \frac{R(x)}{S(x)} = \frac{P(x)\,S(x) + Q(x)\,R(x)}{Q(x)\,S(x)} \quad \text{ou} \quad \frac{P(x)}{Q(x)} - \frac{R(x)}{S(x)} = \frac{P(x)\,S(x) - Q(x)\,R(x)}{Q(x)\,S(x)}$$

On peut aussi utiliser la technique du plus petit dénominateur commun.

La **multiplication** de fractions rationnelles s'effectue en multipliant les numérateurs ensemble et les dénominateurs ensemble. Cependant, on simplifie les facteurs communs avant d'effectuer les multiplications :

$$\frac{P(x)}{Q(x)} \cdot \frac{R(x)}{S(x)} = \frac{P(x) \cdot R(x)}{Q(x) \cdot S(x)}$$

La **division** de fractions rationnelles s'effectue en transformant la division en une multiplication par l'inverse du diviseur.

$$\frac{P(x)}{Q(x)} \div \frac{R(x)}{S(x)} = \frac{P(x)}{Q(x)} \cdot \frac{S(x)}{R(x)}$$

1 Parmi les fractions ci-contre, donne les deux fractions dont la somme est la plus près de $\frac{1}{2}$.

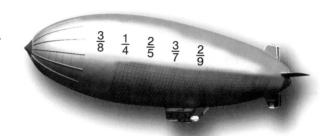

$\frac{3}{8}$ $\frac{1}{4}$ $\frac{2}{5}$ $\frac{3}{7}$ $\frac{2}{9}$

2 Quelle stratégie permet de déterminer facilement la moyenne ou la fraction située au milieu des deux fractions données? Dans chaque cas, trouve mentalement cette fraction.

a) $\frac{7}{15}$ et $\frac{8}{15}$ **b)** $\frac{1}{2}$ et $\frac{3}{4}$ **c)** $\frac{3}{7}$ et $\frac{3}{8}$

3 Indique si le produit des deux fractions données est supérieur à la seconde fraction et justifie ta réponse.

a) $\frac{4}{5} \times \frac{3}{4}$ **b)** $\frac{7}{6} \times \frac{7}{8}$ **c)** $\frac{10}{9} \times \frac{5}{8}$ **d)** $\frac{99}{100} \times \frac{8}{9}$

4 Estime la valeur de chaque fraction par une fraction formée d'un numérateur et d'un dénominateur à un seul chiffre.

a) $\frac{345}{519}$ **b)** $\frac{6751}{4567}$ **c)** $\frac{56\,197}{94\,567}$ **d)** $\frac{3197}{4567}$

5 Estime le quotient dans chaque cas.

a) $3 \div 0{,}24$ **b)** $20 \div 0{,}48$ **c)** $24 \div 0{,}72$ **d)** $40 \div 0{,}95$

e) $4{,}05 \div 8{,}12$ **f)** $1{,}95 \div 5{,}23$ **g)** $24{,}5 \div 18{,}5$ **h)** $125 \div 189$

6 En utilisant les chiffres 2, 3, 4, 8 et 9 une et une seule fois, écris une division dont le résultat est:

a) le plus petit possible;   **b)** le plus grand possible.

7 Décompose chaque dividende et effectue mentalement la division.

> Ex.: $344 \div 8 = (320 + 24) \div 8 = 40 + 3 = 43$

a) $747 \div 9$ **b)** $488 \div 8$ **c)** $1269 \div 9$ **d)** $1566 \div 6$

8 Détermine le quotient en réduisant les termes de la division.

a) $420 \div 18 = 210 \div 9 = 70 \div 3 = \blacksquare$ **b)** $1860 \div 48 = \blacksquare$

9 Pour quelles valeurs des variables les fractions rationnelles suivantes sont-elles non définies?

a) $\frac{3b - 3}{b - 1}$ **b)** $\frac{mn - m^2}{m(n - 2)}$ **c)** $\frac{10x^2 + 5x}{5x}$

d) $\frac{d + 7}{d^2 - d - 56}$ **e)** $\frac{a^2 + 10a + 25}{2a^2 + 15a + 25}$ **f)** $\frac{y}{y^3 - y}$

10 On peut multiplier le numérateur et le dénominateur d'une fraction par une même quantité différente de 0.

a) Qu'obtient-on si l'on multiplie par $\frac{1}{2}$ le numérateur et le dénominateur de la fraction $\frac{14}{6}$?

b) Qu'obtient-on si l'on multiplie par $\frac{2}{3}$ le numérateur et le dénominateur de la fraction $\frac{\frac{2}{13}}{\frac{3}{2}}$?

c) La division $\frac{P(x)}{Q(x)} \div \frac{R(x)}{S(x)}$ peut s'écrire $\dfrac{\frac{P(x)}{Q(x)}}{\frac{R(x)}{S(x)}}$. Qu'obtient-on en multipliant le numérateur et le dénominateur de cette fraction rationnelle par $\frac{S(x)}{R(x)}$?

11 Christian prend n jours pour se rendre en motocyclette chez sa grand-mère dont la résidence est située à 1200 km de chez lui.

a) Quelle expression algébrique représente le nombre de kilomètres qu'il parcourt en moyenne dans une journée ?

b) Quelle expression algébrique représente le nombre de kilomètres qu'il parcourt en 2 jours ?

c) Quelle expression algébrique représente le nombre de kilomètres qu'il parcourt en x jours ?

d) Quelle expression algébrique représente sa vitesse moyenne, en kilomètres par heure, s'il roule 8 h par jour ?

12 Simplifie, s'il y a lieu, les fractions rationnelles de la question 9.

13 Factorise les polynômes et indique quel facteur est commun au numérateur et au dénominateur des expressions rationnelles suivantes.

a) $\dfrac{6a^3 + 9a^2b}{4ab^2 + 6b^3}$

b) $\dfrac{m^2 - 13m + 42}{m^2 + 2m - 63}$

c) $\dfrac{25x^2 - 4y^2}{5x^2 + 2xy + 15x + 6y}$

d) $\dfrac{4x^2 + 12xy + 9y^2}{4x^2 + 8xy + 3y^2}$

e) $\dfrac{3a^2 + 10a + 8}{6a^2 + 11a + 4}$

f) $\dfrac{6a^2 + 15a + 9}{2a^2 + 5a + 3}$

14 Simplifie, s'il y a lieu, les fractions rationnelles suivantes après avoir indiqué les restrictions.

a) $\dfrac{18m^3n^3}{12mn^3}$

b) $\dfrac{3y}{3y - 6}$

d) $\dfrac{b - 3}{9 - b^2}$

c) $\dfrac{c^2 - c}{c - 1}$

e) $\dfrac{6d^2 - 6}{4d + 4}$

f) $\dfrac{-4m^2}{2m^2 - 4m^3}$

15 Chacun des membres de l'équation $\dfrac{x^3 - 4x^2}{x} = \dfrac{5x - 10}{x - 2}$ est une fraction rationnelle.

a) Simplifie chacune de ces fractions rationnelles.

b) Résous cette équation par factorisation.

16 Deux rectangles ont les dimensions indiquées ci-contre.

a) Quelle fraction rationnelle représente le rapport de leurs périmètres?

b) Quelle fraction rationnelle représente le rapport de leurs aires?

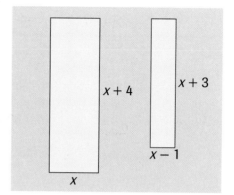

17 On considère que les variables dans les expressions suivantes ne prennent pas les valeurs qui annulent les dénominateurs. Effectue la multiplication de ces fractions rationnelles.

a) $\dfrac{6a^2b}{9b^2} \cdot \dfrac{12b}{9a}$

b) $\dfrac{4}{y^2}\left(\dfrac{y^2}{2x}\right)^2$

c) $(x + 4)\left(\dfrac{x + 3}{x^2 + 7x + 12}\right)$

d) $\dfrac{x^2 - 1}{5x} \cdot \dfrac{5}{x - 1} \cdot \dfrac{3}{3x - 3}$

e) $\dfrac{4 - b^2}{b - 2} \cdot \dfrac{-1}{2b + 4}$

f) $\dfrac{a^2 + 3a + 2}{2a^2 + 13a + 20} \cdot \dfrac{a^2 + 7a + 12}{2a^2 + 7a + 6}$

18 Détermine le quotient de chacune des divisions suivantes.

a) $\dfrac{2b}{4 - 2b} \div \dfrac{b^2}{b - 2}$

b) $\dfrac{c^3 - cd^2}{c^3} \div \dfrac{c + d}{c}$

c) $\dfrac{c^2 + 8c + 16}{c + 4} \div \dfrac{c + 4}{2}$

d) $\dfrac{ab + ac - bx - cx}{5b^2 - 5c^2} \div \dfrac{a^2 - x^2}{ab + bx - ac - cx}$

e) $\dfrac{2b^2 + 7b - 15}{b + 5} \div \dfrac{9b^2 - 4}{3b + 2}$

19 Une automobile parcourt x kilomètres en n heures. Quelle fraction rationnelle représente sa vitesse moyenne en mètres par seconde?

20 L'aire d'un parallélogramme est représentée par l'expression rationnelle $\dfrac{3n^2}{4n + 12}$. La mesure de la base peut s'exprimer par $\dfrac{n}{8}$. Quelle expression représente la hauteur de ce polygone?

21 Quels polynômes de plus bas degré peuvent remplacer A et B dans les égalités suivantes pour qu'elles soient vraies?

a) $\left(\dfrac{x - 4}{3x}\right)\left(\dfrac{A}{B}\right) = \dfrac{5}{3x + 12}$

b) $\dfrac{6x^2 + 7x + 2}{6x^2 + 13x + 2} \div \dfrac{A}{B} = \dfrac{3x + 2}{x + 2}$

c) $\dfrac{c^2 + c}{c + 2} \div \dfrac{A}{c^2 + 3c + 2} = \dfrac{B}{c + 2}$

d) $\left(\dfrac{y^2 - 2y - 24}{y + 3}\right)\left(\dfrac{y^2 - 4y - 21}{y + 4}\right) = AB$

22 Effectue l'addition ou la soustraction, selon le cas.

a) $\dfrac{3a}{b} + \dfrac{2a}{b}$

b) $\dfrac{m}{3m - 3n} - \dfrac{n}{3m - 3n}$

c) $\dfrac{a - 1}{(a + 1)^2} - \dfrac{a - 1}{(a + 1)^2}$

d) $\dfrac{x + y}{x} + \dfrac{x + y}{y}$

e) $\dfrac{1}{a + b} - \dfrac{1}{a - b}$

f) $\dfrac{y + 3}{y + 4} + \dfrac{y + 1}{y + 2}$

23 Trouve le plus petit dénominateur commun et additionne ou soustrais, selon le cas. On suppose que les dénominateurs sont différents de 0.

a) $\dfrac{x}{2y} - \dfrac{1}{y}$

b) $\dfrac{a - 1}{4ab} + \dfrac{a^2 - a}{16b^2}$

c) $\dfrac{3}{m^2 - 1} - \dfrac{1}{m + 1}$

d) $\dfrac{4x + 8}{x^2 - 5x + 6} - \dfrac{6}{x - 3}$

e) $\dfrac{b}{b^2 + 2b + 1} + \dfrac{1}{b + 1}$

f) $\dfrac{2x}{x^2 - 8x + 16} - \dfrac{x + 3}{3x^2 - 10x - 8}$

24 Si $A = \dfrac{1}{x^2 - 1}$, $B = \dfrac{1}{x^2 - x}$ et $C = \dfrac{1}{x^2 + x}$, calcule :

a) $A + B + C$

b) $A + B - C$

c) $A - B + C$

d) $A - B - C$

25 Trouve deux fractions rationnelles dont la somme est $\dfrac{2a + 5}{10a}$.

26 Deux fonctions sont définies par les règles ci-contre.

a) Donne une expression rationnelle équivalente à $f(x) + g(x)$.

$$f(x) = \dfrac{3}{x} \quad \text{et} \quad g(x) = \dfrac{x + 1}{x + 2}$$

b) Calcule $f(x + 3) - f(x - 3)$.

27 Marianne parcourt 8 km en marchant et fait le trajet inverse en courant. Elle court deux fois plus vite qu'elle marche. La variable v représente sa vitesse.

a) Quelle expression représente le temps qu'elle a mis à l'aller ?

b) Quelle expression algébrique représente sa vitesse de course ?

c) Quelle expression rationnelle représente le temps nécessaire pour le retour ?

d) Si cette randonnée lui prend 3 h, quelle est sa vitesse de marche ?

28 Effectue les opérations suivantes en respectant la priorité des opérations.

a) $\dfrac{y^2}{x} - \left(\dfrac{2xy}{3}\right)\left(\dfrac{3}{4y}\right)$

b) $\dfrac{a + 1}{a} + \dfrac{a - 1}{a} \cdot \dfrac{3a}{a^2 - 2a + 1}$

c) $\dfrac{x^2 + 21x + 90}{x^2 + 17x + 66} + \dfrac{2x^2 + 17x + 21}{2x^2 + 25x + 33}$

d) $\dfrac{\dfrac{1}{x} + \dfrac{1}{x^2}}{\dfrac{1}{x^3} + \dfrac{1}{x^4}}$

29 Calcule la différence entre les deux expressions rationnelles suivantes.

$$\dfrac{x + 1}{(x - 2)x - 3} \quad \text{et} \quad \dfrac{x + 1}{(x - 2)(x - 3)}$$

30 À l'aide de la calculatrice à affichage graphique, simplifie l'expression suivante : $\dfrac{x^3 - 7x + 6}{x^3 + x^2 - 10x + 8}$

31 Dans la résolution d'une équation, peut-on faire ce qui suit ? Justifie ta réponse.

$$(x + 5)(2x - 1) = (x + 5)(x + 2)$$
$$2x - 1 = x + 2$$

32 L'aire d'un trapèze est $2x^2 - 18$. Les longueurs des deux bases sont $x^2 - 2x$ et $x^2 - 12$ respectivement. Quelle expression représente la hauteur de ce trapèze ?

33 **LA FRACTION AUGMENTÉE**

Le dénominateur d'une fraction surpasse son numérateur de 5. On augmente le numérateur et le dénominateur de 5 et on multiplie cette nouvelle fraction par la première. Le produit est $\frac{1}{6}$. Quelle était la fraction initiale ?

34 **LA CAPSULEUSE**

Une machine peut capsuler 1000 bouteilles en 10 min. Une seconde machine en pose 1000 en 8 min.

a) Combien de temps ces deux machines prendront-elles pour poser 1000 capsules si on les fait fonctionner ensemble ?

b) Si t_1 correspond au temps pris par la première machine pour capsuler 1000 bouteilles et t_2 au temps pris par la seconde pour faire cette tâche, vérifie que le temps pris par les deux machines, si elles travaillent ensemble, correspond à l'expression $\dfrac{t_1 \cdot t_2}{t_1 + t_2}$.

c) Quelle expression correspond au temps que prendront deux machines à faire une tâche si la première le fait en $(a - 2)$ min et l'autre, plus perfectionnée, en $(a^2 - 2a)$ min ?

35 **LE TRIATHLON**

Lors d'un triathlon, Renaud a nagé pendant 30 min, puis a parcouru 45 km en bicyclette, et enfin 9 km en course à pied. Sa vitesse en bicyclette est le triple de sa vitesse en course à pied.

a) On nomme v sa vitesse en course à pied. Quelle expression représente le temps total de sa course en bicyclette et à pied ?

b) Si le temps total pris par Renaud pour les trois épreuves a été de 2 h 30 min, quelle a été sa vitesse en bicyclette ?

36 **LA MOYENNE DES EXPOS**

À un certain moment au cours d'une saison, les Expos ont accumulé 40 victoires et 30 défaites. À partir de ce moment, combien de matchs consécutifs doivent-ils gagner pour que le rapport entre le nombre de matchs gagnés et le nombre de matchs disputés soit de 0,600 ?

Le stade olympique de Montréal a été inauguré en 1976 lors des Jeux olympiques d'été.

1. Simplifie les fractions rationnelles suivantes.

a) $\dfrac{20x^2y^3}{25x^3yz}$

b) $\dfrac{y^2 - 9}{2y^2 - 6y}$

c) $\dfrac{x^2 - 5x + 6}{2x^2 - 7x + 3}$

2. Effectue les opérations données.

a) $\left(\dfrac{6a^2c}{7b^3}\right)\left(\dfrac{7b}{3a}\right)^2$

b) $\left(\dfrac{a^2 - 4a + 4}{12a^2}\right)\left(\dfrac{6a^4}{a^2 - 2a}\right)$

c) $\dfrac{x^2 + 2x + 2xy + 4y}{x^2y^3} \div \dfrac{3x + 6y}{x^3y^2}$

3. Effectue l'addition ou la soustraction, selon le cas.

a) $\dfrac{2}{x} + \dfrac{x}{x - 1}$

b) $\dfrac{5x}{3x + 3} + \dfrac{5}{3x + 3}$

c) $\dfrac{1}{2a - 2b} - \dfrac{b}{a^2 - b^2}$

4. PATINAGE ARTISTIQUE

Mélissa doit débourser $(15m + 135)$ \$ pour des cours d'été en patinage artistique. Durant l'hiver, les cours coûtent $(30n + 225)$ \$. Les variables m et n représentent le nombre d'heures de cours suivis. Quelle fraction rationnelle représente le rapport entre le coût d'une session d'été et celui d'une session d'hiver?

5. DES NOEUDS

Un bateau de plaisance parcourt $(2x + 4)$ m en $(x - 4)$ s. Quelle fraction rationnelle représente la distance qu'il parcourt en $\left(\dfrac{x^2 - 4x}{12x^2}\right)$ s?

6. UNE RANDONNÉE EN VÉLO

Un cycliste parcourt 30 km à une vitesse constante v. Il parcourt ensuite 20 km additionnels à une vitesse de 10 km/h inférieure à la précédente. Quelle expression rationnelle représente le temps total qu'il a pris pour cette randonnée?

M. Galois, votre carrière mathématique a été des plus brillantes bien qu'elle ait été très brève! Dites-nous comment elle a débuté.

À l'âge de 15 ans, je trouvais peu intéressantes et trop faciles les mathématiques qu'on m'enseignait: il s'agissait de résumés d'oeuvres des maîtres et non des oeuvres elles-mêmes. L'un de mes professeurs reconnut en moi un génie et me procura les oeuvres de Legendre, Lagrange, Gauss et Gauchy que je dévorai comme des romans. C'est là que naquit mon enthousiasme pour les mathématiques.

Pour quelles raisons vous a-t-on refusé deux fois l'admission à l'école polytechnique?

La première fois, on m'a reproché d'avoir écrit seulement les réponses à certaines questions, sans donner les calculs détaillés. La seconde fois, j'ai pris soin d'écrire de longues démarches, mais c'est à l'examen oral que j'ai échoué.

Comment cela a-t-il été possible?

Les examinateurs étaient impressionnés par mes travaux et me craignaient. Ils étaient même jaloux. Au cours de l'examen, ils ont ri de mes travaux, ce qui me mit dans une grande colère. J'ai alors saisi une brosse à tableaux et je l'ai lancée dans leur direction. Malheureusement, j'ai atteint l'un d'eux à la tête, ce qui mit fin à mes espoirs de réussir.

Vous aviez vraiment un tempérament passionné, M. Galois. Est-ce vrai que vous avez été emprisonné à deux reprises?

Tout à fait, mais je ne le méritais pas! La première fois, pendant un dîner, j'ai porté un toast au roi, alors que je tenais mon couteau à découper la viande dans ma main. On m'a accusé d'avoir incité les gens à tuer le roi. J'ai, cependant, été acquitté.

La seconde fois, j'ai été emprisonné pendant six mois pour avoir porté mon uniforme de la Garde nationale alors que j'étais démobilisé. C'est durant cette période que je fis mes premières découvertes mathématiques.

Vous avez eu beaucoup de mal à faire connaître vos travaux. Racontez-nous pourquoi.

D'abord, j'ai envoyé un premier travail à Gauchy. Ce dernier prétendit l'avoir égaré avant de le lire. Je décidai plus tard de présenter mes découvertes en algèbre lors du Grand prix de l'Académie des Sciences. Le secrétaire qui avait mes travaux mourut la veille de leur remise à l'Académie. Lorsqu'on fouilla son bureau, tous mes papiers avaient disparu ! J'ai essayé également d'intéresser des mathématiciens connus à mes recherches, mais ils me trouvaient trop jeune pour me prendre au sérieux !

On m'a provoqué en duel, et je n'étais pas doué pour ce genre de chose. J'ai tout de suite compris que j'allais mourir et je profitai de ma dernière nuit pour mettre de l'ordre dans mes papiers. J'ai écrit une lettre à un ami en lui demandant de les faire publier pour moi, ce qu'il réussit à faire 14 ans plus tard.

Hélas ! Votre vie s'est éteinte à 20 ans. Pourquoi si jeune ?

Évariste Galois est reconnu comme le mathématicien le plus attachant et le plus singulier de toute l'histoire des mathématiques. Il est célèbre pour ses travaux et ses idées, qui montrent une grande profondeur et qui sont à la base de l'algèbre moderne. Que serait la mathématique aujourd'hui si le destin lui avait réservé un meilleur sort ? Mathématiciens et mathématiciennes le regrettent tous et toutes.

Galois a posé notamment les fondements de la théorie des groupes. Voici un groupe de quatre permutations que l'on peut faire en pensant à quatre passagers placés de la façon suivante dans une voiture.

Permutation 0		Permutation 1		Permutation 2		Permutation 3	
Avant gauche	Avant droit	Avant gauche ← Avant droit		Avant gauche	Avant droit	Avant gauche	Avant droit
Arrière gauche	Arrière droit	Arrière gauche → Arrière droit		Arrière gauche	Arrière droit	Arrière gauche	Arrière droit

Si l'on fait la permutation 1 suivie de la permutation 3, on obtient les mêmes positions pour les passagers que si l'on avait fait seulement la permutation 2. Pour t'aider à visualiser ce résultat, prends quatre jetons de couleurs différentes et effectue les permutations indiquées. Puis, à l'aide des jetons, complète la table ci-contre donnant les résultats obtenus en combinant les diverses permutations.

		Permutation			
	suivie de	0	1	2	3
Permutation	0				
	1				2
	2				
	3				

Projet 1 Les courbes bizarres

Une fonction exprimée sous la forme d'une fraction rationnelle est souvent représentée par une courbe bizarre. En voici quelques exemples :

$$f(x) = \frac{64}{x^2 + 16}$$

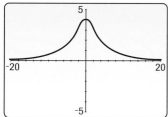

$$g(x) = \frac{x}{x^2 - 1}$$

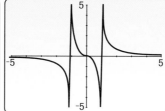

$$h(x) = \frac{x^2}{x^2 + 4}$$

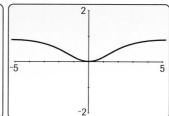

a) À partir de leur graphique, fais une étude des diverses propriétés de chacune des fonctions. Recherche, dans un dictionnaire mathématique, la signification des termes «asymptote» et «discontinuité». Cette étude doit également être faite à partir de tables de valeurs et de calculs algébriques.

b) À l'aide d'une calculatrice à affichage graphique, invente cinq fonctions définies par des fractions rationnelles représentées par des courbes bizarres.

Projet 2 Les groupes

Évariste Galois a travaillé sur la notion de groupe.

a) Fais une recherche sur la notion de groupe en mathématique. Donne les définitions et les propriétés qui caractérisent un groupe et illustre-les par quelques exemples.

b) Complète la table des compositions des rotations du cube autour d'un axe de rotation dans l'espace (en terme de fractions de tour).

c) Montre que cette table définit un groupe.

0	R_0	$R_{1/4}$	$R_{1/2}$	$R_{3/4}$
R_0				
$R_{1/4}$				
$R_{1/2}$				
$R_{3/4}$				

JE CONNAIS LA SIGNIFICATION DES EXPRESSIONS SUIVANTES :

Facteurs :

a est un facteur de *n* s'il existe un *b* tel que $a \cdot b = n$.

Factoriser un polynôme :

transformer un polynôme en une expression équivalente qui a la forme d'un produit d'expressions que l'on appelle **facteurs.**

Mise en évidence :

application de la propriété de distributivité dans le but d'obtenir des facteurs.

Différence de carrés :

expression algébrique formée de la différence des carrés de deux termes.

Trinôme carré parfait :

trinôme qui est le carré d'un binôme.
Il est de la forme $ax^2 + bx + c$, où a et c sont des carrés et b provient du double produit des bases de ces carrés.

Complétion de carré :

technique de factorisation des trinômes dont le but est de transformer le trinôme en une différence de carrés.

Fraction rationnelle :

une expression de la forme $\dfrac{P(x)}{Q(x)}$ dans laquelle P(*x*) et Q(*x*) sont des polynômes et Q(*x*) ≠ 0.

Restriction :

condition d'existence d'une fraction rationnelle qui se traduit le plus souvent par le rejet de valeurs qui annulent le dénominateur de la fraction.

Simplification d'une fraction rationnelle :

simplification des facteurs communs au numérateur et au dénominateur.

Réflexion 4

LES FONCTIONS POLYNOMIALES

Les grandes idées

▶ Fonctions polynomiales.

▶ Fonctions polynomiales de base.

▶ Fonctions polynomiales transformées.

▶ Fonctions constantes.

▶ Fonctions linéaires.

▶ Fonctions quadratiques.

▶ Résolution des équations du premier et du second degré.

▶ Opérations sur les fonctions.

Objectif terminal

▶ Analyser les fonctions polynomiales de degré inférieur à 3.

Objectifs intermédiaires

▶ Construire les graphiques et donner les propriétés des fonctions de degré 0, 1 et 2.

▶ Établir les liens existant entre la variation des paramètres de la règle d'une fonction et les transformations du graphique correspondant.

▶ Transformer algébriquement la règle d'une fonction quadratique de la forme générale à la forme canonique, et vice versa.

▶ Déterminer la règle d'une fonction de degré 0, 1 ou 2 à partir de la valeur de certains paramètres, des coordonnées de certains points, d'une table de valeurs ou d'un graphique.

▶ Représenter graphiquement la somme, la différence et le produit de deux fonctions polynomiales.

DIVERSES FONCTIONS POLYNOMIALES

Une question de degré !

Voici un polynôme en x :

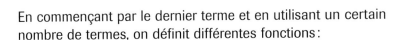

$$P(x) = a_n x^n + a_{n-1} x^{n-1} + a_{n-2} x^{n-2} + ... + a_1 x^1 + a_0$$

En commençant par le dernier terme et en utilisant un certain nombre de termes, on définit différentes fonctions :

$f_1(x) = a_0$	(polynôme de degré 0)
$f_2(x) = a_1 x^1 + a_0$	(polynôme de degré 1)
$f_3(x) = a_2 x^2 + a_1 x^1 + a_0$	(polynôme de degré 2)
$f_4(x) = a_3 x^3 + a_2 x^2 + a_1 x^1 + a_0$	(polynôme de degré 3)

On peut poursuivre le processus autant que l'on veut pour définir chaque fois un nouveau type de fonction polynomiale.

a) Qu'arrive-t-il si certains coefficients du polynôme valent 0 ?

b) Qu'arrive-t-il à la fonction si le coefficient du terme de plus haut degré est 0 ?

c) De quel degré est la fonction donnée ?

    1) $f_1(x) = 2x^2 + 3$ 2) $f_2(x) = 2x^4 + 4x$ 3) $f_3(x) = {}^-2x^3 + 3x^2 - 1$

d) Comment peut-on expliquer l'absence de termes dans certaines fonctions polynomiales ?

Dans la définition d'une fonction polynomiale de degré **n**, il faut toujours spécifier que le coefficient du terme de degré **n,** est différent de 0.

TYPES DE GRAPHIQUES

Allure des courbes

Voici quatre situations courantes modélisées par des fonctions polynomiales.

Situation 1
Prix d'un timbre

$f_1(x) = 0,54$

Prix d'un timbre (en $)

Quantité achetée

Situation 2
Coût de location d'un véhicule

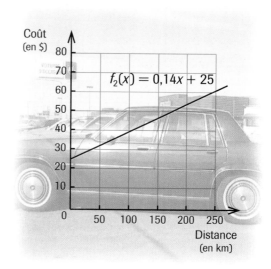

$f_2(x) = 0,14x + 25$

Coût (en $)

Distance (en km)

Situation 3
Récolte de blé

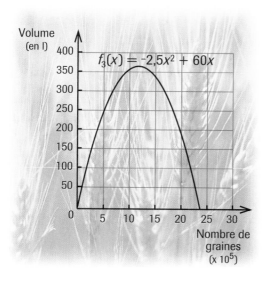

$f_3(x) = -2,5x^2 + 60x$

Volume (en l)

Nombre de graines (x 10^5)

Situation 4
Population d'une ville

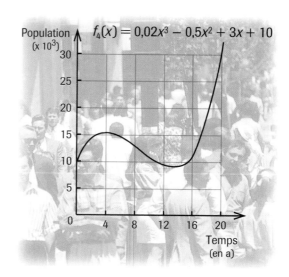

$f_4(x) = 0,02x^3 - 0,5x^2 + 3x + 10$

Population (x 10^3)

Temps (en a)

a) Pour chaque graphique, donne les principales caractéristiques de la courbe correspondant à la fonction.

b) On a défini des fonctions polynomiales d'un même type sur un écran d'édition et on a fait afficher les graphiques. Donne les caractéristiques des courbes obtenues pour chaque type de fonction.

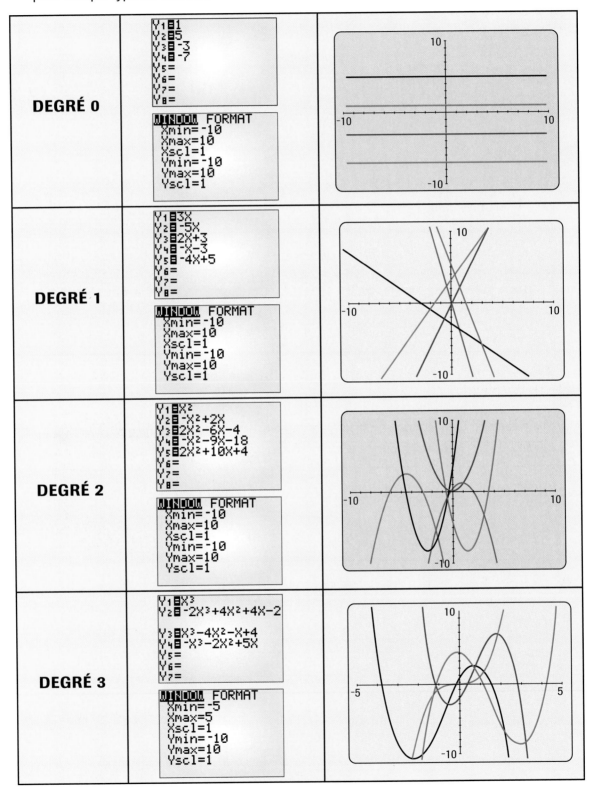

On observe que toutes les fonctions d'un même type ont le même genre de courbes.

FONCTIONS POLYNOMIALES DE BASE ET TRANSFORMÉES

Une fonction de base transformée

On entend par fonction polynomiale de base, la fonction la plus simple de sa catégorie. Pour chaque type de fonction polynomiale, on a :

Fonction de base
de degré 0

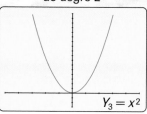

$Y_1 = 1$

Fonction de base
de degré 1

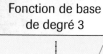
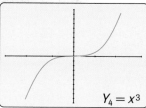

$Y_2 = x$

Fonction de base
de degré 2

$Y_3 = x^2$

Fonction de base
de degré 3

$Y_4 = x^3$

En faisant intervenir des paramètres, on transforme les règles des fonctions de base en des **règles de fonctions transformées.**

a) Voici les règles de quatre fonctions polynomiales transformées. Indique comment chacune a été construite à partir de la règle de la fonction de base.

$Y_1 = X^3 - 4X^2 + X + 5$
$Y_2 = 2X + 5$
$Y_3 = -6$
$Y_4 = 0.5X^2 - X - 8$
$Y_5 =$
$Y_6 =$
$Y_7 =$
$Y_8 =$

b) Associe les règles précédentes aux graphiques ci-contre et décris les changements que l'on peut observer par rapport au graphique de la fonction de base de même degré.

1)
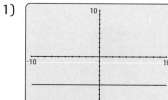

2)
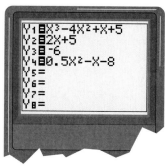

3)
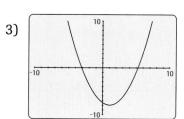

4)
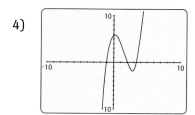

Les règles des fonctions polynomiales transformées sont obtenues en ajoutant, dans la règle d'une fonction de base, des termes de degré inférieur à celui de la fonction ou en en modifiant les paramètres. On adopte une notation spéciale pour chacune des fonctions de base et des fonctions transformées.

Fonctions polynomiales de base	Fonctions polynomiales transformées	Appellation
Fonction de degré 0 : $f(x) = 1$	$f(x) = a \cdot 1$ ou $f(x) = a$, où $a \in \mathbb{R}$	Fonctions **constantes**
Fonction de degré 1 : $f(x) = x$	$\left.\begin{array}{l} f(x) = ax \\ f(x) = ax + b \end{array}\right\}$ où a, b $\in \mathbb{R}^*$	Fonctions **linéaires** de **variation directe** ou de **variation partielle**
Fonction de degré 2 : $f(x) = x^2$	$\left.\begin{array}{l} f(x) = ax^2 \\ f(x) = ax^2 + bx \\ f(x) = ax^2 + c \\ \cancel{\;}f(x) = ax^2 + bx + c \end{array}\right\}$ où a, b, c $\in \mathbb{R}^*$	Fonctions **quadratiques**

Les fonctions polynomiales du troisième degré sont appelées les fonctions cubiques et celles du quatrième degré, les fonctions quartiques.

c) Donne les règles des fonctions cubiques transformées en utilisant les paramètres a, b, c, d.

Investissement 1

1. Détermine le degré et le nom de chacune des fonctions polynomiales suivantes.

   a) $f(x) = 4x^2 + 3x - 3$

   b) $f(x) = x + 8$

   c) $f(x) = x^3 - 2x^2 + x - 6$

   d) $f(x) = 5$

2. Dans chaque cas, précise si la fonction polynomiale est constante, linéaire, quadratique ou cubique.

   a) $f(x) = x^2 - 1$

   b) $f(x) = {}^-0{,}5x + 10$

   c) $f(x) = x + x^3 - x^2 + 3$

   d) $f(x) = {}^-18$

   e) $f(x) = {}^-2x^3 - x$

   f) $f(x) = 4^2$

3. Donne le type de chacune des fonctions polynomiales ci-dessous.

    a) $A = 4\pi r^2$, où A est l'aire d'une sphère.

    b) $C = 2\pi r$, où C est la circonférence d'un cercle.

    c) $V = \left(\dfrac{4\pi r^3}{3}\right)$, où V est le volume d'une boule.

    d) $E = mc^2$, où E est l'énergie, m est la masse et c la vitesse de la lumière.

4. À partir du graphique, détermine s'il s'agit d'une fonction constante, linéaire, quadratique ou cubique.

    a) 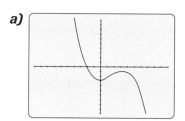   **b)** 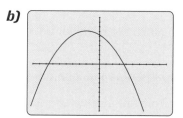   **c)**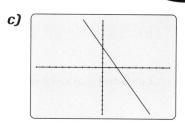

5. Un écran d'édition présente les règles de diverses fonctions polynomiales.

    a) Laquelle de ces fonctions est une fonction polynomiale de base?

    b) À partir de la règle, détermine le type de chaque fonction.

    c) Identifie les fonctions quadratiques et détermine la valeur des paramètres a, b ou c.

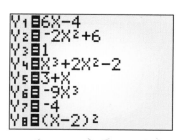

6. La table de valeurs ci-contre contient les coordonnées de quelques couples appartenant aux fonctions polynomiales f, où $f(x) = Y_1$, et g, où $g(x) = Y_2$.

    a) Laquelle de ces fonctions appartient à la famille des fonctions linéaires?

    b) La fonction déterminée en *a)* est-elle une fonction linéaire de base? Explique.

7. Quelle est la règle de la fonction quadratique g dont les valeurs des paramètres a, b et c sont respectivement -2, 0 et 5?

8. Quelles doivent être les valeurs des paramètres a et b de la fonction définie par $f(x) = ax + b$ pour que la règle ainsi obtenue soit celle de la fonction linéaire de base?

9. Deux règles de fonctions polynomiales apparaissent à l'écran d'édition ci-dessous.

a) Quel est le degré de chacune de ces fonctions polynomiales?

b) Détermine laquelle de ces deux fonctions ne peut avoir d'image négative. Vérifie ta réponse à l'aide d'une table de valeurs.

c) En portant le curseur sur l'une des deux courbes du graphique, estime les coordonnées des points d'intersection de ces deux courbes.

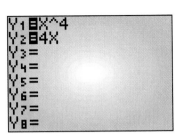

 ► FORUM

a) Pourquoi la fonction définie par $f(x) = x^{1/2}$ n'est-elle pas une fonction polynomiale?

b) Soit $f(x) = 1$ et $g(x) = x^0$. Quelle est la valeur de x pour laquelle les fonctions f et g ne sont pas équivalentes?

c) À quel type de fonction appartient la fonction dont la règle est $f(x) = 0$?

d) On dit que la courbe d'une fonction est symétrique par rapport à l'axe des ordonnées si et seulement si $f(x) = f(-x)$. Est-il vrai que les fonctions polynomiales de base de degré pair sont symétriques?

 **LES FONCTIONS CONSTANTES**

| LA FONCTION CONSTANTE DE BASE |
| LES FONCTIONS CONSTANTES TRANSFORMÉES |
| LES DROITES VERTICALES |

LA FONCTION CONSTANTE DE BASE

La tombola

Pour financer le carnaval annuel, le comité étudiant d'une école organise une tombola. Le prix d'entrée est de 1 $. On offre un choix de 8 activités. La table de valeurs suivante montre la relation existant entre le nombre d'activités (n) auxquelles elle participe et le prix d'entrée (P) pour une personne.

Nombre d'activités	Prix d'entrée (en $)
0	1
1	1
2	1
3	1
4	1

+ 1 (à gauche), + 0 (à droite)

a) Quel serait le prix d'entrée si une personne doublait, triplait ou quadruplait le nombre d'activités auxquelles elle participe?

b) Complète la phrase suivante : «Peu importe le nombre d'activités auxquelles une personne participe, le prix d'entrée à la tombola est de ▮▮▮▮▮ .»

c) Détermine la règle de cette fonction.

La **fonction constante** dont la règle est $f(x) = 1$ est la fonction de base des fonctions constantes. Cette règle se note également $y = 1$.

d) Quel est le taux de variation de la fonction constante de base?

e) On a représenté ci-contre la fonction constante de base. Comment peut-on interpréter un taux de variation nul sur un graphique?

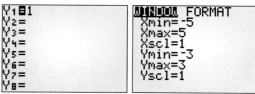
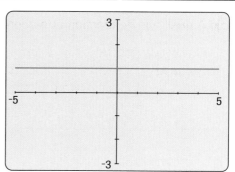

f) Détermine le domaine et le codomaine de la fonction constante de base.

g) Qu'entend-on par :

   1) abscisse à l'origine?

   2) ordonnée à l'origine?

h) Quelles sont les coordonnées à l'origine de la fonction constante de base?

i) Qu'entend-on par extremum?

j) La fonction constante de base possède-t-elle un extremum?

k) Que peut-on dire de la variation (croissance ou décroissance) de la fonction constante de base?

l) Que peut-on affirmer à propos du signe de la fonction constante de base?

m) Voici le graphique de la fonction constante de base restreinte au contexte de la situation de départ :

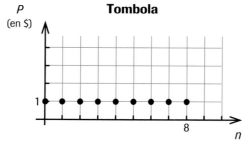

Détermine le domaine et le codomaine de cette fonction restreinte.

La fonction constante de base définie par $f(x) = 1$ possède les propriétés suivantes :

1° Le domaine de la fonction constante de base est IR.

2° Le codomaine de la fonction constante de base est le singleton {1}.

3° La fonction constante de base n'a pas de zéro.

4° Le maximum est en même temps le minimum, soit 1.

5° La fonction constante de base est à la fois croissante et décroissante.

6° Le signe de la fonction constante de base est toujours positif.

LES FONCTIONS CONSTANTES TRANSFORMÉES

L'éclipse, un phénomène dangereux

Une éclipse est le passage d'un astre dans
la pénombre (éclipse partielle)
ou l'ombre d'un autre
(éclipse totale).

Éclipse de Soleil.

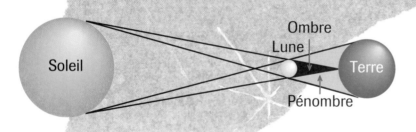

a) Comment peut-on expliquer une éclipse de Lune ?

b) Comment peut-on expliquer une éclipse de Soleil ?

Une éclipse du Soleil peut être un phénomène dangereux. Observer sans protection
le Soleil durant une éclipse peut provoquer la cécité.

c) Considérons la fonction g entre l'âge et le nombre d'yeux d'une personne, une fonction
que tout le monde espère constante. Quelle est la règle de cette fonction ?

Cette dernière fonction peut être considérée comme une **transformation** de f, la fonction
constante de base. En effet, on peut définir g à l'aide de la règle $g(x) = \mathbf{a}f(x)$.

Toute fonction dont la règle est de la forme $g(x) = \mathbf{a}$ est une transformation de la fonction
constante de base dont la règle est $f(x) = 1$.

Rôle du paramètre a

Voici différentes fonctions constantes :

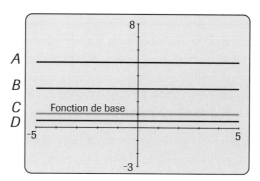

d) Dans chaque cas, donne la valeur de **a** et associe chacune des règles de l'écran d'édition à la courbe correspondante sur l'écran graphique.

e) Quel est le rôle de **a** dans :

1) la règle de la fonction ?   2) le graphique ?

f) Quelle transformation du graphique de la fonction de base permet d'obtenir celui des autres fonctions constantes ?

On a défini d'autres fonctions constantes en utilisant une valeur négative de **a.**

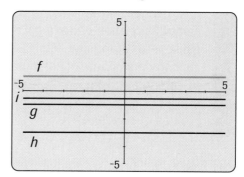

g) À partir de la fonction constante de base définie par $f(x) = 1$, comment peut-on obtenir la fonction constante définie par $g(x) = {}^-1$?

h) Quelle transformation du plan associe le graphique de g à celui de f ?

i) À partir de la fonction constante de base définie par $f(x) = 1$, comment peut-on obtenir la fonction constante définie par $h(x) = {}^-3$?

j) Quelle transformation du plan associe le graphique de h à celui de f ?

k) Quelle transformation du plan associe le graphique de i à celui de f ?

Les fonctions constantes proviennent de la fonction constante de base dans laquelle on modifie la valeur du paramètre **a** pour obtenir une règle de la forme **$g(x) = a$,** ou **$y = a$.**

La modification de ce paramètre provoque un changement d'échelle, suivi d'une réflexion par rapport à l'axe des x si la valeur de **a** est négative.

I) Donne toutes les propriétés (domaine, codomaine, coordonnées à l'origine, zéro, extremum, variation et signes) des fonctions constantes suivantes :

1) $g(x) = 3,5$
2) $h(x) = {}^-6$

On constate que les fonctions du modèle constant, dont la règle est $g(x) = \mathbf{a}$, ont des propriétés analogues à celles de la fonction constante de base.

1° Le domaine d'une fonction constante est ℝ, à moins qu'on limite le modèle mathématique au contexte d'une situation.

2° Le codomaine est le singleton {**a**}.

3° Une fonction constante n'a pas de zéro, sauf si **a** = 0.

4° Le maximum et le minimum d'une fonction constante est **a.**

5° Une fonction constante est simultanément croissante et décroissante.

6° Le signe d'une fonction constante dont la règle est $g(x) = \mathbf{a}$ correspond au signe de **a.**

LES DROITES VERTICALES

Une orange en chute libre

Du haut d'un édifice, on laisse tomber une orange. Le graphique ci-contre montre la relation entre la distance qui sépare l'orange de l'édifice tout au long de sa chute et sa hauteur par rapport au sol.

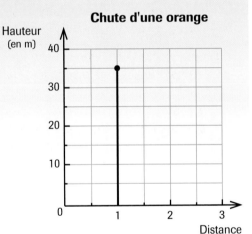

a) De quelle hauteur a-t-on laissé tomber l'orange ?

b) Au moment où on la laisse tomber, quelle distance sépare l'orange de l'édifice ?

c) À mi-chemin de sa chute, quelle distance sépare l'orange de l'édifice ?

d) À quelle distance de l'édifice l'orange entre-t-elle en contact avec le sol ?

e) Complète la phrase suivante : «Peu importe la hauteur de l'orange par rapport au sol, la distance entre l'orange et l'édifice est de ▬▬▬ .»

f) Détermine le taux de variation de cette relation. Explique ton résultat.

g) Peut-on parler de relation fonctionnelle dans le cas de situations dont la représentation graphique est une droite parallèle à l'axe des ordonnées ? Justifie ta réponse.

h) Quelle règle traduit cette situation ?

Une relation dont la représentation graphique est une droite parallèle à l'axe des ordonnées est définie par la règle $\boldsymbol{x = \mathbf{a}}$, où **a** ∈ ℝ.

1. Le graphique suivant montre la relation entre la distance parcourue en métro lors d'un trajet et le tarif d'un billet pour adulte.

a) Construis pour cette fonction une table de valeurs dont l'abscisse minimale est 0 et le pas de variation 1.

b) Qu'advient-il du tarif du billet si on double, triple ou quadruple la distance parcourue lors d'un trajet ?

c) Détermine la règle de cette fonction.

d) Quel est le zéro de cette fonction ?

e) Complète la phrase suivante : « Peu importe la distance parcourue lors d'un trajet, le tarif d'un billet de métro pour adulte est de ▓▓▓▓ . »

f) Détermine le domaine et le codomaine de cette fonction pour une adulte qui doit parcourir 10 km pour se rendre à destination.

g) Le tarif d'un billet de métro pour enfant est les $\frac{4}{7}$ de celui d'un adulte. Représente graphiquement la relation entre la distance parcourue lors d'un trajet en métro et le tarif d'un billet pour enfant.

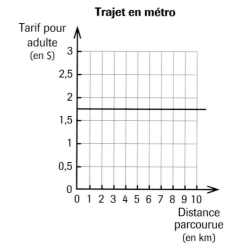

Trajet en métro

Le métro de Montréal a été inauguré en 1967, année de l'exposition universelle.

2. Soit $r(x) = {}^-5$ et $s(x) = 2\sqrt{3}$.

a) Trace le graphique associé à chacune de ces fonctions.

b) Quel est le taux de variation de chaque fonction ?

c) Détermine le domaine et l'image de ces fonctions.

d) Peut-on affirmer que $r({}^-3) = r(0) = r(90)$? Explique.

3. Détermine le facteur de changement d'échelle d'une fonction constante représentée par une droite qui est trois fois plus près de l'axe des abscisses que celle de la fonction de base, et qui est située en dessous de cet axe. S'agit-il d'un allongement ou d'un rétrécissement ?

4. Soit (4, 8) les coordonnées d'un point appartenant à une fonction constante.

a) Détermine les coordonnées de quatre autres points appartenant à cette fonction.

b) Quelle est la règle de cette fonction ?

c) De quel signe est cette fonction ?

d) Quelle est l'ordonnée à l'origine de cette fonction ?

5. La table de valeurs ci-dessous contient les coordonnées de quelques couples appartenant aux fonctions constantes *f* et *g*.

a) Détermine la règle de ces deux fonctions, sachant que $f(x) = Y_1$ et $g(x) = Y_2$.

b) Quelle est l'image de -3 par la fonction *f*?

c) Quel est le maximum de la fonction *g*?

d) Quel est le minimum de la fonction *f*?

e) Détermine les coordonnées du point de rencontre des droites représentant ces deux fonctions.

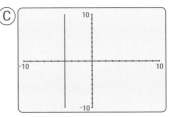

6. Voici les graphiques de différentes relations:

a) Laquelle de ces relations appartient à la famille des fonctions constantes?

b) Explique comment on peut reconnaître une fonction constante à partir de sa représentation graphique.

c) Lequel de ces graphiques ne peut représenter une fonction? Détermine la règle de la relation représentée.

7. La commande qui apparaît à l'écran ci-contre se traduit graphiquement par un segment parallèle à l'axe des *x*.

a) Quelle est la règle de la fonction représentée par cette courbe?

b) Quelles sont les propriétés de cette fonction?

► **FORUM**

a) Dans la famille des fonctions constantes, quelle est la règle de la seule fonction qui a des zéros? Combien en a-t-elle?

b) Quelles sont les règles des relations représentées par les axes dans un plan cartésien?

c) Quelles sont les règles des fonctions constantes qui peuvent définir une portée de musique en clé de *sol* si l'axe des *x* correspond à la ligne de la note *sol*?

LA FONCTION LINÉAIRE DE BASE
LES FONCTIONS LINÉAIRES TRANSFORMÉES
FONCTION LINÉAIRE *VS* ÉQUATION

LA FONCTION LINÉAIRE DE BASE

Le nageothon

Guylaine est membre d'un club de natation. Elle participe à un nageothon dans le but de collecter des fonds. Pour chaque dollar qu'elle amasse, elle s'engage à faire une longueur de piscine. La table de valeurs suivante montre la relation entre la somme d'argent (*m*) qu'elle a amassée et le nombre de longueurs de piscine (*n*) qu'elle doit effectuer.

Somme (en $)	Nombre de longueurs de piscine
0	0
1	1
2	2
3	3
4	4
...	...
m	■

a) Que peut-on affirmer au sujet du rapport de deux variations qui se correspondent?

b) Qu'est-ce qui distingue cette fonction d'une fonction constante?

c) Quelle caractéristique observe-t-on à propos de l'abscisse et de l'ordonnée de chacun des couples de cette fonction?

d) Détermine la règle de cette fonction.

La fonction dont le taux de variation est 1 et l'ordonnée égale l'abscisse pour chacun de ces couples est la **fonction linéaire de base.** Pour cette raison, la fonction linéaire de base est aussi appelée la **fonction identité.** La fonction définie par la règle **$f(x) = x$** ou **$y = x$** est la fonction de base des fonctions linéaires.

On a représenté ci-contre le graphique du modèle mathématique de cette fonction de base.

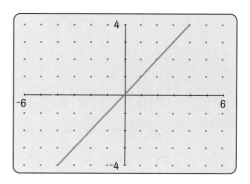

e) Graphiquement, comment peut-on interpréter un taux de variation de 1?

f) Détermine le domaine et le codomaine de la fonction linéaire de base.

g) Quelles sont les coordonnées à l'origine de cette fonction?

h) Cette fonction présente-t-elle un minimum? un maximum?

i) Que peut-on dire de la variation (croissance et décroissance) de la fonction linéaire de base?

j) Quels sont les signes de la fonction linéaire de base sur l'ensemble de son domaine?

Voici le graphique de la fonction linéaire de base restreinte au contexte de la situation de départ.

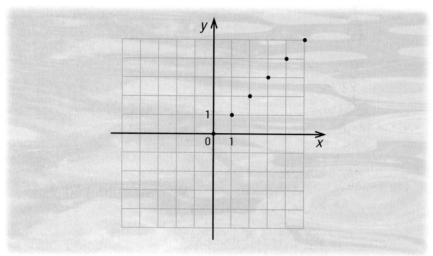

k) Dans ce dernier contexte, détermine les propriétés de la fonction (domaine, codomaine, coordonnées à l'origine, extremums, variation et signe).

La règle de la fonction linéaire de base est $f(x) = x$ ou $y = x$. Le graphique de cette fonction est la bissectrice du premier et du troisième quadrant. Cette fonction possède les propriétés suivantes:

1° La fonction linéaire de base n'a pas de restriction sur son domaine et sur son codomaine. Cependant, restreinte au contexte d'une situation, elle a généralement des restrictions.

2° Elle possède un zéro qui est 0.

3° Son abscisse et son ordonnée à l'origine sont également 0.

4° La fonction linéaire de base ne présente aucun extremum (le contexte d'une situation peut cependant en introduire).

5° Elle est croissante sur tout son domaine.

6° Elle est négative sur l'intervalle $]{-}\infty, 0]$ et positive sur $[0, {+}\infty[$.

LES FONCTIONS LINÉAIRES TRANSFORMÉES

Le sirop d'érable, un délice

Le Québec est le plus grand producteur de sirop d'érable au monde. Il fournit plus de 63 % de la production mondiale. C'est en Beauce particulièrement et dans l'Estrie que se fait la plus grande production. En plus d'être délicieux, le sirop d'érable fournit un apport énergétique important. En effet, une quantité de 5 ml de sirop d'érable équivaut à 70 kJ en valeur énergétique.

Cette situation suggère une relation fonctionnelle entre la quantité de sirop et l'apport énergétique.

a) En complétant la table de valeurs ci-contre, détermine la règle de cette fonction.

b) Calcule quelques taux de variation de cette fonction. Ces taux sont-ils constants?

Cette dernière fonction est une **transformation** de la fonction linéaire de base.

Modifier le coefficient de *x* est une première façon de transformer la fonction linéaire de base. On symbolise ce coefficient par le paramètre **a**.

Quantité (en ml)	Énergie (en kJ)
0	■
1	■
2	■
...	...
5	■
...	...
10	■
...	...
x	■

> Toute fonction dont la règle est de la forme $f(x) = \mathbf{a}x$ ou $y = \mathbf{a}x$ est une transformation de la fonction linéaire de base $f(x) = x$ ou $y = x$.

Rôle du paramètre a

Voici différentes fonctions linéaires formées en modifiant la valeur du paramètre **a** dans la règle de la fonction linéaire de base $y = x$.

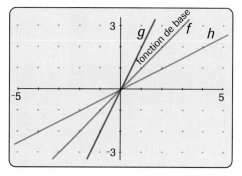

a) Dans chaque cas, donne la valeur de **a** et associe chacune des règles de l'écran d'édition à l'une des droites de l'écran graphique.

b) Quel est le rôle du paramètre **a** dans :

1) la règle de la fonction ?   2) le graphique ?

c) Dans chaque cas, on définit une deuxième fonction en modifiant la valeur du paramètre **a** dans la règle de la fonction de base. À l'aide de ces tables de valeurs, détermine le rôle de **a** sur les coordonnées des couples des fonctions transformées.

1) **a** = 2

X	Y₁	Y₂
0	0	0
1	1	2
2	2	4
3	3	6
4	4	8
5	5	10
6	6	12

X=0

2) **a** = 5

X	Y₁	Y₂
0	0	0
1	1	5
2	2	10
3	3	15
4	4	20
5	5	25
6	6	30

X=0

3) **a** = 0,5

X	Y₁	Y₂
0	0	0
1	1	.5
2	2	1
3	3	1.5
4	4	2
5	5	2.5
6	6	3

X=0

4) **a** = 0,25

X	Y₁	Y₂
0	0	0
1	1	.25
2	2	.5
3	3	.75
4	4	1
5	5	1.25
6	6	1.5

X=0

d) Pour chaque cas de l'exercice précédent, représente dans un plan cartésien la fonction de base et la fonction transformée.

e) Quelle transformation du plan permet d'associer le graphique de la fonction de base avec le graphique de la fonction transformée ?

f) On a transformé la fonction linéaire de base *f* en une fonction *g*, en donnant au paramètre **a** la valeur ⁻1. Quelle transformation du plan permet d'associer les graphiques de ces deux fonctions ?

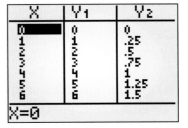

g) Décris l'effet de cette transformation sur les coordonnées des couples de la seconde fonction.

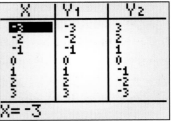

X	Y₁	Y₂
-3	-3	3
-2	-2	2
-1	-1	1
0	0	0
1	1	-1
2	2	-2
3	3	-3

X=-3

h) On transforme la fonction linéaire de base *f* en une fonction *g* en donnant la valeur -3 au paramètre **a**. Décris la transformation qui associe les graphiques des fonctions *f* et *g*.

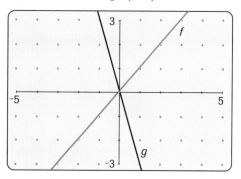

La modification du **paramètre a** dans la règle de la fonction linéaire de base entraîne :

1° **un changement d'échelle vertical si a > 0 ;**

2° **un changement d'échelle vertical suivi d'une réflexion, par rapport à l'axe des *x* si a < 0.**

Ces changements d'échelle correspondent à un allongement du graphique de la fonction de base si |**a**| > 1 et en un rétrécissement si 0 < |**a**| < 1.

Le paramètre **a** correspond au **taux de variation** de la fonction et à l'inclinaison de la droite.

Cette droite monte si **a** > 0, et descend si **a** < 0.

La différence d'âge

Amélie est née deux ans, jour pour jour, avant Martin. Leurs âges sont liés à vie par une relation fonctionnelle.

a) Si *x* représente l'âge d'Amélie et *y* l'âge de Martin, quelle règle de fonction exprime cette relation ?

b) Si *x* représente l'âge de Martin et *y* l'âge d'Amélie, quelle règle de fonction exprime cette même relation ?

On a ici deux règles de fonction qui représentent des transformations de la fonction linéaire de base $f(x) = x$ ou $y = x$. En ajoutant un terme constant symbolisé par le paramètre **b,** on obtient deux nouvelles règles de fonction de la forme $y = x + b$. Dans l'une, le paramètre **b** a une valeur positive et dans l'autre une valeur négative.

On peut observer le rôle du paramètre **b** dans le graphique.

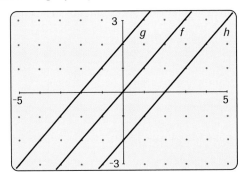

c) En comparant chacune des droites des fonctions transformées à celle de la fonction linéaire de base, décris le rôle du paramètre **b.**

d) Quelle transformation du plan associe la droite de la fonction de base à chacune des deux autres droites?

La modification du paramètre **b** dans la règle de la fonction linéaire de base engendre une translation de **b** unités vers le haut si **b** > 0 et vers le bas si **b** < 0.

Le paramètre **b** est appelé **valeur initiale** de la fonction et correspond à **l'ordonnée à l'origine** dans le graphique.

On peut également transformer la fonction linéaire de base en modifiant simultanément les valeurs des deux paramètres **a** et **b.** Leur action est alors conjuguée.

e) On a modifié la valeur du paramètre **a** dans la règle de la fonction linéaire de base pour obtenir une deuxième fonction et du paramètre **b** dans cette deuxième fonction pour en obtenir une troisième. Indique quelle transformation associe la droite de la fonction de base à la droite de la troisième fonction.

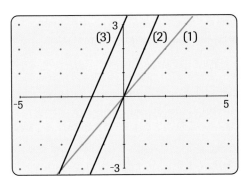

La règle de la fonction linéaire de base est $f(x) = x$. En modifiant les valeurs des paramètres **a** et **b,** on définit des fonctions linéaires transformées dont les règles ont une des trois formes suivantes:

$$\boxed{f(x) = ax \text{ ou } y = ax} \qquad \boxed{f(x) = x + b \text{ ou } y = x + b} \qquad \boxed{f(x) = ax + b \text{ ou } y = ax + b}$$

Dans ces fonctions, le paramètre **a** correspond au taux de variation de la fonction et à l'inclinaison de la droite dans le graphique. Le paramètre **b** correspond à la valeur initiale de la fonction et à l'ordonnée à l'origine dans le graphique.

Les fonctions linéaires qui n'utilisent que le paramètre **a** sont appelées des **fonctions de variation directe** et celles qui utilisent le paramètre **b**, des **fonctions de variation partielle.**

En d'autres mots, les fonctions dont la règle est de la forme $f(x) = ax + b$ ou $y = ax + b$ sont des fonctions linéaires de variation directe si $b = 0$ et des fonctions linéaires de variation partielle si $b \neq 0$.

f) Dans lequel de ces deux types de fonctions les valeurs des variables sont-elles proportionnelles?

g)

Voici une fonction linéaire transformée.

$f(x) = {}^-2x + 4$

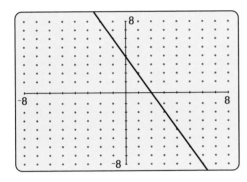

Fais l'étude des propriétés suivantes de cette fonction.

1) Domaine et codomaine

2) Zéros et coordonnées à l'origine

3) Extremum

4) Croissance ou décroissance

5) Signes

On reconnaît que les modèles des fonctions linéaires ont les propriétés suivantes:

1° Le domaine d'une fonction linéaire est IR.

2° Le codomaine de la fonction est IR.

3° Une fonction linéaire a un zéro: $x = \dfrac{{}^-b}{a}$.

4° Une fonction linéaire ne présente pas d'extremum.

5° Une fonction linéaire est croissante sur tout son domaine si $a > 0$ et décroissante si $a < 0$.

6° Une fonction linéaire est positive sur un sous-ensemble de son domaine et négative sur le reste de son domaine, incluant son zéro dans chaque cas.

1. On a introduit la règle de la fonction linéaire de base (en Y_1) ainsi que la règle de trois autres fonctions linéaires transformées de la forme $f(x) = ax$.

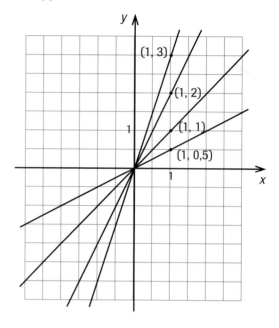

a) Comment le couple (1, 1) de la fonction de base peut-il nous être utile pour découvrir la valeur du paramètre a ?

b) Quelle doit être la valeur de a pour obtenir un changement d'échelle dont l'effet est un étirement vertical vers :

1) l'extérieur (allongement) ? 2) l'intérieur (rétrécissement) ?

2. On a défini diverses fonctions linéaires à partir de la fonction linéaire de base en introduisant le paramètre b.

a) Quel point permet de déterminer la valeur du paramètre b ?

b) Quel nom donne-t-on au paramètre b dans la règle d'une fonction linéaire ?

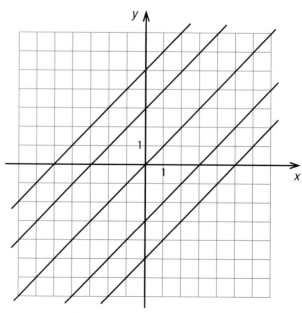

3. Le graphique ci-dessous met en relation
la quantité (q) pompée, en litres et le coût (C)
d'un plein d'essence, en dollars.

a) Quelles sont les valeurs des paramètres
a et b de la fonction linéaire associée à
cette situation?

b) Détermine la règle de cette fonction.

c) Quelle transformation doit-on appliquer
au graphique de la fonction linéaire
de base pour obtenir le graphique donné?

d) Dans cette fonction, quelle est
la signification du taux de variation?

e) Pour attirer la clientèle, la propriétaire
de cette station-service baisse le
prix du litre d'essence de 0,03 $.
Quelle conséquence a cette
modification sur la droite du graphique
correspondant à la situation?

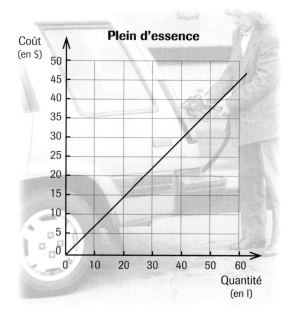

4. Jean-François est représentant pour une firme de distribution de logiciels. Son salaire
hebdomadaire de base est de 215 $ plus une commission correspondant à 15 % du total
de ses ventes.

a) Trace le graphique qui montre la
relation entre le total (v) des ventes
(en dollars) de Jean-François
et son salaire (S) hebdomadaire
(en dollars).

b) Afin d'inciter ses représentants et
représentantes à vendre davantage,
la firme offre un nouveau
mode de rémunération qui
consiste en un salaire hebdomadaire
de 50 $ plus une commission
correspondant à 40 % du total de
leurs ventes. Décris les modifications
que l'on doit apporter au graphique
tracé en *a)* pour obtenir celui qui correspond à ce nouveau mode de rémunération.

c) Parmi ces deux modes de rémunération, lequel semble le plus avantageux?
Explique ta réponse.

5. Dans un plan cartésien, trace les droites dont les valeurs des paramètres de la règle sont:

a) a = 5 et b = -2

b) a = -2 et b = 0

c) a = $\frac{7}{4}$ et b = -1

d) a = 0 et b = 6

6. On a défini différentes fonctions linéaires.

Y1 ◼ -6.3X+2
Y2 ◼ -4X-5
Y3 ◼ X+14
Y4 ◼ 2X-5
Y5 ◼ 5X-2
Y6 =
Y7 =
Y8 =

   a) Pour chacune de ces règles, détermine le facteur de changement d'échelle vertical.

   b) Comment peut-on reconnaître les fonctions dont le graphique est une droite qui descend?

   c) Quelle est la valeur initiale de ces fonctions?

   d) Parmi ces règles, laquelle génère un graphique dont la droite est:

   1) la plus inclinée?   2) la moins inclinée?

7. Pour quelles valeurs du paramètre a la droite correspondant à la fonction d'équation $j(x) = ax$ est-elle plus inclinée que la droite de la fonction linéaire de base?

8. Soit $s(x) = 18x - 3$. Donne la règle d'une fonction dont la droite est trois fois moins inclinée et qui vient couper l'axe des ordonnées en (0, 8).

9. On applique successivement au graphique de la fonction linéaire de base une réflexion par rapport à l'axe des abscisses, un changement d'échelle vertical de facteur 3,8 et une translation verticale de 7 unités vers le bas. Détermine la règle de la fonction transformée.

10. Dans le cas d'une droite, le taux de variation est aussi appelé **pente** de la droite et la valeur initiale, l'**ordonnée à l'origine de la droite.** Voici un graphique qui comporte trois droites.

   a) Détermine la pente et l'ordonnée à l'origine de chacune des droites.

   b) Donne la règle de la fonction correspondant à chacune de ces droites.

   c) Parmi ces droites, laquelle n'est pas le graphique d'une fonction linéaire?

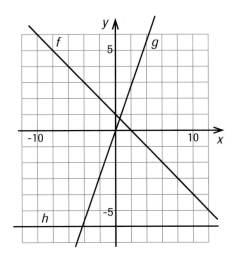

11. On donne la table de valeurs de deux fonctions linéaires. Détermine les valeurs de leurs paramètres et donne leur règle.

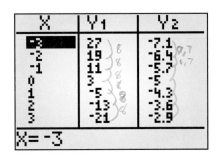

X	Y1	Y2
-3	27	-7.1
-2	19	-6.4
-1	11	-5.7
0	3	-5
1	-5	-4.3
2	-13	-3.6
3	-21	-2.9

X= -3

12. Dans l'écran d'édition d'une calculatrice à affichage graphique, on a introduit les deux expressions suivantes. Après avoir sélectionné les valeurs standard de la fenêtre d'affichage, fais apparaître l'écran graphique.

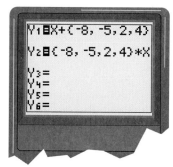

a) Qu'ont en commun toutes les droites générées par l'expression en Y_1? Qu'est-ce qui les distingue?

b) Qu'ont en commun toutes les droites générées par l'expression en Y_2? Qu'est-ce qui les distingue?

c) En Y_3, introduis une expression qui génère trois droites parallèles dont les ordonnées à l'origine varient de 4 unités chacune.

13. Démontre la formule qui exprime le zéro d'une fonction linéaire en utilisant ses paramètres a et b.

► FORUM

a) Que peut-on affirmer au sujet du graphique de deux fonctions linéaires si:

  1) les facteurs de changement d'échelle vertical sont égaux?

  2) les paramètres de translation verticale sont égaux?

b) Quelle relation existe-t-il entre les valeurs des paramètres de deux fonctions linéaires pour que leurs droites soient perpendiculaires?

FONCTION LINÉAIRE VS ÉQUATION

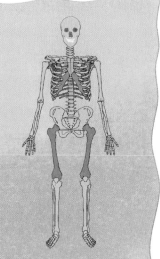

Le fémur de Lucy

Lucy est une jeune fille australopithèque d'environ 25 ans qui aurait vécu, il y a 3 100 000 ans, dans la vallée de l'Omo en Éthiopie. Elle serait morte noyée au cours d'une violente inondation. On a retrouvé son fossile en 1974.

Les paléontologistes utilisent la longueur du fémur pour estimer la taille (en cm) de ces humains fossiles. La règle utilisée selon le sexe est:

Femme: $h = 2{,}3f + 61{,}4$ Homme: $h = 2{,}2f + 69{,}1$

La paléontologie est la science des êtres vivants qui ont existé avant la période historique et qui est fondée sur l'étude des fossiles.

a) Quelle était la longueur du fémur de Lucy si sa taille était de 107 cm?

b) Selon ce modèle, quelle est la longueur de ton propre fémur?

Pour résoudre de tels problèmes, on doit résoudre une **équation du premier degré à une variable.**

> Dans une fonction linéaire, **chaque valeur de la variable dépendante détermine une équation du premier degré à une variable.**

c) Quelle équation obtiendrait-on si on cherchait le zéro de cette fonction dans le modèle mathématique évoqué par la situation de Lucy?

d) Dans ce contexte, que signifie «résoudre une équation du premier degré à une variable»?

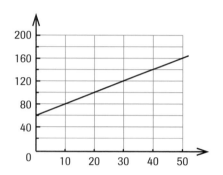

> La recherche du zéro d'une fonction linéaire donne lieu à des équations du premier degré à une variable, de la forme $ax + b = 0$. La solution d'une telle équation est $\frac{-b}{a}$.

e) Utilise les règles de transformation des équations pour montrer que la solution de l'équation $ax + b = 0$ est bien $\frac{-b}{a}$.

Investissement 4

1. Résous les équations suivantes.

    a) $2x + 12 = 12$ ***b)*** $18 - 3z = 2z - 24$ ***c)*** $^-4 = \dfrac{2x + 4}{2}$

    d) $\dfrac{3}{5} = \dfrac{2a}{3} + \dfrac{3}{4}$ ***e)*** $\dfrac{2b + 3}{5} = \dfrac{2b}{3} + 2$ ***f)*** $2x + 0,45 = \dfrac{x}{5} - 4$

2. À un endroit donné, le niveau de l'eau de la rivière aux Barbottes est de 1089 mm. Un orage qui a duré environ dix minutes a fait monter le niveau de la rivière jusqu'à 1103 mm.

    a) Établis la règle de la fonction qui indique la hauteur *h*, en millimètres, du niveau de l'eau en fonction du temps *t*, en minutes, écoulé depuis le début de l'orage.

    b) Combien de temps après le début de l'orage le niveau de l'eau était-il de 1094 mm?

    c) Sachant qu'à cet endroit la rivière peut atteindre 1,64 m avant de déborder, détermine le temps que doit durer un orage de même intensité pour que la rivière sorte de son lit.

3. Le graphique ci-dessous donne la relation entre la distance (en kilomètres) d'une grande ville et le nombre de parties d'une substance toxique par litre que l'on retrouve dans un cours d'eau.

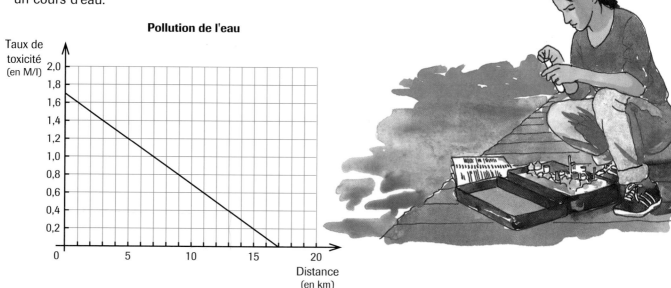

Pollution de l'eau

a) Détermine la règle de cette fonction.

b) Sachant que l'eau est considérée comme polluée à partir d'un taux de 0,4 million de parties de cette substance toxique par litre d'eau, à quelle distance de la ville l'eau n'est-elle plus polluée?

c) À quelle distance de la ville le nombre de parties de la substance toxique par litre d'eau correspond-il à la moitié du taux de pollution aux abords de la ville?

4. Sandra travaille dans une étude de notaires située dans un édifice du centre-ville de Montréal. Tous les matins, elle stationne son auto dans le stationnement souterrain de cet édifice, puis elle monte à son bureau à l'aide d'un ascenseur. Le graphique suivant montre la relation entre le temps (en secondes) qui s'est écoulé depuis l'arrivée de l'ascenseur et la hauteur (en niveaux) à laquelle Sandra se trouve.

a) À quels niveaux sont situés le stationnement et le bureau de Sandra?

b) Détermine la règle de cette fonction.

c) Détermine le zéro de cette fonction. Quelle est sa signification par rapport au contexte?

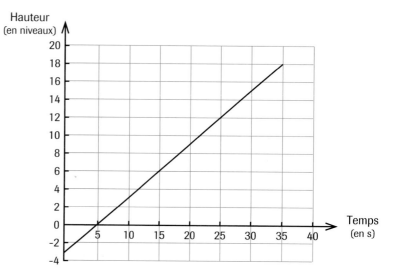

5. Au niveau de la mer, l'eau bout à 100 °C. Plus on s'élève en altitude (*a*), en mètres, plus elle bout à basse température (*T*). La température d'ébullition de l'eau suit la règle ci-contre :

$$T = \text{-}0{,}0033a + 100$$

À quelle altitude le point d'ébullition est-il à 50 °C ?

6. Plus on gagne en altitude (*a*), en mètres, plus la couche d'air et la pression exercée par celle-ci diminuent. La pression (*P*) en kilopascals suit la règle $P = \text{-}0{,}012a + 100$. À quelle altitude la pression est-elle de 50 kPa ?

7.

La taille théorique (*t*) d'une personne varie selon l'âge (*a*), en années. Durant les 15 premières années, la taille théorique (en centimètres) d'un garçon suit la règle $t(a) = 6{,}125a + 74{,}6$. À quel âge la taille théorique d'un garçon est-elle de 160 cm ?

8. Voici le graphique des fonctions $f(x) = 0{,}5x - 2$ et $g(x) = \text{-}3x + 2$.

Pour quelle valeur de *x*, $f(x)$ égale-t-elle $g(x)$?

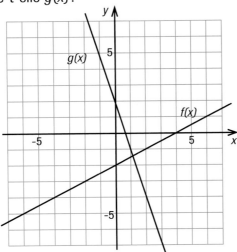

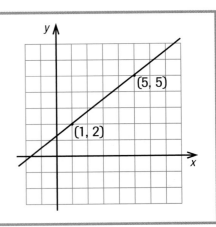

► **FORUM**

a) Que se produit-il si, avec la règle d'une fonction constante, on recherche un zéro pour cette fonction ?

b) Kyson prétend qu'à partir des coordonnées de deux points d'une droite, il peut algébriquement trouver le zéro de la fonction correspondant à cette droite. Discutez et déterminez sa démarche.

On appelle **fonction polynomiale,** toute fonction formée à partir d'un polynôme à une variable. Le degré du polynôme fixe le degré de la fonction polynomiale.

- Une fonction polynomiale de degré 0 est appelée une fonction **constante.**

- Une fonction polynomiale de degré 1 est appelée une fonction **linéaire.**

	Type de fonction	Règle	Graphique	Propriétés
Fonctions constantes	de base	$f(x) = 1$ ou $y = 1$		1° Domaine : $\mathbb{R}$.
				2° Codomaine : {1} ou {a}.
				3° Aucun zéro ou une infinité de zéros.
	transformée	$f(x) = a$ ou $y = a$		4° Extremum : 1 ou a.
				5° Croissante et décroissante sur $\mathbb{R}$.
				6° Fonction positive si $a > 0$ et négative si $a < 0$.
Fonctions linéaires	de base	$f(x) = x$ ou $y = x$		1° Domaine : $\mathbb{R}$
				2° Codomaine : $\mathbb{R}$
				3° Un zéro : -b/a.
	transformée : - de variation directe,	$f(x) = ax$ ou $y = ax$		4° Aucun extremum.
				5° Sur $\mathbb{R}$, croissante si $a > 0$ et décroissante si $a < 0$.
	- de variation partielle.	$f(x) = ax + b$ ou $y = ax + b$		6° Sur $\mathbb{R}$, la fonction change de signe au zéro.

La **recherche du zéro** d'une fonction linéaire ou **de toute abscisse** pour une valeur donnée de la variable dépendante implique la résolution d'une équation du premier degré à une variable. On résout de telles équations en isolant la variable à l'aide des règles de transformation des équations.

1 Que signifie chaque expression?

   a) Il a mangé les $\frac{3}{4}$ de sa soupe.

   b) L'assurance a payé les $\frac{3}{8}$ du coût de la réparation.

2 Écris une fraction qui indique
combien de ces nombres sont pairs.

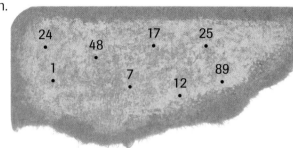

3 Écris un paragraphe pour expliquer ce qu'est
une fraction à une personne qui l'ignore.

4 On a demandé à différentes personnes quel
pourboire on devrait donner à un camelot.
On a obtenu les résultats indiqués dans
le tableau ci-dessous. Quelle est la moyenne
de ces données?

Nombre de personnes	Pourboire suggéré (en $)
20	0,50 $
12	1,00 $
8	1,50 $
4	2,00 $

5 Caroline met 60 l d'essence dans sa voiture. L'essence coûte 0,65 $ le litre. Elle achète aussi
un litre d'huile à 2,89 $ chacun et un billet de loterie à 2 $. Combien lui remettra-t-on
si elle donne 2 billets de 20 $ au caissier de la station-service?

6 Roger choisit un nombre et le multiplie par 25. Ensuite, il prend les 60 % de ce nombre
et il obtient 45. Détermine mentalement ce nombre.

7 Voici l'écran graphique d'une calculatrice dans lequel les coordonnées d'un point
appartenant à une fonction constante sont indiquées.

   a) Trace la courbe associée à la fonction *f*.

   b) Est-ce que cette courbe coupe l'axe
   des abscisses? Si oui, en quel point?

   c) Est-ce que cette courbe coupe l'axe
   des ordonnées? Si oui, en quel point?

   d) Détermine la règle de cette fonction.

   e) Quels sont le domaine et le codomaine
   de cette fonction?

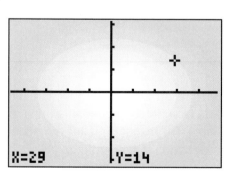

8 Dans chaque cas, indique si le graphique représente une fonction constante, linéaire de variation directe ou linéaire de variation partielle.

a)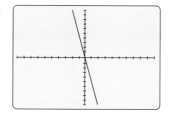

b)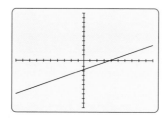

c)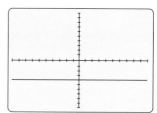

d)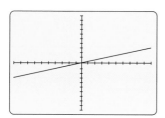

e)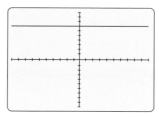

f)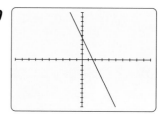

9 Associe chacune des situations suivantes à un modèle mathématique.

a) L'année de fabrication d'une voiture selon la distance parcourue.

b) La règle qui permet de convertir des milles (système impérial) en kilomètres (système international).

c) Le coût de la location d'une voiture, comportant des frais initiaux, selon la durée de la location.

d) Le nombre d'astronautes dans une navette spatiale, en fonction de la distance à la Terre.

e) L'usure d'un pneu selon la distance parcourue.

10 Voici les graphiques de différentes fonctions.

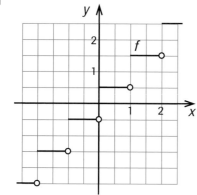

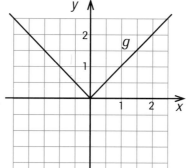

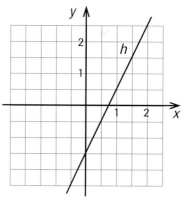

a) Laquelle de ces fonctions appartient à la famille des fonctions linéaires?

b) Explique comment on peut reconnaître une fonction linéaire à partir de sa représentation graphique.

11 Soit (-15, -7), les coordonnées d'un point appartenant à une droite.

a) Quelle est la règle de la fonction associée à cette droite si elle est parallèle à l'axe des abscisses?

b) Détermine le domaine et le codomaine de cette fonction.

c) La droite parallèle à l'axe des ordonnées et passant par ce même point peut-elle être associée à une fonction?

d) Quelle équation représente cette droite verticale?

e) Détermine le domaine et l'image de cette dernière relation.

12

Soit les fonctions définies par les règles $f(x) = x^2$ et $g(x) = 2x$.

a) Explique le rôle du nombre 2 dans chacune de ces fonctions.

b) De quel degré est la fonction:

1) f?   2) g?

c) Quelle fonction possède un taux de variation constant? Quel est ce taux?

d) Graphiquement, à quoi correspond la solution de l'équation $f(x) = g(x)$?

e) Pour quelles valeurs de x ces fonctions ont-elles la même image?

f) Laquelle de ces fonctions ne peut pas avoir d'image négative?

13 Voici la représentation graphique d'une fonction.

x	-6	-4	-2	0	2	4	6
y	-2,5	-0,5	0,75?	2	3	5	6,25

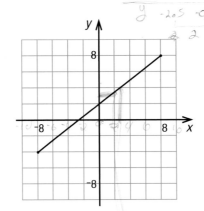

a) Détermine le domaine et le codomaine de cette fonction.

b) Donne la valeur initiale et le taux de variation de cette fonction.

c) Quelle est la règle de cette fonction?

d) Estime graphiquement, puis calcule algébriquement le zéro de la fonction.

14 Associe chacun des graphiques suivants à la description correspondante.

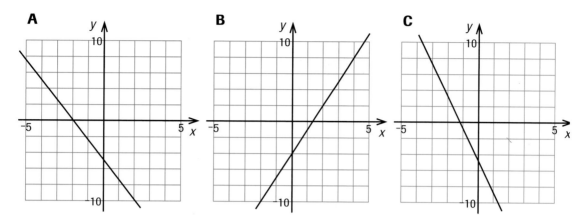

A

B

C

a) Description verbale : Une relation linéaire de variation partielle dans laquelle une augmentation de 4 unités de la variable indépendante engendre une augmentation de 12 unités de la variable dépendante.

b) Règle : $f(x) = {}^-5 - 4x$

c) Table de valeurs :

x	y
-50	120
-25	57,5
0	-5
25	-67,5
50	-255

15 Pour se rendre à Toronto, Luc doit rouler sur une autoroute pendant plusieurs heures. Il fixe alors son régulateur de vitesse à 97 km/h.

a) Trace le graphique représentant la vitesse du véhicule de Luc en fonction de la distance parcourue, en kilomètres, sur l'autoroute.

b) De quel type est cette fonction polynomiale ?

c) Détermine le domaine et le codomaine de cette fonction.

d) Étudie le signe et la variation de cette fonction.

e) Trace le graphique de la distance parcourue, en kilomètres, par Luc en fonction du temps qu'il a pris pour parcourir ce trajet.

f) Donne la règle de cette fonction.

g) De quel type est cette dernière fonction ?

TORONTO
320 KM

16 Réponds aux questions suivantes en te référant à ces deux énoncés.

> **Énoncé 1:** Peu importe la valeur de la variable indépendante, la valeur de la variable dépendante est toujours égale à -8.
>
> **Énoncé 2:** Peu importe la valeur de la variable dépendante, la valeur de la variable indépendante est toujours égale à 5.

a) Lequel de ces énoncés ne correspond pas à une fonction? Justifie ta réponse.

b) Lequel de ces énoncés peut-on associer à une droite verticale?

c) Quelle règle correspond à:

　　1) l'énoncé 1?　　　　　　　2) l'énoncé 2?

d) Dans un même graphique, trace la droite associée à chacune de ces règles.

e) Comment peut-on décrire la position relative d'une droite par rapport à l'autre?

17 La règle $h(x) = \sqrt{2}x$ permet de calculer la mesure de l'hypoténuse d'un triangle rectangle isocèle à partir de la mesure x des cathètes.

a) Si la mesure d'une cathète est de 10 cm, quelle est la mesure de l'hypoténuse?

b) Quelle doit être la mesure des cathètes pour que la mesure de l'hypoténuse soit de 70 cm?

c) Trace le graphique de cette fonction pour des mesures de cathètes variant entre 0 et 20 cm.

d) Peut-on qualifier cette fonction de linéaire? Explique.

18 Véronique commence à travailler comme représentante pour une entreprise de cosmétiques. Elle doit payer une trousse de produits 340 $. L'entreprise lui verse 20 % du montant de ses ventes en commission.

a) Quel doit être le montant de ses ventes si Véronique veut récupérer sa mise de fonds et avoir un salaire?

b) Est-il possible de trouver le taux de variation de cette relation par une simple lecture de l'énoncé de la situation?

c) Cette relation correspond-elle à une fonction linéaire de variation directe? Explique ta réponse.

d) Trace le graphique de cette fonction.

e) Fais l'étude des signes de cette fonction pour l'ensemble de son domaine.

19 Un commerce de développement de photographies vend 5 $ ses films de 36 poses et demande 25 ¢ par photographie réussie. On s'intéresse à la relation entre le nombre de photos réussies et le coût total du développement d'un film de 36 poses.

a) Fais une étude complète des propriétés de la fonction associée à cette situation sans la restreindre à celle-ci.

b) Fais une étude complète de cette fonction restreinte à la situation.

20 Tiana projette un voyage en France. Elle doit se procurer des francs français. Le taux de change est de 4 francs pour 1 dollar canadien. Elle s'intéresse à la relation entre la somme en francs français qu'elle aura en échange d'une somme en monnaie canadienne.

a) Fais une étude complète des propriétés du modèle mathématique auquel fait appel cette situation.

b) Fais une étude complète de cette fonction restreinte à la situation.

Place de la Concorde, à Paris.

21 Un marchand de crustacés vend ses homards 12 $ le kilogramme. Un client s'intéresse à la relation entre la masse et le coût d'un achat.

a) Fais une étude des propriétés du modèle mathématique auquel fait appel cette situation.

b) Fais une étude complète de ce modèle restreint à la situation.

22 Un centre de photocopie exige 3 $ de frais fixes et 5 ¢ par photocopie. La propriétaire veut illustrer cette relation par un graphique.

La reprographie est l'ensemble des techniques permettant de reproduire un document : par photocopie, diazocopie, électrocopie.

a) Construis le graphique du modèle mathématique appelé par cette situation.

b) Fais une étude complète des propriétés de ce modèle mathématique.

c) Fais une étude complète de ce modèle restreint à la situation.

23

Poste frontière à Oroville en Colombie-Britannique.

Pour passer de la marchandise d'un pays à l'autre, il faut payer des frais de douane. Pour certaines catégories de marchandises, ces frais s'élèvent au quart de la valeur de ces marchandises. On s'intéresse à la relation entre la valeur de marchandises de cette catégorie et les frais de douanes qui y sont rattachés.

a) Fais une étude complète des propriétés du modèle mathématique auquel fait appel cette situation.

b) Fais une étude complète de ce modèle restreint à la situation.

24 Chaque matin, un représentant de commerce note le kilométrage inscrit sur l'odomètre de sa voiture. Il introduit ces données dans une table de valeurs (1) d'une calculatrice à affichage graphique.

Ensuite, il fait afficher les points correspondant à ces données (2). Après avoir recherché l'équation par régression (3), il fait apparaître la droite représentant le mieux possible ces points (4).

(1)
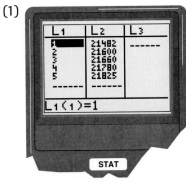

(2)
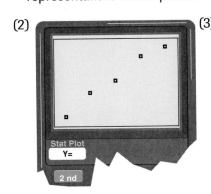

(3)
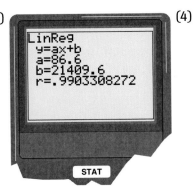

(4)
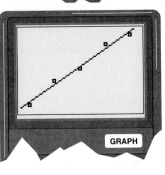

a) Quelle équation de la droite représente bien ces points?

b) Quel devrait être le kilométrage relevé sur l'odomètre le matin du sixième jour si la tendance se poursuit?

25 Voici deux graphiques représentant la même fonction linéaire. Dans chaque cas, on peut lire les coordonnées d'un point sur la droite.

a) Détermine la pente et l'ordonnée à l'origine de cette droite.

b) Sur quel intervalle cette fonction est-elle négative?

c) Sur quel intervalle cette fonction est-elle décroissante?

d) Quel est le zéro de cette fonction?

e) Cette fonction possède-t-elle un extremum? Si oui, lequel?

f) Donne les coordonnées à l'origine de cette droite.

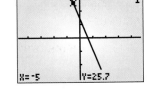

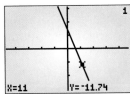

26 **LA PAUVRETÉ GAGNE DU TERRAIN**

En 1960, on utilisait l'expression «tiers monde» pour désigner des pays où le niveau de vie était bas. Mais la tendance observée dans le monde depuis ce temps est que le taux de la pauvreté augmente à un rythme approximatif de 1 % par année. On s'intéresse à la relation entre le temps écoulé depuis 1960 et la fraction du monde vivant actuellement dans la pauvreté.

a) À partir de quel moment peut-on parler de «deux tiers monde»?

b) Fais une étude complète de cette fonction.

«Au Brésil, les enfants les plus vulnérables sont ceux qui vivent ou travaillent dans les rues.»
Unicef

SAUT À L'ÉLASTIQUE

La base de plein air du mont Verdure offre la possibilité de faire du saut à l'élastique.
Les sauts s'effectuent à partir d'une passerelle située à 150 m au-dessus d'une rivière.
On a effectué plusieurs essais, et chaque fois on a mesuré l'étirement de l'élastique
selon la masse de la personne qui a sauté. Voici les résultats obtenus :

Philippe est très costaud. Il pèse 107 kg. Avant
le saut de Philippe, le responsable des installations
doit s'assurer que l'élastique de 50 m, augmenté
de son étirement, n'excédera pas les 130 m
autorisés par son permis.

Saut à l'élastique

Masse (en kg)	Étirement (en m)
40	32
50	40
60	48
70	56
80	64
90	72
100	80

a) Analyse la table de valeurs ci-contre et détermine
   si Philippe peut faire son saut à l'élastique.

b) Détermine la règle qui permet de calculer
   l'étirement de l'élastique en fonction de
   la masse du sauteur.

c) À quelle catégorie des fonctions linéaires cette fonction appartient-elle ?

d) Quelle est la masse maximale permise à
   cette base de plein air pour le saut à l'élastique ?

e) Par rapport au contexte, détermine le domaine
   et l'image de cette fonction.

f) Quel paramètre doit-on modifier pour
   obtenir la règle de la longueur totale
   de l'élastique en fonction de la masse du
   sauteur ?

g) Dans un même graphique, représente les deux fonctions décrites dans cette situation.

28 LA DISTANCE DE RÉFLEXE

Dans des situations critiques, un conducteur ou une conductrice automobile doit freiner
rapidement. Son temps de réflexe est un élément qui modifie la distance d'arrêt du véhicule.
La distance de réflexe est définie comme étant « la distance parcourue entre le moment où
la personne perçoit le fait qu'elle doit freiner et le moment où elle commence à freiner ».

À la suite d'essais routiers, les spécialistes ont établi un tableau contenant des valeurs
de vitesse (V) avec les distances de réflexe
(d) qui leur sont associées.

Essais Routiers

Vitesse (en km/h)	Distance de réflexe (en m)
20	4,0
40	8,0
60	12,0
80	16,0
100	20,0

a) À partir de la table de valeurs ci-contre,
   détermine la règle qui correspond au modèle
   mathématique de la distance de réflexe.

b) Représente ce modèle dans un plan cartésien.

c) Calcule l'image de 25 km/h.

d) Quelle doit être la vitesse du véhicule pour que la distance de réflexe soit de 22 m ?

e) Quel est le temps de réflexe pour ces essais ?

29 LA TAXE OMNIPRÉSENTE

Voici un graphique qui montre le pourcentage de taxation selon le coût d'un produit ou d'un service donnés.

a) Décris comment varie le taux de taxation selon le coût du produit ou du service.

b) De quel type de fonction s'agit-il?

c) Détermine la règle de cette fonction.

d) Détermine le domaine et le codomaine de cette fonction dans ce contexte.

e) Lorsqu'on débourse 56,30 $ pour un article donné, quel est le montant de la taxe de vente?

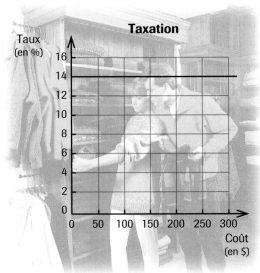

30 PEUT-ON ÊTRE PLUS RAPIDE QUE SON OMBRE?

En faisant une marche le soir, Claude passe sous un lampadaire créant ainsi une ombre sur le sol. On considère la relation entre sa distance par rapport à la position D (directement sous la lumière) et la longueur de son ombre.

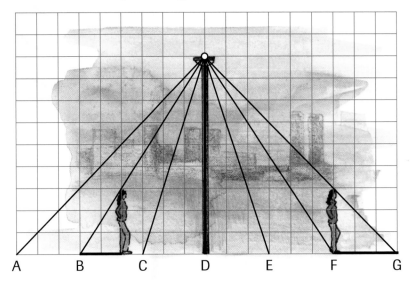

a) Décris comment varie la longueur de l'ombre de Claude en fonction de sa distance par rapport au lampadaire.

b) En faisant coïncider le trottoir avec l'axe des abscisses et le lampadaire avec l'axe des ordonnées d'un plan cartésien, construis une table de valeurs représentant cette situation. Considère les distances à gauche du lampadaire comme représentées par des nombres négatifs et celles à droite du lampadaire comme représentées par des nombres positifs. Évalue la longueur de l'ombre en carrés-unités.

c) Construis un graphique cartésien illustrant cette relation.

d) Quelle est la règle qui permet de connaître la longueur de l'ombre?

e) Est-il possible de marcher plus vite que son ombre?

1. Soit la fonction g définie par la règle $g(x) = {}^-4x + 3$.

    a) Trace le graphique de cette fonction.

    b) Donne l'ordonnée et l'abscisse à l'origine de cette droite.

    c) Cette fonction est-elle croissante ou décroissante?

    d) Étudie les signes de la fonction g sur l'intervalle $]{-}\infty, {}^+\infty[$.

2. Alpinisme

Lors des ascensions en montagne, l'une des difficultés rencontrées par les alpinistes est le froid qui règne en altitude. En effet, plus on gagne de l'altitude, et plus la température de l'air baisse. Voici la représentation graphique de la température de l'air en fonction de l'altitude pour une chaude journée d'été au mont Everest. Réponds aux questions en te fiant à cette représentation graphique.

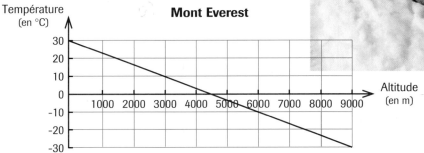

    a) Quelle est la température de l'air au niveau de la mer en cette belle journée?

    b) Ce jour-là, quelle est la température à 4500 m d'altitude?

    c) De combien de degrés la température varie-t-elle lorsqu'on monte de 1000 m?

    d) Donne la règle de la fonction entre l'altitude et la température pour cette journée.

    e) Fais une étude complète des propriétés:

        1) du modèle mathématique évoqué par cette situation;

        2) de cette fonction restreinte au graphique ci-dessus.

    f) Quelle est la hauteur du mont Everest si, ce jour-là, la température au sommet est d'environ ${}^-29\ °C$?

Sujet 4 LES FONCTIONS QUADRATIQUES

LE MODÈLE QUADRATIQUE
LA FONCTION QUADRATIQUE DE BASE
LES FONCTIONS QUADRATIQUES TRANSFORMÉES
LA FORME CANONIQUE

LE MODÈLE QUADRATIQUE

L'âge d'un escargot

Certains mollusques sont recouverts d'une coquille en forme de colimaçon, qui comporte plusieurs caractéristiques. Par exemple, il est possible de déterminer l'âge et d'étudier la taille de ces mollusques à partir de leur coquille.

Des spécialistes ont étudié en milieu marin la croissance d'un escargot en mesurant chaque année la taille de sa coquille. Les résultats obtenus sont répertoriés dans la table de valeurs suivante.

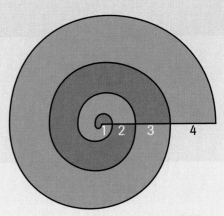

Pour déterminer l'âge d'un escargot, il suffit de compter le nombre de tours que fait la spirale sur la coquille.

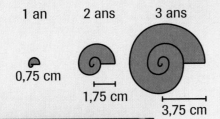

1 an 2 ans 3 ans

0,75 cm

1,75 cm

3,75 cm

Âge (en a)	Taille (en cm)
1	0,75
2	1,75
3	3,75
4	6,75
5	10,75

a) Peut-on affirmer que la taille d'un escargot est proportionnelle à son âge?

b) À partir de la table de valeurs, calcule quelques taux de variation. Ces taux de variation sont-ils constants?

c) Calcule les quatre taux de variation pour des valeurs successives de la variable indépendante. La suite de ces taux présente-t-elle une caractéristique?

d) Quelle est la caractéristique des différences des variations de la variable dépendante?

Ces deux caractéristiques sont propres aux fonctions du second degré.

> Dans une fonction du second degré, les taux de variation pour des variations constantes de la variable indépendante montrent une régularité et leur différence est constante.

La représentation des couples de la table de valeurs suggère que la courbe a la forme suivante.

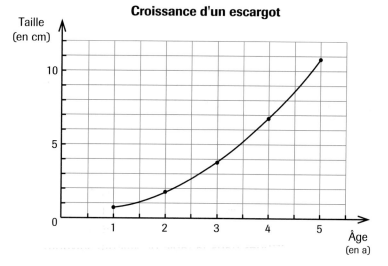

Croissance d'un escargot

Taille (en cm)

Âge (en a)

Les spécialistes ont déterminé que la taille (t) de ces escargots en fonction de leur âge (a) suit la règle $t = 0,5a^2 - 0,5a + 0,75$, entre 1 an et 5 ans.

e) Décris en mots le graphique de cette fonction.

f) Voici la représentation graphique du modèle mathématique trouvé par les spécialistes. Décris la courbe correspondant à ce modèle.

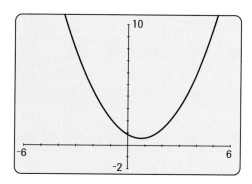

Une fonction définie à partir d'un polynôme du second degré est appelé une **fonction quadratique.**

On la définit de la façon suivante : $f: \mathbb{R} \to \mathbb{R}$
$$x \mapsto f(x) = ax^2 + bx + c \quad (a \neq 0)$$

La courbe qui lui correspond est une **parabole.**

g) La parabole est une courbe bien particulière. Réalise l'activité suivante pour découvrir ses caractéristiques.

1° Place un point F approximativement au centre d'une feuille de papier de format standard. Trace ensuite sept droites perpendiculaires à la base de la feuille. Numérote chacune des perpendiculaires.

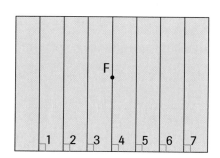

2° Plie la feuille de façon à faire coïncider le pied de la première perpendiculaire avec le point F. On détermine ainsi un point P_1 à l'intersection du pli et de la perpendiculaire 1. Ce point P_1 est à égale distance du point F et de la base de la feuille.

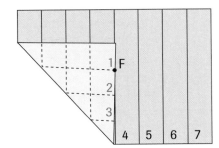 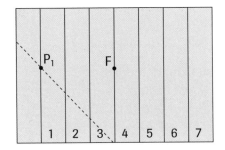

3° De la même façon, détermine les points P_2, P_3, P_4, P_5, P_6 et P_7. En traçant la ligne passant par ces points, on obtient une **parabole.**

Si l'on plie la feuille de manière que les deux «branches» de la parabole coïncident, le pli correspond à son axe de symétrie et le point d'intersection de la parabole et de l'axe de symétrie est appelé **sommet.**

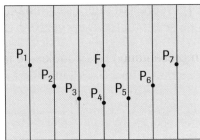

> La **parabole** est la courbe associée à toute fonction quadratique.

h) Quelles sont les propriétés d'une parabole?

LA FONCTION QUADRATIQUE DE BASE

L'aire du carré

Comment varie l'aire (A) d'un carré en fonction de la mesure (c) de ses côtés? Pour répondre à cette question et déterminer la règle de la relation entre ces deux grandeurs, on a construit la table de valeurs suivante.

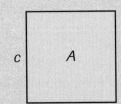

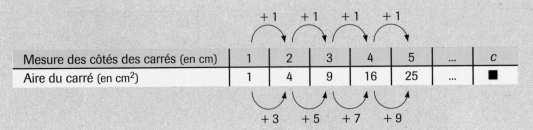

	+1	+1	+1	+1		
Mesure des côtés des carrés (en cm)	1	2	3	4	5	...	c
Aire du carré (en cm²)	1	4	9	16	25	...	■
	+3	+5	+7	+9		

a) Décris comment varie l'aire d'un carré pour chaque augmentation de 1 cm de la mesure de ses côtés.

b) Quelle caractéristique montrent les différences des variations de la variable dépendante ?

On a donc une fonction du second degré.

c) En utilisant la notation fonctionnelle, détermine la règle qui permet de calculer l'aire d'un carré en fonction de la mesure de ses côtés.

c	A
1	1
2	4
3	9
4	16
5	25
6	36
...	...
c	■

$+3$ $+2$
$+5$ $+2$
$+7$ $+2$
$+9$ $+2$
$+11$

La règle obtenue est la plus simple des règles des fonctions du second degré. Cette fonction est la fonction quadratique de base.

> La règle de la fonction quadratique de base est $f(x) = x^2$.

d) La représentation des couples de la table de valeurs de la présente situation donne le graphique ci-contre. Détermine ses propriétés.

Propriétés

Domaine : ▬▬▬

Codomaine : ▬▬▬

Coordonnées à l'origine : ▬▬ et ▬▬

Extremum : ▬▬ (minimum)

Zéro : ▬▬

Variation : ▬▬▬▬

Signes : ▬▬▬▬

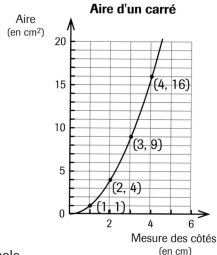

Aire
(en cm²)

Aire d'un carré

(4, 16)
(3, 9)
(2, 4)
(1, 1)

Mesure des côtés
(en cm)

e) On constate que la courbe est une branche de la parabole représentant le modèle mathématique. Donne les propriétés de ce modèle.

Propriétés

Domaine : ▬▬▬

Codomaine : ▬▬▬

Coordonnées à l'origine : ▬▬ et ▬▬

Extremum : ▬▬ (minimum)

Zéro : ▬▬

Variation : ▬▬▬▬

Signes : ▬▬▬▬

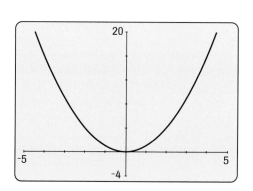

Comme la parabole est symétrique par rapport à l'axe des *y*, aux propriétés précédentes on peut ajouter l'**équation de son axe de symétrie,** qui est $x = 0$.

On ajoute également dans la liste des propriétés les **coordonnées du sommet de la parabole,** qui sont ici (0, 0).

LES FONCTIONS QUADRATIQUES TRANSFORMÉES

Toutes les formes de l'équation quadratique proviennent de la forme générale $f(x) = ax^2 + bx + c$, où $a \neq 0$:

$$f(x) = ax^2 \qquad\qquad f(x) = ax^2 + bx \qquad\qquad f(x) = ax^2 + bx + c$$
$$f(x) = ax^2 + c$$

Les coefficients des termes, ou paramètres **a, b, c,** jouent chacun un rôle particulier par rapport à la parabole. Les expériences suivantes permettent de découvrir ces rôles.

Rôle du paramètre a

Expérience 1 :

Soit les fonctions $Y_1 = x^2$ et $Y_2 = {}^-x^2$ dont on a fait tracer le graphique cartésien.

a) Quel effet produit le changement de signe du paramètre **a** de la fonction de base ?

b) Quelle transformation permet d'associer les deux paraboles ?

c) Quelle caractéristique la table de valeurs met-elle en évidence ?

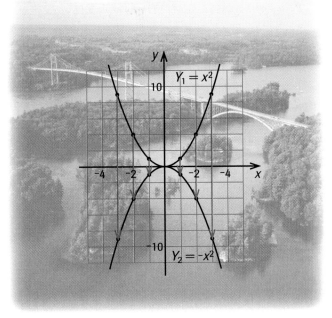

X	Y1	Y2
-3	9	-9
-2	4	-4
-1	1	-1
0	0	0
1	1	-1
2	4	-4
3	9	-9
X= -3		

Le **changement de signe** du paramètre **a** engendre une nouvelle fonction quadratique. La parabole qui la représente est l'image de la parabole initiale par une **réflexion par rapport à l'axe des *x*.**

De façon générale :

- Si **a** est positif, la parabole associée à $f(x) = \mathbf{a}x^2$ est ouverte vers le haut.
- Si **a** est négatif, la parabole associée à $f(x) = \mathbf{a}x^2$ est ouverte vers le bas.

Considérons différentes fonctions de la forme $f(x) = \mathbf{a}x^2$, où les valeurs de **a** sont comprises entre 0 et 1, et traçons-en les graphiques.

 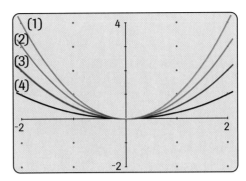

d) Compare les paraboles (2), (3) et (4) à la parabole de la fonction de la base. Quel est l'effet du paramètre **a**?

e) Quel type de transformation du plan permet d'associer à la parabole de la fonction de base chacune des autres paraboles?

Considérons d'autres fonctions de la forme $f(x) = \mathbf{a}x^2$, mais cette fois avec des valeurs de **a** supérieures à 1.

f) Quel est l'effet du paramètre **a**?

g) Quel type de transformation du plan permet d'associer à la parabole de la fonction de base chacune des autres paraboles?

h) Quel rôle clé joue l'image de 1 dans chaque fonction transformée?

 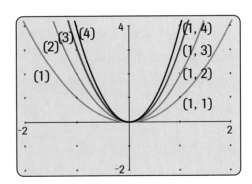

La modification du paramètre **a** dans la règle de la fonction quadratique de base $f(x) = x^2$ engendre une nouvelle fonction quadratique. La parabole associée à cette fonction transformée est l'image de la parabole initiale par un changement d'échelle vertical, qui est un allongement si **a** > 1 et un rétrécissement si 0 < **a** < 1. Un allongement diminue l'ouverture de la parabole alors qu'un rétrécissement en augmente l'ouverture.

Pour une parabole de sommet (0, 0), l'ordonnée du couple d'abscisse 1 correspond à la valeur du paramètre **a**.

Rôle du paramètre b

Expérience 3 :

Analysons différentes règles de fonctions de la forme $f(x) = x^2 + \mathbf{b}x$ pour découvrir le rôle du paramètre **b.** Dans le premier écran, les valeurs de **b** sont positives et dans le second, négatives.

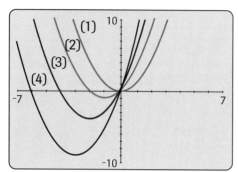 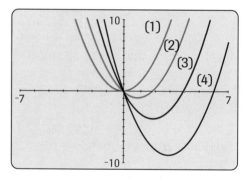

a) La valeur du paramètre **b** dans la règle d'une fonction quadratique influence-t-elle :
1) son ouverture ?   2) sa position ?

b) Quel est le point commun à toutes ces fonctions ?

c) Détermine les coordonnées du sommet de chacune de ces fonctions.

d) Quel est le rôle du paramètre **b** ?

e) Prédis la position des paraboles pour les fonctions d'équation $f(x) = {}^-x^2 + \mathbf{b}x$
si $\mathbf{b} \in \{1, 2, 3, 4\}$ et si $\mathbf{b} \in \{{}^-1, {}^-2, {}^-3, {}^-4\}$. Vérifie tes prédictions.

> L'introduction d'un terme en x de paramètre **b** engendre une nouvelle fonction quadratique. La parabole associée à cette fonction transformée est l'image de la parabole initiale par une translation oblique. Il est à noter que toutes ces paraboles passent par (0, 0).

Rôle du paramètre c

Expérience 4 :

Analysons différentes règles de fonctions de la forme $f(x) = x^2 + \mathbf{c}$ pour découvrir le rôle du paramètre **c.** Dans le premier écran, les valeurs de **c** sont positives et dans le second, négatives.

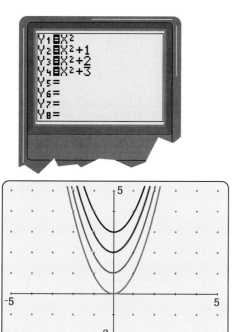

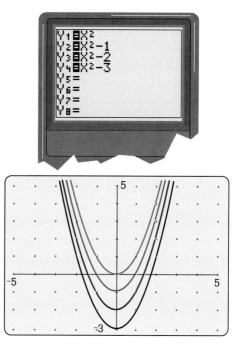

a) Quel est le rôle du paramètre **c** ?

b) Quel type de transformation du plan permet d'associer à la parabole de la fonction de base chacune des autres paraboles ?

c) Voici différentes règles de fonction où seul le paramètre **b** prend différentes valeurs. Décris ce qu'on observe en relation avec les paramètres.

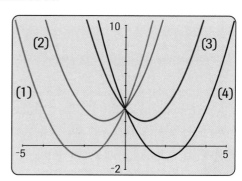

d) Voici différentes règles de fonctions où seul le paramètre **c** prend différentes valeurs. Décris ce qu'on observe en relation avec les paramètres.

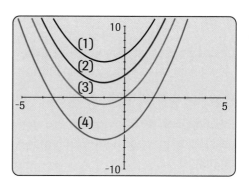

e) Détermine l'ordonnée à l'origine de chaque parabole de l'exercice précédent.

La modification du paramètre **c** dans la règle d'une fonction quadratique engendre une nouvelle fonction quadratique dont la parabole est l'image de la parabole initiale par une translation verticale. La translation est vers le haut si la valeur de **c** augmente, et vers le bas, si elle diminue.

Le paramètre **c** d'une fonction quadratique correspond à sa valeur initiale ou à l'ordonnée à l'origine de la parabole.

Rôle des paramètres a, b et c combinés

Expérience 5 :

Si l'on connaît les trois paramètres d'une fonction quadratique, peut-on prédire la forme et la position de sa parabole ? Quelques essais fourniront des éléments de réponse.

- Donne la forme et la position de la parabole associée à chacune des fonctions données. Fais des prédictions et vérifie-les.

  1) $f(x) = 2x^2 + 4x - 2$ 2) $g(x) = -x^2 + 3x + 2$

  3) $h(x) = 3x^2 - 4x$ 4) $i(x) = -2x^2 + 2x + 3$

On comprend vite que le sommet est un point important de la parabole.

Investissement 5

1. Intuitivement, on sait que la distance de freinage dépend en grande partie de la vitesse à laquelle roule une voiture. Mais comment détermine-t-on la distance «sécuritaire» à maintenir entre deux véhicules ?

À la suite d'essais routiers, sur pavé sec et avec la même voiture, on a obtenu les résultats ci-contre.

Vitesse (en km/h)	Distance de freinage (en m)
20	2,5
40	10,0
60	22,5
80	40,0
100	62,5

+ 20 (entre chaque vitesse)

+ 7,5
+ 12,5
+ 17,5
+ 22,5

a) Peut-on affirmer que les distances de freinage sont directement proportionnelles à la vitesse de la voiture ? Explique ta réponse.

b) Comment peut-on savoir si cette relation est une fonction polynomiale du second degré ?

c) La distance de freinage (d) est donnée par la règle $v^2/160$ où v est la vitesse du véhicule en kilomètres par heure. Détermine la distance de freinage d'un véhicule roulant à 82 km/h.

d) La vitesse est-elle le seul élément qui influence la distance de freinage d'un véhicule ?

2. Reproduis la figure ci-contre avec un pas de graduation de 1 cm pour chacun des segments.

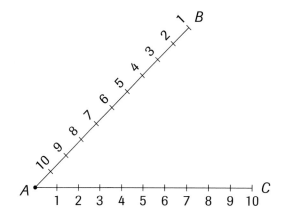

a) Trace les segments de droite joignant les points de mêmes coordonnées (1 à 1, 2 à 2, etc.).

b) Trace la ligne qui passe par les points d'intersection des segments. Quel nom peut-on donner à la figure ainsi formée?

c) On place cette courbe dans un plan cartésien de sorte que l'axe des abscisses soit le support de $\overline{AB}$. Cette courbe représente-t-elle une fonction quadratique? Explique ta réponse.

d) Quelle doit être la position de l'axe de symétrie d'une parabole pour que celle-ci soit associée à une fonction quadratique?

3. Voici la table de valeurs des fonctions polynomiales f_1, f_2 et f_3.

a) Parmi ces trois fonctions, laquelle peut-on qualifier de linéaire? Que peut-on affirmer par rapport à son taux de variation?

b) Laquelle des deux autres fonctions peut-on qualifier de quadratique?

X	Y1	Y2	Y3
0	0	0	0
1	8	.5	2
2	16	4	8
3	24	13.5	18
4	32	32	32
5	40	62.5	50
6	48	108	72

X=0

4. La difficulté d'un jeu vidéo s'accroît au fur et à mesure que le temps s'écoule et le nombre de points (P) est attribué selon le temps (t), en secondes, suivant la règle $P = 15t^2$.

a) Donne une table de valeurs de cette fonction.

b) Trace le graphique de cette fonction restreinte à la situation.

c) Trace le graphique du modèle mathématique associé à cette situation.

d) Quelle transformation doit-on appliquer à la parabole de la fonction de base pour obtenir la parabole précédente?

5. Indique les transformations du plan qui associent la parabole correspondant à chacune des fonctions ci-contre à celle de la fonction de base.

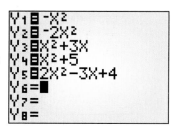

Y1 = -X²
Y2 = -2X²
Y3 = X²+3X
Y4 = X²+5
Y5 = 2X²-3X+4
Y6 = ■
Y7 =
Y8 =

6. Le graphique suivant représente la relation entre la mesure du rayon d'un disque et son aire.

a) Quelle formule permet de déterminer l'aire d'un disque en fonction de son rayon?

b) Quel facteur de changement d'échelle vertical associe à la parabole de base la parabole correspondant au modèle mathématique de cette fonction?

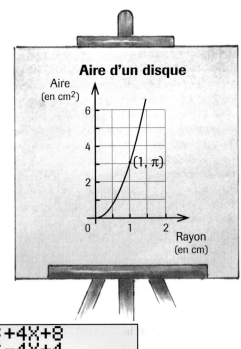

Aire d'un disque

7. Voici des règles de fonctions quadratiques. Laquelle correspond à une parabole:

a) qui est ouverte vers le bas?

b) qui a son sommet dans le deuxième quadrant?

c) qui a 4 pour ordonnée à l'origine?

d) qui a son sommet situé sur l'axe des ordonnées?

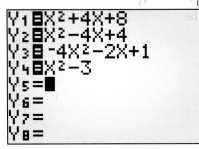

8. Donne l'équation d'une parabole ouverte vers le bas dont le paramètre b vaut 6 et l'ordonnée à l'origine est 8.

9. En te référant aux coordonnées du curseur dans ces écrans graphiques, détermine le facteur du changement d'échelle vertical de chacune de ces fonctions ainsi que la règle qui leur est associée.

a)
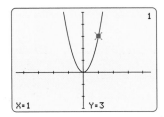

b)
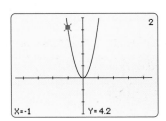

c)
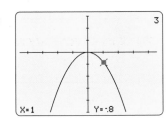

d)
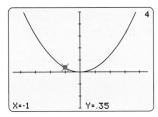

e)
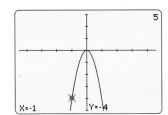

f)
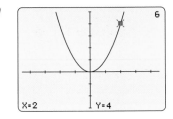

10. La table de valeurs ci-dessous met en évidence les différentes transformations qui ont été appliquées à la fonction quadratique de base définie par $Y_1 = x^2$.

   a) À partir de cette table, décris en mots les transformations qui ont été appliquées à la fonction de base.

   b) Détermine la règle de chacune de ces fonctions.

11. Voici les règles de différentes fonctions quadratiques.

   a) Laquelle de ces fonctions a la parabole la moins ouverte?

   b) Quelle fonction a la valeur initiale ou l'ordonnée à l'origine la plus élevée?

   c) Quelles fonctions ont la même valeur initiale?

12. À partir d'une table de valeurs, trace le graphique de chacune des fonctions suivantes. Vérifie l'allure de chaque courbe à l'aide des paramètres a et c.

   a) $f(x) = x^2 + x + 1$ **b)** $f(x) = 2x^2 - 5x + 4$

   c) $f(x) = {}^-2x^2 + 3x + 4$ **d)** $f(x) = {}^-5x^2 + 10x$

   e) $f(x) = 3x^2 - 4$ **f)** $f(x) = {}^-x^2 - x - 1$

13. Écris ces règles de fonctions quadratiques sous la forme générale et détermine la valeur des paramètres a, b, et c.

$(0,6x + 1,8)(0,6x + 1,8) - 18,4 (0,36x^2 + 1,08x + 1,08x + 3,2^{4})$

   a) $f(x) = (x - 2)(x + 2)$ **b)** $f(x) = 0,6(x + 3)^2 - 18,4$

   c) $f(x) = (x + 3)^2$ **d)** $f(x) = {}^-2(x^2 - x + \frac{3}{2})$

                                                             $^-2x^2 + 2x + 3$

14. Voici divers écrans d'une calculatrice à affichage graphique.

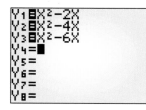
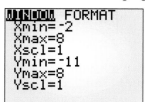
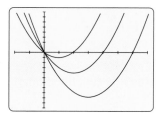
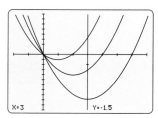

   a) En portant le curseur sur chacune des paraboles, estime les coordonnées du sommet de chaque parabole.

   b) En balayant le graphique à l'aide d'une droite verticale, donne l'équation de l'axe de symétrie de chaque parabole.

   c) Quelle conjecture peut-on formuler quant à la relation entre l'équation de l'axe de symétrie d'une parabole et la valeur des paramètres a et b?

   d) Vérifie cette conjecture en faisant apparaître le graphique de la fonction d'équation $Y_4 = {}^-2x^2 + 6x + 2$.

a) Voici quatre fonctions quadratiques dont les équations sont données sous la forme $f(x) = ax^2 + bx + c$.

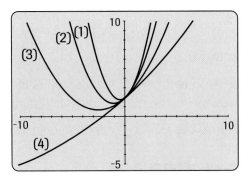

1) Qu'advient-il de la parabole lorsque le facteur de changement d'échelle vertical tend vers 0? Cela se justifie-t-il?

2) Quelle est l'équation de la courbe limite à la question précédente?

3) Si l'on augmentait indéfiniment la valeur du paramètre a, que deviendrait alors la parabole?

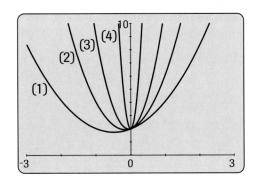

b) Voici des règles de fonctions quadratiques transformées.

1) Affichez à l'écran d'une calculatrice les paraboles correspondant à ces fonctions.

2) Le sommet de chaque parabole est situé sur une autre parabole. Trouvez l'équation de cette dernière parabole.

LA FORME CANONIQUE

La forme canonique de la règle de la fonction quadratique est : $f(x) = a(x - h)^2 + k$.

Cette forme d'écriture fait intervenir trois paramètres : **a, h** et **k.** Il ne reste qu'à découvrir le rôle de chacun.

Rôle du paramètre a

Pour mieux comprendre le rôle de **a** dans la forme canonique, donnons la valeur 0 à h et à k. On obtient alors : $f(x) = a(x - 0)^2 + 0$ ou $f(x) = ax^2$.

On découvre déjà le rôle de **a** dans cette forme, soit un changement d'échelle de facteur **a.**

Rôle du paramètre h

Voici différentes fonctions définies à l'aide d'une règle exprimée sous la forme canonique. Étant donné que a = 1 et que k = 0, on peut mieux comprendre le rôle de **h.**

Pour **h** > 0   Pour **h** < 0

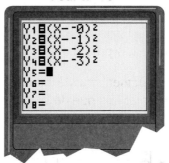

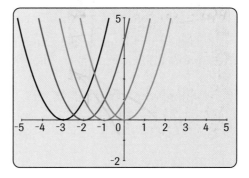

a) Quel type de transformation associe à la parabole de base chacune des paraboles correspondant aux fonctions transformées ?

b) Quel lien peut-on établir entre le sommet de la parabole et la valeur de **h** ?

c) Quelle est la valeur de **h** dans la règle de la fonction quadratique donnée ?

1) $f(x) = (x - 3)^2$

2) $g(x) = 2(x + 5)^2$

3) $h(x) = 2x^2$

Rôle du paramètre k

Modifions la valeur du paramètre **k** dans les règles précédentes.

Pour **k** > 0

Pour **k** < 0

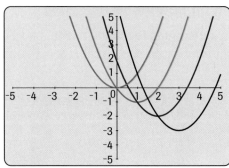

a) En tenant compte du rôle du paramètre h, détermine le rôle de **k**.

b) Quel lien peut-on établir entre le sommet de la parabole et la valeur de **k**?

c) Quelles sont les coordonnées du sommet d'une parabole associée à une fonction dont la règle est $f(x) = a(x - h)^2 + k$?

d) Quel type de transformation associe à la parabole de base chacune des paraboles correspondant aux fonctions transformées?

Ainsi, dans la forme canonique de la règle d'une fonction quadratique, les paramètres a, h et k jouent les rôles suivants :

> Le paramètre **a** permet de déterminer si la parabole est tournée vers le haut ou vers le bas et de connaître l'ampleur de l'ouverture de la parabole.
>
> Les paramètres **h** et **k** déterminent la translation qui associe à la parabole de base la parabole de la fonction transformée et sont les coordonnées du sommet de la parabole transformée.

L'intérêt de la forme canonique est qu'elle utilise les coordonnées du sommet de la parabole.

En développant la règle de la forme canonique, on peut établir un lien avec la règle de la forme générale.

$$f(x) = a(x - h)^2 + k$$
$$= a(x^2 - 2hx + h^2) + k$$
$$= ax^2 - 2ahx + ah^2 + k$$

En posant b = -2ah et c = ah² + k, on obtient la forme générale :

$$f(x) = ax^2 + bx + c$$

De b = -2ah, on peut déduire que l'abscisse du sommet de la parabole est h = $\frac{-b}{2a}$.

Et de c = ah² + k, on peut déduire que l'ordonnée du sommet est k = c − ah², d'où

$$k = c - a\left(\frac{-b}{2a}\right)^2 = c - a \cdot \frac{b^2}{4a^2} = c - \frac{b^2}{4a} = \frac{4ac - b^2}{4a}$$

On retiendra donc que :

Les coordonnées du sommet d'une parabole transformée sont (h, k) ou $\left(\frac{-b}{2a}, \frac{4ac - b^2}{4a}\right)$.

La connaissance de cette relation permet le passage rapide de la forme générale à la forme canonique.

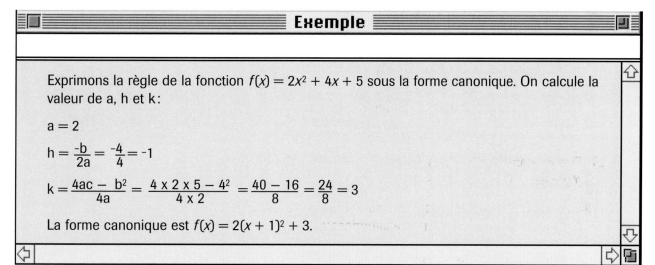

Exemple

Exprimons la règle de la fonction $f(x) = 2x^2 + 4x + 5$ sous la forme canonique. On calcule la valeur de a, h et k :

a = 2

h = $\frac{-b}{2a} = \frac{-4}{4} = $ -1

k = $\frac{4ac - b^2}{4a} = \frac{4 \times 2 \times 5 - 4^2}{4 \times 2} = \frac{40 - 16}{8} = \frac{24}{8} = 3$

La forme canonique est $f(x) = 2(x + 1)^2 + 3$.

On passe de la forme canonique à la forme générale en effectuant les opérations de la forme canonique. Ainsi, $f(x) = 3(x + 2)^2 - 4$ devient :

$$f(x) = 3(x^2 + 4x + 4) - 4$$
$$f(x) = 3x^2 + 12x + 12 - 4$$
$$f(x) = 3x^2 + 12x + 8$$

La forme canonique de la règle d'une fonction quadratique facilite le tracé de la parabole. Pour ce faire, il suffit de :

1° Écrire la règle $f(x) = ax^2 + bx + c$ sous la forme $f(x) = a(x - h)^2 + k$.

2° Tracer la parabole de base correspondant à la fonction de base.

3° Tracer la parabole correspondant à la règle $f(x) = ax^2$.

4° Tracer l'image de cette dernière par une translation $t_{(h, k)}$.

Ainsi, pour tracer la parabole correspondant à la fonction d'équation $f(x) = 2x^2 + 4x$:

1° On écrit la règle de la fonction sous sa forme canonique : $f(x) = 2(x + 1)^2 - 2$.

2° On trace la parabole de la fonction de base (1). On n'a besoin que des points $(-2, 4)$, $(-1, 1)$, $(0, 0)$, $(1, 1)$ et $(2, 4)$.

3° Ensuite, on trace la parabole de la fonction définie par $f(x) = 2x^2$, soit la parabole (2), en doublant les ordonnées de la première parabole.

4° On trace l'image (3) de la parabole (2) par la translation $t_{(-1, -2)}$.

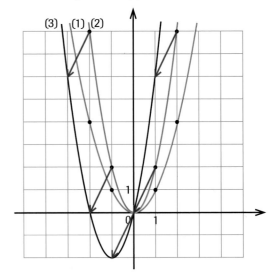

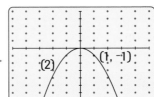

Investissement 6

1. Écris les règles suivantes sous la forme canonique.

   a) $f_1(x) = x^2 + 4x - 3$
   b) $f_2(x) = {}^-2x^2 - 8x + 6$
   c) $f_3(x) = 3x^2 - 18x$

   d) $f_4(x) = x^2 + 10$
   e) $f_5(x) = {}^-3x^2 + 6x - 4$
   f) $f_6(x) = 0{,}1x^2 - 0{,}8x + 2$

2. Pour chacune des fonctions définies à l'exercice 1, détermine :

   a) les coordonnées du sommet de la parabole ;

   b) l'équation de l'axe de symétrie ;

   c) l'ordonnée à l'origine.

3. On donne une fonction de base (1) transformée par un changement d'échelle vertical (2) puis par une translation $t_{(h, k)}$ (3). Dans chaque cas, détermine la règle de la fonction correspondant à la dernière parabole.

   a)

   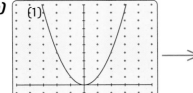
   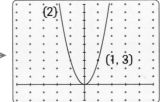
   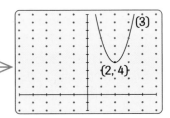

   b)

   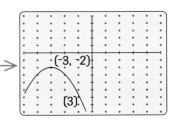

c)

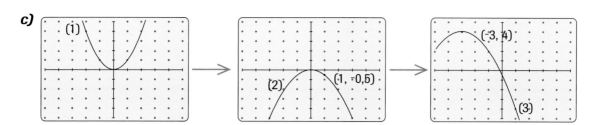

d)

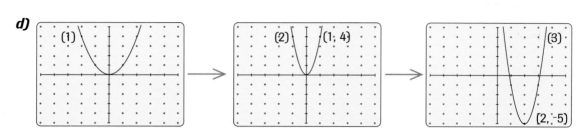

4. Dans chaque cas, déduis la règle de la fonction représentée.

a)

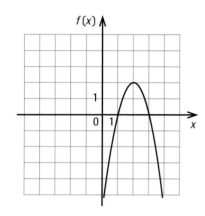

b)

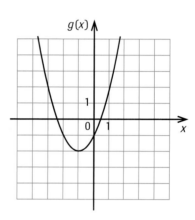

5. Dans chaque cas, trace le graphique de la fonction définie par la règle donnée.

a) $f(x) = {}^-6x^2$

b) $f(x) = 7x^2 + 10x$

c) $f(x) = x^2 - 8$

d) $f(x) = 3x^2 + 3x + 2$

e) $f(x) = 2,5x^2 - 5x + 15$

f) $f(x) = {}^-0,5(x + 4)^2 + 4$

6. D'une embarcation nautique en panne, on a lancé une fusée-signal. La hauteur (H), en mètres, de la fusée est définie par $H = {}^-1,5t^2 + 30t$, où t représente le temps écoulé (en secondes) depuis son lancement.

a) Détermine les coordonnées du sommet de la parabole correspondant à cette fonction.

b) Trouve la hauteur maximale atteinte par cette fusée de secours.

c) Trace le graphique cartésien de cette fonction.

d) Dans ce graphique, représente l'axe de symétrie et détermine son équation.

7. Voici deux écrans graphiques dans lesquels les coordonnées d'un point (le curseur) d'une parabole sont indiquées.

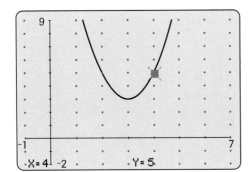 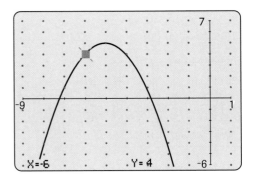

    a) Dans chaque cas, détermine la valeur du paramètre a.

    b) Détermine l'équation de chacune de ces paraboles.

    c) Quelle est l'ordonnée à l'origine de ces paraboles ?

    d) Donne les règles de ces fonctions sous la forme générale.

8. Exprime les règles suivantes sous la forme générale.

    a) $f(x) = 2(x - 3)^2 + 1$ **b)** $g(x) = 0{,}25(x + 4)^2 - 5$

9. La distance (D) parcourue (en kilomètres) par une fusée durant les trois premières minutes de son vol est définie par la règle $D = 50t^2$, où t est le temps (en minutes).

    a) Détermine les coordonnées du sommet de la parabole correspondante.

    b) Trace le graphique de cette fonction en tenant compte du contexte.

10. À partir des règles des fonctions quadratiques données, détermine les coordonnées du sommet et l'ordonnée à l'origine de chacune des paraboles associées.

    a) $f(x) = -2x^2 + 4x - 2$ **b)** $g(x) = 2x^2 + 2x - 1$

11. Trace la parabole correspondant à chacune des fonctions définies ci-dessous.

    a) $Y_1 = 3x^2 + 2x - 1$ **b)** $Y_2 = -4x^2 + 2x + 6$

12. Le graphique ci-contre indique les transformations à appliquer à un point du graphique de la fonction quadratique de base définie par $f(x) = x^2$ pour obtenir son image.

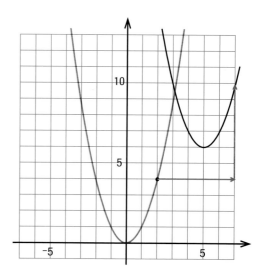

a) Définis la transformation qui permet d'associer les deux paraboles.

b) Détermine l'image du point (0, 0) par cette transformation.

c) Donne la règle de la fonction qui correspond à la parabole image sous sa forme:

    1) canonique;   2) générale.

13. On a appliqué des transformations à la parabole de base pour obtenir les trois paraboles ci-contre.

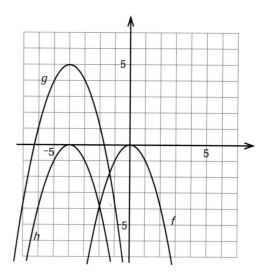

a) Détermine les coordonnées du sommet de chaque parabole.

b) Donne la règle de chacune des fonctions correspondant à ces paraboles.

c) Quelle est l'équation de l'axe de symétrie de chacune de ces trois paraboles?

d) Donne sous sa forme générale la règle de la fonction correspondant à chaque parabole.

14. On introduit les règles de fonctions $Y_1 = 0{,}25(x - 4)^2 + 2$, $Y_2 = -x^2 + 8x - 14$ et $Y_3 = x^2 + 5x + 6$, et on trace les graphiques.

  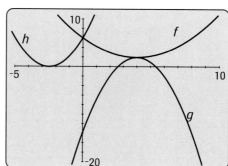

a) En portant le curseur sur chacune de ces paraboles, estime les coordonnées du sommet et l'ordonnée à l'origine de chacune.

b) Qu'ont en commun les graphiques des fonctions:
    1) f et g?   2) f et h?

► FORUM

a) Soit $f(x) = ax^2 + bx + c$ et $g(x) = a(x - h)^2 + k$.

   1) Quelle différence y a-t-il entre le rôle du paramètre c de la règle générale et le rôle du paramètre k dans la règle canonique?

   2) Dans quel cas ces deux paramètres sont-ils équivalents?

b) Peut-on passer de la forme générale à la forme canonique en complétant un carré parfait? Vérifiez votre réponse à l'aide de la règle $y = x^2 + 8x + 1$.

LES PROPRIÉTÉS DE LA FONCTION QUADRATIQUE

| LE DOMAINE ET CODOMAINE |
| LES EXTREMUMS |
| LES ZÉROS |
| VARIATION ET SIGNE |

LE DOMAINE ET LE CODOMAINE

Les prothèses dentaires

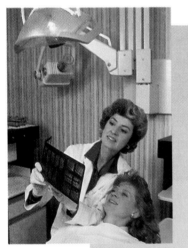

Un dentiste a reproduit la mâchoire supérieure et la mâchoire inférieure d'une personne dans un plan cartésien. Ces mâchoires évoquent la forme de paraboles. Cette situation fait appel à deux fonctions quadratiques.

a) Laquelle des mâchoires évoque la parabole d'une fonction ayant un paramètre a positif?

b) Quelle est la largeur de chaque mâchoire?

c) Quelle est la hauteur de chaque mâchoire?

Voici les deux modèles mathématiques évoqués par cette situation.

1) $a > 0$

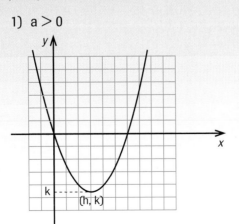

2) $a < 0$

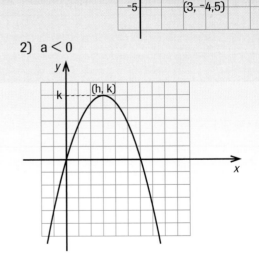

d) Dans chaque cas, détermine le domaine et le codomaine de ces modèles quadratiques.

Le domaine d'une fonction quadratique est généralement l'ensemble ℝ, à moins que le contexte d'une situation ne vienne restreindre ce domaine.

Son codomaine est l'un ou l'autre des cas suivants.

Dans le cas où a > 0, la parabole a son ouverture vers le haut et le codomaine est l'intervalle représenté par [k, +∞[. Dans le cas où a < 0, la parabole a son ouverture vers le bas et le codomaine de la fonction est représenté par l'intervalle]-∞, k]. Le codomaine peut aussi être restreint par le contexte d'une situation.

LES EXTREMUMS

a) Si l'on se réfère à la situation des mâchoires, quelle mâchoire est généralement la plus longue?

b) Dans quel cas la variable dépendante a-t-elle une plus grande valeur ? Ou un maximum?

1) a > 0

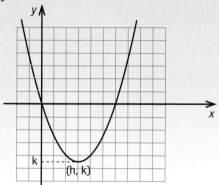

2) a < 0

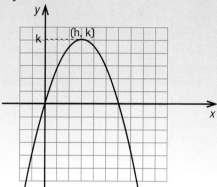

c) Dans quel cas a-t-on un minimum?

d) Dans cette situation, quelle expression représente le maximum ou le minimum sous la forme:

1) canonique?   2) générale?

Dans une fonction quadratique,

Si a > 0:

• le domaine est ℝ;

• le codomaine est [k, +∞[ou [$\frac{4ac - b^2}{4a}$, +∞[;

• k ou $\frac{4ac - b^2}{4a}$ est un minimum.

Si a < 0:

• le domaine est ℝ;

• le codomaine est]-∞, k] ou]-∞, $\frac{4ac - b^2}{4a}$];

• k ou $\frac{4ac - b^2}{4a}$ est un maximum.

1. Détermine le domaine, le codomaine et le maximum ou le minimum, selon le cas.

a)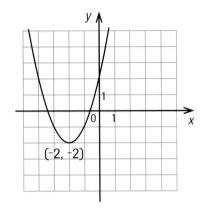

b)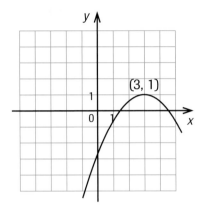

2. Détermine le domaine, le codomaine, le maximum ou le minimum, selon le cas, pour les fonctions quadratiques définies par ces règles.

a) $f(x) = -2x^2 + 3x - 4$

b) $g(x) = 4(x - 2)^2 - 3$

3. Avant l'ouverture de la saison, les adeptes de la chasse au canard s'entraînent au tir au pigeon d'argile. Un propulseur spécial lance en l'air des disques d'argile qui servent de cibles mobiles. Le graphique suivant montre la relation entre le temps t écoulé (en secondes) depuis le lancer du pigeon d'argile et sa hauteur H (en mètres) par rapport au sol.

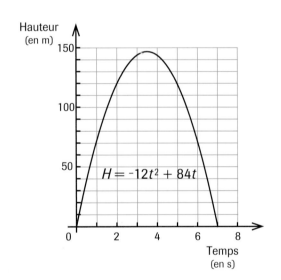

a) Combien de temps le chasseur a-t-il pour viser la cible et faire feu?

b) Pendant combien de temps le pigeon d'argile reste-t-il dans les airs si le chasseur rate son coup?

c) Quelles sont les coordonnées du sommet de cette parabole?

d) Détermine le domaine et le codomaine de la fonction associée à cette situation.

e) Quels sont le domaine et le codomaine du modèle mathématique évoqué par cette situation?

f) Quelle hauteur maximale un pigeon d'argile atteint-il lorsqu'il n'est pas touché par le tireur?

► FORUM

a) Les coordonnées du sommet de la parabole fournissent beaucoup d'informations. Que nous apprennent-elles précisément? Donnez au moins trois informations.

b) Définissez deux paraboles pour lesquelles l'ordonnée de chaque point est en même temps un maximum pour l'une et un minimum pour l'autre.

    1) (0, 0)   2) (4, 2)   3) (-3, -2)

LES ZÉROS

Plongeur de haute voltige

La courbe ci-contre représente la trajectoire décrite par un plongeur de haute voltige lors d'une exhibition aquatique.

En faisant correspondre l'axe des abscisses avec la surface de l'eau et l'axe des ordonnées avec la falaise, cette trajectoire peut être définie par la fonction quadratique $H = -x^2 + 2x + 15$, où H représente la hauteur du plongeur et x sa distance horizontale par rapport au pied de la falaise.

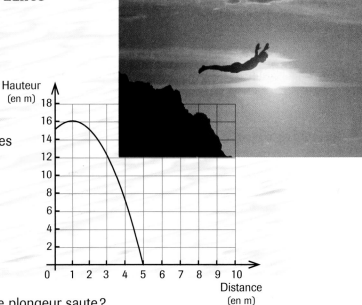

a) Quelle est la hauteur de la falaise d'où le plongeur saute?

b) À quelle distance de la falaise le plongeur entre-t-il en contact avec l'eau? Détermine cette distance en:

    1) factorisant le polynôme dans $H = -x^2 + 2x + 15$;   2) appliquant la loi du produit nul.

Méthode de recherche des zéros par factorisation	
Une méthode de recherche des zéros d'une fonction consiste à:	Exemple $f(x) = 2x^2 + 3x + 1$
1° remplacer $f(x)$ par 0 dans la règle;	$0 = 2x^2 + 3x + 1$ ou $2x^2 + 3x + 1 = 0$ $2x^2 + 2x + x + 1 = 0$
2° factoriser le polynôme;	$2x(x + 1) + 1(x + 1) = 0$ $(x + 1)(2x + 1) = 0$ $x + 1 = 0$ ou $2x + 1 = 0$
3° appliquer la loi du produit nul qui dit: $A \cdot B = 0 \Leftrightarrow A = 0$ ou $B = 0$;	$\Downarrow$ $\Downarrow$ $x_1 = -1$ ou $x_2 = \dfrac{-1}{2}$
4° résoudre chaque équation obtenue.	

Une fonction $f(x) = ax^2 + bx + c$ a des zéros notés x_1 et x_2. Il est possible de faire ressortir ces zéros en écrivant sa règle sous la forme $f(x) = a(x - x_1)(x - x_2)$.

Cependant, il n'est pas toujours facile de factoriser un trinôme du second degré. Pour remédier à cette difficulté, les mathématiciens et les mathématiciennes ont développé une autre méthode plus générale de recherche des zéros.

Cette méthode utilise directement l'équation de forme canonique dans laquelle il est possible d'isoler la variable indépendante :

$$f(x) = a(x - h)^2 + k$$

(Les zéros annulent la variable dépendante ou font que $f(x) = 0$.)
$\Downarrow$

$$0 = a(x - h)^2 + k \text{ ou } a(x - h)^2 + k = 0$$

(Règle de transformation des équations par soustraction.)
$\Downarrow$

$$a(x - h)^2 = {}^-k$$

(Règle de transformation des équations par division.)
$\Downarrow$

$$(x - h)^2 = \frac{-k}{a}$$

(En extrayant la racine carrée de chacun des membres de l'équation.)
$\Downarrow$

$$x - h = + \sqrt{\frac{-k}{a}} \text{ ou } x - h = - \sqrt{\frac{-k}{a}}$$

(Règle de transformation des équations par addition.)
$\Downarrow$

$$x = h + \sqrt{\frac{-k}{a}} \text{ ou } x = h - \sqrt{\frac{-k}{a}}$$

Isolé x

Donc, **les zéros d'une fonction quadratique de la forme $f(x) = a(x - h)^2 + k$ sont :**

$$x_1 = h + \sqrt{\frac{-k}{a}} \text{ ou } x_2 = h - \sqrt{\frac{-k}{a}}$$

En remplaçant h par $\frac{-b}{2a}$ et k par $\frac{(4ac - b^2)}{4a}$, **les zéros d'une fonction quadratique dont la règle est de la forme $f(x) = ax^2 + bx + c$ sont :**

$$x_1 = \frac{-b + \sqrt{b^2 - 4ac}}{2a} \text{ ou } x_2 = \frac{-b - \sqrt{b^2 - 4ac}}{2a}$$

✳ utilisé quand on ne peut factoriser.

c) En utilisant ces formules, détermine à quelle distance de la falaise deux audacieux plongeurs entreront dans l'eau si leur saut respectif suit la parabole correspondant à chacune des fonctions définies ci-dessous :

1) $f(x) = {}^-0,75(x - 2)^2 + 18$ 2) $g(x) = {}^-0,5x^2 + 2x + 15$

Ces formules, qui expriment les zéros d'une fonction selon leur forme, utilisent toutes une racine carrée. Or, une racine carrée ne peut exister que si son **radicande est positif ou nul.**

On a donc les cas suivants :

FORME $f(x) = a(x - h)^2 + k$	FORME $f(x) = ax^2 + bx + c$
1° **Si $-\dfrac{k}{a} > 0$,** les zéros sont réels et distincts : $$x_1 = h + \sqrt{\dfrac{-k}{a}}$$ $$x_2 = h - \sqrt{\dfrac{-k}{a}}$$	1° **Si $b^2 - 4ac > 0$,** les zéros sont réels et distincts : $$x_1 = \dfrac{^-b + \sqrt{b^2 - 4ac}}{2a}$$ $$x_2 = \dfrac{^-b - \sqrt{b^2 - 4ac}}{2a}$$
2° **Si $-\dfrac{k}{a} = 0$,** les zéros sont réels et égaux : $x_1 = h + 0 = h$ $\qquad\qquad\qquad\qquad$ zéro double $x_2 = h - 0 = h$	2° **Si $b^2 - 4ac = 0$,** les zéros sont réels et égaux : $x_1 = \dfrac{^-b + \sqrt{0}}{2a} = \dfrac{^-b}{2a}$ $\qquad\qquad\qquad\qquad$ zéro double $x_2 = \dfrac{^-b + \sqrt{0}}{2a} = \dfrac{^-b}{2a}$
3° **Si $-\dfrac{k}{a} < 0$,** les zéros ne sont pas des nombres réels.	3° **Si $b^2 - 4ac < 0$,** les zéros ne sont pas des nombres réels.

d) Voici différentes paraboles. Pour chacune, indique le signe de la valeur du paramètre a. Associe chacune d'elles à l'un des trois cas ci-dessus.

1)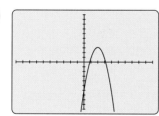

2)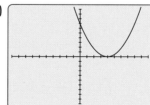

3)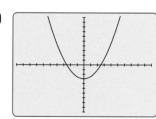

4)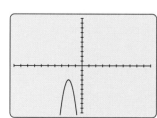

5)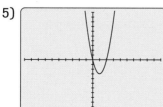

6)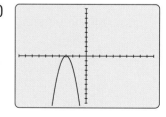

La parabole associée à une fonction quadratique peut donc occuper trois positions par rapport à l'axe des abscisses, et ce, qu'elle soit ouverte vers le haut ou vers le bas. Elle peut intercepter l'axe des abscisses en **deux points distincts** (deux zéros), ou en **un seul point** (zéro double), mais elle peut aussi n'avoir **aucun point** d'intersection avec cet axe (aucun zéro).

Investissement 8

1. Voici la règle et la représentation graphique de fonctions quadratiques. Dans chaque cas, détermine les zéros de la fonction.

a) $f(x) = \text{-}(x - 2)^2 + 6$

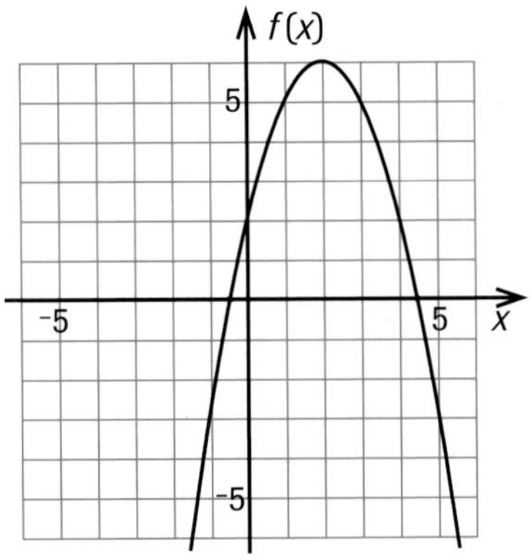

b) $g(x) = 1{,}25x^2 - 5$

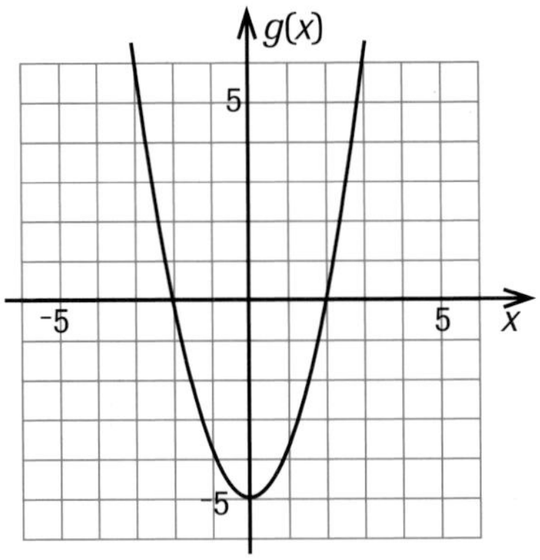

c) $h(x) = \text{-}0{,}35(x - 1)^2$

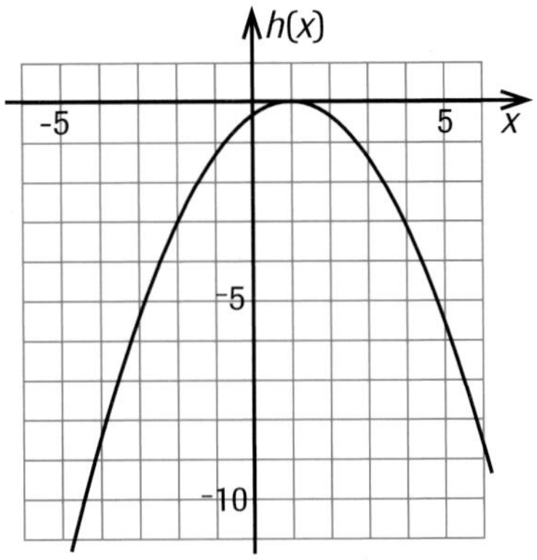

d) $i(x) = 1{,}5(x + 1)^2$

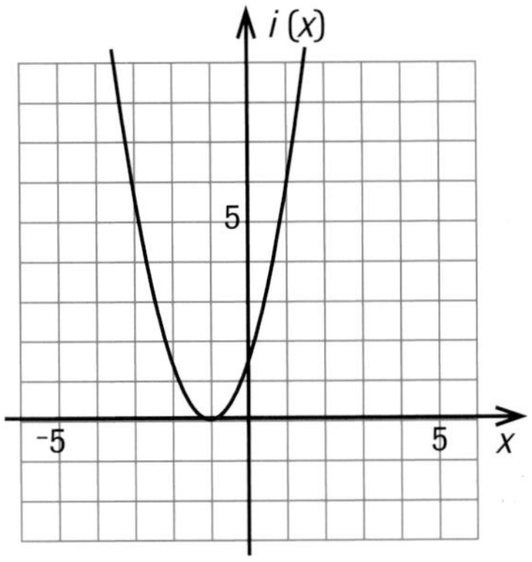

e) $j(x) = \text{-}x^2 - 2$

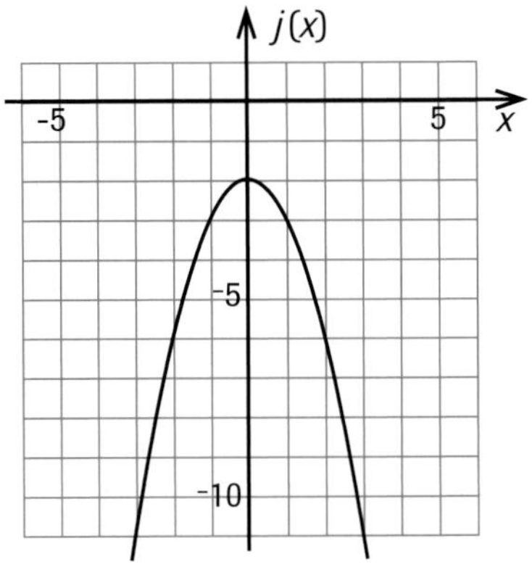

f) $k(x) = 0{,}5(x - 3)^2 + 2{,}5$

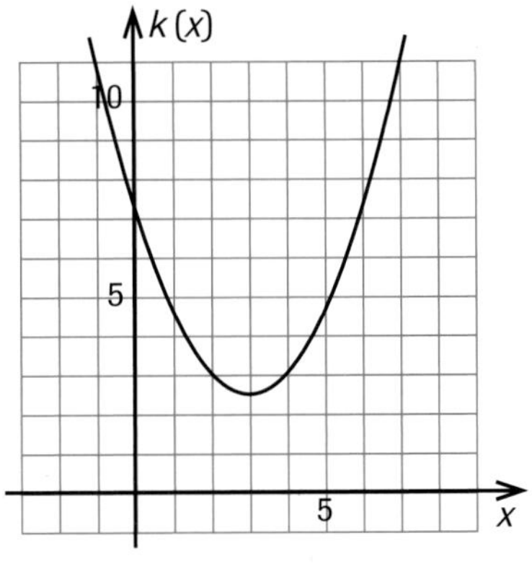

2. En factorisant chacune des règles suivantes, détermine les zéros de ces fonctions quadratiques.

a) $f(x) = x^2 + 6x - 7$

b) $g(x) = x^2 + 10x$

c) $h(x) = 2x^2 + 10x + 8$

d) $j(x) = x^2 - 25$

e) $i(x) = 3x^2 + 192$

f) $k(x) = 2x^2 - 3x + 1$

3. À partir de chacun de ces écrans graphiques, détermine quel est le signe de $\text{-}\frac{k}{a}$.

a)

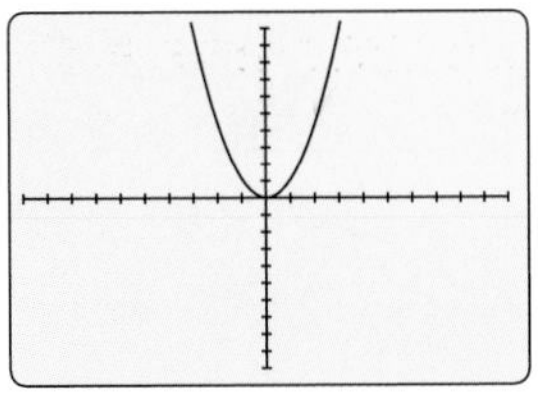

b)

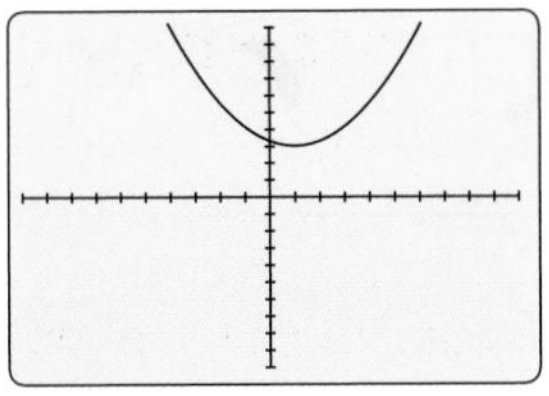

c)

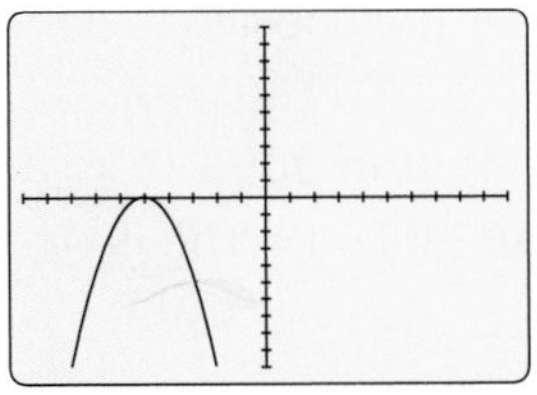

d)

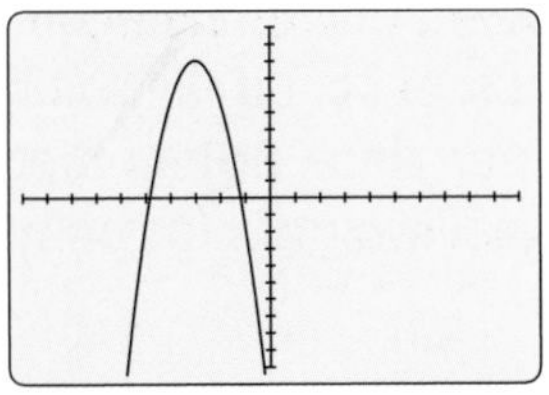

4. Dans chaque cas, détermine si la fonction a deux zéros distincts, un zéro double ou aucun zéro.

a) $f(x) = 4x^2 + 6x + 1$ **b)** $f(x) = 2(x - 3)^2 + 19{,}5$ **c)** $f(x) = {}^-3{,}5(x - 3)^2 + 7$

d) $f(x) = 0{,}5(x - 0{,}5)^2$ **e)** $f(x) = {}^-x^2$ **f)** $f(x) = 3{,}5x^2 - 12{,}25x$

5. Un ballon est botté dans les airs. La hauteur H du ballon (en mètres) selon le temps t (en secondes) est donnée par la règle $H(t) = {}^-2t^2 + 12t$.

a) Pendant combien de temps le ballon est-il dans les airs ?

b) Quelle hauteur maximale ce ballon atteint-il ?

c) Détermine la hauteur du ballon après le temps donné.

  1) 1 s   2) 5 s

d) Trace le graphique qui représente cette situation.

e) Détermine le signe de cette fonction restreinte à la situation.

6. Voici les règles de diverses fonctions polynomiales du second degré.

$f(x) = x^2 + 8x + 65$ $j(x) = {}^-7{,}5(x - 5)^2 + 24$

$g(x) = 2x^2 + 3x + 1$ $k(x) = 6(x + 3)^2 + 18$

$h(x) = {}^-2x^2 - 6x$ $l(x) = {}^-(x + 3)^2$

$i(x) = 11{,}5(x + 3)(x + 9)$ $m(x) = {}^-(x - 1)(x + 1)$

Pour chacune de ces fonctions, détermine :

a) les coordonnées du sommet de la parabole ;

b) les zéros ;

c) l'ordonnée à l'origine.

7. Soit (4, 5) les coordonnées du sommet de la parabole associée à la fonction *g*. Sachant que ⁻2 est un zéro de la fonction *g*:

a) détermine si la parabole est ouverte vers le haut ou vers le bas;

b) donne l'équation de son axe de symétrie;

c) donne la valeur de l'autre zéro.

8. Dans une agence de publicité, le nombre d'employés et employées (*N*) a sans cesse augmenté durant les six premières années de son existence pour ensuite décroître de plus en plus rapidement. L'un des comptables de l'entreprise explique que l'évolution du personnel a suivi la relation définie par la règle $N(t) = -5t^2 + 60t + 20$, où *t* représente le temps (en années).

a) Au moment de sa création, combien de personnes cette agence a-t-elle embauchées?

b) Si cette entreprise débute aujourd'hui sa dixième année d'existence, combien d'employés et employées compte-t-elle?

c) Dans combien d'années cette agence fermera-t-elle ses portes si elle évolue toujours selon la même règle?

d) À quel moment a-t-elle employé le plus grand nombre de personnes?

9. Parmi les fonctions quadratiques ci-contre, laquelle génère une parabole qui ne coupe pas l'axe des abscisses?

10. Lors d'une compétition de plongeon, Nadia a effectué un saut de la plate-forme de 10 m. La hauteur de Nadia en fonction du temps est définie par une fonction quadratique dont le graphique correspond à celui ci-contre.

a) Quel est le maximum de cette fonction si la règle est $H(t) = -2t^2 + 2t + 10$?

b) Pendant combien de temps environ Nadia est-elle dans les airs?

c) Quel est le signe de la valeur des paramètres suivants?

1) a   2) h   3) k

d) Quel est le signe de la valeur du rapport $\frac{-k}{a}$?

e) Combien de zéros cette fonction a-t-elle si on la limite à la situation?

►FORUM

a) Quelle méthode est la plus rapide pour trouver les zéros de chaque fonction ? Justifiez votre réponse.

1) $f(x) = 2x^2 + 3x$　　　　　　　　　2) $g(x) = 2x^2 + 7x - 3$

b) Démontrez que, pour $h = \dfrac{-b}{2a}$ et $k = \dfrac{(4ac - b^2)}{4a}$, on a :

$$h + \sqrt{\dfrac{-k}{a}} = \dfrac{-b + \sqrt{b^2 - 4ac}}{2a}$$

VARIATION ET SIGNE

Le fer 7 !

Antonine joue au golf. Le bâton avec lequel elle réussit le mieux ses coups est son fer 7. Au centre d'entraînement, un appareil reproduit sur un écran la hauteur (en mètres) de la balle en fonction du temps (en secondes). Voici ce que montre l'écran de l'appareil pour une balle frappée avec un fer 7.

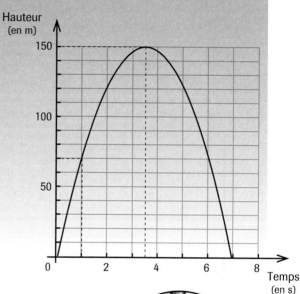

a) Pendant combien de temps sa balle est-elle dans les airs ?

b) À quelle hauteur sa balle monte-t-elle ?

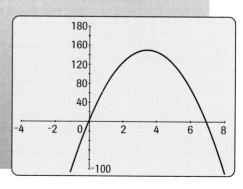

c) Sur quel intervalle la fonction est-elle croissante ? décroissante ?

Cette situation appelle le modèle mathématique ci-contre.

d) Détermine les intervalles de croissance et de décroissance.

e) Fais l'étude complète des signes de la fonction.

On constate que la fonction est **croissante sur un intervalle** et **décroissante sur l'autre,** et que l'**abscisse du sommet** de la parabole est une **borne** de ces deux intervalles.

Quant aux signes de la fonction, ce sont les zéros qui jouent le rôle de bornes. On rencontre divers cas, selon qu'il y a 2 zéros, 1 seul ou aucun zéro. Ces cas sont résumés dans le tableau suivant.

Cas	$-\dfrac{k}{a} > 0$	$-\dfrac{k}{a} = 0$	$-\dfrac{k}{a} < 0$
$a > 0$	$f(x) > 0$, si $x \in]^-\infty, x_1[\cup]x_2, ^+\infty[$ $f(x) < 0$, si $x \in]x_1, x_2[$	$f(x) > 0$, si $x \in \mathbb{R}\backslash\{h\}$	$f(x) > 0, \forall\, x \in \mathbb{R}$
$a < 0$	$f(x) > 0$, si $x \in]x_1, x_2[$ $f(x) < 0$, si $x \in]^-\infty, x_1[\cup]x_2, ^+\infty[$	$f(x) < 0$, si $x \in \mathbb{R}\backslash\{h\}$	$f(x) < 0, \forall\, x \in \mathbb{R}$

Investissement 9

1. Étudie la variation des fonctions suivantes en termes de croissance et de décroissance.

a)

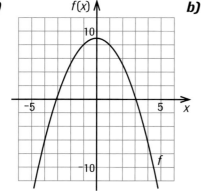

b)

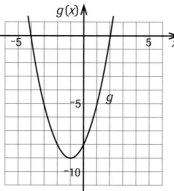

c)

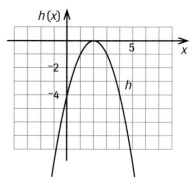

2.

Fais l'étude des signes de chacune des fonctions de l'exercice 1.

3. Au cours d'un spectacle, le dauphin Kino doit effectuer un saut hors de l'eau. La trajectoire qu'il décrit dans un système cartésien gradué en mètres est la parabole de la fonction : $f(x) = -0,3125(x + 4)(x - 4)$.

a) Quelle est la hauteur de son saut hors de l'eau ?

b) Sur quel intervalle le dauphin est-il hors de l'eau ?

c) Sur quel intervalle est-il en ascension ?

d) Sur quel intervalle est-il en descente ?

e) Sur quel intervalle est-il dans l'eau au moment de son saut ?

4. Fais une étude de la croissance, de la décroissance et des signes des fonctions suivantes.

$f(x) = -x^2 + 5x - 6$ 　　　　　　 $g(x) = 2x^2 + 4x + 5$

a)
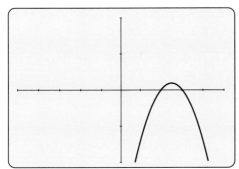

b)
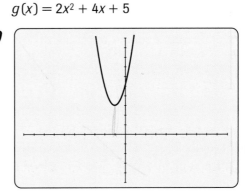

5. Trace le graphique de la fonction $f(x) = x^2 + 3x - 10$ et détermine les deux intervalles pour lesquels $f(x) > 0$.

6. À l'aide de la table de valeurs d'une calculatrice à affichage graphique, fais l'étude des signes de la fonction $f(x) = -2x^2 + 3x - 1$.

7. Que peut-on dire des signes des deux fonctions suivantes : $f(x) = x^2 - 3x$ et $g(x) = -x^2 + 3x$?

► **FORUM**

a) La croissance et la décroissance d'une fonction quadratique sont liées aux taux de variation de la fonction. Que peut-on dire de ces taux lorsqu'on s'approche du sommet de la parabole ?

b) Si avant d'atteindre le sommet d'une parabole, les taux de variation entre trois points sont positifs, que peut-on dire des taux pour trois points symétriques sur l'autre branche de la parabole ?

Une fonction polynomiale de degré 2 est appelée fonction **quadratique.** Elle est caractérisée par des taux de variation unitaires qui augmentent ou diminuent suivant une régularité et son graphique est une **parabole.**

Une fonction quadratique est définie par une **règle de la forme générale** $f(x) = ax^2 + bx + c$ ou par la règle de **forme canonique** $f(x) = a(x - h)^2 + k$, où $h = \frac{-b}{2a}$ et $k = \frac{(4ac - b^2)}{4a}$.

Le paramètre **a** agit sur l'ouverture de la parabole et détermine si elle est ouverte vers le haut ou vers le bas. Le paramètre **c** correspond à l'ordonnée à l'origine. Les paramètres **h** et **k** correspondent aux coordonnées du sommet de la parabole.

Les **propriétés de la fonction quadratique** sont :

- Une fonction quadratique n'a pas de restriction sur son **domaine**. Son **codomaine** correspond à l'intervalle $[k, +\infty[$ si $a > 0$ et à l'intervalle $]-\infty, k]$ si $a < 0$.

- Les coordonnées du **sommet** de la parabole sont : (h, k) ou $\left(\frac{-b}{2a}, \frac{(4ac - b^2)}{4a}\right)$.

- Si $a > 0$, l'ordonnée k est un **minimum** et si $a < 0$, k est alors un **maximum.**

- L'**axe de symétrie** d'une parabole correspond à la droite verticale $x = h$ ou $x = \frac{-b}{2a}$.

- La fonction quadratique a deux zéros si $\frac{-k}{a} > 0$, un zéro double si $\frac{-k}{a} = 0$ et n'a aucun zéro si $\frac{-k}{a} < 0$. Ces **zéros** peuvent être calculés à partir des formules suivantes :

Forme canonique :

$$x_1 = h + \sqrt{\frac{-k}{a}} \quad \text{ou} \quad x_2 = h - \sqrt{\frac{-k}{a}}$$

Forme générale :

$$x_1 = \frac{-b + \sqrt{b^2 - 4ac}}{2a} \quad \text{ou} \quad x_1 = \frac{-b - \sqrt{b^2 - 4ac}}{2a}$$

- Si **a > 0,** la fonction est **décroissante** sur $]-\infty, h]$ et **croissante** sur $[h, +\infty[$.
  Si **a < 0,** la fonction est **croissante** sur $]-\infty, h]$ et **décroissante** sur $[h, +\infty[$.

- La fonction est **positive** pour le sous-ensemble du domaine correspondant à la partie de la parabole située sur et au-dessus de l'axe des abscisses et **négative** pour le sous-ensemble du domaine correspondant à la partie située sur et au-dessous de l'axe des abscisses.

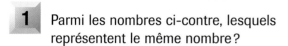

1 Parmi les nombres ci-contre, lesquels représentent le même nombre?

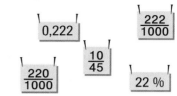

2 Parmi ces mêmes nombres donne ceux qui égalent:

a) $\frac{2}{9}$ **b)** $\frac{11}{50}$

3 Calcule les résultats mentalement.

a) $12 + 4 \times 5$ **b)** $8 \times 4 - 5$ **c)** $16 + 4 \div 2 \times 3$ **d)** $16 \div 4 - 2 \times 3$

4 Complète ces énoncés.

a) $\blacksquare \div 100 > 100$ **b)** $2 \div \blacksquare = 4$ **c)** $\blacksquare \div 5 = 0$ **d)** $0,5 \div \blacksquare = 2$

5 Dans chaque cas, place chacun des nombres 4, 6, 8 et 9 dans les cases afin d'obtenir le résultat maximum.

a) $\frac{\blacksquare}{\blacksquare} + \frac{\blacksquare}{\blacksquare}$ **b)** $\frac{\blacksquare}{\blacksquare} - \frac{\blacksquare}{\blacksquare}$ **c)** $\frac{\blacksquare}{\blacksquare} \times \frac{\blacksquare}{\blacksquare}$ **d)** $\frac{\blacksquare}{\blacksquare} \div \frac{\blacksquare}{\blacksquare}$

6 Quelle expression donne le résultat le plus près de 0?

A) $\frac{3}{4} - 0,73$ B) $\frac{1}{2} + \frac{-1}{4}$ C) $\frac{3}{4} \div \frac{3}{4}$ D) 1 % de 0,01

7

Si 1 pizza de 20 cm de rayon est suffisante pour bien nourrir 2 personnes, combien de personnes peut-on bien nourrir avec 2 pizzas de 30 cm de rayon?

8 Une jeune entreprise conçoit et vend des affiches publicitaires. Ces affiches rectangulaires sont de même forme et leur prix est fixé selon la largeur. Voici la table de prix.

Largeur (en dm)	Prix (en $)
1	2
2	8
3	18
4	32
5	50
6	72
7	98

a) Le prix d'une affiche est-il directement proportionnel à sa largeur? Justifie ta réponse.

b) Calcule le taux de variation du prix d'une affiche pour chaque augmentation de la largeur.

c) Comment pourrait-on qualifier la progression des prix?

d) Détermine la règle de cette relation et trace le graphique associé à cette situation.

e) Sachant que cette entreprise conçoit des affiches dont la largeur n'excède pas 1 m, détermine le domaine et le codomaine de cette relation.

f) En faisant abstraction de la situation, détermine le domaine et le codomaine de ce modèle mathématique. De quel modèle s'agit-il?

9 Donne les caractéristiques de la courbe qu'on appelle parabole.

10 Comment doit-on couper ce cône pour obtenir une parabole?

11 Énumère mentalement six points du plan qui appartiennent à la parabole de la fonction quadratique de base.

12 Énumère les propriétés de la fonction quadratique de base $f(x) = x^2$.

13 Soit $Y_1 = (x - 2)(x + 1)$.

a) Complète cette table de valeurs.

b) Quelle est l'image de ⁻22?

c) Détermine si cette parabole est ouverte vers le haut ou vers le bas.

d) Décris comment varie le taux de variation de cette fonction.

e) Donne les coordonnées à l'origine de cette fonction.

14 On trace le graphique de la fonction $g(x) = 3(x - 4)^2 - 14$ à partir de celui de la fonction $f(x) = x^2$.

a) Identifie le paramètre qui est le facteur du changement d'échelle vertical de la parabole de base.

b) Identifie les deux paramètres qui provoquent une translation de la parabole de la fonction de base.

c) En te référant au graphique de la fonction quadratique de base, décris le rôle que joue chacun de ces paramètres au niveau de la représentation graphique de la fonction g.

15 Dans chaque cas, donne l'équation d'une parabole qui a été obtenue à la suite de la transformation donnée.

a) Un changement d'échelle vertical de facteur 0,5 de la parabole de base.

b) Une translation horizontale vers la droite de la parabole correspondant à $f(x) = -2x^2 - 5$.

c) Une translation verticale vers le bas de la parabole correspondant à $f(x) = 2{,}8x^2$.

d) Une translation horizontale vers la gauche suivie d'une translation verticale vers le haut de la parabole de base.

e) Une réflexion par rapport à l'axe des abscisses suivie d'un changement d'échelle vertical de facteur 3 de la parabole de base.

16 Soit $f(x) = (x + 5)^2$. Pour chacune de ces règles, décris l'effet sur le graphique de la modification de la valeur du paramètre dans la règle de cette fonction sur le graphique.

a) $g(x) = (x + 5)^2 + \mathbf{14}$ **b)** $h(x) = \mathbf{0,5}(x + 5)^2$ **c)** $k(x) = \mathbf{-3}(x + 5)^2$

17 Voici quelques règles de fonctions quadratiques :

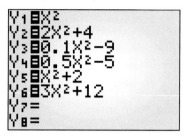

a) Pour chacune de ces fonctions, quelle est la valeur du paramètre associé à une translation verticale de la parabole de la fonction quadratique de base ?

b) Laquelle de ces fonctions correspond à la parabole dont le sommet est le plus bas ?

c) Laquelle de ces fonctions n'est pas définie par les valeurs ci-contre ?

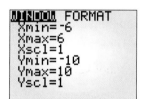

18

Dans la forme générale de la règle d'une fonction quadratique, décris le rôle joué par chaque paramètre a, b et c.

19 Voici les règles de deux fonctions quadratiques :

$$f(x) = 2x^2 + 3x - 4 \quad \text{et} \quad g(x) = \text{-}0,8x^2 + 5x - 3$$

Indique laquelle de ces fonctions correspond à la parabole qui :

a) a la plus grande ouverture ;

b) passe par le point (5, 2) ;

c) est ouverte vers le haut ;

d) a la plus petite ordonnée à l'origine.

20 Voici les règles de deux fonctions quadratiques :

$$f(x) = -2(x + 3)^2 - 2 \quad \text{et} \quad g(x) = 0{,}5(x - 2)^2 + 3$$

Indique laquelle de ces fonctions engendre une parabole qui a :

a) son ouverture vers le haut ;

b) la plus grande ouverture ;

c) son sommet en (-3, -2) ;

d) 5 comme ordonnée à l'origine.

21 Écris chaque règle donnée sous une autre forme.

a) $f(x) = 2x^2 - 4x + 2$

b) $g(x) = -1(x + 3)^2 - 2$

c) $h(x) = -2x^2 + 3x$

d) $i(x) = 2(x - 3)^2 + 4$

22 Écris chaque règle sous la forme canonique et sous la forme générale.

a) $f(x) = 2(x + 3)(x - 4)$

b) $g(x) = (2x + 1)(3x - 2)$

23 Quelles informations peut-on déduire au sujet de la parabole à partir de la règle $f(x) = 2(x - 4)(x + 1)$?

24 Détermine les coordonnées du sommet de la parabole correspondant à chaque fonction.

a) $f(x) = 2x^2 + 4x - 14$

b) $f(x) = x^2 + 2$

c) $f(x) = x^2 - 3x + 5{,}25$

25 La règle d'une fonction est $f(x) = (x - 5)^2$. On définit ensuite trois nouvelles fonctions à l'aide de la fonction *f*. Associe chaque règle à son graphique.

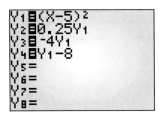

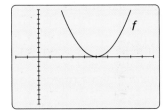

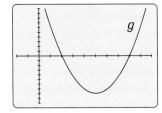

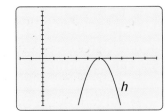

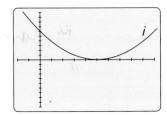

26 Parmi ces fonctions, lesquelles ont le même axe de symétrie ?

a) $f(x) = -2(x^2 + x - 4{,}5)$

b) $f(x) = x^2 + 1$

c) $f(x) = 2(x + 6)(x - 5)$

27 Soit les fonctions:

$$f(x) = (x - 2)(x + 4) \qquad g(x) = (x + 1)^2 - 9$$
$$h(x) = x^2 - 2x - 8 \qquad i(x) = x^2 + 2x - 8$$

a) Pour chacune de ces fonctions, quelle est l'image de 0?

b) Parmi ces règles, lesquelles utilisent des polynômes équivalents?

28 Soit $f(x) = 3x^2 - 6x - 8$ et $g(x) = -(x - 1)^2 + 9$.

a) En lisant seulement les deux règles de ces fonctions, donne toutes les informations qu'elles te livrent.

b) Trace le graphique cartésien de chacune de ces fonctions.

c) Pour quelle fonction la variable dépendante prend-elle les plus grandes valeurs sur [2, 4]?

d) Dans chaque graphique, trace l'axe de symétrie et donne son équation.

e) Pourquoi peut-on être assuré que le point (2, -8) est un point de la parabole de la première fonction?

29 En utilisant les paramètres et la fonction de base, trace les paraboles correspondant aux règles de fonctions quadratiques suivantes:

a) $f(x) = 2(x + 2)^2 - 1$

b) $g(x) = 2x^2 + 3x + 1$

c) $h(x) = -0,5(x - 2)^2 + 3$

d) $i(x) = 4x^2 + 5x + 1$

30 Voici trois règles de fonctions quadratiques.

a) Donne les coordonnées du sommet de la parabole correspondant à chacune.

b) Quelle est l'équation de la droite verticale qui constitue un axe de symétrie pour deux de ces fonctions?

c) Parmi ces fonctions, laquelle:

1) présente un seul zéro?

2) présente deux zéros?

3) ne présente aucun zéro?

d) Laquelle de ces fonctions ne prend que des valeurs négatives?

e) Laquelle a un codomaine égal à $\mathbb{R}_+$?

31 Détermine la règle de la fonction polynomiale du second degré qui a un zéro double égal à 2 et 2 et dont la valeur initiale est 18.

32 Indique combien de zéros réels a chaque fonction.

a) $n(x) = -9,8(x - 2,25)(x + 33)$

b) $n(x) = -(x + 1)^2 - 9$

c) $n(x) = 3x^2 - 6x + 3$

d) $n(x) = x^2 + 36$

33 Calcule les zéros de chaque fonction, s'ils existent.

a) $f(x) = -x^2 + 3$

b) $g(x) = -2(x + 1)^2 - 4$

c) $h(x) = 2(x + 3)(x - 2)$

d) $i(x) = 2x^2 + 5x - 3$

34 Qu'est-ce que les zéros de ces deux fonctions ont de particulier?

$$f(x) = x^2 - 5x + 6 \qquad \text{et} \qquad g(x) = 6x^2 - 5x + 1$$

35 Le graphique suivant montre la relation existant entre le temps (en secondes) écoulé depuis le début de l'élan du golfeur et la hauteur (en mètres) d'une balle de golf.

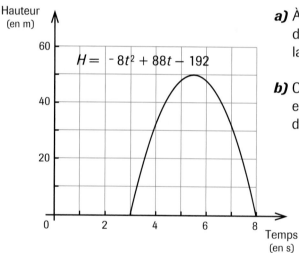

Hauteur (en m)

$H = -8t^2 + 88t - 192$

Temps (en s)

a) À partir du début de l'élan du golfeur, décris comment varie la hauteur de la balle en fonction du temps.

b) Combien de secondes se sont écoulées entre le début de l'élan et le contact du bâton avec la balle?

c) Quelles sont les coordonnées du sommet de cette parabole?

d) Pendant combien de temps la balle a-t-elle été dans les airs?

e) Calcule les zéros de cette fonction à partir de la règle.

f) Si l'on se réfère au modèle mathématique relié à cette situation, détermine le domaine et le codomaine de cette fonction.

g) Fais l'étude des signes de ce modèle mathématique.

36 Voici la représentation graphique d'une fonction quadratique. Donne la liste de toutes les propriétés de cette fonction (domaine, codomaine, extremum, zéros, variation et signes).

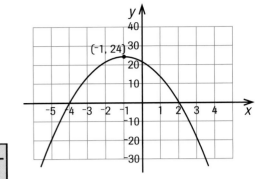

37 À partir de cette table de valeurs :

a) explique comment on peut estimer les zéros de la fonction ;

b) donne la valeur du paramètre c de la règle générale ;

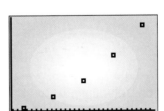

c) explique comment on peut estimer les coordonnées du sommet de la parabole.

38 On a calculé l'aire (en L_2) et la circonférence (en L_1) d'un cercle dont le rayon prend successivement les valeurs 1, 2, 3, 4 et 5. On veut savoir comment varie l'aire d'un cercle selon sa circonférence.

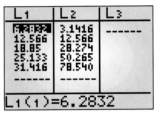

a) Introduis ces données dans une calculatrice à affichage graphique.

b) Fais afficher le nuage de points associé à cette table de valeurs.

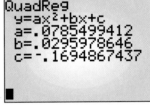

c) Détermine la règle de la fonction quadratique correspondant à cette table par régression.

d) Trace la courbe passant par les points du nuage de points.

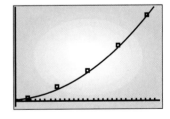

e) Fais une étude complète des propriétés de cette fonction.

39 Voici les graphiques de deux fonctions quadratiques.

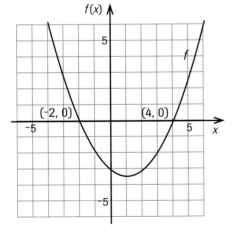

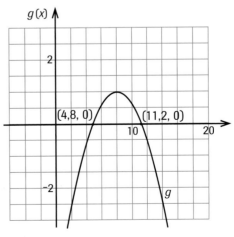

a) Étudie la croissance et la décroissance de chacune de ces fonctions.

b) Étudie les signes de chacune de ces fonctions.

40 **L'ENTREPÔT À CIEL OUVERT**

Afin de remiser ses matériaux de construction
durant la nuit, un entrepreneur entoure son chantier
d'un grillage métallique. Il dispose de 52 m de grillage
pour clôturer un espace rectangulaire. Cependant,
il veut maximiser la surface de rangement. Après avoir
déterminé la règle qui exprime l'aire d'entreposage,
aide-le à résoudre ce problème.

x x

41 **LA MÉTÉO**

Une météorologiste utilise la règle $f(x) = -0,15\,x^2 + t$ pour déterminer la température en
fonction de la vitesse x (en kilomètres par heure) du vent pour une température donnée t
(en degrés Celsius). Après avoir enregistré la température dans un lieu sans vent, elle
calcule la température selon la vitesse du vent. Montre comment évolue une température
de 5 °C sous l'effet d'un vent de plus en plus fort.

42 **LA BOÎTE DE CARTOUCHES**

Un fabricant produit des cartouches dont la forme
est définie par la règle $f(x) = -15(x^2 - 2x)$.
Quelles dimensions, au minimum, doit avoir la boîte
destinée à recevoir 12 cartouches disposées
comme le montre l'illustration ci-contre?

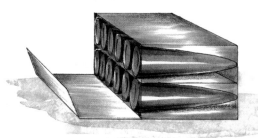

43 **LE TUNNEL**

L'illustration ci-dessous montre un tunnel d'une longueur x (en mètres) qui a été creusé
par une marmotte pendant t heures. Cette dernière conserve toujours la même ardeur au
travail et creuse d'une manière uniforme dans la terre. De plus, elle doit déblayer le tunnel
de ses débris au fur et à mesure qu'elle creuse. En tenant compte de la relation entre
la longueur du tunnel et le temps travaillé, réponds à ces questions.

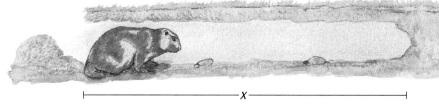

$\longmapsto\!\!\longrightarrow x \longleftarrow\!\!\longleftarrow$

a) Explique pourquoi la fonction entre la longueur x du tunnel et le temps t de travail
de la marmotte peut être associée à un modèle quadratique.

b) Sachant que la règle de cette situation correspond à l'expression $t = 4,25x^2$, pendant
combien de temps doit-elle travailler pour creuser les 20 m du tunnel qui la sépare de
la sortie?

c) Combien de temps a-t-elle mis pour creuser le dernier mètre si elle a travaillé deux fois
plus vite?

1. Écris chaque règle sous sa forme canonique.

a) $f(x) = 2x^2 + 6x + 8$ **b)** $g(x) = 2(x - 3)(x + 2)$

2. Trace les graphiques des fonctions suivantes à partir de la fonction quadratique de base.

a) $f(x) = 2(x - 2)^2 - 8$ **b)** $g(x) = {}^-0,5(x + 2)^2 + 4,5$

3. Calcule les zéros des deux fonctions de la question 2. Laisse les traces de ta démarche.

4. Fais l'étude complète de la fonction d'équation $f(x) = 2(x - 3)(x - 1)$: domaine, image, extremum, zéros, variation et signes.

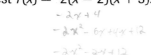

5. Fais l'étude complète de la fonction représentée ici et dont la règle est $f(x) = {}^-2(x - 2)(x + 3)$.

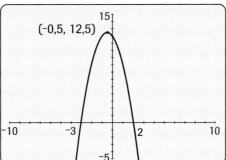

(-0,5, 12,5)

6. **LE CHAUFFAGE HIVERNAL**

Dans un édifice, on a observé en période hivernale que la consommation horaire d'huile à chauffage varie selon la règle $C(h) = 0,1(h - 12)^2 + 2$, où $C(h)$ représente la consommation en litres et h l'heure de la journée.

a) Trace le graphique de la fonction C sur l'intervalle [0, 24].

b) À partir de ce graphique, détermine le domaine et le codomaine de cette fonction.

c) À quel moment de la journée la consommation d'huile à chauffage est-elle à son minimum?

d) Étudie la variation de cette fonction.

7. **LA FUSÉE**

Une fusée a été dessinée suivant la parabole correspondant à la fonction $g(x) = {}^-5(x^2 - 4x)$. Donne sa hauteur et le diamètre de sa base si l'unité utilisée est le mètre.

Sujet 6 RECHERCHE DE LA RÈGLE

LE SOMMET ET UN POINT

Les avalanches

Montagne de la Suisse.

Il arrive parfois que des avalanches soient dangereuses dans les stations de ski situées en haute montagne. Dans la région de Martigni, en Suisse, pour remédier à cette situation, des experts ont mis au point un système provoquant des avalanches tôt le matin, lorsque les pistes sont libres. Pour ce faire, à l'aide d'un canon, ils projettent une charge explosive sur le flanc d'une montagne qui présente des risques. Ainsi, les adeptes du ski peuvent pratiquer leur sport favori en toute sécurité.

Afin d'atteindre la cible, les experts doivent déterminer la trajectoire que doit suivre la charge explosive et orienter le canon en conséquence.

Voici la représentation graphique de la trajectoire parabolique décrite par l'une de ces charges.

À partir du point *S* qui correspond au sommet de la trajectoire et du point *P* qui est le point visé sur le flanc de la montagne, les experts déterminent la règle de cette trajectoire. Quelle est cette règle? Pour la trouver, réponds aux questions suivantes.

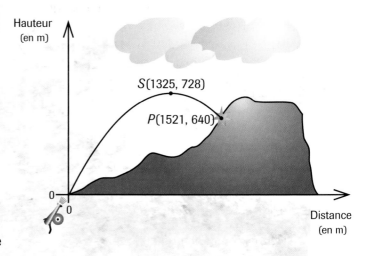

a) Écris la règle de forme canonique d'une fonction quadratique qui utilise les coordonnées du sommet de la parabole.

b) Quel autre paramètre reste-t-il à déterminer?

c) Quelle est l'image de l'abscisse 1521?

d) Cela signifie que si l'on remplace *x* par la valeur 1521 et *y* par la valeur 640 dans la règle, il est possible de déterminer la valeur du paramètre a. Quelle est la valeur de a?

e) Quelle est l'équation de la parabole associée à la trajectoire de la charge explosive?

Il est toujours possible de retrouver la règle d'une fonction quadratique lorsqu'on connaît les **coordonnées du sommet** et d'un **autre point.** Il suffit de procéder de la façon suivante :

> Les coordonnées du sommet (h, k) correspondent aux paramètres **h** et **k** de la règle $f(x) = a(x - h)^2 + k$. Les coordonnées d'un autre point permettent de déterminer la valeur du paramètre **a** une fois qu'on a remplacé les valeurs de x et de $f(x)$ dans la règle.

LES ZÉROS ET UN POINT

L'arrosage des fleurs

Sylvain est fasciné par l'étude des mathématiques. Aussi, voit-il une application des mathématiques dans tout ce qu'il fait.

En arrosant les fleurs, il a constaté que le jet d'eau suit une trajectoire parabolique. Il s'amuse à approcher et à éloigner le jet d'un arbre en modifiant la position du tuyau. Il s'interroge sur l'équation de la parabole formée par le jet d'eau lorsqu'il atteint la cime de l'arbre, à une hauteur de 3 m. Pour la déterminer, il mesure la distance entre le point de départ du jet, qu'il considère comme l'origine de son système de repérage, et son point d'arrivée. Il mesure également la distance entre l'origine et l'arbre.

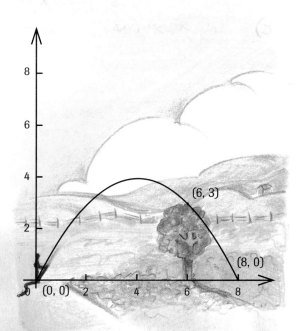

Il prétend avoir les informations suffisantes pour déterminer la règle qui correspond à cette parabole. Quelle est cette règle ? Pour la trouver, réponds aux questions suivantes.

a) Quelle caractéristique les points (0, 0) et (8, 0) ont-ils ?

b) Quelle déduction peut-on faire à propos de valeurs qui annulent un polynôme ?

c) Comment Sylvain peut-il découvrir la valeur du paramètre a dans la règle $f(x) = a(x - x_1)(x - x_2)$?

d) Quelle est la règle recherchée par Sylvain ?

Lorsqu'on connaît les **zéros** d'une fonction quadratique et les **coordonnées d'un autre point** de la parabole, on peut utiliser la règle $f(x) = a(x - x_1)(x - x_2)$. Toutefois, il est possible de modifier cette expression afin de la rendre plus explicite.

(1) $f(x) = a(x - x_1)(x - x_2)$

⇓ (En effectuant le produit des deux parenthèses.)

(2) $f(x) = a(x^2 - xx_1 - xx_2 + x_1x_2)$

⇓ (En mettant $-x$ en évidence.)

(3) $f(x) = a(x^2 - x(x_1 + x_2) + x_1x_2)$

⇓ (En symbolisant la somme des zéros par S et le produit des zéros par P.)

(4) $f(x) = a(x^2 - Sx + P)$

La règle d'une fonction quadratique peut donc s'écrire également sous la forme :

$f(x) = a(x^2 - Sx + P)$, où S représente la somme et P, le produit des zéros.

Cette dernière forme permet également de déterminer la règle d'une fonction quadratique, lorsqu'on connaît ses zéros, et les coordonnées d'un autre point de la parabole. Il suffit de procéder de la façon suivante :

On calcule la somme et le produit des zéros de la fonction. Les coordonnées d'un autre point permettent de déterminer la valeur du paramètre a une fois qu'on a remplacé les valeurs de x, $f(x)$, S et P dans la règle.

Investissement 10

1. Détermine la règle de chaque fonction quadratique décrite ci-dessous.

a) Fonction qui correspond à une parabole ayant son sommet en (-4, 6) et qui passe par le point (-1, 51).

b) Fonction ayant son maximum en (-1, 1) et qui correspond à une parabole passant en (3, -39).

c) Fonction qui a son minimum en (-8, 2) et 274 comme valeur initiale.

d) Fonction qui a -10 et 20 comme zéros et qui correspond à une parabole passant par (5, 40).

e) Fonction dont les coordonnées à l'origine sont (-3, 0), (1, 0) et (0, -6).

f) Fonction correspondant à une parabole qui passe par (-5, 0), (5, 0) et (6, 11).

2. Le graphique suivant montre la trajectoire décrite par un ballon de football.

a) À partir des points du graphique, détermine la règle qui donne la hauteur h du ballon selon la distance d qu'il a parcourue dans les airs.

b) Que valent $h(6)$ et $h(9)$?

c) Pourquoi la méthode du «produit-somme» n'est-elle pas appropriée pour trouver la règle de cette fonction?

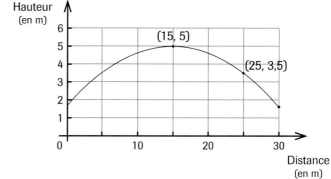

3. Voici des écrans graphiques dans lesquels les coordonnées d'un point (le curseur) sur une parabole sont indiquées au bas de l'écran. Les points identifiés par une lettre ont des coordonnées entières. Détermine l'équation de chacune de ces paraboles à l'aide de la méthode la plus appropriée.

a)

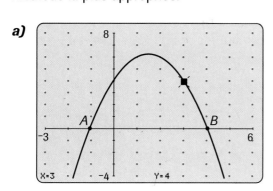

b)

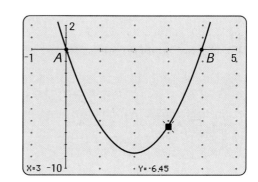

c)

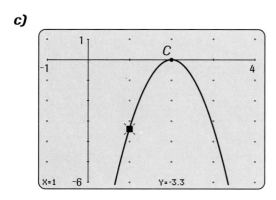

d)

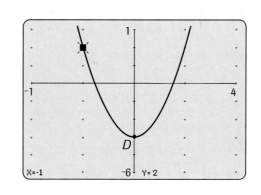

4. La fonction h a pour zéros 2 et 8 et sa parabole passe par le point (4, 16).

a) Détermine la somme et le produit des zéros.

b) Détermine si l'ordonnée du sommet de cette parabole correspond à un minimum ou à un maximum.

c) Est-ce que le point (5, 18) appartient à cette fonction?

d) Quelle est la valeur initiale de cette fonction?

5. Le biathlon est une épreuve olympique dans laquelle les participants et les participantes doivent effectuer du tir à la carabine. La balle a une trajectoire parabolique. Myriam a calculé que le sommet de la trajectoire est à 0,08 m au-dessus de l'horizontale. La cible est à 100 m. En considérant la bouche de la carabine comme l'origine du système de repérage, détermine la règle de la fonction quadratique correspondant à cette parabole.

6. Une arche à l'entrée d'une cathédrale a la forme d'une parabole de 10,2 m de hauteur et de 4 m de largeur. Détermine une équation pouvant correspondre à cette parabole.

7. À partir de cette table de valeurs:

a) détermine la règle des fonctions f et g;

b) donne les coordonnées des sommets des paraboles correspondantes;

c) donne les zéros de f et de g.

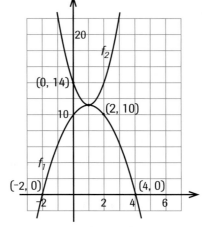

8. Le sommet de deux paraboles est le point (8, 8).

a) Donne l'équation de la première parabole si elle passe par le point (3, 138).

b) Donne l'équation de la seconde parabole si elle passe par le point (3, 3).

9. À partir des informations qui apparaissent dans ce graphique, détermine la règle de la fonction f_2.

 ► FORUM

Déterminez la règle de la fonction quadratique g si:

1) sa parabole passe par les points (0, -8), (1, 0) et (2, 12);

2) sa parabole passe par les points (0, 6), (1, 2) et (4, 2);

3) elle a un seul zéro, soit 2, et que sa parabole passe par le point (3, 6).

RÉSOLUTION D'ÉQUATIONS QUADRATIQUES

Le feu d'artifice

On lance une pièce pyrotechnique. La hauteur h (en mètres) de la pièce est donnée par l'équation $h = -2t^2 + 20t$, où t représente le temps (en secondes) depuis la mise à feu.

a) Une seconde après la mise à feu, quelle est la hauteur de la pièce pyrotechnique ?

b) Après combien de secondes est-elle à 50 m au-dessus du sol ?

c) Sachant que la pièce doit exploser lors de sa descente à une hauteur de 42 m, quel temps doit s'écouler entre sa mise à feu et son explosion ?

Toute fonction quadratique engendre une équation pour chacune des valeurs prises par la variable dépendante $f(x)$. Ces équations se ramènent toutes à la forme $ax^2 + bx + c = 0$.

> On appelle **équation quadratique** toute équation qui se ramène à la forme $ax^2 + bx + c = 0$, où $a \neq 0$.

On obtient des équations de ce genre lors de la recherche des zéros d'une fonction quadratique. **Les méthodes utilisées pour déterminer les zéros d'une fonction quadratique sont donc valables pour résoudre les équations quadratiques.**

On peut donc résoudre des équations quadratiques par factorisation du polynôme ou en utilisant les formules de calcul des zéros de la fonction quadratique.

Exemple 1 :

Soit à résoudre l'équation : $-2t^2 + 20t = 50$

$\Downarrow$ (Règle de transformation des équations par soustraction.)

$-2t^2 + 20t - 50 = 0$

$\Downarrow$ (Mise en évidence.)

$-2(t^2 - 10t + 25) = 0$

$\Downarrow$ (Règle de transformation par division.)

$(t^2 - 10t + 25) = 0$

$\Downarrow$ (Factorisation du trinôme.)

$(t - 5)(t - 5) = 0$

$\Downarrow$ (Loi du produit nul.)

$(t - 5) = 0$ ou $(t - 5) = 0$

$\Downarrow$ (En isolant les variables.)

$t = 5$ ou $t = 5$

La solution est 5 et l'ensemble-solution est {5}.

Soit à résoudre l'équation : $-2x^2 + 20x = 42$

⇓ (Règle de transformation des équations par soustraction.)

$-2x^2 + 20x - 42 = 0$

⇓ (Mise en évidence.)

$-2(x^2 - 10x + 21) = 0$

⇓ (Règle de transformation par division.)

$x^2 - 10x + 21 = 0$

(Application des formules de calcul des zéros.)

En calculant h et k, on peut alors utiliser les formules du calcul des zéros :

$$x_1 = h + \sqrt{\frac{-k}{a}} \quad \text{et} \quad x_2 = h - \sqrt{\frac{-k}{a}}$$

On sait que $h = \frac{-b}{2a} = -\frac{(-10)}{2} = 5$

et que $k = \frac{4ac - b^2}{4a} = \frac{4(1)(21) - (-10)^2}{4(1)} = \frac{84 - 100}{4} = \frac{-16}{4} = -4.$

Donc, $x_1 = 5 + \sqrt{\frac{-(-4)}{1}} = 5 + 2 = 7$ et $x_2 = 5 - 2 = 3.$

L'ensemble-solution est donc {3, 7}.

On peut également utiliser directement les formules équivalentes suivantes :

$$x_1 = \frac{-b + \sqrt{b^2 - 4ac}}{2a} \quad \text{et} \quad x_2 = \frac{-b - \sqrt{b^2 - 4ac}}{2a}$$

$$x_1 = \frac{-(-10) + \sqrt{(-10)^2 - 4(1)(21)}}{2(1)} = \frac{10 + 4}{2} = 7$$

$$\text{et} \quad x_2 = \frac{-(-10) + \sqrt{(-10)^2 - 4(1)(21)}}{2(1)} = \frac{10 - 4}{2} = 3$$

Les solutions d'une équation quadratique de la forme $ax^2 + bx + c = 0$ sont :

$$x_1 = h + \sqrt{\frac{-k}{a}} \quad \text{et} \quad x_2 = h - \sqrt{\frac{-k}{a}}$$
ou
$$x_1 = \frac{-b + \sqrt{b^2 - 4ac}}{2a} \quad \text{et} \quad x_2 = \frac{-b - \sqrt{b^2 - 4ac}}{2a}$$

Ces solutions :

- sont deux nombres réels distincts si $\frac{-k}{a} > 0$ ou si $b^2 - 4ac > 0$;

- sont un seul et même nombre si $\frac{-k}{a} = 0$ ou si $b^2 - 4ac = 0$;

- ne sont pas des nombres réels si $\frac{-k}{a} < 0$ ou si $b^2 - 4ac < 0$.

L'ensemble-solution d'une équation quadratique est donc une paire, un singleton ou un ensemble vide.

1. Résous les équations suivantes par factorisation.

   a) $x^2 + 3x = 0$

   b) $2n^2 + 3n + 1 = 0$

   c) $s^2 - 4 = 0$

   d) $y^2 + 5y + 6 = 0$

   e) $2x^2 - 5x + 2 = 0$

   f) $4x^2 + 9x + 2 = 0$

   g) $d^2 = 25$

   h) $2x^2 = 6x$

   i) $z^2 = 5z + 6$

2. Après les avoir écrites sous la forme générale, résous les équations suivantes.

   a) $6x^2 - 10 = {}^-11x$

   b) $n^2 = 3n - 2$

   c) $9m^2 + 4 = 5$

3. Indique le nombre de solutions que possède chaque équation.

   a) $3x^2 + 5x + 6 = 0$

   b) $s^2 + 6s + 9 = 0$

   c) $-2x^2 + 5x - 6 = 0$

   d) $-3t^2 + 8t - 5 = 0$

   e) $3x^2 + 9 = 0$

   f) $4r^2 + 8r + 1 = 0$

4. Donne l'ensemble-solution des équations suivantes.

   a) $2a^2 + 5a + 2 = 0$

   b) $3c^2 + 5c - 1 = 0$

   c) $x^2 - 7x + 1 = 0$

   d) $-x^2 + 6x + 2 = 0$

   e) $n^2 = 16 - 7n$

   f) $2x^2 - 3x = {}^-4$

5. Parmi les équations quadratiques suivantes lesquelles ont deux solutions distinctes?

   A) $4x^2 - 12x + 4 = 0$

   B) $x^2 + x - 1 = 0$

   C) $2x^2 - x + 6 = 0$

   D) $10x^2 = 4x - 5$

   E) $\dfrac{x+1}{x-1} = 2x$, où $x \neq 1$

   F) $\dfrac{x+3}{x-4} = \dfrac{x-1}{2x+3}$, où $x \neq 4$ et $x \neq -\dfrac{3}{2}$

6. Détermine chacun des ensembles suivants.

   a) $\{x \in \mathbb{R} \mid x^2 + 7x + 6 = 0\}$

   b) $\{x \in \mathbb{R} \mid x^2 + 8x + 16 = 0\}$

   c) $\{x \in \mathbb{R} \mid 3x^2 - 6 = 0\}$

   d) $\{x \in \mathbb{R} \mid 3x^2 - 7x + 4 = 0\}$

   > Cette notation signifie : l'ensemble des nombres réels qui vérifient l'équation.

7. Résous les équations suivantes.

   a) $-2x^2 + 7x + 2 = {}^-2$

   b) $8x^2 + 6x = 0$

   c) $(x + 3)(x - 2) = 14$

   d) $-2(x - 2)^2 = {}^-18$

8. Pour quelle valeur de x l'aire de ce rectangle vaut-elle 684?

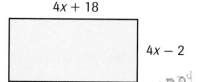

4x + 18

4x − 2

9. La différence de deux nombres est 5. Sachant que leur produit est 2,75, détermine ces nombres.

10. Le périmètre d'un parc rectangulaire est de 200 m. Quelles sont les dimensions de ce parc si sa surface mesure 2 304 m²?

[annotations manuscrites: $A = (100 - x)x = 2304$; $100x - x^2 = 2304$; $L = \dfrac{200 - 2x}{2}$; $100 - x$; x ; x ; $100 - x$; $x^2 - 100x + 2304$]

11.

La règle $h = {}^-8t^2 + 32t + 1$ définit la relation existant entre le temps t (en secondes) écoulé depuis qu'une balle de baseball a été frappée et sa hauteur h (en mètres).

a) Pendant combien de temps la balle est-elle restée dans les airs?

b) Combien de secondes après avoir été frappée cette balle a-t-elle atteint une hauteur de 31 m?

c) Selon cette règle, est-il possible que la balle atteigne une hauteur de 35 m?

12. Une calculatrice à affichage graphique permet de résoudre des équations de diverses façons. Recherche comment procéder avec ta calculatrice pour résoudre chaque équation.

a) $x^2 + 3x + 2 = 0$

b) $2x^2 + x - 15 = 0$

13. Résous l'équation $2x^2 + 7x + 4 = 16$ en utilisant une fonction et une table de valeurs. Diminue le pas de variation de la table pour obtenir des solutions au millième près.

 ► FORUM

a) Résolvez les équations suivantes en faisant référence à une équation quadratique.

1) $-x^4 + x^2 + 10 = 0$

2) $2(x + 1)^2 + 4(x + 1) - 16 = 0$

b) Donnez la règle de la fonction quadratique qui représente la somme des carrés de deux nombres pairs consécutifs et trouvez ces nombres si cette somme vaut 244.

Sujet 8 OPÉRATIONS SUR LES FONCTIONS

| SOMME OU DIFFÉRENCE |
| DE FONCTIONS |
| PRODUIT DE FONCTIONS |

SOMME OU DIFFÉRENCE DE FONCTIONS

Les fonctions polynomiales sont définies à partir des polynômes. Comme il est possible d'additionner, de soustraire, de multiplier ou de diviser des polynômes, on peut se demander ce qui se passe si l'on effectue ces opérations sur des fonctions polynomiales.

Exploration 1

Relativement à la somme ou à la différence de deux fonctions polynomiales, on se pose différentes questions. Réponds à celles qui suivent.

a) La somme ou la différence de deux fonctions polynomiales sont-elles des fonctions polynomiales ?

b) La règle de la fonction résultant de la somme ou de la différence de deux fonctions correspond-elle à la somme ou à la différence des règles des deux polynômes qui définissent les fonctions initiales ?

c) Le graphique correspondant à la somme ou à la différence de deux fonctions polynomiales est-il relié aux graphiques des deux fonctions initiales ?

d) Les ordonnées des couples des fonctions résultantes sont-elles obtenues en faisant la somme ou la différence des ordonnées des couples des deux fonctions initiales ?

e) Une fonction polynomiale est-elle toujours décomposable en une somme ou une différence de deux ou plusieurs autres fonctions polynomiales ?

En réalisant les expériences suivantes, on peut préciser davantage chacune des réponses aux questions ci-dessus.

> Expérience 1 :

Définis deux fonctions linéaires f et g comme suit : $f(x) = x + 2$ et $g(x) = x - 4$.
Ensuite, fais la somme de ces deux fonctions $(f + g)$.

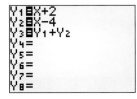

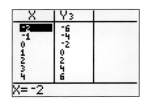

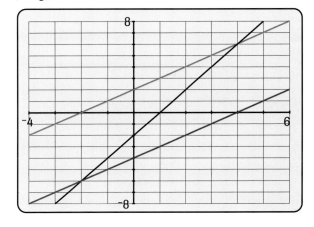

On a défini deux fonctions linéaires f et g comme suit : $f(x) = x + 2$ et $g(x) = x - 4$.
Fais la différence de ces deux fonctions $(f - g)$.

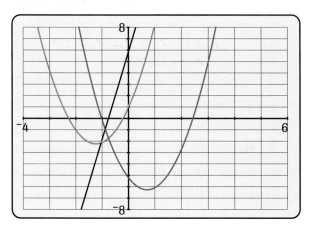

On a défini deux fonctions quadratiques f et g comme suit : $f(x) = 2x^2 + 5x + 2$ et
$g(x) = x^2 - 3x - 4$. Fais la somme et la différence de ces deux fonctions $(f + g)$.

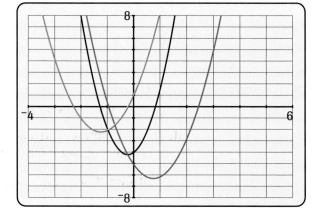

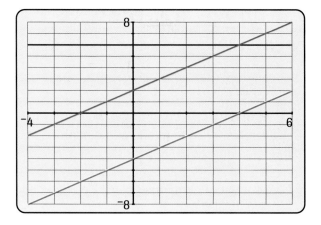

On a défini une fonction quadratique *f* comme la somme de trois autres fonctions.

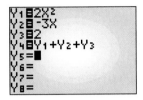

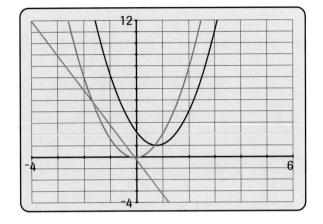

Revois maintenant tes réponses aux questions *a)* à *e)*.

f) Voici trois fonctions définies comme suit : $f(x) = 2x + 3$, $g(x) = x^2 - 3x + 2$ et $h(x) = x^2 - 3x$. Prédis le genre de graphique correspondant à :

    1) $f + g + h$;   2) $g - h$;   3) $g + h$;   4) $h - g$;   5) $2f$.

g) En te référant aux fonctions de la question *f)*, détermine la valeur de :

    1) $(f + g)(2)$;   2) $(g - h)(\text{-}1)$;   3) $(h - f)(3)$.

h) De façon générale, si *f* et *g* représentent deux fonctions polynomiales quelconques, a-t-on toujours $(f + g)(x) = f(x) + g(x)$?

i) Est-il vrai que toute fonction polynomiale est décomposable en une somme ou une différence d'un nombre quelconque de fonctions polynomiales ?

j) Quand la somme de deux fonctions quadratiques n'est-elle pas une fonction quadratique ?

k) La somme de deux fonctions linéaires peut-elle être une fonction quadratique ?

l) Est-il vrai que la somme ou la différence de deux fonctions de même degré est nécessairement une fonction de même degré ou de degré inférieur, mais jamais de degré supérieur ?

m) Quelle est la fonction résultante de $(f - f)$?

PRODUIT DE FONCTIONS

On peut également se poser un certain nombre de questions à propos du produit de deux fonctions polynomiales.

Exploration 2

Réponds aux questions suivantes après avoir réalisé l'expérience donnée.

a) Le produit de deux fonctions polynomiales est-il une fonction polynomiale?
Si oui, sa règle correspond-elle au produit des deux règles?

b) Le produit de deux fonctions constantes est une fonction constante. En est-il ainsi
pour deux fonctions linéaires? pour deux fonctions quadratiques?

c) Est-il vrai que $f(x) \cdot g(x) = (f \cdot g)(x)$?

Expérience 1:

On a défini quatre fonctions f, g, h et i comme suit: $f(x) = 2$, $g(x) = -3$, $h(x) = x + 2$
et $i(x) = x - 3$. Ensuite, on a fait différents produits de deux de ces fonctions. En utilisant
les tables et le graphique ci-dessous réponds aux questions précédentes.

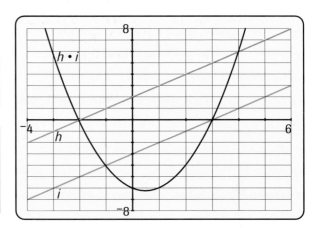

d) Soit $f(x) = x + 2$ et $g(x) = x - 4$, les fonctions sources. La fonction résultante h, produit de ces deux fonctions, est générée par $f \cdot g$. On fait ici quatre observations. Ajoutes-en une autre.

A) Vis-à-vis $x = {}^-3$, l'ordonnée de chacune des fonctions sources est négative. Par conséquent, le produit de $f(x)$ et $g(x)$ donnera un résultat positif à cet endroit.

C) Lorsque $x = 4$, c'est la fonction g qui vaut 0. Ainsi, on retrouve à cet endroit un autre zéro de la fonction h.

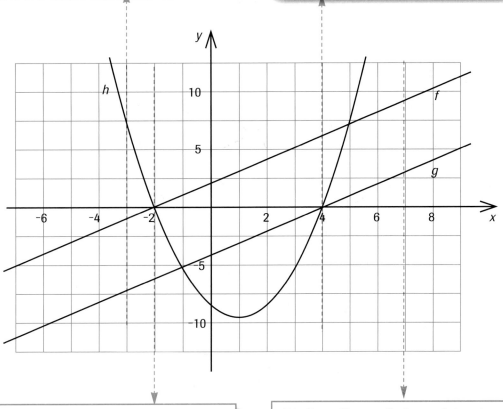

B) $x = {}^-2$ correspond au zéro de la fonction f. Le produit de $f(x)$ et $g(x)$ à cet endroit donnera un résultat nul. Ainsi, $^-2$ correspond à un zéro de la fonction résultante.

D) Dans l'intervalle $]4, +\infty[$, les deux fonctions sources sont positives et croissantes. Le produit des images de ces deux fonctions sera donc positif et de plus en plus grand.

e) Soit $f(x) = 2x$, $g(x) = x + 2$ et $h(x) = 2x - 3$.

1) Définis les fonctions $f + g$ et $g \cdot h$.

2) Complète cette table de valeurs.

3) Prédis le type de graphique de chaque fonction.

x	$f(x)$	$g(x)$	$h(x)$	$f(x) + g(x)$	$g(x) \cdot h(x)$
$^-2$	■	■	■	■	■
$^-1$	■	■	■	■	■
0	■	■	■	■	■
1	■	■	■	■	■
2	■	■	■	■	■
3	■	■	■	■	■

Pour **déterminer la règle d'une fonction quadratique à partir des coordonnées du sommet de la parabole et d'un autre de ses points,** il suffit d'utiliser la règle de la forme canonique d'une fonction quadratique $f(x) = a(x - h)^2 + k$. Les coordonnées du sommet donnent la valeur de h et de k, la substitution des coordonnées de l'autre point permet de calculer la valeur de a.

Pour **déterminer la règle d'une fonction quadratique à partir de ses zéros et d'un autre de ses points,** il suffit d'utiliser la règle de la forme $f(x) = a(x - x_1)(x - x_2)$. Les zéros donnent les valeurs de x_1 et x_2, la substitution des coordonnées de l'autre point permet de calculer la valeur de a. Pour ce faire, on peut aussi utiliser la forme $f(x) = a(x^2 - Sx + P)$, où S représente la somme des zéros et P le produit des zéros.

Les équations du second degré à une variable sont appelées **équations quadratiques.** Elles sont de la forme **$ax^2 + bx + c = 0$.** On les assimile à la recherche des zéros d'une fonction quadratique. Elles peuvent donc être résolues par les mêmes méthodes : représentation graphique de la fonction associée, table de valeurs, factorisation et formules.

Les solutions d'une équation quadratique de la forme $ax^2 + bx + c = 0$ sont :

$$x_1 = h + \sqrt{\frac{-k}{a}} \quad \text{et} \quad x_2 = h - \sqrt{\frac{-k}{a}}$$

$$x_1 = \frac{-b + \sqrt{b^2 - 4ac}}{2a} \quad \text{et} \quad x_2 = \frac{-b - \sqrt{b^2 - 4ac}}{2a}$$

Ces solutions :

- sont deux nombres réels distincts si $\frac{-k}{a} > 0$ ou si $b^2 - 4ac > 0$;

- sont un seul et même nombre si $\frac{-k}{a} = 0$ ou si $b^2 - 4ac = 0$;

- ne sont pas des nombres réels si $\frac{-k}{a} < 0$ ou si $b^2 - 4ac < 0$.

L'ensemble-solution d'une équation quadratique est donc une paire, un singleton ou un ensemble vide.

Les fonctions polynomiales peuvent être vues comme sommes ou différences de plusieurs autres fonctions polynomiales de même degré ou de degrés inférieurs. Certaines sont aussi décomposables en un produit de d'autres fonctions polynomiales. Pour chacune, on a les caractéristiques suivantes :

$$(f + g)(x) = f(x) + g(x) \qquad (f - g)(x) = f(x) - g(x) \qquad (f \cdot g)(x) = f(x) \cdot g(x)$$

Les opérations sur les fonctions produisent des fonctions.

1 Exprime chaque nombre sous la forme d'une division dont le diviseur est supérieur à 4.

a) 3,2   **b)** 6,25   **c)** 12,4   **d)** 20,5

2 Calcule ces produits mentalement en appliquant la propriété de distributivité.

a) 8 x 26   **b)** 12 x 156   **c)** 22 x 25   **d)** 98 x 54

3 Effectue ces soustractions en enlevant la même quantité dans les deux termes.

$$Ex.: 87 - 39 = 57 - 9 = 57 - 10 + 1 = 48$$

a) 76 − 47   **b)** 127 − 89   **c)** 135 − 78   **d)** 162 − 126

4 Quel nombre ne va pas avec les autres? Justifie ta réponse.

a) 5, 6, 7, 13   **b)** 5, 8, 40, 58   **c)** 0,25, 3, 12, 28   **d)** 22, 44, 55, 66

5 Dans chaque cas, indique s'il s'agit d'une paire de nombres égaux.

a) $\sqrt{50}$ et $5\sqrt{2}$ **b)** $\sqrt{\frac{1}{3}}$ et $\frac{\sqrt{3}}{3}$ **c)** $(\sqrt{2} + \sqrt{3})$ et $\sqrt{5}$ **d)** $(\sqrt{3} \times \sqrt{27})$ et 9

6 Dans un centre d'hébergement pour personnes âgées, les $\frac{2}{3}$ des hommes ont une conjointe et les $\frac{3}{5}$ des femmes ont un conjoint. Quel est le nombre minimal d'hommes dans ce centre d'hébergement? Fais quelques essais.

7 Dans un parc, on a marqué 100 chevreuils. À l'automne, des 100 bêtes qui ont connu un triste sort, 10 étaient marquées. Combien de chevreuils y avait-il dans ce parc?

8 Détermine la règle de la fonction quadratique qui correspond à une parabole passant par les points suivants.

a) (-2, 0), (3, 0) et (1, 4)   **b)** (0, 3), (-3, 0) et (24, 0)

9 Détermine la règle de la fonction quadratique qui a comme sommet de sa parabole le premier point donné et qui passe par le second.

a) (6, 2), (3, -4)   **b)** (-3, -6), (2, 4)

10 Quelle est la règle de la parabole qui a les mêmes zéros que la fonction définie par $f(x) = x^2 + 2x - 3$ et dont le sommet est (-1, 5)?

11 Quelle est la règle de la fonction dont les zéros ont comme somme 8 et comme produit 15, et qui passe par (1, 2)?

12 Quelle est la règle de la fonction dont la parabole passe par (0, 0) et qui a comme sommet le point (4, 6)?

13 Dans chaque cas, trouve la règle de la fonction qui a la table de valeurs donnée.

a)
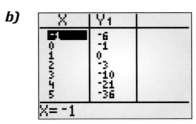

X	Y₁
0	0
1	-4
2	-4
3	0
4	8
5	20
6	36

X=0

b)

X	Y₁
-1	-6
0	-1
1	0
2	-3
3	-10
4	-21
5	-36

X= -1

14 Résous par factorisation les équations suivantes dans IR.

a) $2x^2 = 128$ **b)** $4x^2 = 12x$ **c)** $x^2 + 6x = -9$ **d)** $x^2 + 2x - 15 = 0$

15 Parmi ces équations, laquelle n'admet aucune solution?

A) $-x^2 + 7x - 2 = 0$ B) $x^2 + 6x + 1 = 0$ C) $10x^2 + 1,5x = -2$ D) $-0,5(x + 7,5)^2 = -1$

16 Résous les équations suivantes dans IR.

a) $-2x^2 + 3x - 8 = 0$ **b)** $3s^2 - 5s + 2 = 0$ **c)** $(x + 3)^2 = 36$

d) $2(n + 3)(n - 4) = 0$ **e)** $2(x - 4)^2 + 4 = 0$ **f)** $5 + 10t = 5t^2$

17 Dans la cour extérieure d'une école secondaire, une surface rectangulaire servant de terrain de soccer est recouverte de 7200 m² de gazon.

a) Sachant que la longueur de cette surface gazonnée est six fois plus grande que sa largeur, détermine les dimensions du terrain de soccer.

b) Si les dimensions de ce terrain étaient deux fois plus petites, est-ce que l'aire de la surface de jeu serait également deux fois plus petite? Explique ta réponse.

18 On inscrit un carré dans un cercle. L'aire de la partie bleue de cette figure, en fonction du rayon du cercle, correspond à la règle $A(r) = \pi r^2 - 2r^2$.

a) Explique comment on détermine la règle de cette fonction.

b) Détermine la mesure du rayon si l'aire de la partie bleue est de 40 cm².

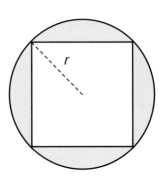

19 Voici le graphique de deux fonctions linéaires. Quels sont les zéros de la fonction correspondant au produit de ces deux fonctions?

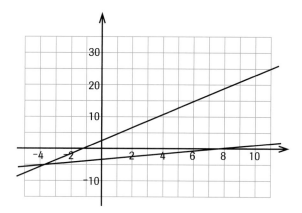

20 Voici les règles de trois fonctions:
$Y_1 = x^2 - x - 8$, $Y_2 = 2x - 2$, $Y_3 = 4 - 0,5x$.
Détermine algébriquement
la solution à ces équations.

a) $Y_1 = 0$ **b)** $Y_2 = 0$

c) $Y_3 = 0$ **d)** $Y_1 = Y_2$

e) $Y_1 = Y_3$ **f)** $Y_2 = Y_3$

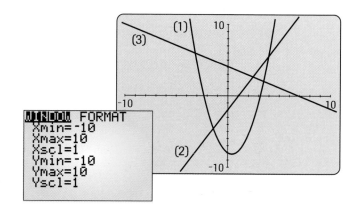

21 **LA CATAPULTE**

Autrefois, on attaquait les forteresses à l'aide de catapultes. Supposons qu'une catapulte lance des pierres selon la trajectoire définie par la règle $h(x) = -0,016x(x - 100)$, où $h(x)$ représente la hauteur (en mètres) de la pierre par rapport au sol et x la distance (en mètres) horizontale parcourue par la pierre.

La Cité de Carcassonne, en France, est
une forteresse datant du Moyen Âge.

a) À quelle distance les pierres ont-elles touché le sol?

b) La catapulte est située à 80 m du mur d'une forteresse dont la hauteur est de 25 m. Les pierres frappent-elles le mur?

c) Quelle est la hauteur maximale atteinte par les pierres?

22 **OUVREZ LE PARACHUTE!**

La distance parcourue (en mètres) par un corps en chute libre est fonction du temps de chute dans le vide (en secondes) et elle est décrite par la règle $d(t) = 9,8t^2$. Jana adore le parachutisme. D'un avion, elle se lance dans le vide. Combien de temps lui faut-il pour parcourir 300 m?

23 **COMPARAISON DE SURFACES**

Deux rectangles ont les dimensions illustrées ci-dessous.

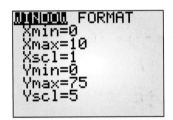

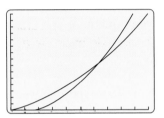

a) Pour chacun de ces rectangles, détermine la règle qui permet de calculer l'aire.

b) On a introduit ces règles à l'écran d'édition d'une calculatrice à affichage graphique.

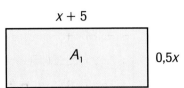

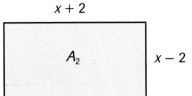

Détermine pour quelle valeur de x les aires sont égales.

24 **LE NOMBRE D'OR**

Depuis l'époque de la Renaissance, le nombre d'or a fasciné les mathématiciens et les mathématiciennes à travers le monde par ses nombreuses manifestations dans le quotidien. En effet, le nombre d'or se retrouve dans une multitude de phénomènes naturels et dans plusieurs constructions humaines (dont le Parthénon, à Athènes). De plus, certaines échelles de références, comme la gamme musicale, sont basées sur la valeur du nombre d'or. Mais quelle est la valeur du nombre d'or?

> Le nombre d'or est défini comme étant le nombre positif qui, additionné de 1 et divisé par lui-même est égal à lui-même.

Vu l'importance du nombre d'or, les mathématiciens et les mathématiciennes lui ont associé un symbole particulier, soit Φ.

a) Traduis la définition du nombre d'or en une expression algébrique.

b) Écris cette expression algébrique sous la forme $ax^2 + bx + c = 0$.

c) Détermine la valeur du nombre d'or.

1. Voici le graphique de la fonction quadratique *f*.

    a) Détermine la règle de cette fonction.

    b) Quelle est sa valeur initiale?

    c) Détermine ses zéros.

    d) Pour quelle valeur de *x* la fonction vaut-elle 20?

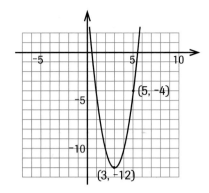

2. À partir de cette table de valeurs, détermine la règle de chacune de ces fonctions.

3. Résous les équations quadratiques suivantes par la méthode de ton choix en laissant la trace de ta démarche.

    a) $4x^2 = 100$

    b) $3x^2 = 12x$

    c) $2x^2 + 5x - 3 = 0$

4. Donne le nombre de solutions de chaque équation.

    a) $2x^2 = {}^-x + 4$

    b) $x^2 - x + 1 = 0$

    c) $^-x^2 + 8x - 9 = 0$

5. LE SOUS-MARIN

Sur une carte quadrillée au kilomètre, on a représenté la plongée d'un sous-marin. Il doit s'enfoncer en (3, 0) et refaire surface en (9, 0). Le point le plus profond qu'il doit atteindre est en (6, -2). Si sa plongée est parabolique, quelle est l'équation de sa trajectoire?

6. LE BOUCLIER

Un fabricant d'objets médiévaux a dessiné un bouclier en utilisant deux paraboles qui ont les mêmes zéros dans un système gradué en décimètres. Quelle est la hauteur du bouclier?

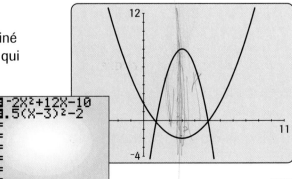

(1564 – 1642)

Quelle raison vous a poussé, monsieur Galilée, à délaisser l'étude de la médecine pour celle des mathématiques à l'âge de dix-sept ans ?

En fait, ce sont mes parents qui avaient décidé de ma profession et je trouvais les cours ennuyeux. Mais un jour, alors que je circulais dans un corridor de l'université, je passai devant une classe dont la porte était ouverte et où les élèves écoutaient avec fascination un professeur qui discutait de géométrie. À partir de ce moment-là, je devins un passionné des mathématiques.

Racontez-nous votre expérience à la tour de Pise qui démontrait qu'Aristote avait tort d'affirmer que la vitesse à laquelle tombait un objet est proportionnelle à sa pesanteur.

Je suis monté en haut de la tour de Pise et j'ai laissé tomber en même temps deux balles de fer dont l'une avait une masse dix fois plus grande que l'autre. Ce fut un choc pour tout le monde de voir que les deux balles touchèrent le sol en même temps alors que tous s'attendaient à ce que la plus lourde arrive en bas dix fois plus vite. Quand je descendis de la tour, il ne restait plus personne. La plupart ne voulurent pas y croire et parlèrent de magie et d'illusion. J'avais eu l'audace de démontrer qu'Aristote avait eu tort sur ce point. Mes collègues m'accusèrent par la suite d'être un sorcier, un magicien et un insolent. Face aux moqueries, je démissionnai de mon poste.

On peut dire, monsieur Galilée, que vous étiez un homme déterminé à aller de l'avant avec vos idées. Avez-vous rencontré d'autres obstacles en avançant ainsi des idées controversées à cette époque ?

Oui, en effet. L'Église me condamna en 1633 à renier publiquement mes idées concernant le mouvement de la Terre autour du Soleil et on m'excommunia. J'ai trouvé cette attitude injustifiable, puisque j'ai toujours été un homme profondément religieux et croyant. En 1980, le pape Jean-Paul II m'a réhabilité, en reconnaissant la véracité de mes idées.

Qu'avez-vous fait par la suite ?

J'ai décidé de me retirer dans une villa que je possédais près de Florence. Là, dans le silence et la méditation, j'ai continué mes recherches sur la mécanique et l'astronomie. Je suis devenu aveugle en 1637 et j'ai publié en 1638 mon dernier ouvrage traitant de physique et d'astronomie : Discours et démonstrations mathématiques relativement à deux nouvelles sciences.

Dès l'âge de vingt-cinq ans, Galilée était reconnu comme un mathématicien de talent. On parle souvent de ce dernier comme le « Père de la méthode scientifique », méthode qui montre l'importance de l'expérimentation avant d'introduire une nouvelle théorie. C'est également lui qui a prononcé cette phrase célèbre : « Les mathématiques sont le langage avec lequel Dieu a composé l'Univers. »

L'expérience que fit Galilée du haut de la tour de Pise lui permit de prouver que la vitesse à laquelle un objet tombe n'est pas proportionnelle à sa pesanteur.

De plus, par cette expérience, Galilée a découvert la relation entre la distance parcourue par l'objet et le temps de chute.

a) Découvre cette relation.

b) Un petit avion en vol vient de perdre un panneau de navigation. L'objet met 12 s à tomber. À quelle altitude vole l'avion ?

Temps de chute (en s)	Distance (en m)
1	4,875
2	19,5
3	43,875
4	■
5	■
6	■
7	■
8	■
t	■

MES PROJETS

Projet 1 La période d'un pendule

La période d'un pendule correspond au temps nécessaire à ce dernier pour effectuer un aller-retour. En simulant le mouvement d'un pendule, on peut déterminer le lien existant entre sa longueur *l* (en centimètres) et sa période *p* (en secondes). Réalise l'expérience suivante pour découvrir ce lien.

1° Prends dix cordes de différentes longueurs et attache un écrou à l'une des extrémités de chacune d'elles.

2° Pour chacune des cordes, détermine le temps que prend le pendule pour effectuer dix périodes, puis calcule le temps moyen pour une période.

3° À l'aide d'une calculatrice à affichage graphique, affiche les dix résultats obtenus sous la forme d'un nuage de points (*p*, *l*).

Période

4° Détermine le modèle qui permet de calculer la longueur d'un pendule en fonction de sa période et, par régression, trouve son équation.

Projet 2 L'accélération d'une bille

Une multitude de lois physiques régissent notre monde. Parmi ces lois, plusieurs peuvent être décrites par un modèle quadratique. En utilisant un carton rigide, on construit une rampe de 1 m de long qui est graduée à tous les 20 cm. En surélevant la rampe de quelques centimètres à l'une de ses extrémités et en faisant rouler une bille le long du pli, on peut établir le modèle mathématique de l'accélération d'une bille.

Réalise l'expérience suivante pour déterminer ce modèle.

1° Place la bille vis-à-vis la marque de départ située dans le haut de la rampe, puis laisse-la rouler le long de la rampe.

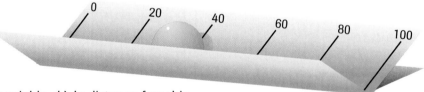

2° En associant la variable *d* à la distance franchie par la bille et la variable *t* au temps qui s'est écoulé depuis le départ de la bille, complète cette table. Effectue plusieurs essais.

Distance (en cm)	Temps (en s)	Accélération $(a = \frac{d}{t^2})$
20		
40		

3° Détermine la règle qui correspond à la distance parcourue par une bille en fonction de son temps de roulement.

JE CONNAIS LA SIGNIFICATION DES EXPRESSIONS SUIVANTES :

Fonction de base : fonction dont la règle correspond à l'expression la plus simple de sa catégorie.

Fonction transformée : fonction obtenue en modifiant une ou des valeurs des paramètres dans la règle d'une fonction de base.

Paramètre : variable autre que la variable indépendante et dépendante dans la règle d'une fonction.

Fonction polynomiale : fonction définie à l'aide d'un polynôme.

Fonction constante : fonction polynomiale de degré 0. Sa représentation graphique correspond à une droite horizontale. Une fonction constante est aussi appelée fonction de variation nulle.

Fonction linéaire : fonction polynomiale de degré 1. La représentation graphique d'une fonction linéaire correspond à une droite oblique.

Fonction linéaire de variation directe : fonction linéaire dont la valeur initiale est 0. Sa représentation graphique correspond à une droite oblique passant par l'origine.

Fonction linéaire de variation partielle : fonction linéaire ayant une valeur initiale non nulle. Sa représentation graphique correspond à une droite oblique ne passant pas par l'origine.

Fonction quadratique : fonction polynomiale du deuxième degré.

Équation quadratique : équation de la forme $ax^2 + bx + c = 0$

INDEX

SOURCE DES PHOTOS

Nous tenons à remercier les personnes et les organismes qui nous ont gracieusement fourni des documents photographiques. Nous remercions également le Collège Notre-Dame, et tout particulièrement Gérald St-Amand, Alain Bertrand, Riva Khann, Quoc-Phong Lê, Éric Novosad et Andrea Massey qui ont collaboré lors des séances de photographie.

p. 1   Université de Montréal - Département d'éducation physique. Normand Montagne

p. 4   - Homme et femme : Mélanie Carr/Réflexion Photothèque
       - Terre et téléphone : Mike Agliolo/Réflexion Photothèque

p. 5   Accident : Michel Gagné/Réflexion Photothèque

p. 8   Timbres : Mauritius-Cupak/Réflexion Photothèque

p. 10   Parquet du marché à la criée des Produits dérivés : Bourse de Montréal

p. 12   Course de chevaux : R. Perez 1995/Hippodrome de Montréal

p. 14   Policier faisant passer un alcootest : Camarique/Réflexion Photothèque

p. 15   Adolescent : Mauritius-Cupak/Réflexion Photothèque

p. 16   Cerfs de Virginie : Réflexion Photothèque

p. 17   Pluie : M. Kuhnigk/Réflexion Photothèque

p. 20   Adolescente : Mauritius-Kupka/Réflexion Photothèque

p. 21   Capteur solaire : Mauritius-Mollenhauer/Réflexion Photothèque

p. 23   Voilier : Stock Imagery/Réflexion Photothèque

p. 24   Motocyclette : Don Rogers/Réflexion Photothèque

p. 25   Coureurs cyclistes : Le tour de l'Abitibi

p. 27   Bénévoles et cyclistes : Tour de l'Île de Montréal

p. 28   Femme : Marshall Williams/Réflexion Photothèque

p. 31   Fusée : Agence spatiale canadienne

p. 33   - Paysage estival : Michel Gagné/ Réflexion Photothèque
       - Paysage hivernal : Alain Baillargeon

p. 37   - John W. Young, astronaute: Nasa
       - Chaîne de montage : Gil Jacques/ Réflexion Photothèque

p. 39   Adolescente : Mauritius-C. Bayer/Réflexion Photothèque

p. 43   Jeune femme : Réflexion Photothèque

p. 53   Cerveau : Mike Agliolo/Réflexion Photothèque

p. 54   Jacques Villeneuve : La Presse Gary Hershorn/Reuters

p. 55   Circuit Gilles Villeneuve : Alain Baillargeon

p. 66   Chercheuse : Ronn Maratea/Réflexion Photohèque

p. 67   Adolescente : Jay Thomas/Réflexion Photothèque

p. 70   Marc Garneau : Agence spatiale canadienne

p. 72   Homme : Mauritius-Mitterer /Réflexion Photothèque

p. 77   Adolescente : Stock Imagery/Réflexion Photothèque

p. 78   Moniteur cardiaque : Réflexion Photothèque

p. 79   Isabelle Surprenant : Normand Caron et Julie Baert/Fédération d'athlétisme du Québec

p. 80   Feu d'artifice : André Jenny/Réflexion Photothèque

p. 81   Usine d'aluminium : Keith Wood /Int'l Stock/Réflexion Photothèque

p. 87   Lapins : Anne Gardon/Réflexion Photothèque

p. 89   Bactérie : Musée Armand-Frappier

p. 98   Sismographe : Gil Jacques/Réflexion Photothèque

p. 99   - Julie Payette : Agence spatiale canadienne
       - Terre : Mike Agliolo/Int'l Stock/Réflexion Photothèque

p. 100   Pneu : Ed Kessler/Zephyr Pict./Réflexion Photothèque

p. 102   Tablette avec inscriptions cunéiformes : Marilyn Aitken/Musée des beaux-arts de Montréal

p. 105   Papyrus : Médiathèque du Jardin botanique de Montréal

NOTATIONS ET SYMBOLES

{...} : ensemble

$\mathbb{N}$: ensemble des nombres naturels = {0, 1, 2, 3, ...}

$\mathbb{N}^*$: ensemble des nombres naturels, sauf zéro = {1, 2, 3, ...}

$\mathbb{Z}$: ensemble des nombres entiers = {..., -3, -2, -1, 0, 1, 2, 3, ...}

$\mathbb{Z}_+$: ensemble des nombres entiers positifs = {0, 1, 2, 3, ...}

$\mathbb{Z}_-$: ensemble des nombres entiers négatifs = {0, -1, -2, -3, ...}

$\mathbb{Q}$: ensemble des nombres rationnels

$\mathbb{Q}'$: ensemble des nombres irrationnels

$\mathbb{R}$: ensemble des nombres réels

A ∪ B : A union B

A ∩ B : A intersection B

A' : A complément

A \ B : A différence B

∈ : ... est élément de ... ou ... appartient à ...

∉ : ... n'est pas élément de ... ou ... n'appartient pas à ...

⊆ :   ... est inclus ou égal à ...

⊂ :   ... est un sous-ensemble propre de ...

⊄ :   ... n'est pas inclus ...

$\dfrac{a}{b}$: fraction a, b

$a : b$: le rapport de a à b

$-a$: opposé de a

a^2 : a au carré

$\dfrac{1}{a}$: inverse de a

a^x : a exposant x

$[x]$: plus grand entier inférieur ou égal à

$a!$: factorielle a

$|a|$: valeur absolue de a

$\sqrt{a}$: racine carrée positive de a

$-\sqrt{a}$: racine carrée négative de a

$\sqrt[3]{a}$: racine cubique de a

$\sqrt[n]{a}$: racine $n^{\text{ième}}$ de a

$\overline{x}$: moyenne arithmétique

$\sum(x)$: somme des x

Méd : médiane

Mo : mode

$a \cdot 10^n$: notation scientifique avec $1 \leq a < 10$ et $n \in \mathbb{Z}$

(a, b) : couple a, b

$[a, b[$: intervalle a, b ou classe a, b

f : fonction f

$f(x)$: f de x, ou image de x par f

dom f : domaine de f

codom f : codomaine de f

ima f : image de f

max f : maximum absolu de f

min f : minimum absolu de f

$x_1, x_2, …$: valeurs spécifiques de x

$y_1, y_2, …$: valeurs spécifiques de y

$\neq$: … n'est pas égal à … ou … est différent de …

$<$: … est inférieur à …

$>$: … est supérieur à …

$\leq$: … est inférieur ou égal à …

$\geq$: … est supérieur ou égal à …

$\approx$: … est approximativement égal à …

$\cong$: … est congru à … ou … est isométrique à …

$\equiv$: … est identique à …

$\sim$: … est semblable à …

$\triangleq$: … correspond à …

$\wedge$: et

$\vee$: ou

$\Rightarrow$: … implique logiquement …

$\Leftrightarrow$: … est logiquement équivalent à …

$\mapsto$: … a comme image …

Ω : univers des possibles ou ensemble des résultats

$P(A)$: probabilité de l'événement A

$\overline{AB}$: segment AB

m $\overline{AB}$ ou mes $\overline{AB}$: mesure du segment AB

AB : droite AB

$\parallel$: … est parallèle à …

$\nparallel$: … n'est pas parallèle à …

$\perp$: … est perpendiculaire à …

$\angle A$: angle A

$\overset{\frown}{AB}$: arc d'extrémités A et B

$\overset{\frown}{AOB}$: arc AB passant par O

m $\angle A$ ou mes $\angle A$: mesure de l'angle A

$n°$: n degré

$\llcorner$: angle droit

$\triangle ABC$: triangle ABC

t : translation t

r : rotation r

$\mathbf{\mathit{s}}$: réflexion $\mathbf{\mathit{s}}$

sg : symétrie glissée sg

h : homothétie h

E : changement d'échelle

… $\circ$ … : opération composition

$\mathscr{I}$: ensemble des isométries

Sim : ensemble des similitudes

k\$: millier de dollars

M\$: million de dollars

G\$: milliard de dollars

km/h : kilomètre par heure

m/s : mètre par seconde

°C : degré Celsius

C : circonférence

P : périmètre

P_b : périmètre de la base

d : diamètre d

r : rayon r

π : 3,141 59… ou $\approx$ 3,14

A_l : aire latérale

A_b : aire des bases

A_t : aire totale

V : volume

$P(x)$: polynôme en x

$P(x, y)$: polynôme en x, y

Δ : discriminant